लोकतंत्र का पतन

लोकतंत्र का पतन

भविष्य का पुनर्निर्माण

फ़िलिप कॉटलर

SAGE | bhasha

Los Angeles | London | New Delhi
Singapore | Washington DC | Melbourne

Originally published in 2016 in English by *SAGE Publications, Ltd* as *Democracy in Decline: Rebuilding its Future*

This edition published in 2017 by

SAGE | bhasha

SAGE Publications India Pvt Ltd
B1/I-1 Mohan Cooperative Industrial Area
Mathura Road, New Delhi 110 044, India
www.sagepub.in

Published by Vivek Mehra for SAGE Publications India Pvt Ltd, typeset in 12.5/15 pt Kokila by Diligent Typesetter India Pvt Ltd, Delhi and printed at Repro India Ltd., Mumbai.

ISBN: 978-93-864-4698-5 (PB)

Translator: Bhaswar Lochan (TranslationPanacea, Pune)
SAGE Team: Syed Husain Naqvi, Vinayak Dubey

प्रिय पाठक, मैं आशा करता हूँ कि चाहे जो भी आपकी राष्ट्रीयता या राजनीतिक विचार हों, आप अपने वर्तमान राजनीतिक प्रणाली के संबंध में पढ़ते हैं और सोचते हैं तथा इस बात पर विचार करते हैं कि अधिकाधिक लोगों की सेवा करने एवं उनके हितों को संतुष्ट करने के लिए इसे किस प्रकार बेहतर बनाया जा सकता है। नकारात्मकता सिर्फ आपको कुंठित करती है और हार मानने के लिए मजबूर करती है। मैं सदैव आशावादी हूँ, क्योंकि आशावादिता आपको काम करने के लिए प्रेरित करती है। — पीके

मांउट रशमोर में प्रतिष्ठित चार राष्ट्रपतियों–जॉर्ज वॉशिंगटन, थॉमस जैफ़रसन, अब्राहम लिंकन तथा थियोडोर रूज़वेल्ट के सम्मान में।

विषय-वस्तु

आभार

मैं अंग्रेज़ी की वर्णमाला के क्रम में निम्नलिखित व्यक्तियों को उनके योगदानों, जिन्होंने मुझे इस पुस्तक को लिखने में सहायता की है, के प्रति आभार प्रकट करना चाहूँगा: सर्वोच्च न्यायालय पर मेरे अध्याय के आलोचनात्मक अध्ययन हेतु *विलियम कॉटर* के प्रति; *मिल्टन कॉटलर* को उनकी दूरदर्शी पुस्तक, *नेबरहुड गवर्नमेंट* के लिए, *नैंसी कॉटलर* को मेरी पांडुलिपि को पढ़ने तथा संतुलन पर बल देने के लिए; *लैरी लेसिंग* को *रिपब्लिकन, लॉस्ट* में उनके प्रभावशाली लेखन के लिए; *नॉर्मन ऑन्स्टींन* को *इट्स ईवन वर्स देन इट लुक्स* में उत्कृष्ट अवलोकनों के लिए; क्रिश्चियन सरकार को www.ficapitalism.com तथा www.democracyindecline.com में उनके उत्कृष्ट कार्य के लिए तथा *डैनी स्टर्न* को इस पुस्तक को संभव बनाने में मेरे साथ सहयोगी बनने के लिए।

लेखक परिचय

फ़िलिप कॉटलर *केलॉग स्कूल ऑफ मैनेजमेंट*, नॉर्थवेस्ट विश्वविद्यालय में अंतर्राष्ट्रीय विपणन में एस.सी. जॉनसन एंड सन के विशिष्ट प्रोफेसर हैं। उनकी सबसे नवीन पुस्तक, *कंफ्रंटिंग कैपिटलिज्म: रियल सॉल्यूशन्स फॉर ए ट्रबल्ड इकोनॉमिक सिस्टम (2015)* सशक्त आर्थिक विकास तथा आर्थिक विकास के लाभों की एक बेहतर साझेदारी, दोनों के लिए आह्वान करती है। प्रोफेसर कॉटलर बाजारों तथा विपणन पर 50 से ज्यादा पुस्तकों के लेखक हैं। शिकागो विश्वविद्यालय में (नोबेल पुरस्कार विजेता मिल्टन फ्राइडमैन के अधीन) तथा एम.आई.टी में (नोबेल पुरस्कार विजेताओं, पॉल सैमुएल्सन तथा रॉबर्ट सोलो के अधीन) अर्थशास्त्री के रूप में प्रशिक्षण प्राप्त कॉटलर ने अर्थशास्त्र के अपने ज्ञान को बाजार तथा विपणन कैसे कार्य करते हैं, पर लागू किया है तथा वे आधुनिक विपणन तथा व्यवहारगत अर्थशास्त्र के उभर रहे क्षेत्र के प्रारंभिक विकासकर्ता थे। खरीददार कैसे खरीद के अपने निर्णयों को लेते हैं, इस विषय के एक विशेषज्ञ के रूप में, उन्होंने विपणन के प्रक्षेत्र को यह व्याख्या करने के लिए कि कैसे खरीददार सभी प्रकार के मामलों में अपने मत का निर्णय लेते हैं, विस्तृत किया।

प्राक्कथन

यह लोकतंत्र के लिए चुनौती भरा समय है। 2015 में ग्रीस से बाहर होने के खतरे से मुश्किल से ही बचा यूरोपीय संघ अब ब्रिटेन से बाहर होने के साथ-साथ दूसरे विश्वयुद्ध के पश्चात के सबसे बड़े शरणार्थी समस्या का सामना कर रहा है। अटलांटिक की दूसरी तरफ, धोखाधड़ी के आरोपों में *ब्राजील* की राष्ट्रपति डिल्मा रॉसेफ के संभावित महाभियोग ने सरकार के कामकाज को ठप्प कर दिया है, जबकि अर्थव्यवस्था में एक नाटकीय गिरावट हो रही है। आगे उत्तर में नशीली दवाओं की तस्करी तथा संगठित अपराध पूरे मध्य अमेरिका में शासकीय संस्थानों को नष्ट कर देने का खतरा उत्पन्न कर रहे हैं। और संयुक्त राज्य में, जहाँ संसदीय प्रक्रिया उतरोत्तर गतिरोधों एवं ध्रुवीकरण द्वारा परिलक्षित हो रही है, सरकार में सार्वजनिक विश्वास ऐतिहासिक स्तर तक कम हो गया है। प्यू (Pew) अनुसंधान केंद्र के हाल के सर्वेक्षण के अनुसार सिर्फ 19% अमेरिकी कहते हैं कि वे अपनी सरकार पर हमेशा या अधिकतर समय विश्वास रखते हैं, तथा लगभग 75% विश्वास करते हैं कि अधिकतर निर्वाचित प्रतिनिधि अपने हितों को देश के हितों के ऊपर रखते हैं।[1] इन आंकड़ों में 2016 के राष्ट्रपति निर्वाचन अभियान (कैंपेन) के दौरान सुधार होने की उम्मीद नहीं है। जैसे-जैसे भ्रष्ट आम चुनाव के युद्ध का शंखनाद हो रहा है, अमेरिकी रिपब्लिकन दल अपनी पहचान के ऊपर एक आंतरिक संघर्ष का सामना कर रहा है और चुनाव के परिणामों को प्रभावित करने के लिए बाहरी धन की रिकॉर्ड मात्रा में बारिश हो रही है।

हमें गणतंत्रों के स्वास्थ्य को कैसे माषना चाहिए। यह स्पष्टतः एक जटिल प्रश्न है, एक ऐसा प्रश्न जिसका उत्तर अनेक तरीकों से दिया जा सकता है, परंतु इसे राजनीति तथा विचारधारा से मुक्त हो कर कठोर विश्लेषण के द्वारा ही विश्वासपूर्ण ढंग से संबोधित किया जा सकता है। फ्रीडम हाउस, एक प्रतिष्ठित गैर लाभकारी संगठन, जो दुनिया भर में लोकतंत्र को प्रोत्साहित करता है, अपने वार्षिकांक *फ्रीडम इन दी वर्ल्ड* रिपोर्ट में इस प्रश्न का उत्तर देने का प्रयास करता है। 2016 के संस्करण में, 100 से ज्यादा विश्लेषकों तथा सलाहकारों के एक दल ने 195 देशों तथा 15 प्रक्षेत्रों में मामलों की व्यापक श्रृंखला का निरीक्षण किया, और फिर उनकी राजनीतिक अधिकारों तथा नागरिक स्वतंत्रताओं की स्थिति का मूल्यांकन करने के लिए एक त्रिस्तरीय रेटिंग प्रणाली का उपयोग किया। बहत्तर देशों ने पिछले वर्ष की तुलना में एक ह्रास दर्ज किया, जो कि एक दशक-लंबी जारी गिरावट में सबसे बड़ी है।[2]

अपनी नई पुस्तक लोकतंत्र का पतन (*डेमोक्रेसी इन डिक्लाइन*), में फ़िलिप कॉटलर इस विषय पर उस समय एक नया दृष्टिकोण प्रस्तुत करते हैं, जब नई अंतर्दृष्टियों की अत्यधिक जरूरत है। *कॉटलर*, 'आधुनिक विपणन के पिता' (जैसे कि वे प्रेम से कहे जाते हैं) ने विपणन के सिद्धांत तथा अनुप्रयोग में क्रांति लाने के

लिए अपने क्षेत्र में किसी अन्य से ज्यादा कार्य किया है। उनकी उत्कृष्ट पुस्तक *मार्केटिंग मैनेजमेंट,* जो अभी अपने पंद्रहवें संस्करण में है, पूरी दुनिया भर में प्रबंधन के विद्यार्थियों के लिए अनिवार्य पाठ्य है। इस विषय में कठिन आर्थिक विश्लेषणों तथा विधियों को लागू कर, उन्होंने कला के एक स्वरूप (यदि एक विचार न हो तो) को विज्ञान के पायदान पर ला खड़ा कर दिया है – तथा विपणन को कॉर्पोरेट रणनीति अपरिहार्य स्तंभ के रूप में परिणत करने में सहायता की है। उनकी एक मूल अंतर्दृष्टि यह है कि विपणनकर्ता तथा उपभोक्ता मूल्यों का विनिमय कर रहे हैं, न कि उत्पादों का। इस अवलोकन के निहितार्थ गंभीर हैं, और इस तथ्य से परिपुष्ट हैं कि आज की सबसे सफल कंपनियाँ विक्रय को बढ़ाने के स्थान पर उपभोक्ताओं की आवश्यकताओं को पूरा करने पर जोर देती हैं। सांस्कृतिक परंपराओं तथा तकनीकी नवाचारों, जो उपभोक्ता व्यवहारों को प्रभावित करते हैं, के साथ सामंजस्य स्थापित करके कॉटलर ने पिछले कुछ वर्षों में अपने चिंतन का निरंतर विकास किया है। सामाजिक विपणन पर उनके अग्रणी कार्य ने, जैसे, कॉर्पोरेशनों को सामाजिक उत्तरदायित्व को एक लाभप्रद रणनीति के रूप में अंगीकृत करने में सक्षम बनाया है, वहीं गैर-लाभप्रद तथा सार्वजनिक क्षेत्र के पेशेवरों को सामाजिक प्रभाव में वृद्धि करने के एक मार्ग के रूप में कॉर्पोरेट विपणन रणनीतियों को लागू करने के लिए सशक्त बनाया है।

अभी हाल में, कॉटलर ने राजनीतिक तथा आर्थिक प्रणालियों की संवेदनशीलता पर अपनी दृष्टि डाली है। 2015 की अपनी पुस्तक, *कंफ्रंटिंग कैपिटलिज्म,* में उन्होंने आर्थिक संवृद्धि को क्षीण करने वाले मुख्य कारकों की खोज की तथा साझी समृद्धि की सतत राह अपनायी। अब वे *डेमोक्रेसी इन डिक्लाइन,* के साथ स्पष्ट दृष्टि वाले सुधारों के समूह के साथ अमेरिकी राजनीति को पुनर्जीवित करने का लक्ष्य रखते हैं। नॉर्थ-वेस्ट विश्वविद्यालय के *केलॉग स्कूल ऑफ मैनेजमेंट* में 50 वर्ष से ज्यादा के अनुभव का उपयोग करते हुए, वे एक विशेषज्ञ विपणन प्रबंधक की दृष्टि से अमेरिकी राजनीतिक परिदृश्य का सर्वेक्षण करते हैं तथा एक दीर्घ-पोषित 'उत्पाद' (लोकतंत्र) की पहचान करते हैं जो अब अपने "ग्राहकों' (नागरिकों) की आवश्यकताओं को संतुष्ट नहीं करता है। वे अमेरिकी लोकतंत्र की चौदह अंतःगुंथित समस्याओं का निदान करते हैं, और इनमें से प्रत्येक से पार पाने के लिए उनके दिए गए प्रस्ताव विद्वानों, अनुशीलनकर्ताओं तथा संलग्न नागरिकों के बीच एक गंभीर बहस प्रारंभ करने के लिए तैयार हैं। अमेरिका के भविष्य तथा दुनिया भर में लोकतंत्र के भविष्य को लेकर चिंतित सभी व्यक्ति इन पर ध्यान दे कर लाभान्वित होंगे।

डैनियल डीर्मायर, पीएच. डी.
डीन, हैरिस स्कूल ऑफ पब्लिक पॉलिसी,
शिकागो विश्वविद्यालय

टिप्पणियाँ

1. www.people-press.org/2015/11/23beyond-distrust-how-americans-view-their-government/
2. https://freedomhouse.org/report/freedom-world/freedom-world-2016

परिचय – बदलती हुई दुनिया में लोकतंत्र के समक्ष चुनौतियाँ

'यह सर्वश्रेष्ठ समय था, यह सबसे बुरा समय था, यह बुद्धिमत्ता का काल था, यह बेवकूफी का काल था, यह विश्वास का युग था, यह अविश्वास का युग था, यह प्रकाश का मौसम था, यह अंधेरे का मौसम था, यह उम्मीद का बसंत था, यह नाउम्मीदी का शीत काल था, हमारे सामने सब कुछ था, हमारे सामने कुछ भी नहीं था, हम सभी सीधे स्वर्ग जा रहे थे, हम सब सीधे दूसरी तरफ जा रहे थे।'

चार्ल्स डिकेंस, *ए टेल ऑफ टू सिटीज़*

दुनिया आज ज्यादा तेज गति से बदल रही है। हर चीज भूमंडलीकरण, विज्ञान तथा तकनीक में उन्नतियों तथा इंटरनेट एवं डिजिटलीकरण के उद्भव से प्रभावित हो रही है। पुरानी विश्व व्यवस्था में एक तरफ अनिश्चितता तथा असुरक्षा व्याप्त है तथा दूसरी तरफ यह नए अवसरों तथा संभावनाओं के महासागरों से संयुक्त नई विश्व व्यवस्था के लिए स्थान दे रही है।

आज दुनिया में सात अरब लोग हैं, जिनकी संख्या 2050 तक नौ अरब तक पहुँच जाने का पूर्वानुमान है। पाँच अरब लोग गरीबी में जीवन जी रहे हैं। दुनिया में बहुत से लोग उजड़े हुए हैं, और बड़ी उम्मीद के साथ अपनी जन्मभूमि से दूर सुरक्षित आश्रय की ओर प्रवास कर रहे हैं। लोगों का युद्ध करना जारी है। आतंकवादी बम विस्फोट कर रहे हैं। अनेक सरकारें जनमत का दमन कर रही हैं। लोकप्रिय लोकतंत्र के लिए पुकार हर ओर है, लेकिन इसे तानाशाहों के द्वारा कुचल दिया जाता है, जो जीवनस्तर में सुधार के स्थान पर व्यवस्था बनाए रखने पर जोर देते हैं।

हाँ, लोगों को अव्यवस्था तथा अराजकता से बचने के लिए शासित होने की आवश्यकता है। लेकिन कौन सी चीज दमनकारी सरकार को अच्छी सरकार से अलग करती है? अब राजतंत्र आधुनिक उत्तर नहीं रह गए हैं। चीन के जैसी एकल राजनीतिक दल प्रणाली एक उत्तर है, लेकिन लोगों को प्रार्थना करनी पड़ती है कि यह हितकारी हो। आज का प्रमुख उत्तर है कि अच्छे प्रशासन के लिए ज्यादा बेहतर अवसर है, यदि उम्मीदवारों को चुनाव लड़ने का अधिकार है तथा नागरिकों के पास अपने नेताओं के चयन का अधिकार है। आज अधिकतर लोग निरंकुशतंत्र या कुलीनतंत्र से ज्यादा प्राथमिकता लोकतंत्र को देंगे।

लेकिन लोकतंत्र एक सरल प्रणाली नहीं है। इसमें सिर्फ स्वतंत्र चुनाव लड़ने से ज्यादा की आवश्यकता होती है। इसमें नागरिकों की आवश्यकता होती है, जो जानकार हैं और जो निर्वाचन के दिन मतदान हेतु आते हैं। इसमें मामलों पर चर्चा करने के लिए नागरिकों की स्वतंत्र सभा के साथ-साथ आवश्यक स्थिति में शांतिपूर्ण विरोध आयोजित करने की जरूरत होती है। इसमें आवश्यकता होती है एक स्वतंत्र प्रेस तथा दो या ज्यादा राजनीतिक दलों की, जो अपने प्रस्तावों तथा वादों का मुक्त होकर विज्ञापन एवं चर्चा कर सकें।

संयुक्त राज्य अमेरिका ऐसे ही एक लोकतंत्र का प्रतिनिधित्व करता है। इसकी स्थापना श्रेष्ठ व्यक्तियों के समूह के द्वारा की गई थी, जिन्होंने ग्रेट ब्रिटेन से स्वतंत्रता एवं "लोगों का, लोगों के द्वारा, लोगों के लिए" एक नए लोकतंत्र की स्थापना के लिए संग्राम का चयन किया था। थॉमस जैफ़रसन तथा पाँच सदस्यों की समिति ने स्वतंत्रता की उद्घोषणा में वक्तव्य दिया था:

> हम इन सत्यों को स्पष्टतः सिद्ध मानते हैं कि सभी मनुष्य समान निर्मित हुए हैं, कि वे अपने सृजनकर्ता के द्वारा विशिष्ट अहस्तांतरणीय अधिकारों से संपन्न किए गए हैं, कि इनमें हैं *जीवन, स्वतंत्रता तथा आनंद की खोज।*

अमेरिकी लोकतंत्र पिछले 240 वर्षों से ज्यादा वर्षों में जॉर्ज वॉशिंगटन, थॉमस जैफ़रसन, एंड्रयू जैक्सन, अब्राहम लिंकन, थियोडॉर रूज़वेल्ट, फ्रैंकलिन रूज़वेल्ट, रोनल्ड रीगन, विलियम क्लिंटन तथा बराक ओबामा जैसे राष्ट्रपतियों के प्रभावों के साथ कई चरणों तथा रूपांतरणों से होकर गुजरा है।

आज राष्ट्रपति पद के लिए नए उम्मीदवारों की विशाल संख्या है जो अमेरिकी लोकतंत्र की प्रकृति को आकार देने या पुनः आकार देने की आशा करते हैं। सत्रह भिन्न-भिन्न उम्मीदवारों ने रिपब्लिकन दल से लड़ने का फैसला किया और तीन प्रत्याशियों ने डेमोक्रेटिक दल से चुनाव लड़ने का फैसला किया। जेब बुश ने राष्ट्रपति पद के लिए लड़ने का निर्णय 2013 में लिया तथा दूसरों ने शीघ्र ही अनुपालन किया। यह देखते हुए कि चुनाव नवंबर 2016 में होगा, ये प्रत्याशी 3½ वर्षों से ज्यादा अवधि तक इस पद के लिए लड़ेंगे। ऐसा प्रतीत होता है कि चुनाव की ऐसी लंबी अवधि का डिजाइन उम्मीदवारों के विश्वासों तथा मान्यताओं के संबंध में जानने के लिए नहीं किया जाता है, बल्कि यह देखने के लिए कि किसके पास पर्याप्त शक्ति है! प्रत्येक उम्मीदवार अपना अधिकतर समय, धन तथा ऊर्जा 3½ वर्षों के लिए सभा में भाषण देने तथा धन अर्जन करने में समर्पित करेगा।

अनेक उम्मीदवारों में से दो अन्य उम्मीदवारों से 'बाहरी' के रूप में व्यापक रूप भिन्न हैं। पहले 'बाहरी' डोनॉल्ड ट्रंप हैं, जिन्होंने सबसे ज्यादा ध्यान आकर्षित किया है तथा जो सर्वाधिक मुखर हैं। उन्होंने यह प्रस्ताव देकर कि अमेरिकी विश्वासों तथा आदर्शों के विपरीत अन्य भेदभावों के साथ-साथ सभी अवैध मैक्सिकनों को घर वापस भेजा जाएगा तथा अतिरिक्त अवैध मैक्सिकनों को बाहर रखने के लिए सं.रा. के द्वारा एक दीवार बनाने के लिए मैक्सिको के द्वारा भुगतान किया जाएगा, मुस्लिमों को देश में प्रवेश

करने से प्रतिबंधित होगा; 'राजनीतिक औचित्य' का उल्लंघन कर दिया। फिर भी उनकी 'घृणा की राजनीति' में हर नया मामला उन्हें ज्यादा मत दिलवाता प्रतीत होता है। वे निम्न आय तथा गुस्से में रह रहे समूह, जो कुचले हुए, स्थापित राजनीतिज्ञों तथा दलों से उपेक्षित महसूस करते हैं तथा जो अपनी शिकायतों का प्रतिनिधित्व करने के लिए एक नई आवाज चाहते हैं, को सर्वाधिक आकर्षित करते हैं। ट्रंप अमेरिकी राजनीति में एक दुर्लभ तथा मूल परिघटना हैं, जिसने स्थापित रूढ़ीवादी रिपब्लिकन दल में हर एक को हतोत्साहित कर दिया है।

दूसरे "बाहरी" 74 वर्षीय बर्नी सैंडर्स हैं, जो अपने सीनेट के करियर में अधिकतर स्वतंत्र रहे, तथा डेमोक्रेटिक सोशलिस्ट के रूप में उम्मीदवार हैं। बर्नी ने अरबपतियों तथा सुपर पीएसी (राजनीतिक कार्रवाई समितियाँ, आधिकारिक रूप से 'स्वतंत्र व्यय-मात्र समितियाँ) से निधि लेने से परहेज रखा है तथा व्यक्तिगत उपहारों पर निर्भर रहे हैं, जो अब लाखों में है तथा प्रति प्रशंसक यह औसत $27 है। उन्होंने प्रत्येक की लागत के अनुमान के साथ 20 से ज्यादा ध्यानपूर्वक तैयार किए गए उदार प्रस्तावों को विकसित किया है। उनके पसंदीदा प्रस्तावों में हैं, मुफ्त कॉलेज शिक्षा, स्वास्थ्य क्षेत्र के लिए एकल भुगतान योजना, न्यूनतम मजदूरी को $15 तक बढ़ाना, आय तथा धन पर ज्यादा कर, बड़े धन को राजनीति से बाहर करना, वातावरण में परिवर्तन से संघर्ष, नस्लीय पूर्वाग्रह से संघर्ष, स्त्रियों तथा समलैंगिकों के अधिकारों को उठाना, अनुशंसित की गई दवाओं के मूल्य को कम करना तथा वॉल स्ट्रीट में सुधार। उनके प्रस्तावों में निहित यह विचार है कि एक आदर्श लोकतंत्र अपने सभी नागरिकों के लिए शिक्षा, स्वास्थ्य तथा कल्याण का ध्यान रखता है। उनका प्लेटफॉर्म युवा आदर्शवादी व्यक्तियों तथा द्वितीय विश्व युद्ध के बाद पैदा हुए व्यक्तियों को आकर्षित करता है, जो साठ के शानदार दशक को याद करते हैं जब उन्होने नागरिक अधिकारों, समलैंगिक अधिकारों तथा महिलाओं के अधिकार के समर्थन में लड़ाई लड़ी थी। सैंडर्स की बड़ी समस्या यह है कि राष्ट्रपति के रूप में उन्हें गतिरोध-ग्रस्त कॉंग्रेस के समक्ष प्रस्तुत अपने किसी भी प्रस्ताव को पारित करने का क्या कोई मौका मिलेगा।

कम आय वर्ग तथा मध्यम वर्ग, दोनों अपने को हाशिए पर तथा बिना किसी अधिकार के महसूस करते हैं। उनकी अपनी नौकरियों तथा आयों एवं बदलते हुए सामाजिक मूल्यों के संबंध में चिंताएँ हैं। कुछ उम्मीदवार निम्न आयवर्ग को स्थापित राजनीतिज्ञों से कहीं इतर देखने के लिए तीव्रता से भय तथा गुस्से भरे संदेशों को रच देते हैं। अन्य प्रत्याशी ऐसे नए-नए समाधान प्रस्तुत करते हैं, जो बहुत ज्यादा व्यवहारसंभव नहीं है। मीडिया कुशल जोड़तोड़कर्ताओं द्वारा संचालित है जिनका लक्ष्य विद्यमान चिंताओं, वास्तविक या कथित, का दोहन है।

जो कोई भी अमेरिकी राष्ट्रपति बनता है, उसे अनसुलझे राष्ट्रीय मामलों के हक्का-बक्का कर देने वाले समूह का सामना करना पड़ेगा जिस पर कॉंग्रेस ने कार्रवाई करने से इंकार कर दिया है: विकास में अवरोध, चुनाव प्रचार का वित्तपोषण, जलवायु तथा प्रदूषण, उपभोक्ता संरक्षण, नशीली दवाओं के युद्ध, हथियार नियंत्रण, स्वास्थ्य, प्रवासन, आधारभूत संरचना, सेना तथा रक्षा, राष्ट्रीय कर्ज, गरीबी, सामाजिक सुरक्षा एवं सेवानिवृत्ति, विद्यार्थियों को कर्ज तथा कर।

इन मामलों के आगे वे व्यापक शक्तियाँ तथा खतरे, जिन्हें अवश्य समझा तथा ध्यानपूर्वक प्रबंधित किया जाना चाहिए, हैं:

- इंटरनेट तथा सोशल मीडिया ने दुनिया को हमेशा से ज्यादा आपस में जुड़ा हुआ बना दिया है। पूरी दुनिया भर में लोगों की पहुँच, क्या और कहाँ खरीदना चाहिए तथा किसे मत देना चाहिए, इनके संबंध में उनके व्यक्तिगत निर्णयों को निर्देशित करने के लिए ज्यादा सूचना, ज्यादा विशेषज्ञों तथा ज्यादा रेटिंग प्रणालियों तक है। मिस्र, सीरिया तथा लीबिया में शक्तिशाली परंतु असफल क्रांतियाँ लोगों को जोड़ने की इंटरनेट की क्षमता के कारण संभव हुई। नकारात्मक पक्ष में, लोग ज्यादा आदिवासी बनते जा रहे हैं और अपने समूहों को ज्यादा पढ़ एवं सुन रहे हैं तथा अन्य आवाजों पर कम ध्यान दे रहे हैं। हर कोई सूचना के अपने निजी आरामदायक वातावरण में रह रहा है तथा वे अन्य दृष्टिकोणों को नहीं देख रहे हैं।
- विज्ञान और तकनीक में अभिवृद्धि, ब्रह्मांड के बारे में लोगों के विचार को बदल रही है। हम अरबों तारों तथा ग्रहों वाले एक ब्रह्मांड (या महाब्रह्माण्ड) जो कि तीव्र दर से फैल रहा है, में निवास करने के संबंध में ज्यादा सुनते हैं, जो सब हम कौन हैं और जीवन का अर्थ क्या है, के प्रश्न खड़े कर रहे हैं।
- ज्यादा उत्पादक कार्य रोबोटों तथा कृत्रिम बुद्धिमत्ता ऐप्स द्वारा किया जा रहा है जो खतरा उत्पन्न करते हैं कि क्या दुनिया की बढ़ती आबादी के लिए रोजगार उपलब्ध कराने के लिए पर्याप्त नौकरियाँ होंगी। बहुत से अमेरिकी भविष्य के लिए चिंतित हैं तथा वॉशिंगटन संस्थापना या वॉल स्ट्रीट या अल्पसंख्यक समूहों या विदेशियों पर आरोप लगाने के लिए तैयार हैं।
- धीमे होते आर्थिक विकास के संबंध में चिंताएँ बढ़ी हैं। चीन ने अन्य देशों से बहुत ज्यादा भोजन, खनिजों तथा उत्पादों अपनी अंतहीन जरूरत के द्वारा पूर्व में अनेक देशों के विकास को ईंधन प्रदान किया जो बदले में सस्ते चीनी उत्पादों से लाभान्वित हुए। परंतु चीन धीमा पड़ रहा है और बहुत तेज गति से विस्तृत होने के कारण आ रही बड़ी वित्तीय समस्याओं का सामना कर रहा है। अधिकतर देश आज ऊँचे ऋणों से आक्रांत हैं तथा अपनी भौतिक, शैक्षिक तथा स्वास्थ्य अधोसंरचना को बनाए रखने हेतु पर्याप्त कर राजस्व को उगाहने की क्षमता से रहित हैं।
- दुनिया धन के बढ़ते केंद्रीकरण द्वारा परिलक्षित हो रही है जहाँ शीर्ष 1% उस राष्ट्र की आय या धन के 30, 40 या 50% से ज्यादा अर्जित कर सकती है या स्वामित्व रख सकती है। सं.रा के लिए इसका अर्थ है कि कांग्रेस का संचालन लोगों के बजाय संकेन्द्रित धन से होता है और कांग्रेस के सदस्यों को बेहतर प्रणाली के पक्ष में वोट करने के लिए किसी प्रकार का प्रोत्साहन नहीं मिलता है।
- विश्व में कुछ उदंड देश भी हैं जो अन्य लोगों के जीवन को खतरे में डालते हैं। उत्तर कोरिया लगातार परमाणु बम बना रहा है। ईरान हाल ही में उनके खुद के परमाणु बमों को बनाने पर रोक लगाने पर राजी हुआ है। पुतिन के नेतृत्व में रूस ने आक्रमण कर दिया तथा क्रीमिया को अपने में शामिल कर लिया जो यूक्रेन का था। जिहादी मुस्लिमों के अतिवादी आंदोलन ने *आईएसआईएस* (जिसे कभी कभी *आई.एस.आई.एल (ISIL)* या *दाइश* भी कहा जाता है) का निर्माण किया तथा मध्य-पूर्व में एक प्रक्षेत्र पर कब्जा कर लिया जहाँ यह आतंकवादियों तथा आत्मघाती बमबाजों को प्रशिक्षित करता है तथा अन्य संस्कृतियों की पवित्र निधियों को नष्ट करता है।

स्पष्टतया, अगले अमेरिकी राष्ट्रपति को समस्याओं की मुश्किल संख्या का सामना करना पड़ेगा। एक *रिपब्लिकन* राष्ट्रपति संभवतः आतंकवाद तथा विदेश नीति पर ध्यान देगा। एक *डेमोक्रेटिक* राष्ट्रपति नौकरियों तथा अर्थव्यवस्था पर ध्यान केंद्रित करेगा। दोनों चुनौतियों को आसान कर रहे होंगे। कोई सिर्फ

आशा कर सकता है कि अगला राष्ट्रपति उन अन्य देशों के साथ गठबंधन बनाएगा जो स्वतंत्रता तथा लोकतंत्र की परवाह करते हैं तथा जो इन समस्याओं के निर्मूलन के लिए साथ में कार्य करेंगे। ये समस्याएँ अगले कुछ राष्ट्रपतियों तक विद्यमान रहेंगी, लेकिन हम उम्मीद करते हैं कि सही समय पर सही कार्रवाई करने की बुद्धिमत्ता विद्यमान है।

अगले अमेरिकी राष्ट्रपति को बहुत से घरेलू मामलों पर विचार करना है, जो स्वयं लोकतंत्र के प्रदर्शन को प्रभावित करते हैं। जानकार नागरिकों की संख्या तथा मतदान करने वाले नागरिकों की संख्या पर्याप्त नहीं है। हम काँग्रेस जिलों का अनुचित लाभ के लिए निर्धारण करने के प्रयासों में वृद्धि को देख रहे हैं ताकि प्रतिनिधि अनंत काल तक सत्ता में रह सकें। हम 1965 के *वोटिंग राइट्स एक्ट* के उल्लंघनों को देख रहे हैं तथा राज्य विधायिकाओं के द्वारा नागरिकता के ज्यादा ठोस सबूतों की आवश्यकता सृजित होता पा रहे हैं, जो गरीब नागरिकों पर भारी पड़ रहा है। हम गर्भपात तथा बंदूक स्वामित्व के मामलों पर सरकार को बंद कर देने के लिए तैयार सदन प्रतिनिधियों वाले गतिरोधग्रस्त काँग्रेस को देख रहे हैं। हम एक सर्वोच्च न्यायालय को देख रहे हैं जिसने *सिटीजंस यूनाइटेड बनाम फेडरल इलेक्शन कमीशन (एफइसी)* में 5–4 से यह निर्णय दिया कि कॉरपोरेशन व्यक्ति हैं और उन्हें अपने पसंदीदा उम्मीदवारों के समर्थन में लगभग अनंत धन व्यय करने का अधिकार है। हमें चिंतित होना है कि चुनाव मंहगे होते जा रहे हैं तथा प्रत्येक प्रत्याशी एवं निर्वाचित प्रतिनिधियों को विधायी मामलों की समीक्षा करने की जगह कोष जुटाने में ज्यादा समय व्यतीत करना पड़ रहा है। *धनराशि* हमारे राजनीतिज्ञों का निर्वाचन कर रही है तथा उनके मतों को प्रभावित करने के लिए *लॉबिइंग* का उपयोग कर रही है। हमें कार्यकाल की सीमाओं पर भी विचार करने की आवश्यकता है, जिन्हें अमेरिकी राष्ट्रपति पर दो से ज्यादा अवधियों से ज्यादा सेवा न देने के लिए लगाया गया था और यह संभवतः काँग्रेस सदस्यों तथा सर्वोच्च न्यायालय के न्यायाधीशों पर भी लागू होनी चाहिए। और बहुत से अन्य मामले हैं।

एक अर्थशास्त्री के रूप में मैंने 2015 में *कंफ्रंटिंग कैपिटलिज्म: रियल सॉल्यूशंस फॉर ए ट्रबल्ड इकोनॉमिक सिस्टम* प्रकाशित की थी। मैंने अमेरिकी पूँजीवाद को ग्रसित करने वाली 14 कमियों की पहचान की। यह सत्य है कि अमेरिकी पूँजीवाद ने विशाल आर्थिक धन का सृजन किया है। लेकिन जब तक 2010 में *अफोर्डेबल केयर एक्ट* लागू नहीं किया गया था, 4.5 करोड़ अमेरिकी स्वास्थ्य बीमा के बिना थे। आज 15% अमेरिकी जनता घनघोर गरीबी में जीवन व्यतीत कर रही है। बहुत से अमेरिकी सिर्फ $7.45 प्रति घंटे पर कार्य कर रहे हैं तथा पर्याप्त भोजन हेतु उन्हें खाद्य कूपनों की जरूरत है। अपनी वास्तविक क्रयशक्ति में अधिकतर अमेरिकी कामगारों के वास्तविक वेतन 1970 के स्तर से कम हैं। अधिकतर कॉलेज विद्यार्थियों पर ऊँचे कॉलेज कर्जे हैं, जो उन्हें मुख्य उत्पादों खरीदने तथा अपने परिवार को शुरू करने से रोक रहे हैं। हम हमारे अपक्षयित हो रहे इंफ्रास्ट्रक्चर, हमारे विशाल तथा बढ़ते संघीय कर्ज, *वॉल स्ट्रीट को अधिकार में करने के लिए* आंदोलन तथा अन्य समस्याओं का उल्लेख नहीं करेंगे। बहुत से लोग इन समस्याओं के प्रति सजग हैं, और मानते हैं कि इन समस्याओं को सुलझाने के लिए अनेक हल मौजूद हैं।

इस नई पुस्तक *डेमोक्रेसी इन डिक्लाइन* में, मैं इस बात की जाँच करना चाहता हूँ कि लोकतंत्र मतदाता की कितनी अच्छी तरह से सेवा कर रहा है। एक पेशेवर अर्थशास्त्री तथा विपणनकर्ता के रूप में, मुझे उत्पादों

का मूल्यांकन करने की आदत है। यदि हम लोकतंत्र को एक उत्पाद के रूप में देखते हैं, तो हम आपसे पूछेंगे कि उत्पाद कितना अच्छा बना है, यह अपने उपभोक्ताओं को कितनी संतुष्टि दे रहा है, यह कितना अच्छा बिक रहा है। हर ओर व्याप्त गुस्से तथा 2016 के चुनावों के दौरान अनगिनत नागरिकों के द्वारा प्रदर्शित निराशा के आधार पर निर्णय लेने पर, लोकतंत्र नागरिकों की आशाओं को पूरी तरह से पूर्ण नहीं कर रहा है। वे बहुत से प्रत्याशियों को बहुत सी अलग चीजों का वादा करते तथा ब्रॉडकास्ट तथा प्रिंट मीडिया में अपनी स्थिति का प्रचार करने के लिए इतना ज्यादा समय लेते हैं कि हम इस अवधि में शायद ही कोई अन्य समाचार सुन पाते हैं। अच्छे प्रत्याशियों की खोज करने, उनके संदेशों को सुनने तथा मत देने के संदर्भ में राय बनाने के लिए निश्चित तौर पर इसके ज्यादा अच्छे तरीके होने चाहिए। मैं जानता हूँ कि कब एक उत्पाद कार्य कर रहा है तथा इसके बिक्री के तरीके कार्य कर रहे है। मैं विश्वास करता हूँ कि वर्तमान प्रणाली में डिजाइन में कुछ कमियाँ हैं, जिसे सुधारा जा सकता है। हम ज्यादा बेहतर प्रदर्शन करने वाली लोकतांत्रिक प्रणाली का डिजाइन कर सकते हैं।

एक समय था जब स्थानीय नागरिक अपने समुदाय के द्वारा सामना किए जा रहे मामलों पर निर्णय लेने के लिए एकत्र होते थे। *वरमाउंट* तथा *न्यू हैम्पशायर* के छोटे शहरों में वे प्रतिवर्ष भाग लेने वाले नागरिकों की अच्छी संख्या वाले कई सम्मेलनों को आयोजित करते तथा समुदाय के मामलों में प्रत्येक मामले में बहुमत द्वारा निर्णय लेते। यह वह समय था जब 'हम लोग', न कि 'हम कॉर्पोरेशन' देश चलाते थे।

आज प्रत्येक दो वर्षों में काँग्रेस के चुनाव होते हैं। एक राष्ट्रपति चुनाव में योग्य मतदाताओं में से 60% से कम मत देते हैं। 96% से अधिक राजनीतिज्ञों के पुनः निर्वाचित रहने की संभावना होती है। राजनीतिज्ञों को अपने अभियानों को चलाने के लिए हताशापूर्ण स्तर तक धन की आवश्यकता होती है। उनमें से कई धन को अरबपतियों या करोड़पतियों से प्राप्त करते हैं। वे इस धन को अपने दानदाताओं से बिना कुछ अहसानमंद हुए नहीं प्राप्त कर सकते हैं। परिणाम: बहुत से विधेयक रूढ़ीवादी होते हैं, न केवल विपुल संपत्ति की रक्षा करने के लिए बल्कि उन्हें बढ़ाने के लिए। हम तीव्रता से एक लोकतंत्र होने से एक कुलीन तंत्र या कुबेरतंत्र की ओर बढ़ गए हैं।

मेरा निष्कर्ष है कि लोकतंत्र का कमजोर होना हमारे लोगों के बहुमत के लिए लाभों को उत्पन्न करने की पूँजीवादी प्रणाली की क्षमता को कम कर रहा है। लोकतंत्र उत्तरोत्तर धनाढ्य व्यक्तियों के संकीर्ण हितों को सेवित कर रहा है।

लोकतंत्र की चौदह कमियाँ

1. कम मतदाता साक्षरता, उपस्थिति तथा संलग्नता।
2. उच्च योग्यता-प्राप्त तथा दूरदृष्टि वाले प्रत्याशियों की कमी।
3. अमेरिकी असाधारणता में अंध-विश्वास।
4. सरकार के प्रति बढ़ती सार्वजनिक घृणा।
5. आवश्यक विधेयकों को रोकते हुए द्वि-दलीय गतिरोध।

6. राजनीति में धन की बढ़ती भूमिका।
7. निर्वाचित प्रतिनिधियों को हमेशा पुनर्निर्वाचित होने की शक्ति प्रदान करने के लिए निर्वाचन क्षेत्रों का अनुचित निर्धारण।
8. गुट तथा प्राथमिक चुनावों में अग्रणी प्रत्याशियों के द्वारा सर्वाधिक अतिवादी स्थिति अंगीकृत करना।
9. राष्ट्रपति तथा काँग्रेस के बीच सतत संघर्ष।
10. संघीय तथा राज्य सरकारों के बीच सतत संघर्ष।
11. विधायी कार्यों को संशोधित करने की सर्वोच्च न्यायालय की तत्परता।
12. नए संशोधनों को पारित करने में दिक्कत।
13. एक ठोस विदेश नीति को विकसित करने में दिक्कत।
14. सरकारी एजेंसियों को ज्यादा उत्तरदायी बनाना।

मैं अमेरिकी लोकतंत्र की इन 14 चुनौतियों की जाँच-पड़ताल करूँगा। अधिकतर अमेरिकियों ने नागरिक शास्त्र का अध्ययन नहीं किया है अथवा वे भूल गए हैं कि प्रणाली को कैसे कार्य करना है। सरकार व्यवहार में कैसे कार्य करती है, मैं इसकी बेहतर समझ देने का लक्ष्य करता हूँ।

अमेरिकी राजनीतिज्ञ हमेशा अमेरिकी असाधारणता की स्तुति करते हैं। वे शेखी बघारते हैं कि अमेरिका के पास सर्वश्रेष्ठ आर्थिक प्रणाली (पूँजीवाद) तथा सर्वश्रेष्ठ राजनीतिक प्रणाली (लोकतंत्र) है। दुनिया का सबसे अमीर देश बन कर, अमेरिकी चुनिंदा व्यक्ति जैसे प्रतीत हो सकते हैं। हमारा ध्यान अमेरिकी संविधान की विशिष्टता तथा संस्थापकों- बेंजामिन फ्रैंकलिन, जेम्स मैडिसन, थॉमस जैफ़रसन, जॉन एडम्स तथा बहुत से अन्य व्यक्तियों की महानता की ओर आकर्षित किया जाता है। इस मेधावी समूह ने एक संविधान तथा अधिकारों के एक विधेयक जो अमेरिकियों को एक ज्यादा बेहतर "जीवन, स्वतंत्रता तथा आनंद के सृजन" का वादा करता है, को एकसाथ अंकित किया।

यहाँ मैं स्पष्ट करना चाहता हूँ कि, संविधान तथा अधिकारों के विधेयक अद्भुत रहे हैं! नागरिक कोई भी कारोबार प्रारंभ करने तथा उस हद तक सफल या असफल होने कि उनके उत्पाद तथा सेवाएँ अपने उपभोक्ताओं को संतुष्ट करती हों, के लिए स्वतंत्र हैं। कारोबारों को सरकार के द्वारा नहीं संचालित किया जाता है, बल्कि व्यक्तिगत नागरिकों के द्वारा, जो अपने वाणिज्य को संचालित करने के लिए अकेले या सहयोग में या एक संगठन को स्थापित करने हेतु जा सकते हैं। वस्तुतः, मत यह है कि सरकार को न्यूनतम होना चाहिए; इसे रक्षा, सड़क, पुलिस तथा अग्निशमन, बंदरगाह एवं पुल, शिक्षा एवं स्वास्थ्य सुविधाएँ एवं सभी के लिए न्याय उपलब्ध कराना चाहिए।

लोकतंत्र इस धारणा पर आधारित है कि लोगों को किसी देश के भविष्य को आकार देना चाहिए। मेरा लक्ष्य यह वर्णन करना है कि लोकतंत्र के प्रमुख राजनीतिक संस्थानों- काँग्रेस, राष्ट्रपति, सर्वोच्च न्यायालय, दो राजनीतिक दलों, राज्यों तथा सरकारी एजेंसियों की कार्यप्रणाली में सुधार के द्वारा हम कैसे इन 14 चुनौतियों का सामना कर सकते हैं।

मैं विश्वास करता हूँ कि सुधार आवश्यक तथा संभव हैं। हम तेजी से प्रतिनिधिक सरकार को गँवा रहे हैं क्योंकि मतदाता पंजीकरण नियंत्रित है, क्योंकि पुनर्जिलाकरण अनुचित लाभ हेतु निर्धारित जिलों की ओर

अग्रसर है, और क्योंकि अभियान का वित्तपोषण अब करोड़पतियों तथा अरबपतियों के हाथों में है। मैं एक *पीएच. डी.* अर्थशास्त्री तथा मतदान में रूचि रखने वाले नागरिक के रूप में लिख रहा हूँ। मैं अवगत हूँ कि हमारी गणतंत्रात्मक प्रणाली कितनी जटिल है। आशा है कि हमारे लोकतंत्र में समस्याओं के जाल को सुलझाने का प्रयास के दौरान मेरी चिंताएँ तथा प्रस्तावित हल नागरिकों की सहायता करेगा, जिन्होंने इन्हीं मामलों पर अचंभा प्रकट किया है। मैं आशा करता हूँ कि मेरे अवलोकन तथा प्राप्तियाँ चर्चा, बहस तथा निर्णय लेने को जन्म देगा।

वर्ष 2000 में कॉलिन क्राउच ने *कोपिंग विद पोस्ट-डेमोक्रेसी* शीर्षक वाली एक नई पुस्तक प्रकाशित की। उन्होंने उत्तर-लोकतंत्र को एक ऐसी प्रणाली के रूप में परिभाषित किया जिसमें लोकतंत्र के साज-सामान होते हैं – मुक्त अभिव्यक्ति, चुनाव- परंतु वास्तविक लोकतंत्र को उपलब्ध कराने में अधिक सीमित होते हैं। लोग मतदान करते हैं, परंतु यह कोई अंतर नहीं लाता है। राजनीतिक प्रणाली में गंभीर समस्याएँ हैं, लेकिन इसका विकास उस बिंदु तक नहीं हुआ है जहाँ यह वास्तविक हल प्रदान कर सके। समस्या यह है कि प्रणाली अब मतदाताओं के द्वारा नियंत्रित न हो कर धनाढ्यों एवं अति-धनाढ्यों द्वारा नियंत्रित होती है। हम एक उत्तर-लोकतंत्र में स्थिर नहीं होना चाहते हैं। यह पुस्तक वास्तविक लोकतंत्र पर वापस जाने के संबंध में है।

अध्याय-1

क्यों अमेरिका या अन्यत्र लोकतंत्र ठीक से कार्य नहीं कर रहा है—क्यों सिर्फ चुनावों का होना पर्याप्त नहीं है

'लोगों को अपनी सरकार से भयभीत नहीं होना चाहिए। सरकारों को अपने लोगों से भयभीत होना चाहिए।'

एलन मूर, वी फॉर वेन्डेटा

हम उस समय में रहते हैं, जहाँ लोगों का बहुमत कहता है कि वे एक लोकतंत्र में रहते हैं। लेकिन फिर भी, दुनिया के सात अरब लोगों में अनेक उत्पीड़न, भ्रष्टाचार तथा तानाशाही से पीड़ित हैं। उनका जीवन स्तर निम्नस्तरीय है तथा वे सुरक्षित नहीं महसूस करते हैं या बात करने के लिए स्वतंत्र नहीं हैं। उनमें लोकतंत्र तथा समृद्धि के लिए हूक उठती है। हमने 25 जनवरी 2011 को मिस्र में एक स्वतंत्रता आंदोलन की शुरुआत देखी। इससे भी पहले, 10 दिसम्बर, 2010 को ऊँची बेरोजगारी, खाद्यस्फीति, भ्रष्टाचार, बुरा जीवन स्तर तथा राजनीतिक स्वतंत्रता के अभाव के फलस्वरूप ट्यूनिशिया में प्रदर्शन प्रारंभ हो गए। मिस्र तथा ट्यूनिशिया की क्रांतियों से यमन, बहरीन, जॉर्डन, सीरिया एवं लिबिया सहित अन्य अरब देशों में प्रदर्शन प्रारंभ हो गए।

अभी हाल ही में सीरिया में तानाशाही शासन तथा युद्ध ने चालीस लाख से ज्यादा शरणार्थियों को सीरिया छोड़ कर यूरोप तथा अन्य गंतव्यों की ओर जाने के लिए मजबूर कर दिया है जहाँ वे शांति तथा अवसर के अल्पांश को प्राप्त कर सके। उनके हृदय एक ऐसे स्थान के लिए स्पंदित होते हैं जहाँ उनके परिवार सामान्य जीवन जी सके तथा काम एवं स्वतंत्रता पा सके। लोकतंत्र वह प्रणाली है जिसकी वे अभिलाषा रखते हैं तथ यूरोप एवं अमेरिका उनके दिमागों में सबसे पहले आते हैं।

लोकतंत्र के साथ अमेरिकी अनुभव की शुरुआत 1776 में अमेरिकी क्रांति के साथ प्रारंभ हुई जब अमेरिकी उपनिवेश ब्रिटेन से अलग हो गए। महाद्विपीय कॉंग्रेस ने एक नई राजनीतिक प्रणाली, लोकतंत्र, को डिजाइन करने के लिए कार्य किया। कुछ तत्व एथेंस में व्यवहृत लोकतंत्र के प्राचीन विचार से लिए गए, जहाँ योग्य नागरिक वक्ताओं को सुनते थे तथा अपने जीवन एवं जीवन-स्तर में सुधार लाने के लिए विभिन्न प्रस्तावों

पर प्रत्यक्ष मतदान करते थे। 2000 वर्षों से ज्यादा के बाद प्रारंभिक *न्यू इंग्लैंड* शहरों में, अपने समुदाय को प्रभावित करने वाले विभिन्न प्रस्तावों पर मतदान करने के लिए मिलते थे।

4 जुलाई 1776 को अमेरिका के संस्थापकों ने मसौदा बनाया तथा स्वतंत्रता की उद्घोषणा को पारित किया, जो कहती थी कि सभी मनुष्य अपने सृजनकर्ता के द्वारा *जीवन, स्वतंत्रता तथा आनंद की खोज* के विशिष्ट अहस्तांतरणीय अधिकारों से संपन्न किए गए हैं। लगभग एक वर्ष के पश्चात 25 मई 1787 को वे फिडाडेल्फिया में *पेंसेल्वेनिया स्टेट हाऊस* (अब *इंडिपेंडेंस हॉल*) में *आर्टिकल्स ऑफ कॉन्फेडरेशन* को बदलने हेतु संविधान का मसौदा तैयार करने की शुरुआत करने के लिए मिले। उन्होंने 17 सितम्बर 1787 में अपने कार्य को समाप्त कर लिया तथा संविधान पर हस्ताक्षर कर दिया। संविधान की पुष्टि करने की प्रक्रिया उस दिन प्रारंभ हुई तथा तीन वर्ष पश्चात 29 मई 1790 को पूरी हुई जब *रोड आइलैंड* राज्य ने इसकी पुष्टि कर दी।

फिर 15 दिसम्बर 1791 को काँग्रेस ने अभिव्यक्ति की स्वतंत्रता, प्रेस की स्वतंत्रता, सभा करने की स्वतंत्रता तथा निष्पक्ष एवं त्वरित सुनवाई के अधिकार को स्थापित करते हुए पहले दस संशोधनों के रूप में संविधान में अधिकारों के विधेयक को जोड़ा। वे 14 जुलाई 1789 के बैस्टिल किले पर धावे तथा फ्रांसीसी क्रांति के द्वारा फ्रांसीसी राजतंत्र के विघटन करने तथा उसकी प्रतिस्थापना एक ऐसी प्रणाली से बहुत ज्यादा प्रभावित थी, जो लोगों को 'स्वतंत्रता, समानता तथा भाईचारा' प्रदान करती थी। हममें से अनेक इस शब्दों द्वारा निरूपित मूल्यों के बिना जीने के स्थान पर नहीं जीना पसंद करेंगे। फ्रांसीसी क्रांति हमारी स्वतंत्रता की उद्घोषणा से बहुत ज्यादा प्रभावित थी और बदले में अधिकारों के विधेयक को हमारे द्वारा पारित करने को प्रभावित किया।

दो सौ वर्षों पश्चात मई 1989 में दस लाख चीनी लोगों की भीड़ व्यापक लोकतंत्र के लिए तथा चीनी साम्यवादी दल के एक दलीय शासन को समाप्त करने की माँग के साथ केंद्रीय बीजिंग के त्यानआनमेन स्क्वेयर पर एकत्रित हुई। विरोधकर्ताओं ने तीन हफ्तों तक प्रतिदिन प्रदर्शन किया और 4 जून 1989 को चीनी सैनिकों तथा सुरक्षा पुलिस ने स्क्वेयर पर धावा बोल दिया तथा भीड़ पर अंधाधुंध गोलीबारी कर दी। अनेक युवा छात्र भाग गए; अन्यों ने सैनिकों पर पथराव कर दिया तथा सैनिक वाहनों को आग के हवाले कर दिया। कम-से-कम 300 प्रदर्शनकारी मारे गए तथा लगभग 10,000 लोग गिरफ्तार कर लिए गए।

19 मार्च 2003 में अमेरिकी सरकार ने इराक पर इस आधार पर हमला कर दिया कि सद्दाम हुसैन सरकार के पास सामूहिक विनाश के हथियार हैं तथा वह शांति-प्रिय देशों के लिए आतंकवादी खतरा है। हालाँकि ऐसे कोई हथियार नहीं पाए गए। 12 दिसम्बर 2005 को फिलाडेल्फिया के *वर्ल्ड अफेयर्स कॉन्सिल* के समक्ष एक भाषण में जॉर्ज डब्ल्यू बुश ने इराकियों को लोकतांत्रिक संस्थानों जैसे कानून का राज, अभिव्यक्ति की स्वतंत्रता, सभा करने की स्वतंत्रता, एक मुक्त अर्थव्यवस्था तथा पूजन करने की स्वतंत्रता के निर्माण करने में सहायता करने में हमारे प्रयास के रूप में हमले को न्यायसंगत बताया। पूर्वालोकन में, एक रेगिस्तानी देश में लोकतंत्र की स्थापना करना एक निष्कपट अभिलाषा तथा मध्य-पूर्व से तेल की हमारी आवश्यकता को सुरक्षित करने की हमले के वास्तविक कारण का छद्मावरण ज्यादा प्रतीत होता है।

8 अगस्त 2013 को म्यांमार (बर्मा) में उस विद्रोह जिसने उनके लोकतंत्र-समर्थक आंदोलन की शुरुआत की थी, 25वीं वर्षगांठ को मनाने के लिए सार्वजनिक उत्सव हुआ। 20 वर्ष से ज्यादा अवधि के लिए आंग सान सू की को लोकतंत्र-समर्थक आंदोलन का नेतृत्व करने से रोकने के लिए सेना के द्वारा नजरबंद रखा गया। उनकी रिहाई के पश्चात उन्होंने लोकतंत्र-समर्थक आंदोलन को आंदोलित कर दिया। नवम्बर 2015 में, उनके दल, द *नेशनल लीग फॉर डेमोक्रेसी,* या *एनएलडी* ने लड़ी गई संसदीय निर्वाचन क्षेत्रों में से 80% से ज्यादा पर जीत हासिल की। आंग सान अब म्यांमार की सबसे महत्वपूर्ण शख़्सियत हैं तथा वह ज्यादा लोगों के लिए एक ज्यादा बेहतर जिंदगी बनाने के लिए नई नीतियों की घोषणाएँ कर रही हैं।

मैं इन घटनाओं का उल्लेख क्यों कर रहा हूँ? वे दुनिया के विभिन्न हिस्सों में लोकतंत्र की अवधारणा की शक्ति तथा उसके लिए ललक को प्रदर्शित करते हैं। क्या लोकतंत्र विश्व में हर देश के लिए एक सही प्रणाली है? नहीं, हर देश लोकतंत्र के लिए तैयार नहीं है। लेकिन जब पर्याप्त लोग स्वतंत्रता तथा लोकप्रिय मत के विचार पर विश्वास करते हैं, तो ऐसा देश लोकतंत्र के लिए तैयार है।

कौन सी चीज एक देश को लोकतंत्र के योग्य बनाती है?

लोकतंत्रों की वास्तविक संख्या से संभवतः ज्यादा देश एक लोकतंत्र होने का दावा करते हैं। एक अध्ययन में निम्नलिखित 73 देशों को लोकतंत्र के रूप में सूचीबद्ध किया गया था:

> अर्जेंटिना, ऑस्ट्रेलिया, ऑस्ट्रिया, बेल्जियम, बेनीन, ब्राजील, बुल्गारिया, कनाडा, केप वर्डे, चिली, क्रोएशिया, साइप्रस, चेक रिपब्लिकन, डेनमार्क, डोमिनिकन रिपब्लिकन, एल सल्वाडोर, एस्टोनिया, फिनलैंड, फ्रांस, जॉर्जिया, जर्मनी, घाना, ग्रीस, होंडुरस, हंगरी, आइसलैंड, भारत, इंडोनेशिया, आयरलैंड, इजराइल, इटली, जापान, जमैका, किरिबाती, उत्तर कोरिया, दक्षिण कोरिया, लतिविया, एस्टोनिया, लिथुआनिया, माली, माल्टा, मैक्सिको, माइक्रोनेशिया, मंगोलिया, नामीबिया, नीदरलैंड, न्यूजीलैंड, निकारागुआ, नॉर्वे, पलाऊ, पेरू, फिलीपींस, पोलैंड, पुर्तगाल, रोमानिया, सिंगापुर, स्लोवाकिया, स्लोवेनिया, दक्षिण अफ्रीका, दक्षिण कोरिया, स्पेन, सूरीनाम, स्वीडन, थाईलैंड, ताइवान, टोंगा, त्रिनिदाद एवं टोबैगो, तुवालु, यूक्रेन, यूनाइटेड किंगडम, संयुक्त राज्य अमेरिका, उरूग्वे।[1]

इस सूची में शामिल कुछ देशों के संबंध में संदेह है। उत्तर कोरिया इस सूची में कैसे आया? संभवतः इन देशों में चुनाव होते हैं, चाहे वे ईमानदार या बेईमान हों। लेकिन इस बात पर ध्यान दिया जाना चाहिए कि रूस इस सूची में नहीं है और फिर भी वहाँ चुनाव होता है।

आर्थिक निगरानी इकाई (ईआईयू) ने लोकतंत्र का एक ज्यादा बेहतर विश्लेषण किया है। ईआईयू बहुलतावाद, नागरिक स्वतंत्रता, तथा राजनीतिक संस्कृति को मापने वाले पाँच विभिन्न श्रेणियों में समूहबद्ध 60 संकेतकों के आधार पर 167 देशों में लोकतंत्र के प्रसार को मापती है।[2] ईआईयू ने इन 167 देशों को चार

शासन प्रकारों में श्रेणीबद्ध किया: *पूर्ण लोकतंत्र, दोषपूर्ण लोकतंत्र, मिश्रित लोकतंत्र, तथा अधिनायकवादी शासन।* सिर्फ 24 देशों की पहचान पूर्ण लोकतंत्र के रूप में की गई तथा वे विश्व की जनसंख्या के 12.5% को आच्छादित करते थे। दोषपूर्ण लोकतंत्र की संख्या 52 देशों की है जो दुनिया की आबादी के 35.5% को आच्छादित करते थे। पूर्ण एवं दोषपूर्ण लोकतंत्र दुनिया के लगभग 75 देशों में प्रचलन में हैं।

फ्रीडम हाउस लोकतंत्रों की संख्या का पता लगाने वाला एक अन्य स्रोत है तथा यह स्वतंत्र एवं अंशतः स्वतंत्र लोकतंत्रों में भेद करता है।[3] उनकी हतोत्साहित करने वाली प्राप्ति यह है कि दुनिया राजनीतिक अधिकारों तथा नागरिक स्वतंत्रताओं में आठ वर्ष लंबी कमी का अनुभव कर रही है। उन्होंने मिस्र, रूस, यूक्रेन, अजरबैजान, तुर्की तथा वेनेजुएला जैसे देशों में स्वतंत्रता तथा लोकतंत्र में कमी को देखा। उनकी सरकारों पर सैन्य तख्तापलट अथवा विपक्ष को नष्ट करने पर तुले तथा अपनी शक्ति एवं दमन जारी रखने वाले अधिनायकवादी नेतृत्व द्वारा आधिपत्य कर लिया गया है।

दुर्भाग्यवश, दुनियाभर में अनेक लोकतंत्र खराब प्रदर्शन कर रहे हैं। लैटिन अमेरिका मे लोकतंत्रों को उच्च स्तर की गरीबी, उच्च आय विषमता तथा व्याप्त भ्रष्टाचार से संघर्ष करना पड़ रहा है। ब्राजील में, 13 राजनीतिक दलों के होने के कारण कार्यपालिका शाखा तथा विधायिका शाखा को व्यापक सहमति बनाने में दिक्कत होती है। राष्ट्रपति राउसेफ को किसी चीज को करवाने के लिए सतत गठबंधन बनाना पड़ता है। उन्होंने विभिन्न दलों को प्रसन्न करने के लिए एक बड़ी लागत पर 39 मंत्रालयों की एक कैबिनेट बनाई है। राजनीतिक धन जुटाने की प्रवृत्ति ने विशाल तेल कंपनी *पेट्रोब्रास* को संलिप्त करते हुए भ्रष्टाचार के एक बड़े घोटाले को पैदा किया। दुनिया के अनेक लोकतंत्रों में लोकतंत्र को स्वच्छ करने के लिए बहुत कुछ किया जाना है।[4]

परंतु लोकतंत्र है क्या?

लोकतंत्र के लिए अंग्रेज़ी शब्द डेमोक्रेसी ग्रीक शब्दों '*डेमोस*' (लोग) तथा '*क्रेटेस*' (शासन) से आता है, जिसका शाब्दिक अर्थ 'लोगों की शक्ति' है। लोकतंत्र अनिवार्यतः, एक राजनीतिक प्रणाली है जहाँ अंतिम शक्ति लोगों के पास आती है। यह किन्हीं विशेष कानूनों, नियमों तथा नियमनों के पक्ष में या विपक्ष में मतदान करने की उनकी शक्ति में निहित होती है तथा स्वतंत्र रूप से दिया गया बहुमत परिणाम को निर्धारित करता है। लोकतंत्र का बीज विचार स्व-शासन तथा बहुमत का शासन है।

लोकतंत्र में अंतर्निहित है एक व्यक्ति, एक मत का विचार! यदि एक व्यक्ति किसी अन्य व्यक्ति से ज्यादा मत दे सकता है, तो लोकतंत्र की प्रणाली अनुपयोगी है। इस पर विचार करें। राजतंत्र में सिर्फ एक व्यक्ति मतदान कर सकता है, जिसका नाम है राजा। किसी अन्य का मत अप्रासंगिक है। कुलीनतंत्र में, कुलीनों का साधारण नागरिकों की तुलना में ज्यादा मताधिकार है, हालाँकि आम नागरिकों की तुलना में भद्र लोग कम हैं। कुबेरतंत्र में आम नागरिकों की तुलना में धनाढ्य व्यक्तियों के पास ज्यादा मताधिकार होता है। यह हो सकता है यदि अमीर अपने धन का उपयोग औसत नागरिक को विशेष प्रत्याशियों के पक्ष में अन्यों की

अपेक्षा मत देने के लिए प्रभावित करने के लिए करें। *कोक* बंधु इस तरह कुबेरतंत्र से हैं कि उन्होंने घोषणा कर दी है कि वे अपने प्रिय रूढ़ीवादी प्रत्याशियों को निर्वाचित करवाने के लिए लगभग एक अरब डॉलर व्यय करने के लिए तैयार हैं। अमेरिकी राज्य तथा नगर विधायिकाओं में विधायकों के साथ घुसपैठ करने की उनकी पूरी योजना है, जो उनके अति-रूढ़ीवादी विचारों का प्रतिनिधित्व करेंगे। एक अन्य कुबेरतंत्रवादी *शेल्डन एडेल्सन* रूढ़ीवादी राजनीतिज्ञों को जीत दिलाने के लिए अपने धन को बिना किसी बंधन के व्यय कर रहे हैं।

लोकतांत्रिक प्रणाली में मतदान में भ्रष्टाचार का स्रोत, अभियान के वित्तपोषण में निहित है।[5] *सिटीजंस यूनाइटेड* मामले में सर्वोच्च न्यायालय का निर्णय बड़ा धक्का था जिसने कंपनियों को 'व्यक्तियों' के रूप में मान्यता दी जो राजनीतिक अभियानों तथा प्रत्याशियों पर अनंत धन व्यय कर सकते थे: काँग्रेस, अमेरिकी सर्वोच्च न्यायालय तथा राज्य विधान सभाओं में शत्रुतापूर्ण शक्तियाँ अभियान वित्तपोषण सुधार में प्रगति को दशकों पीछे ले जा रही हैं।[6]

स्पष्टरूप से, लोकतंत्र के खाके में कुछ दोष हैं। लेकिन जैसा कि *विंस्टन चर्चिल* की प्रसिद्ध उक्ति है, 'लोकतंत्र शासन का सबसे निकृष्ट स्वरूप है, उन सबको छोड़ कर जिन्हें समय-समय पर परखा गया है'। यह नैतिक वैधता वाली एकमात्र राजनीतिक प्रणाली है। इसकी प्रमुख विशेषता यह है कि इसमें 'स्वयं-सुधार' की क्षमता है। अयोग्य नेताओं तथा नीतियों को बदला जा सकता है।

अधिकतर लोकतंत्र प्रतिनिधिक लोकतंत्र हैं, न कि प्रत्यक्ष लोकतंत्र

एक प्रत्यक्ष लोकतंत्र तब विद्यमान होता है जब नागरिक (मान लें) एक छोटे न्यू इंग्लैंड समुदाय में विभिन्न स्थानीय मामलों पर बहुमत के जीतने वाले विचार करने के लिए एकत्रित होते हैं तथा अपना मत देते हैं। समुदाय सभाएँ करेगा जिसमें आमतौर पर सभी नागरिक भाग लेंगे। यह अमेरिका के प्रारंभिक औपनिवेशिक दिनों तथा उपनिवेश-पश्चात के दिनों की आम विशेषता थी। आज यह उल्लेखनीय रूप से कैलिफोर्निया में आयोजित होती है जहाँ नागरिकों द्वारा अनेक जनमत संग्रह प्रस्तावित होते हैं तथा नागरिकों के पास उन पर मत देने का अवसर होता है।

परंतु बड़े प्रक्षेत्रों में, ज्यादा जनसंख्या वाले क्षेत्रों में जहाँ बहुत से मामले हैं, नागरिकों के लिए नागरिकों के मामलों पर मत देने के लिए प्रतिनिधियों के एक समूह का चयन कर लेना ज्यादा फायदेमंद है। यह *अप्रत्यक्ष लोकतंत्र, प्रतिनिधिक लोकतंत्र या एक* लोकतंत्र के अलग-अलग नामों से जाना जाता है। वस्तुतः, अपने मूल अर्थ में अमेरिका लोकतंत्र से ज्यादा एक गणतंत्र है। नागरिकों के पास विभिन्न मामलों का अध्ययन करने तथा मत देने का समय या प्रवृति नहीं हो सकती है। वे उन प्रत्याशियों का चयन करते हैं, जिन पर वे मामलों का अध्ययन करने तथा उनके हितों में मतदान करने का विश्वास रखते हैं। हमारे संविधान के निर्माताओं प्रत्यक्ष निर्वाचन के एक डर को साझा किया। मैसेच्युसेट्स प्रतिनिधिमंडल के *एल्ब्रिज गेरी* ने कहा: 'हमलोगों के द्वारा अनुभव की जा रही बुराईयाँ हैं लोकतंत्र की अति का प्रवाह। साथी प्रतिनिधि

वर्जीनिया के गर्वनर *एडमंड रांडोल्फ* ने कहा: 'लोग गुण नहीं चाहते हैं (अभाव), लेकिन वे दिखावटी देशभक्तों के द्वारा छले गए हैं। इन बुराईयों के स्रोत की खोज में प्रत्येक व्यक्ति ने इसे लोकतंत्र की उथल-पुथल तथा खराबियों में पाया।

नीति निर्माता जानते थे कि अप्रत्यक्ष निर्वाचन- मतदाताओं के द्वारा प्रतिनिधियों का निर्वाचन जो मामलों पर मतदान करते थे- इस समस्या से पार पाने की कुंजी है। नागरिक मामलों पर स्वयं मतदान करने के स्थान पर निर्वाचन हेतु खड़े प्रत्याशियों में से चयन हेतु मतदान करते थे। फिर भी, नागरिकों के पास अंतिम नियंत्रण होता है क्योंकि उनके पास प्रत्येक दो वर्ष के पश्चात जिन्हें वे चाहते हैं, उन प्रतिनिधियों पर पुनः मतदान करने का अवसर होता है। वे निराश करनेवाले प्रतिनिधियों को उन नए प्रतिनिधियों से बदलने के लिए मतदान करेंगे, जो मामलों के संबंध में उनकी प्राथमिकताओं से मेल खाने के नजदीक होते हैं।

प्रतिनिधिक लोकतंत्र की यह प्रणाली एक दिलचस्प प्रश्न उठाती है कि कहाँ पर प्रतिनिधियों के अपने हित हैं। एक विधेयक पर विचार करें जो इस वर्ष के सैन्य बजट को 10% बढ़ाने का प्रस्ताव देता है। एक प्रतिनिधि को यह निर्णय करने की जरूरत है कि उसे किसके हित में मतदान करना चाहिए। यहाँ तीन बातों की संभावनाएँ हैं:

1. प्रतिनिधि उसके पक्ष में मतदान कर सकता है या सकती है, जिसे वह अपने जिले के बहुमत विचार के रूप में देखता या देखती है।
2. या उसके पक्ष में मतदान कर सकता है या सकती है, जिसे वह देश के सर्वश्रेष्ठ हित में मानता या मानती है।
3. या फिर जो पार्टी उनकी तरफदारी करती है, उसके पक्ष में मतदान कर सकता है या सकती है।

अनेक प्रेक्षक (1) के पक्ष में हैं, कि प्रतिनिधि को अपने जिले के बहुमत के विचार को प्रतिबिंबित करना चाहिए। इसलिए जिले ने प्रतिनिधि के लिए मत दिया था। यदि प्रतिनिधि सतत रूप से भिन्न मतदान करता है, उसका निर्वाचन खत्म कर दिया जाएगा।

दूसरे प्रेक्षक प्रतिनिधि को एक राजनीतिविद् होना चाहते हैं। देश के लिए क्या सर्वश्रेष्ठ है? प्रतिनिधि महसूस कर सकता है कि देश का सैन्य बजट पर्याप्त रूप से बड़ा है तथा सैन्य बजट में वृद्धि के विपक्ष में मत देता है।

और भी अन्य जो ज्यादा रूखे हैं जो प्रतिनिधि के सर्वश्रेष्ठ हित है, उसके पक्ष में प्रतिनिधि से मतदान करने की आशा करेंगे। यदि दल प्रतिनिधि पर सैन्य बजट में 10% वृद्धि के पक्ष में मतदान करने के लिए दबाव डालता है, तो प्रतिनिधि इसके पक्ष में मतदान करेगा। प्रत्येक प्रतिनिधि को पुनः निर्वाचित होने की आवश्यकता होती है तथा यह दल ही है जो पुनः निर्वाचित होने में वित्त-पोषण के लिए में उनकी मदद करेगा। मतदान का यह तीसरा तरीका संभवतः ज्यादा नियमित है। यह हमारे राजनीतिज्ञों में राजनीतिकज्ञता के अभाव की व्याख्या करता है।

आलोचक मिशेल मूर सोचते हैं कि अमेरिकी नागरिकों ने बहुमत के पक्ष में मतदान करने के अधिकार को गँवा दिया है। एक सर्वेक्षण प्रदर्शित कर सकता है कि 80% नागरिक *अफोर्डेबल केयर एक्ट (एसीए),*

2010 को चाहते हैं। लेकिन हमारी प्रणाली में, कुछ सक्रिय निर्वाचित प्रतिनिधि *एसीए* पर हमला करना तथा प्रभावहीन करना जारी रख सकते हैं जब तक कि यह अक्रियाशील या ध्वस्त न हो जाए।

प्रतिनिधिक लोकतंत्र का विचार समय के साथ विकसित हुआ

जब भी लोग साथ-साथ रहते हैं, तो उन्हें राजनीतिक संगठन की आवश्यकता होती है। उन्हें कितनी स्वतंत्रता तथा कितने प्राधिकार की आवश्यकता है। एक छोर पर, लोगों के पास अति स्वतंत्रता हो सकती है- न्यूनतम शासन- लेकिन यह अराजकता एवं सबसे शक्तिशाली की उत्तरजीविता को उत्पन्न कर सकती है। दूसरे छोर पर लोग एक सर्वोच्च नेता या एक तानाशाह को स्वीकार कर सकते हैं जहाँ व्यक्तिगत हित आप्लावित रहते हैं। किस बिंदु पर व्यक्तिगत अधिकारों को अधिकतम लोगों के अधिकतम हित के लिए अवश्य नियंत्रित किया जाना चाहिए? लोग तथा सरकार को आवश्यक रूप से तय करना चाहिए कि राज्य एवं उसके नागरिकों के बीच समुचित संबंध क्या हैं।

राजनीतिक सिद्धांत प्राचीन यूनान में प्लेटो तथा अरस्तू के साथ प्रारंभ होता है। प्लेटो का विचार था कि एक अच्छी सरकार को आहार, वस्त्र तथा मनोरंजनों में आडंबरहीनता को प्रोत्साहित करना चाहिए। प्लेटो सार्वभौमिक मताधिकार के पक्ष में नहीं थे तथा विश्वास करते थे कि सिर्फ सक्षम एवं सूचित नागरिकों के पास मतदान का अधिकार होना चाहिए।

अरस्तू (384–322 ई.पू.) ने विभिन्न राजनीतिक प्रणालियों के संबंध में व्यावहारिक तथा प्रणालीगत तरीके से लिखा। रोमनों ने कानून के अधीन एक संसदीय प्रणाली को चलाने के संबंध में साहित्य में व्यापक योगदान दिया। अंधेरे युग में अधिकतर यूरोपीय जनता राजाओं तथा कबीलाई नेताओं द्वारा शासित होती थी। राजा को शासन करने का अधिकार ईश्वर प्रदत्त माना जाता था, न कि शासित होने के सहमति के द्वारा। राजाओं के द्वारा अपनी शक्ति को उपयोग के संबंध में भिन्न-भिन्न मत थे।

निकोलो मैकियावेली (1469–1527) अरस्तू के बाद पहले गंभीर राजनीतिक चिंतक, अपनी पुस्तक *द प्रिंस* में राजाओं को अपनी प्रजा के साथ किए जाने वाले व्यवहार पर सलाह दे कर प्रसिद्ध हुए। आधुनिक राजनीति शास्त्र के संस्थापक के रूप में मैकियावेली ने राज्य के लिए एक सिद्धांत विकसित करने के स्थान पर अपना ध्यान शासन की कला पर केंद्रित किया। उन्होंने इन प्रश्नों, जैसे कि, एक राजकुमार को उदार होना चाहिए अथवा कुटिल, उससे प्रेम करना चाहिए अथवा उससे भयभीत होना चाहिए, तथा क्या उसे अपने वादों को पूरा करना चाहिए या नहीं। उन्होंने निष्कर्ष निकाला कि राजकुमार को उदार दिखने का प्रयास करना चाहिए परंतु कुटिलता के लिए उसकी प्रतिष्ठा होनी चाहिए। वह ज्यादा प्रभावी होगा यदि लोग उससे प्रेम करने के स्थान पर भयभीत हों। मैकियावेली ने लोगों की तस्वीर अधीर, झूठे तथा लोभी के रूप में उकेरी और कहा कि राजा को कठोरता से कार्य करना चाहिए।

16वीं सदी में कैथोलिक चर्च तथा इसके पोपों के विरुद्ध *प्रोटेस्टेंट क्रांति* हुई। **मार्टिन लूथर** (1483–1546), **जॉन कैल्विन** (1509–1564) तथा अन्य धार्मिक नेताओं ने अपना विश्वास पोप की उद्घोषणाओं के स्थान बाइबिल के पठन में रखा। यह मत उभरा कि लोग तानाशाही का प्रतिरोध कर सकते थे, सामूहिक विद्रोह के द्वारा नहीं, बल्कि अपने मजिस्ट्रेटों एवं सभाओं के प्रयासों के माध्यम से।

(जारी)

(जारी)

17वीं सदी में, जनतांत्रिक विचारों के संबंध में नई सुगबुगाहटें हुई। राजनीतिक विचारकों ने स्वतंत्रता के सिद्धांत, लोकप्रिय सहमति की प्रकृति, राज्य के लिए आधार के रूप में सामाजिक अनुबंध तथा एक दमनकारी शासन के विरुद्ध विद्रोह के अधिकार पर विचार किया। **जॉन मिल्टन** (1608–1674) ने प्रेस की स्वतंत्रता के संबंध में लिखा। उन्होंने शासकों को लोगों के प्रतिनिधि के रूप में देखा। उन्होंने कहा कि उनकी शक्ति कानूनों द्वारा सीमित होनी चाहिए और लोग स्वयंप्रभु है तथा स्वतंत्रता उनका जन्मसिद्ध अधिकार है। उनके पास उनकी अपनी नियति अपने तरीके से लिखने के अवसर होने चाहिए।

थॉमस हॉब्स (1588–1679) ने *लेवियाथान* में एक भिन्न मत रखा। उन्होंने दैवीय प्राधिकार की हिमायत की क्योंकि उन्होंने मनुष्यों को प्रकृति के राज्य में पशुवत माना तथा उन्हें भयभीत तथा नियंत्रित करने के लिए एक समान शक्ति की आवश्यकता है। उन्होंने पूर्ण शक्ति वाले एक शासक का पक्ष लिया तथा लोगों को अपने समस्त अधिकारों को सम्राट के समक्ष समर्पित कर देना चाहिए।

जॉन लॉके (1632–1704), *टू ट्रीटीज ऑफ गवर्नमेंट,* में एक उदार मत अपनाया। उन्होंने दैव परमाधिकार के विचार पर हमला किया तथा एक दमनकारी शासन के विरुद्ध विद्रोह के अधिकार का भी पक्ष लिया। उन्होंने शासन के उद्भव, चरित्र तथा कार्यक्षेत्र पर एक प्रणालीगत चर्चा को विकसित किया। उन्होंने कहा कि प्रकृति के नियम मनुष्यों के आचरण के लिए नियमों को इंगित करते हैं। मनुष्यों के साथ कानून के तहत समान व्यवहार किया जाना चाहिए। उन्हें जीने, स्वतंत्रता तथा संपत्ति के प्राकृतिक अधिकार हैं। वे एक अनुबंध करते हैं, जिसका प्रायोजन इन अहस्तांतरणीय अधिकारों का संरक्षण तथा सुरक्षा है। सरकार सामूहिक इच्छा की एजेंसी है और अगर यह अतिक्रमण करती है तो इसे नियंत्रित किया जाना चाहिए। लोके ने बहुमत के शासन तथा शक्तियों के विभाजन का पक्ष लिया। हालाँकि, उन्होंने यह मत बनाए रखा कि शासन की विधायिका शाखा को सर्वोच्च शासन करना चाहिए।

बैरन डे मॉन्टेस्क्यू (1689–175) ने शासन के संतुलन को बनाए रखने के लिए शासन की शक्तियों को विधायिका, कार्यपालिका तथा न्यायपालिका में विभक्त करने के सिद्धांत की वकालत करते हुए 1748 में द *स्पिरिट ऑफ लॉज* लिखी। उन्होंने शासन के किन्हीं दो शाखाओं को समान नेतृत्व के अधीन रखने रखने के विरुद्ध चेतावनी दी।

जाँ-जाक रूसो (1712–1778) *सोशल कॉन्ट्रैक्ट, प्रिंसिपल्स ऑफ पॉलिटिकल राइट* में मनुष्य पर एक प्राकृतिक मत रखा, जिसे वे एक सामाजिक अनुबंध बनाने के लिए साथ आते देखते हैं। उनका मत था कि मनुष्य सामाजिक अनुबंध को तोड़ सकते हैं यदि यह उनके प्राकृतिक अधिकारों का दमन कर रहा है। उनका मत था कि क्रांति का अधिकार एक अहस्तांतरणीय अधिकार है। अनेक तरीकों से वे फ्रांसीसी क्रांति के अग्रदूत थे और उनके लेखों ने मनुष्यों के अधिकारों की फ्रांसीसी उद्घोषणा को प्रेरित किया।

ये विचार अमेरिका पहुँचते हैं

पिछले विचारों में से अनेक अमेरिका पहुँचे तथा ब्रिटेन से स्वतंत्रता की घोषणा तथा एक नई राजनीतिक प्रणाली तथा संविधान को आकार देने के विचार को सशक्त किया। **थॉमस पैन** (1737–1809) ने *कॉमन सेंस* में लोक स्वयंप्रभुता तथा क्रांति के अधिकार के विचार को लोकप्रिय बनाया। लोके के विचारों ने थॉमस जैफ़रसन को बहुत ज्यादा प्रभावित किया, जो संविधान के मुख्य रचयिता थे। **थॉमस जैफ़रसन** (1743–1826) का मत था कि सरकार की भूमिका नागरिकों के अधिकारों तथा शासित होने की सहमति की गारंटी देने की है। वह

चाहते थे कि नागरिकों को सरकार और नीति निर्माताओं की आलोचना करने का अधिकार दिया जाए। वे इन बातों में विश्वास करते थे:

1. समान तथा सटीक न्याय
2. निर्वाचन के अधिकार
3. बहुमत का शासन
4. नागरिक स्वतंत्रताओं की गारंटी
5. सेना की नागरिक प्रधिकार की अधीनता
6. आर्थिक प्रशासन

वे स्थानीय सरकार के महत्व में विश्वास रखते थे। वे दुनिया में बदलती हुई स्थितियों के अनुरूप होने के लिए संविधान की आवधिक समीक्षा में भी विश्वास करते थे। वे चर्च तथा राज्य के विभाजन में विश्वास रखते थे।

जैफ़रसन और **जॉन एडम्स** (1735–1826) की नियति समान थी, जिनका उसी वर्ष निधन हुआ जब जैफ़रसन का हुआ था। एडम्स जनता में विश्वास नहीं रखते थे तथा मनुष्यों के बीच असमानता के पक्षधर थे तथा जन्म, शिक्षा, एवं धन के आधार पर कुलीनतंत्र के द्वारा एक शासन की वकालत करते थे।

अमेरिकी शासन का एक ज्यादा लोकलुभावन मत अंततः **एंड्रयू जैक्सन** (1767–1845) के निर्वाचन के साथ आया। जैक्सन ने मताधिकार को विस्तृत किया, निर्वाचन के लिए संपत्ति तथा धार्मिक योग्यताओं का उन्मूलन किया, अपने आकर्षण को दल अधिकारियों के स्थान पर अधिकतर मतदाताओं पर लक्षित किया तथा राज्य संविधानों की लोकप्रिय संपुष्टि का पक्ष लिया।

जॉन स्टुअर्ट मिल (1806–1873), हालाँकि ब्रिटिश ने एक लोकतांत्रिक समाज के संबंध में महत्वपूर्ण विचारों का योगदान दिया। वे एक देश को 'विचारों का एक मुक्त बाजार' होना चाहते थे। वे स्वतंत्रता को मूल्यवान मानते थे और कहते थे कि लोग जो चाहते हैं, उसे कहने तथा उसपर विचार करने के लिए स्वतंत्र हैं। नागरिकों को शासकों को चुनना चाहिए तथा मुट्ठी भर लोगों को जनसमूह को नियंत्रित करने की अनुमति नहीं देनी चाहिए।

कुल मिलाकर, पिछली दो सदियों में मानव अधिकारों तथा राजनीतिक संगठन में उल्लेखनीय प्रगति हुई है। जन्म तथा वर्ग के आधार पर राजनीतिक विशेषाधिकार समाप्त होने की ओर हैं। अधिकारों के विधेयक के द्वारा परिभाषित व्यक्तिगत अधिकारों को प्रशासित कानून का शासन ज्यादा सशक्त हुआ है। अमेरिकी संविधान अमेरिकी लोकतंत्र को परिभाषित करने वाले अंतिम दस्तावेज के रूप में सशक्त रहा है।

एक प्रतिनिधिक लोकतंत्र के लिए दावा किए गए प्रमुख लाभ क्या हैं?

पहला मुख्य लाभ व्यक्तिगत स्वतंत्रता का अधिकतम होना है। इसमें संगठन, अभिव्यक्ति, मतदान तथा अन्य मूल मानव अधिकारों सहित बिना सेंसर के मीडिया पहुँच की स्वतंत्रताएँ शामिल हैं। मानवाधिकार पर संयुक्त राष्ट्र के आयोग ने कहा कि मूलभूत नागरिक स्वतंत्रताओं के बिना कोई समाज लोकतंत्र के रूप में वर्गीकृत नहीं किया जा सकता है। यह अनिवार्य है कि लोग अपने विचार व्यक्त कर सकते हैं और सभा का आनंद ले सकते हैं तथा सहमति बनाने के लिए बहस कर सकते हैं।

दूसरा बड़ा लाभ है कि सभी नागरिकों के पास त्वरित सुनवाई तथा एक निष्पक्ष न्यायाधीश एवं जूरी के विधिक अधिकार होते हैं। उन्हें स्वयं को बचाने के अवसर दिए जाते हैं तथा यदि वे दोषी होते हैं, तो भी उनके साथ अत्याचार या अमानवीय व्यवहार नहीं किया जाएगा।

तीसरा लाभ यह है कि लोकतंत्र के द्वारा कम आंतरिक हिंसा, कम युद्धों तथा सरकारों द्वारा कम सामूहिक संहारों के अनुभव करने की संभावना है। यह ज्यादा स्थिरता की ओर ले जाती है तथा नागरिकों के पास अपने प्रतिनिधियों को हिंसा के स्थान पर शांतिपूर्ण तरीकों से बदलने का एक अवसर देती है।

स्पष्ट रूप से, एक ज्यादा अधिकारवादी शासन की ओर जाने के प्रथम संकेत हैं कि नेता या दल सभा करने या अभिव्यक्ति या मतदान या राष्ट्रीय घटनाओं तथा सरकार के निर्णयों के संबंध में अनेक मतों को पहुँचाने वाली मीडिया तक पहुँच में कमी करना प्रारंभ कर देता है।

सौभाग्यवश, अमेरिका अभी भी अक्षुण्ण नागरिक स्वतंत्रताओं के साथ एक पूर्ण लोकतंत्र के रूप में कार्य कर रहा है। अमेरिका लोकतंत्र के प्रसार का वकालत करने की अग्रणी पंक्ति में रहा है, परंतु सीमित सफलता के साथ। इसने अपने सैन्य हस्तक्षेप के पश्चात इराक तथा अफगानिस्तान में लोकतांत्रिक सरकारों की स्थापना करने की प्रयास किया, बाद में सिर्फ यह महसूस करते हुए कि ये देश कितने आदिम हैं तथा एक पूर्ण लोकतंत्र के लिए तैयार होने का उनमें कितना अभाव है। कुछ तर्क दे सकते हैं कि इन जैसे देश एक अहानिकारक अधिनायक शासन में गति अवरोधित गणतांत्रिक प्रणाली की अपेक्षा ज्यादा तीव्र आर्थिक विकास प्राप्त करेंगे। साम्यवादी एक-दलीय प्रणाली के अधीन चीन के 15 वर्ष की तीव्र आर्थिक विकास तथा गरीबी में विस्मयकारी कमी को देखें। इसके विपरीत एक गणतांत्रिक राजनीतिक प्रणाली के शासन में भारत के विकास की धीमी दर है। कहने की आवश्यकता नहीं है, अमेरिका मध्य-पूर्व में अपने कई मित्र देशों में अधिनायक प्रणालियों को स्वीकार करता है, क्योंकि ऐसे देश लोकतंत्र के प्रसार के लिए तैयार नहीं हैं, अतः यहाँ आर्थिक स्वार्थ को प्राथमिकता दी जाती है।

एक राष्ट्रपति प्रणाली तथा एक संसदीय प्रणाली के बीच अंतर क्या है?

अमेरिकी प्रतिनिधिक लोकतांत्रिक प्रणाली को राष्ट्रपति प्रणाली कहा जाता है, जहाँ हर चार वर्ष में नागरिक राष्ट्रपति के लिए मतदान करते हैं। अमेरिका में द्वि-दलीय प्रणाली है जहाँ प्रत्येक दल एक प्रत्याशी का प्रस्ताव देता है। नागरिक दो विपक्षी दलीय प्रत्याशियों के बीच में से चुनते हैं, विजेता वह होता है जो सर्वाधिक निर्वाचक मत प्राप्त करता है (यह अनिवार्य रूप से लोकप्रिय मत नहीं होता है, बाद में वर्णित किया जाएगा)। नया राष्ट्रपति चार वर्ष उपरांत फिर से चुनाव लड़ सकता है, लेकिन दो पूर्ण अवधियों से ज्यादा सेवा नहीं दे सकता है।

नागरिक अपने प्रतिनिधियों तथा सीनेटरों के लिए भी मतदान करते हैं। अनेक राष्ट्रपति के दल से भिन्न दल से निर्वाचित होंगे। इससे एक जाँच एवं संतुलन प्रणाली बनती है जहाँ राष्ट्रपति एवं काँग्रेस प्रतिकूल हो सकते हैं। अमेरिका में द्विसदनी विधायिका है जहाँ प्रत्येक राज्य को सदन प्रतिनिधियों की एक संख्या

के निर्वाचन के लिए मतदान की अनुमति है, जो राज्य के आकार तथा एक सीनेटर जो निर्वाचन या पुनः-निर्वाचन के लिए खड़े हो सकते हैं, को प्रतिबिंबित करता है। आज अमेरिकी प्रतिनिधि सभा में 435 सदस्य हैं तथा अमेरिकी सीनेट में 100 सीनेटर हैं, क्योंकि 50 राज्य हैं तथा प्रत्येक राज्य को दो सीनेटर भेजने का अधिकार है।

राष्ट्रीय चुनाव हर दूसरे वर्ष होते हैं। अतीत में, चुनाव अभियान (कैंपेन) आमतौर पर निर्वाचन के लगभग छः महीने पहले प्रारंभ होते थे। कम-से-कम 18 महीने बिना किसी चुनाव अभियान के होते हैं। आज हमारे पास स्थायी अभियान है। जैसे ही सभा सदस्य निर्वाचित होते हैं, उन्हें उन समर्थकों तथा दाताओं के संबंध में सोचना होता है जो दो वर्षों में उनके पुनः निर्वाचन के अभियान का वित्तपोषण करेंगे। यह अनुमान लगाया जाता है कि एक सभा सदस्य अपने समय का एक तिहाई तक धन जुटाने तथा मित्र बनाने में लगाता या लगाती है। कम-से-कम सीनेटर जो छः वर्षों के लिए निर्वाचित होते हैं, एक से ज्यादा अवधि के लिए पुनः निर्वाचन के लिए सक्रिय अभियान चलाने से मुक्त रहते हैं।

आज के प्रत्याशियों को विपणन तथा जन संपर्क (पीआर) के लोगों तथा सलाहकारों द्वारा निर्देशित किया जाता है। उन्हें एक ब्रांड बनने की आवश्यकता है। वे किन्हीं विपक्षी दल सदस्यों को अच्छा दिखने की अनुमति नहीं दे सकते हैं। रिपब्लिकन मिच मैककॉनेल ने 2008 में बराक की विजय के तुरंत बाद कहा, 'हमारा सर्वप्रथम लक्ष्य बराक ओबामा को एक-अवधि का राष्ट्रपति बनाना है।'

अमेरिकी राष्ट्रपति चुनाव प्रणाली में अभियान की लागत बढ़ती जा रही है। 2016 का लागत अनुमान है कि राजनीतिज्ञ तथा राजनीतिक समूह इस चुनाव में 7–10 अरब डॉलर खर्च करेंगे। अरबपति चार्ल्स तथा डेविड कोक चुनाव को प्रभावित करने के लिए लगभग 1 अरब डॉलर खर्च करने की योजना बना रहे हैं। यह एक अमेरिकी राष्ट्रपति चुनाव में अब तक की सबसे बड़ी लागत है। 2010 में सर्वोच्च न्यायालय ने सिटीजंस यूनाइटेड बनाम फेडरल इलेक्शन कमीशन में 5–4 से निर्णय देते हुए कंपनी को व्यक्ति माना, जिसने पीएसी एवं सुपर पीएसी की ओर जाने वाले धन के बाँध को खोल दिया। इसके अतिरिक्त, इस निर्वाचन ने ज्यादा राष्ट्रपति पद के उम्मीदवारों तथा अनेक अरबपतियों के द्वारा अपने पसंदीदा उम्मीदवारों के वित्त पोषण करने की ओर ध्यान आकर्षित किया।

एक पीएसी तथा एक सुपर पीएसी क्या है?

एक पीएसी एक संघीय राजनीतिक कार्रवाई समिति (पॉलिटिकल एक्शन कमिटी) है जो संघीय निर्वाचन में प्रत्याशियों (सीनेटरों, प्रतिनिधियों तथा राष्ट्रपतियों) को हराने या जिताने के लिए धन जुटाती है। पीएसी एक व्यक्ति, दूसरे पीएसी या दल समिति से एक कैलेंडर वर्ष में $5,000 तक प्राप्त कर सकती हैं। पीएसी एक प्रत्याशी समिति को प्रति निर्वाचन चक्र (प्राथमिक, आम या विशेष चुनाव) $5,000 तक दे सकती हैं। वे किसी राष्ट्रीय दल समिति को प्रतिवर्ष $15,000 तक तथा $5,000 प्रतिवर्ष किसी अन्य पीएसी को दे सकती हैं। कॉरपोरेशन, यूनियन तथा संघटन किसी संघीय निर्वाचन में कोई प्रत्यक्ष योगदान अथवा व्यय नहीं कर सकते हैं। हालाँकि, वे

(जारी)

(जारी)

कई पीएसी को स्थापित कर सकते हैं जो 'प्रायोजक संघटन से संबद्ध व्यक्तियों से योगदानों के लिए सिर्फ याचना कर सकती हैं। उदाहरणों में माइक्रोसॉफ्ट पीएसी, टीम्स्टर्स पीएसी, नेशनल राइफल एशोसिएशन पीएसी शामिल हैं। पीएसीयाँ 1943 में अपने अस्तित्व में आने के समय से चुनावों तथा अभियानों को प्रभावित करती रही हैं।

जनता पार्टियों के साथ-साथ प्रत्याशियों को सीधे धन का योगदान दे सकती है। व्यक्ति प्रति चुनाव एक राष्ट्रीय राजनीतिक दल समिति जैसे *रिपब्लिकन नेशनल कमिटी* को अधिकतम $30,800 तथा एक व्यक्तिगत उम्मीदवार को $2,500 दे सकते हैं।

सुपर पीएसीज़ का सर्वप्रथम उद्भव जनवरी 2010 में सर्वोच्च न्यायालय के 5–6 *सिटिजंस यूनाइटेड* निर्णय के परिणामस्वरूप हुआ। इसने विभिन्न निगमों तथा संगठनों को अन्य निगमों, संगठनों और संघों से असीमित धन जुटाने तथा राजनीतिक प्रत्याशियों के पक्ष या विरुद्ध असीमित धन व्यय करने का अधिकार दे दिया। हालाँकि, सुपर पीएसीज़ को राजनीतिक प्रत्याशियों को सीधे धन दान करने का निषेध है। वे अपने प्रयासों को अभियानों या राजनीतिक दलों के साथ समन्वित नहीं कर सकते हैं। सुपर पीएसीज़ को मासिक या अर्धवार्षिक आधार पर संघीय निर्वाचन आयोग को अपने दाताओं की सूचना देने की जरूरत होती है।

तकनीकी रूप से सुपर पीएसीज़ को 'सिर्फ सामाजिक कल्याण हेतु कार्य करना चाहिए'। राजनीतिक गतिविधि की अनुमति है लेकिन इसे संघटन का अवश्यतः 'प्राथमिक' मिशन नहीं होना चाहिए। फिर भी वर्तमान अंतःदेशीय राजस्व सेवा (आइआरएस) आयुक्त ने कहा कि समूह राजस्व के 49% तक राजनीतिक गतिविधि पर व्यय कर सकते हैं तथा अपने कर छूट को बनाए रख सकते हैं।

1 फरवरी 2016 को सुपर पीएसी के रूप में संगठित 2,186 समूहों ने 2016 चक्र में कुल $353,533,929 की कुल प्राप्तियों तथा $140,079,965 के कुल स्वतंत्र व्यय की सूचना दी है।

राष्ट्रपति प्रणाली अनेक भिन्नता के साथ दुनिया के कम-से-कम 48 देशों में पाई जाती है। राष्ट्रपति प्रणाली की विशेषताओं में से एक यह है कि मतदाता पूरी सरकार को एक झटके में कभी अपदस्थ नहीं कर सकते हैं।

हम संसदीय प्रणालियों की ओर आते हैं। ये प्रणालियाँ पूरी सरकार को एक बार में हटा सकती हैं। संसदीय प्रणालियाँ ब्रिटिश उपनिवेशों एवं अन्य देशों तथा अन्य स्थानों सहित 60 देशों में पाई जाती हैं।[7] एक संसदीय प्रणाली में मतदाता एक व्यक्ति से ज्यादा एक दल को मत देते हैं। जब एक दल जीतता है, तो वह अपने नेता को चुनता है जो प्रधानमंत्री कहलाता है। प्रधानमंत्री को अविश्वास मत के द्वारा सांसदों द्वारा हटाया जा सकता है। या मतदाता अगले चुनाव में एक भिन्न दल का चुनाव कर सकते हैं।

संसदीय प्रणाली सबसे पहले सत्रहवीं सदी में इंग्लैंड में विकसित हुई। इसमें *हाऊस ऑफ कॉमंस* तथा *हाऊस ऑफ लॉर्ड्स* थे। आज ब्रिटेन में दो प्रमुख दल हैं- *कंजरवेटिव्स* एवं *लेबर*- तथा कई अन्य छोटे दल। एक चुनाव में एक दल बहुमत प्राप्त करता है तथा सरकार बनाता है। विजेता दल का प्रमुख प्रधानमंत्री बन जाता है। प्रधानमंत्री एवं दल अन्य मंत्रियों को नियुक्त करता है। दल तब तक शासन में रहता है जब तक पुनः निर्वाचन की तिथि तय न हो या संसद में अविश्वास मत पारित न हो। परवर्ती स्थिति में, दल को एक निश्चित

तिथि पर निर्वाचन को निर्धारित करना पड़ता है, तथा विभिन्न दल अपने चुनाव अभियान की शुरुआत कर सकते हैं। आम तौर पर अभियान 30 दिनों तक चलेगा तथा विजेता दल शासन संभालेगा।

संसदीय प्रणाली के कम-से-कम तीन कथित लाभ हैं:

1. चुनावों को सामान्य कार्यक्रम के अतिरिक्त भी कराया जा सकता है, जब संसद बहुमत दल में अविश्वास की सूचना देती है।
2. बहुमत दल नियमनों को 'गति-अवरोधित' राष्ट्रपति प्रणाली की तुलना में ज्यादा तेजी से एवं आसानी से पारित कर सकता है।
3. मतदाताओं के दबाव को समझते हुए बहुमत दल मार्ग परिवर्तित करने के लिए ज्यादा लचीला होता है।

मेरा निष्कर्ष यह है कि अमेरिका को संसदीय प्रणाली के कुछ तत्वों की आवश्यकता है ताकि यदि मतदाताओं के विशाल अनुपात को महसूस हो कि देश कहीं नहीं जा रहा है तथा वर्तमान शासक दल को उखाड़ फेंकना एवं फिर से शुरुआत करना चाहता है, तो इसके पास ऐसा करने का अवसर हो। वर्तमान राष्ट्रपति प्रणाली के अंतर्गत निर्वाचितों की एक बड़ी संख्या देश को चलाना जारी रखती है चाहे जो भी राष्ट्रपति चुनाव जीते। हर किसी को हटाने तथा फिर से शुरुआत करने का कोई अवसर नहीं है! हमें यह महसूस करने की आवश्यकता है कि अमेरिकी संविधान को बिना बदले एक संसदीय प्रणाली की ओर जाने का कोई अवसर नहीं है।

एक अर्थ में, हमारे निर्माता प्रणाली में शक्ति को विभाजित रखना चाहते थे। आधुनिक संस्थापक मुख्यतः धनी व्यक्ति थे: जमींदार, निर्माता, व्यापारी, जहाज निर्माता तथा बैंकर। वे लोकतंत्र का आभास का सृजन करना चाहते थे, परंतु जनता को बिना बहुत ज्यादा शक्ति दिए हुए। गुलाम तथा महिलाएँ मतदान नहीं कर सकती थीं। नीति निर्माता गणतंत्र के स्थान पर लोकतंत्र के पक्षधर थे। वस्तुतः,'लोकतंत्र' शब्द का उल्लेख स्वतंत्रता की उद्घोषणा के साथ-साथ संविधान में भी नहीं है। नियंत्रण तथा विधान बनाना मुख्यतः प्रतिनिधियों के हाथों में होगा जिनके द्वारा समृद्ध संपन्न वर्ग के हितों का ज्यादा संरक्षण करेंगे। हालाँकि प्रतिनिधि तथा सीनेटर लोकप्रिय मत द्वारा निर्वाचित होंगे, सर्वोच्च न्यायालय लोकप्रिय मत का विषय नहीं होगा।

प्रणाली में जाँच तथा नियंत्रण विधान बनाने को लोकप्रिय मत के द्वारा बहुत दूर बह जाने से रोकने के लिए बनाए गए थे। निर्माता, ब्रिटेन के साथ भयावह अनुभव के कारण राजतंत्र को ना चाहते हुए भी देश को सिर्फ लोकप्रिय मत के स्थान पर गुणवान व्यक्तियों द्वारा शासित होने देना चाहते है। एक प्रतिनिधिक लोकतंत्र के रूप में भी मतदान की अवधियाँ नेताओं के एक पूरे नए समूह को नहीं ला सकती हैं। राष्ट्रपति हर चार वर्ष में एक बार चयनित होता है, हर दो वर्ष पर सीनेट के एक तिहाई सदस्यों के लिए तथा प्रतिनिधि सभा के सभी सदस्यों के लिए मतदान किया जाता है, जबकि न्यायपालिका जीवन भर के लिए नियुक्त होती है।

यहाँ तक कि सीनेटर भी प्रारंभ में राज्य विधानसभाओं द्वारा चयनित होने वाले थे, न कि मतदाताओं द्वारा प्रत्यक्ष रूप से। अंत में, 1913 में प्रत्येक राज्य में सीनेटरों के निर्वाचन मतदाताओं के द्वारा करने का 17वां संशोधन पारित हुआ।

किसी देश के लिए सिर्फ चुनाव कराना पर्याप्त नहीं है

आइए हम यह तय करते हैं कि चुनावों को कराना एक संकेत है कि एक देश लोकतंत्र हो सकता है। लेकिन आइए इसमें कुछ अन्य शर्तों को जोड़ते हैं:

- प्रत्येक नागरिक मतदान कर सकता है।
- नागरिक सभा कर सकते हैं तथा एक शांतिपूर्ण विरोध करने के अवसर सहित अभिव्यक्ति तथा मतों के आदान-प्रदान के लिए स्वतंत्र हैं।
- देश में एक स्वतंत्र प्रेस है ताकि अखबार, रेडियो एवं टीवी तथा डिजिटल मीडिया खबरों एवं विचारों को प्रकट करने के लिए स्वतंत्र हो।
- नागरिक अपने चयन के द्वारा किन्हीं धार्मिक विश्वासों का पालन करने के लिए स्वतंत्र हैं।
- स्वतंत्र कारोबारों को शुरू करने या उन कारोबारों जिसमें वे काम करना चाहते हैं, यदि काम उपलब्ध हैं, का चयन करने के लिए स्वतंत्र हैं।

प्रत्येक शर्त अतिरिक्त योग्यता का विषय है। 'प्रत्येक नागरिक मतदान कर सकता है'। एक वास्तविक लोकतंत्र में, यह एक नागरिक, एक मत होगा। नकली नामों या मृत लोगों के नामों से मतपेटी नहीं भरी जाएगी। किसी विशेष प्रत्याशी के पक्ष में मतदान करने पर मतदाताओं को कोई पैसे नहीं दे रहा होगा। मतदान केंद्रों के आसपास धमकी-देने वाले प्रतीत होते व्यक्ति नहीं घूमते होंगे जिनसे प्रतीत होगा कि वे आपको हानि पहुँचा सकते हैं, यदि आपने ढंग से मतदान नहीं किया। मतदान करने के लिए कम घंटे या वे मतदान केंद्र नहीं होंगे जो दूर तथा पहुँच में मुश्किल हों।

'सभा की स्वतंत्रता' पर विचार करें। क्या सरकार विशेष समूहों को एकत्र होने से रोक सकती है क्योंकि उनके अतिवादी विचार हैं, या गैंग बनाते हैं या बहुत सी बंदूकें रखते हैं? क्या सरकार एक सीमा बाँध सकती है कि एक विशेष मामले पर कितने लोग विरोध करने के लिए एकत्र हो सकते हैं?

'प्रेस की स्वतंत्रता' पर विचार करें। क्या प्रेस के सदस्य अपने विचारों में विविध हैं ताकि नागरिक विचारों के परास को सुन सकें? क्या प्रेस को देश का राष्ट्रपति उनके राजनीतिक दल की बुराई करने की अनुमति है? देश को उन प्रेस सदस्यों के साथ कैसा व्यवहार करना चाहिए जो अपनी प्राप्तियों को उद्धृत करते समय सच्चाई के साथ तोड़-मरोड़ करते हैं या यहाँ तक कि मिथ्या भाषण करते हैं। आज के प्रमुख मामलों में से एक है इंटरनेट की '*नेट निष्पक्षता*' का संरक्षण करना है। *बिग केबल* तथा *बिग टेलीकॉम* जैसे इंटरनेट सेवा प्रदाता उन वेबसाइटों को धीमा करना चाहते थे जिन्हें वे कारोबारों को नागरिकों के ऊपर ज्यादा तेज अभिगम समय देने के हित में पसंद नहीं करते थे या असहमत थे। सौभाग्यवश, आनेवाले वर्षों में नेट निष्पक्षता को संरक्षित करने के लिए एफसीसी ने नए नियमों को प्रस्तावित किया।

'धर्म की स्वतंत्रता' पर विचार करें। क्या लोग अपनी धार्मिक संबद्धता को बदलने के लिए या हठधर्मी या नास्तिक होने के लिए भी तुलनात्मक रूप से स्वतंत्र हैं? क्या कोई धार्मिक समूह अपने पक्ष में नियम बनाने के लिए प्रभावित कर सकने के लिए उल्लेखनीय शक्ति रखता है?

अंत में 'कारोबार शुरू करने या एक कारोबार में जुड़ने की स्वतंत्रता' पर विचार करें। क्या नागरिक एक सर्वश्रेष्ठ नौकरी की तलाश में दूसरे शहरों में चले जाने के लिए स्वतंत्र हैं? यदि वे पूंजी पाते हैं, तो क्या वे अपना कारोबार शुरू करने सहित जो भी काम करना चाहते हैं, उस काम का चयन करने के लिए स्वतंत्र हैं?

लोग अपने समाज से सबसे ज्यादा क्या चाहते हैं?

एक अच्छा समाज क्या बनाता है? यह प्रश्न आएगा यदि एक समूह एक नए समाज या एक आदर्शलोक की रूपरेखा बनाने के लिए एकत्रित होता है। निम्नलिखित वस्तुओं पर उच्च सहमति होगी:

- हम उचित तथा सुरक्षित भोजन, वस्त्र तथा निवास के लिए अच्छे अवसर पाना चाहेंगे।
- हम अच्छी स्वास्थ्य देखभाल तथा सुविधाओं को पाने की आशा रखेंगे।
- हम एक अच्छी शिक्षा प्रणाली से लाभ प्राप्त करने की उम्मीद रखेंगे।
- हम अन्यों के साथ एकत्र होने एवं मुक्त रूप से अभिव्यक्ति करने में सक्षम होना चाहेंगे।
- हम जहाँ और जैसे चाहेंगे पूजा करने के लिए स्वतंत्र होंगे।
- हम समाचारों तथा विचारों की स्वतंत्र एवं ईमानदार रिपोर्ट चाहेंगे।
- हम मनोरंजन तथा सुरक्षित यात्रा के लिए अच्छे अवसर चाहेंगे।
- हम एक सरकार चाहेंगे जो अच्छा काम करती है, चीजों को करवाती है, और हम सभी के जीवन को सुधारने के लिए प्रयास कर रही है।

नागरिक अपने राजनीतिक संस्थानों से क्या चाहेंगे?

नागरिक अपने संस्थानों में क्या देखना चाहेंगे? यदि हमने नागरिकों के बीच एक सर्वेक्षण उन विशेषताओं जो वे अपने राजनीतिक संस्थानों में देखना चाहेंगे, के संबंध में कराया, तो निम्नलिखित बातों के संबंध में उच्च सहमति होगी:

- हम नियमित चुनावों को चाहेंगे जहाँ हम अभिव्यक्त कर सकते हैं कि क्या हम राष्ट्रपति तथा उनके दल एवं व्यक्तिगत विधायकों से संतुष्ट हैं।
- हम निर्वाचन की अवधि को छोटा तथा मतदान को प्रभावित करने या विपक्षियों पर कीचड़ उछलने के लिए बहुत ज्यादा खर्च किए गए धन के बिना हो तथा हम शक्तिशाली समूहों के द्वारा मत को प्रभावित करने या खरीदने के लिए अतिशय धन को खर्च करना नहीं चाहेंगे।
- हम प्राथमिकता देंगे कि राजनीतिक प्रत्याशी अपने अभियान के लिए धन अमीर दाताओं से बिना किसी सीमा के धन जुटाने के स्थान पर सरकार से प्राप्त करें।
- हम मामलों का कानून के शासन तथा विधिक दृष्टांत द्वारा निपटान चाहते हैं।
- हम काँग्रेस तथा न्यायलयों के द्वारा संपत्ति तथा मानव अधिकारों का सम्मान चाहते हैं।
- हम एक काँग्रेस चाहते हैं जो आवश्यक कानूनों को कुशलता तथा निष्पक्षता से पारित करने में सक्षम हो।
- हम एक सरकार चाहते हैं जहाँ कार्यपालिका विधायिका का सम्मान करती है तथा इसका विपरीत भी सत्य है।

- हम एक कुशल तथा निष्पक्ष न्यायप्रणाली चाहते हैं जहाँ प्रत्येक मामला अपने गुण पर नकि एक विचारधारा अथवा अन्य पर तेजी से निर्णीत हो।
- हम एक ऐसी सरकार चाहते हैं जो हमारी सुरक्षा आवश्यकताओं के साथ संतुलन बनाते हुए निजता के हमारे अधिकार का सम्मान करती हो।
- हम एक ऐसी संघीय सरकार चाहते हैं जो राज्य के अधिकारों का सम्मान करे बल्कि राज्य भी जो हमारे कानूनों में एकरूपता लाने के लिए अन्य राज्यों के साथ मिल कर कार्य करने का इच्छुक हो।
- हम एक ऐसी संघीय सरकार चाहते हैं जो एक विचारपूर्ण विदेश नीति को परिभाषित करे तथा उद्योग को अपने विदेशी कारोबार को बढ़ाने में सहायता करे।
- हम एक ऐसी संघीय सरकार चाहते हैं जो राष्ट्रीय शक्ति तथा राष्ट्रीय सुरक्षा के उच्च स्तर को निर्मित करे।

अमेरिका को यह पहचानने की आवश्यकता है कि वह इन सरल इच्छित व्यवस्थाओं को पाने से कितनी दूर है। दो विपक्षी विचाराधाराओं से युक्त तथा एक-दूसरे के साथ काम तथा समझौता करने नहीं तैयार द्वि-दलीय प्रणाली है। व्हाइट हाउस तथा काँग्रेस के बीच राष्ट्रपति की नेतृत्व करने की क्षमता को बाधित करते हुए बहुत ज्यादा तनाव रहता है। सर्वोच्च न्यायालय वैचारिक रूप से विभाजित है, जहाँ जब भी कोई मामला 5–4 निर्णय वाला हो तो नौ में से अनेक का पूर्वानुमान किया जा सकता है। निर्वाचन अवधि बहुत ज्यादा लंबी तथा प्रत्याशियों के लिए बहुत ज्यादा खर्चीली होती है। पात्र नागरिकों में से 55% से कम मतदान करते हैं। लॉबिइंग प्रणालियाँ हैं जहाँ अधिकतर विधान बनाने की प्रक्रिया एक विशेष तरीके से मतदान करने के लिए विधायकों की ओर धन की विशाल मात्राओं को लहरा कर प्रभावित की जाती है। एक अनुपयुक्त निर्वाचन क्षेत्र निर्धारण प्रणाली यह सुनिश्चित करती है कि मतदाता जिले किसी निर्वाचित प्रतिनिधि के बार-बार निर्वाचित होने की संभावना को बढ़ाने के लिए गढ़े जाते हैं।

हमारे लोकतंत्र की कार्यप्रणाली में सुधार के लिए हम क्या कर सकते हैं?

वर्ष 2015 में *लीग ऑफ वुमन वोटर्स (एलडब्ल्यूवी)* ने तीन समस्याओं का उद्धरण दिया जो लोकतंत्र को कमजोर कर रही हैं:

- अपने हितों को देखने वाले राजनीतिकों को लाभ पहुँचाने हेतु काँग्रेस जिलों को बनाया तथा अनुपयुक्त तरीके से निर्वाचन क्षेत्र निर्धारण किया जाता है।
- मतदान के अधिकार को सीमित तथा नकारा जा रहा है।
- 'काला धन' चुनावों में घुसपैठ कर रहा है, अतः मतदाता यह भी नहीं जान पाता है कि जिन राजनीतिक संदेशों को हम देखते तथा सुनते हैं, उन्हें कौन प्रायोजित कर रहा है।

लीग ने कहा: 'हमें चुपचाप खड़े नहीं रहना चाहिए जब हमारा लोकतंत्र अरबपतियों, विशेष हितों तथा उनके द्वारा वित्त पोषित राजनीतिक मशीनों के लौह पंजे में फंस रहा हो। अन्य समूहों के साथ लीग इन समस्याओं को ठीक करने तथा लोकतंत्र को बेहतर बनाने के लिए धन जुटाती है।[8]

नागरिक सरकार को कैसे देखते हैं?

हमें यह भी प्रश्न करना है कि नागरिक अपनी सरकार को कैसे देखते हैं। अमेरिकियों की अमेरिकी असाधारणता तथा अमेरिकी लोकतंत्र के संबंध में अभिमान करने की प्रवृति होती है। इसने अमेरिका को यह विश्वास करवा दिया है कि शेष विश्व इसकी प्रणाली का सम्मान करता है तथा प्रत्येक देश में लोकतंत्र तथा स्वतंत्रता लाना अमेरिका का उत्तरदायित्व है। इराक तथा अफगानिस्तान पर हमला उन देशों में स्वतंत्रता लाने के हेतु किया गया कहा जाता है एवं अमेरिका अपनी प्रणाली को अफ्रीका एवं एशिया में प्रचारित करता है, उनकी संस्कृतियों एवं विश्वासों में अंतरों की पूरी तरह से अनदेखी करते हुए।

ये कमियाँ अमेरिकियों एवं शेष विश्व को दृष्टिगोचित होती जा रही हैं। नागरिक अक्षम सरकारी कामगारों एवं नौकरशाही; एक न्यायपालिका जो न्याय देने में विलंब करती है या असफल रहती है; राष्ट्रपति तथा काँग्रेस या दो प्रमुख दलों के बीच लगातार झड़पों वाली या गति-अवरोधित प्रणाली; एक पुलिस बल जो अपमानकारी है; स्थानीय राजनीतिज्ञ जो राजनीतिक प्रणाली का उपयोग अपने घरों को भरने में करते हैं; या एक सरकार जो अप्रवासन या महंगी स्वास्थ्य देखभाल या अपक्षयित होते इंफ्रास्ट्रक्चर जैसी मुख्य समस्याओं को नहीं सुलझाते हैं बल्कि इन्हें किनारे कर देते हैं। अमेरिकी अपने सार्वजनिक विद्यालयों के छात्रों की विज्ञान तथा गणित में अन्य अग्रणी देशों की तुलना में नीची रेटिंगों से खुश नहीं हो सकते हैं; या कि उनकी स्वास्थ्य प्रणाली की लागतें बिना किसी ज्यादा बेहतर परिणामों के अन्य देशों की स्वास्थ्य प्रणालियों से महत्वपूर्ण रूप से ज्यादा हैं। अमेरिका जीवन प्रत्याशा में 49वें स्थान तथा शिशु मृत्यु दर में 173 पर है। कोई आश्चर्य नहीं है कि *प्यू रिसर्च सेंटर* ने इंगित किया कि अमेरिकी अपवादवाद में हमारे नागरिकों का विश्वास 2011 से 10 बिंदु कम हुआ है।[9]

अमेरिकी असाधारणता में विश्वास करने में समस्या यह है कि यह इंफ्रास्ट्रक्चर तथा कर की अनदेखी करती है तथा इस बीच एक हमेशा बढ़ रहे रक्षा बजट में विदेश में शक्ति प्रदर्शन करने में बहुत ज्यादा व्यय हो रहा है। प्राथमिकताएँ गलत प्रतीत हो सकती हैं तथा समय-समय पर यह आग्रह करती आवाजें उठती हैं कि देश की अर्थव्यवस्था तथा अमेरिकी समाज पर ध्यान केंद्रित करने के लिए बाहरी मामलों में संलग्नता कम की जानी चाहिए। तर्क यह है कि यदि अमेरिकी समाज में सुधार हो गया होता, तो यह विदेशों में अमेरिकी शक्ति की छवि बनाने के लिए इतना ज्यादा धन व्यय करने के स्थान पर वास्तविक अमेरिकी नेतृत्व एवं असाधारणता के विचार में ज्यादा योगदान करता।

अमेरिकी को यह मानना होगा कि आज दुनिया का नेतृत्व चीन, भारत तथा अन्यों सहित कई देशों द्वारा साझा किया जा रहा है। अंतर्राष्ट्रीय समझौतों पर अन्य देशों के साथ सहयोग का इसका बुरा इतिहास रहा है, जैसे कि, प्रदूषण को नियंत्रित करना (परंतु क्योटो संधि पर हस्ताक्षर नहीं किया), जैविक हथियारों पर बंदी को सशक्त करने से इनकार, तथा लैंड माइनों या नैपाम तथा क्लस्टर बमों के उपयोग पर पाबंदी से स्वयं को पृथक करना, इत्यादि। यदि अमेरिका अंतर्राष्ट्रीय समुदाय का हिस्सा होने जा रहा है, तो यह स्वयं को कई अन्य देशों के द्वारा आम माने जाने वाले निम्नांकित नैतिक एवं विधिक मानकों से छूट देना जारी नहीं रख सकता है।[10] इसे अकेले की जगह अन्य सशक्त देशों के साथ मिलकर कार्य करने की आवश्यकता है।

ऑक्यूपाई वॉल स्ट्रीट समूह के द्वारा जारी किए गए एक पोस्टर पर विचार करें, जिसने निम्नलिखित बिंदुओं को सक्रिय रूप से उठाया:

- नॉर्डिक देशों- स्वीडन, नॉर्वे, डेनमार्क, फिनलैंड- में नि:शुल्क शिक्षा दी जाती है, जिसमें विश्वविद्यालयों में दी जाने वाली शिक्षा भी शामिल है। नॉर्डिक सरकारें और भी आगे जाती हैं तथा विश्वविद्यालीय विद्यार्थियों को जीवनयापन में मदद करने के लिए मासिक भत्ते देती हैं। हालाँकि इसका परिणाम उच्च करों में होता है। नॉर्डिक विद्यार्थी बेहतर शिक्षित हैं। उनकी मुक्त शिक्षा सामजिक विषमता को कम कर देती है तथा लंबी अवधि में व्यक्तियों एवं समाज, दोनों को लाभ पहुँचाती है।
- अमेरिका में, कॉलेज के छात्रों को शिक्षित होने के लिए भारी ऋण लेना पड़ता है तथा वे अपने कार्य जीवन में इस बोझ से दबे हुए प्रवेश करते हैं।
- अमेरिका में किसी अन्य देश से ज्यादा लोग जेलों में हैं तथा अपने जेलों पर अपने कॉलेज विद्यार्थियों से ज्यादा व्यय करता है।
- अमीर अधिकतर राजनीतिज्ञों पर काबिज हैं, जो युवाओं को सैन्य कार्यों में शामिल होने के लिए मूर्ख बनाने में समर्थ हैं।[11]

ऑक्यूपाई वॉल स्ट्रीट समूह यह उल्लेख करना भूल गया कि अमेरिका में कितनी बंदूकें पाई जाती हैं, हमारे अधिकतर भोज्य उत्पादों में कितनी शक्कर, नमक या वसा पाई जाती है तथा हमारी न्याय प्रणाली कितनी विवादी तथा मंहगी है।

अतः, अमेरिका कितना असाधारण है? *डब्ल्यूपीपी* के *बीएवी कंसल्टिंग, यू.एस. न्यूज एंड वर्ल्ड रिपोर्ट* तथा यूनिवर्सिटी ऑफ पेंसिल्वेनिया के व्हॉर्टन स्कूल के द्वारा तैयार की गई 2016 की एक रिपोर्ट ने 24 श्रेणियों में मूल्यांकन के आधार पर 'दुनिया के सर्वश्रेष्ठ देशों' को नामित किया। इसमें जर्मनी पहले स्थान पर था, जबकि कनाडा दूसरे, यूनाइटेड किंगडम तीसरे, अमेरिका चौथे और उसकी पीछे स्वीडन पाँचवे स्थान पर था।[12] हॉर्वर्ड बिजनेस स्कूल तथा ड्यूक विश्वविद्यालय के द्वारा किए गए एक और अध्ययन में अमेरिकियों से पूछा कि वे किस देश में रहना पसंद करेंगे। उन्हें देश ए तथा बी के आय वितरण दिखाया गया (तथा उन्हें देश नहीं बताए गए, जो वास्तव में स्वीडन तथा अमेरिका थे) लगभग 90% अमेरिकियों ने देश ए- स्वीडन के आय वितरण वाले – में रहने को प्राथमिकता दी![13]

यह सत्य है कि अमेरिकी ब्रांड तथा लोकतंत्र एवं पूंजीवाद का मिश्रण बड़े परिणाम देता है- अमेरिका दुनिया का उच्च जीवन स्तर के साथ सबसे शक्तिशाली देश है। लेकिन बहुत सी प्रश्नयोग्य विशेषताएँ हैं, जिनकी हम अगले दस अध्यायों में जाँच-पड़ताल करेंगे।

टिप्पणियाँ

1. See: www.answers.com/Q/How_many_countries_have_democratic_form_of_gov ernment. (accessed 03.03.16).
2. See: Wikipedia, 'Democracy Index,' March 16, 2015.

3. See: https://freedomhouse.org/report/freedom-world/freedom-world-2014#.VQbwtI7F-PZ, (accessed 03.03.16).
4. Bello, 'Cleaning up Latin American Democracy', The Economist, March 28, 2015.
5. L. Lessig, Republic, Lost: How Money Corrupts Congress – and a Plan to Stop It (Hachette, New York, 2011).
6. See: www.publicintegrity.org/2012/10/18/11527/citizens-united-decision-and-why-it-matters (accessed 03.03.16).
7. See: www.semipresidentialism.com/?p=195 (accessed 03.03.16).
8. 2015 में *लीग ऑफ वुमन वोटर्स* की अध्यक्षा, *एलिजाबेथ मैकनामरा* के द्वारा भेजे गए पत्र।
9. C. M. Blow, 'Who Loves America?', New York Times, February 23, 2015.
10. See: J. R. Orenstein, Fixing American Government (Sun Coast Digital Press, Satasota, FL, 2015).
11. Occupy Posters: owsposters.tumblr.com.
12. A. Boult, 'UK Named the Third Best Country in the World', Daily Telegraph, January 20, 2016.
13. N. D. Kristof, 'Why Let the Rich Hoard All the Toys', New York Times, October 3, 2012.

अध्याय-2

चुनावों में सुधार—नागरिक मतदान क्यों नहीं कर रहे हैं?

'जिन लोगों को अभिव्यक्ति और प्रतिनिधियों के निर्वाचन में मत देने का अधिकार प्राप्त नहीं है, वे स्वतंत्रता का आनंद नहीं लेते हैं, बल्कि उनके पूरी तरह से गुलाम हो जाते हैं जिनके पास मताधिकार है।'
बेंजामिन फ्रैंकलिन, 1774

'लोगों को शासन करने दें'
एंड्रयू जैक्सन

'लोकतंत्र एक देखा जाने वाला खेल नहीं है, यह एक सहभागिता वाली घटना है। यदि हम इसमें भाग नहीं लेते हैं, तो लोकतंत्र का अस्तित्व समाप्त हो जाएगा।'
माइकल मूर

लोकतंत्रों का प्रारंभ बिंदु चुनाव हैं। यदि कोई चुनाव न हो, तो राजनीतिक प्रणाली लोकतांत्रिक नहीं है। ऐसी राजनीतिक प्रणाली एक शासक या एक तानाशाह या एक समूह या एक-दलीय प्रणाली द्वारा संचालित होती है।

प्रत्याशियों की मौजूदगी तथा निर्वाचन प्रक्रिया के बावजूद भी हो सकता है कि किसी देश की राजनीतिक प्रणाली लोकतांत्रिक न हो। ऐसे मामले हमें उस वक्त देखने को मिलते हैं, जब केवल एक प्रत्याशी या चुनिंदा प्रत्याशी चुनाव लड़ते हैं तथा/या मतदाताओं पर पाबंदी लगा दी जाती है अथवा पंजीकरण को कठिन बनाकर या धमकी के माध्यम से विशिष्ट मतदाताओं के लिए मतदान करने का प्रयास महंगा बना दिया जाता है।

आइए हम *मतदाताओं* तथा कौन मतदान कर सकता है, के प्रश्न से प्रारंभ करते हैं। फिर हम *प्रत्याशियों* तथा कौन चुनाव लड़ सकता है तथा कैसे वे एक लोकतंत्र में चयनित हो सकते हैं, पर जाएँगे।

नागरिक कौन हैं?

मतदाता को परिभाषित करने से पहले हमें नागरिक को परिभाषित करना चाहिए। नागरिक एक ऐसा व्यक्ति है जो एक देश से संबंध रखता है, जिसे उस देश के अधिकार तथा विशेषाधिकार एवं संरक्षण प्राप्त है। आम तौर

पर वह उस देश का मूल अथवा देशीयकृत सदस्य होता है एवं उस देश के प्रति निष्ठा रखता है। उस व्यक्ति का एक नागरिक के रूप में उत्तरदायित्व है, जैसे कि उस देश के कानूनों एवं आवश्यकताओं को स्वीकारना तथा उनका पालन करना।

कौन से नागरिक मतदान कर सकते हैं?

एक देश में सभी नागरिकों को मतदान करने की अनुमति नहीं हो सकती है। प्राचीन एथेंस में, 5 में से सिर्फ 1 नागरिक मतदान कर सकते थे। युवक, स्त्रियाँ तथा दास मतदान नहीं कर सकते थे। अमेरिका में संविधान के निर्माताओं ने नहीं सोचा कि अधिकतर लोगों को मतदान करना चाहिए। वे मतदाताओं की अज्ञानता तथा बाजारू नेताओं के संबंध में चिंतित थे। उन्होंने प्राथमिकता दी कि मतदाता अधिकार संपत्ति स्वामी एवं श्वेत पुरुषों के पास जाए। 1 जनवरी, 1863 को मुक्ति उद्घोषणा के द्वारा स्वतंत्र होने तक गुलाम मतदान नहीं कर सकते थे। इसके बावजूद, पूर्व-गुलामों को सुदूर दक्षिण में निर्वाचन कर अदा करना पड़ता था एवं अनेक जिंदा जला दिए जाने के संबंध में चिंतित रहते थे।

अमेरिकी स्त्रियों को 19 मई 1919 को 19वें संशोधन के पारित होने तक मताधिकार नहीं था। महिला अधिकारों के लिए आंदोलन 1840 के दशक में दासों की मुक्ति पर बल देने के साथ प्रारंभ हुआ। महिलाओं के पास घर में कुछ ही अधिकार थे। उनका पति मालिक था। उसने उसकी संपत्ति के सभी अधिकारों को ले लिया। वह कॉलेज नहीं जा सकती थी। वह अधिकतर पेशों में प्रवेश नहीं कर सकती थी। वह तलाक नहीं ले सकती थी। इनके अलावा अन्य असमानताओं को 19–20 जुलाई, 1848 को स्त्री अधिकार सम्मेलन में पारित *डिक्लेरेशन ऑफ सेंटिमेंट्स* में शीर्ष पंक्ति में रखा गया था। फिर भी महिलाओं को मताधिकार दिए जाने से पहले और 70 वर्ष और बीत गए।

प्रत्येक देश को अवश्य परिभाषित करना चाहिए कि कौन मतदान कर सकता है। उन्हें अवश्य उस आयु को परिभाषित करना चाहिए जिस पर एक व्यक्ति एक वयस्क के रूप में मतदान प्रारंभ कर सकता है। एक पूर्ण लोकतंत्र में, व्यक्ति की नस्ल, आय, संपत्ति, लिंग एवं अन्य मापदंड के आधार पर कोई सीमाएँ न होंगी। आज एक बड़ा विषय है कि क्या वे नागरिक जो पूर्व-अपराधी हैं, उनके पास मताधिकार होना चाहिए। हर राज्य के नियम अलग-अलग हैं। क्योंकि अधिकतर पूर्व-अपराधी गरीबी में बड़े हुए हैं तथा उनकी डेमोक्रेटिक को मतदान की ज्यादा संभावना है, रिपब्लिकनों के द्वारा पूर्व-अपराधियों के मताधिकार का विरोध करने की ज्यादा संभावना है।

अमेरिकी संविधान में वास्तव में एक भी वक्तव्य नहीं है कि हर नागरिक के पास मतदान का अधिकार है। यह सिर्फ कहता है कि मतदान के अधिकारों का नस्ल या लिंग के भेदभाव पर निषेध नहीं किया जा सकता है। लेकिन एक राज्य बल दे सकता है कि एक नागरिक जब मतदान करने के लिए आता या आती है, तो उसे एक पहचान पत्र लाना चाहिए। कॉंग्रेस में दो प्रतिनिधि यह कहते हुए एक संविधान संशोधन प्रस्तावित कर रहे हैं कि, 'अमेरिका में प्रत्येक नागरिक, जो विधिक मतदाता आयु का है, के पास उस नागरिक के निवास प्रक्षेत्र में होने वाले प्रत्येक सार्वजनिक निर्वाचन में मतदान करने का मौलिक अधिकार है।

कितने नागरिक मतदान करते हैं?

मतदान के अधिकार तथा विशेषाधिकार होने पर, यह विस्मयकारी है कि कितने नागरिक मतदान नहीं करने का चयन कर सकते हैं। यह मानते हुए कि सभी नागरिक नए कानूनों, नियमों तथा नियमनों से प्रभावित होंगे, कोई आशा करेगा कि सभी नागरिक प्रतिनिधियों का निर्वाचन करना चाहेंगे जो उनके हितों को देखेंगे। मतदाताओं को आवधिक रूप से निर्णय करने की आवश्यकता होती है कि कौन से प्रतिनिधि पुनः निर्वाचित किये जाने योग्य हैं तथा किनको बदला जाना चाहिए। एक समुदाय, शहर तथा राज्य चुनावों में मतदान नागरिकों के लिए महत्वपूर्ण होना चाहिए। तथा हर दो वर्षों में संघीय चुनाव नागरिकों के लिए अत्यंत महत्वपूर्ण होने चाहिए।

फिर भी अमेरिका में, मतदान निराशाजनक रूप से कम है। अमेरिकी राष्ट्रपति चुनाव हर चौथे वर्ष होते हैं तथा 1972 से मतदान की आयु 18 वर्ष एवं ज्यादा है। योग्य मतदाताओं का प्रतिशत, जिन्होंने मतदान किया था, 2000 में 51.21%; 2004 में 56.70%; 2008 में 58.23%; तथा 2012 में 54.87% था। बहुत मुश्किल से ही प्रतिशत 60% से ज्यादा होता है।[1] फिर भी अनेक स्वतंत्र देशों में नागरिक बहुत ज्यादा संख्या में मतदान करते हैं: ऑस्ट्रिया, 75%; बेल्जियम, 89%; तथा जर्मनी, 71%। मध्यावधि द्विवर्षीय चुनावों में, मतदाताओं का और भी कम प्रतिशत मतदान करता है (सिर्फ 36.4%)। स्पष्ट रूप से मध्यावधि चुनावों में मतदाता सदन और सीनेट प्रत्याशियों के चुनाव की तुलना में कम रुचि लेते हैं।

मतदाता प्रतिशत में अन्य अंतर हैं। अमेरिकी राज्यों में, 2012 में *मैने* में 59% के साथ सर्वोच्च मतदाता प्रतिशत था एवं *इंडियाना* में 28% के साथ निम्नतम मतदाता प्रतिशत था। इसमें आय स्तर के साथ विचरण है, ज्यादा शिक्षित एवं उच्च आय वर्ग समूह ज्यादा प्रतिशत में मतदान के लिए बाहर निकलते हैं। हालिया चुनावों में, महिलाओं का मतदान प्रतिशत पुरुषों के मतदान प्रतिशत के समान या ज्यादा हो गया है।

नस्ल के आधार पर भिन्नता है। 2012 में, अश्वेत मतदाता प्रतिशत पहली बार श्वेत मतदाता प्रतिशत से ज्यादा हो गया (*प्यू रिसर्च सेंटर, 2013, जेफ ऑरेन*)। इसके विपरीत हिस्पैनिक घट रही दर से मतदान कर रहे हैं। उनके परिवार राजनीति के संबंध में ज्यादा वार्तालाप नहीं करते हैं। वे अक्सर महसूस करते हैं कि प्रत्याशी वास्तव में हिस्पैनिकों या उनके मामलों की परवाह नहीं करते हैं। फिर भी जैसे-जैसे हिस्पैनिकों की आयु बढ़ती है, यह आशा की जाती है कि वे ज्यादा मतदान करेंगे।[2]

भविष्य इस पर टिका है कि *सहस्राब्दी पीढ़ी (जो 18–34 वर्ष के हैं)* किस तरह मतदान करेगी। हाल ही एक सर्वेक्षण ने दिखाया है कि एक-चौथाई से थोड़े से ज्यादा ने स्वयं को मजबूत डेमोक्रेट या रिपब्लिक बताया तथा 40% ने स्वयं स्वतंत्र को बताया। कई लोग समाज की समस्याओं को सुलझाने के मार्ग के रूप में चुनावी राजनीति पर भरोसा खोते प्रतीत हुए। निश्चित रूप से, यह बदल सकता है, जब आकर्षक प्रत्याशी आते हैं, जैसे कि बिल क्लिंटन, बराक ओबामा या बर्नी सैंडर्स।[3]

मतदान की आयु वाले नागरिकों का प्रतिशत, जो मतदान करने का निश्चय करते हैं, वे अन्य कारकों से भी प्रभावित होते हैं, जैसे कि राष्ट्रपति पद के दो प्रत्याशियों द्वारा जगाई गई रुचि, मतदाताओं के लिए कुछ मामलों का महत्व, तथा चुनावी प्रतियोगिताओं में खर्च की गई राशि, जो हर चक्र में बढ़ रही है।

कुछ देशों में, उल्लेखनीय रूप से ऑस्ट्रेलिया में, मतदान अनिवार्य है। ऑस्ट्रेलिया मतदान नहीं करने वाले एक व्यक्ति पर लगभग $15 का जुर्माना लगाता है। सामाजिक आलोचक, नाओमी वुल्फ मतदान को अमेरिका में अभी अनिवार्य करना चाहती हैं। नागरिक अपने वाहन पंजीयन को पुनःनवीकृत करने या करों को भरने में सक्षम नहीं होंगे जब तक वे नहीं प्रदर्शित करेंगे कि उन्होंने चुनावों में मतदान किया था।[4] अनिवार्य मतदान हमारे देश को बदल देगा। वे लोग जो मतदान नहीं करने को प्रवृत होते हैं, वे युवा, कम आय, ज्यादा प्रवासी तथा अल्पसंख्यक समूह हैं। उनके मत ज्यादातर डेमोक्रेटों को जाएंगे। यह व्याख्या करने में सहायता करता है कि क्यों रिपब्लिक विशिष्ट समूहों के लिए मतदान को ज्यादा मुश्किल बनाने के लिए मतदाता पहचान पत्र एवं अन्य कदमों को उठाने में इतने सक्रिय हैं।

क्यों इतने सारे नागरिक मतदान नहीं करते हैं?

क्या कम मतदान स्तर एक संकेत है कि लोग संतुष्ट हैं, या वे बहुत ज्यादा असंतुष्ट हैं तथा विश्वास करते हैं कि मतदान उनकी जिंदगी या अन्य लोगों की जिंदगियों जिनकी वे परवाह करते हैं, में कोई अंतर नहीं लाएगा। लेकिन जैसा कि 430 ई.पू. में गैर-मतदाताओं के संबंध में पेरिक्लेस ने कहा, 'सिर्फ इसलिए कि आप राजनीति में अभिरुचि नहीं लेते हैं, इसका यह अर्थ नहीं है कि राजनीति आप में रुचि नहीं लेगी।'

नागरिकों के मतदान नहीं करने के अनेक कारण हो सकते हैं:

- मेरा मत कोई अंतर पैदा नहीं करेगा। यह लाखों में से एक मत होगा।
- मेरा देश शक्तिशाली अमीर व्यक्तियों द्वारा चलाया तथा शासित किया जा सकता है एवं मेरा मत कोई अंतर नहीं करेगा:
- मतपत्र पर इतने ज्यादा नाम हैं कि संभवतः मैं उनके बारे में ज्यादा जानकारी नहीं प्राप्त कर सकता और विचारपूर्वक चयन नहीं कर सकता हूँ।
- दो राजनीतिक दल समान हैं और इस बात से कोई फर्क नहीं पड़ता कि कौन जीतता है। कोई भी वास्तविक मामलों को नहीं सुलझाता है। या दो दल इतने ज्यादा भिन्न हैं कि वे किसी चीज पर सहमत नहीं हो सकते हैं और कुछ भी नहीं हो पाता है।
- मतदान करने के निर्णय के कारण मेरा धन तथा समय व्यय होता है। मुझे काम, यात्रा छोड़नी होती है, लंबे समय तक कतार में लगना होता है, और सबकुछ एक मत के लिए जो बहुत ज्यादा महत्त्वपूर्ण नहीं है।

निराशावाद भी अनेक नागरिकों के द्वारा मतदान नहीं करने में भूमिका निभाता है। अनेक अमेरिकी कम वेतन के साथ हताश जीवन जी रहे हैं। वे विश्वास नहीं करते हैं कि राजनीतिज्ञ उनके जीवन में सुधार में मदद करेंगे। तथ्य यह है कि अमेरिकी समाज में गतिशीलता कम हो गई है। अमेरिकियों ने अतीत में सही में आत्मगौरव किया है कि अमेरिका 'अवसरों की भूमि है'। लेकिन अमेरिका आज एक ज्यादा कठोर समाज हो गया है। हालाँकि सीनेटर मार्को रुबियो कहेंगे 'हम अमीरों तथा जल्दी ही अमीर होने वाले लोगों का एक देश हैं', यह भी सच है कि अमेरिका 'संपन्नों तथा विपन्नों' का देश होते जा रहा है। आज अमेरिका में कनाडा तथा अधिकतर यूरोपीय देशों की तुलना में कम गतिशीलता है। आय के निम्नतम पाँचवे में जन्मे

एक बच्चे की शीर्ष पाँच तक ऊपर उठने की संभावना सिर्फ 4% है। परिवार की आय तथा उनके बच्चों की अच्छी आय की संभावना के बीच एक उच्च सहसंबंध है।

अंत में मतदान करने वाले लोग जनसंख्या का वास्तविक प्रतिनिधिक अंश नहीं हैं। मतदान करने वाले ज्यादातर लोग मध्य वर्ग से संबद्ध होते हैं या फिर ज्यादा वैचारिक होते हैं या ज्यादातर एक मुद्दे से जुड़े होते हैं तथा अपने दल में ज्यादा सक्रिय होते हैं। गरीब तथा बहुत से अन्य समूहों का कम प्रतिनिधित्व है।

हम राजनीतिज्ञों तथा सरकार के संबंध में एक बड़ी उदासी की एक अवधि में जी रहे हैं। राजनीतिज्ञ यहाँ पर धन तथा शक्ति के लिए आए प्रतीत होते हैं। वे सभी विशेष हितों के द्वारा वित्तपोषित हैं तथा वे सार्वजनिक हितों पर विचार भी नहीं करते हैं। सत्रह प्रत्याशियों ने अगले रिपब्लिकन राष्ट्रपति बनने की दौड़ में प्रवेश किया। इन उम्मीदवारों में से एक अन्य प्रत्याशियों से एक 'बाहरी' के रूप में बहुत अलग था। वह थे डोनॉल्ड ट्रंप, एक अहंकारी, स्वार्थी तथा आत्मकेंद्रित व्यक्ति, जिसने सबसे ज्यादा समाचार कवरेज पाया तथा जो सबसे ज्यादा मुखर थे। उन्होंने यह प्रस्ताव दे कर कि, अमेरिकी विश्वासों तथा आदर्शों के विरुद्ध अन्य भेदभाव के साथ-साथ सभी अवैध मैक्सिकन अप्रवासियों को घर भेजा जाएगा तथा और अवैध मैक्सिकनों को बाहर रखने के लिए हम मैक्सिको के द्वारा भुगतान पर एक दीवार बनाएंगे; कि हम मुस्लिमों को हमारे देश में आने से रोकेंगे; उन्होंने "राजनीतिक औचित्य" की अवज्ञा कर दी। फिर भी उनकी "घृणा की राजनीति" में हर नया मामला उन्हें ज्यादा मत दिलाता प्रतीत होता है। वह कम आय तथा उग्र समूहों को आकर्षित करते हैं जो स्थापित राजनीतिज्ञों तथा दलों के द्वारा कुचले हुए, अनदेखा किए हुए महसूस करते हैं तथा जो अपने दुखों का प्रतिनिधित्व करने के लिए ताजी आवाज चाहते हैं। ट्रम्प अमेरिकी राजनीति में एक दुर्लभ तथा वास्तविक परिघटना हैं जिन्होंने स्थापित रूढ़िवादी रिपब्लिकन दल के बड़े हिस्से को हतोत्साहित कर दिया है। शायद ही उनके हाथों में न केवल 350,000,000 अमेरिकी लोगों का भविष्य, बल्कि एक तरह से पूरी मनुष्य जाति के भविष्य को सौंपा जा सकता है।

क्या जागरूक मतदाताओं का दमन किया जाता है?

50 वर्षों से ज्यादा पहले राष्ट्रपति लिंडन जॉनसन ने मतदान में नस्लीय भेदभाव का निषेध करने के लिए 1965 के *वोटिंग राइट्स एक्ट* पर हस्ताक्षर किए। इस एक्ट के पहले मतदान के अधिकार की गारंटी 14वें तथा 15वें संशोधनों द्वारा दी गई थी लेकिन नस्लीय भेदभाव विद्यमान था। 1965 के *वोटिंग राइट्स एक्ट* का अनुच्छेद 3, राज्य तथा स्थानीय शासन को किसी ऐसे मतदान कानून थोपने का निषेध करता है जो नस्लीय आधार पर या भाषायी अल्पसंख्यकों के साथ भेदभाव करता है। यह एक्ट विशेषकर साक्षरता परीक्षणों तथा अन्य उपकरणों, जो ऐतिहासिक रूप से नस्लीय अल्पसंख्यकों को मतदान के अधिकार से वंचित करते थे, को गैरकानूनी घोषित करता है। 1965 का *वोटिंग राइट्स एक्ट* इस स्थिति में सुधार के लिए नागरिक अधिकार विनियमन की मुख्य वस्तु थी तथा इसने अश्वेत मतदाताओं को सामूहिक मताधिकार दिलाया। इसने डेमोक्रेटों को दक्षिण में हार का सामना भी करा दिया।

काँग्रेस ने अतिरिक्त संरक्षणों के साथ इस एक्ट की बार-बार पुष्टि की है। 2006 में, काँग्रेस ने एक्ट को अपरिहार्यतः आगामी 25 वर्षों के लिए बढ़ा दिया। लेकिन 2013 में, सर्वोच्च न्यायालय ने *शेल्बी कांउटी बनाम होल्डर* में 5–4 के निर्णय से यह निष्कर्ष निकाला कि, नस्लीय भेदभाव के इतिहास वाले राज्यों तथा इलाकों की संघीय निगरानी की अब कोई आवश्यकता नहीं है। उन्होंने निष्कर्ष निकाला कि *वोटिंग राइट्स एक्ट* ने अपना काम कर दिया है और इसकी अब कोई आवश्यकता नहीं है।

सच है, साक्षरता परीक्षण तथा निर्वाचन कर समाप्त कर दिए गए थे। अनेक राज्यों में रूढ़िवादियों के एक दृढ़प्रतिज्ञ समूह ने अश्वेत नागरिकों, जो आमतौर पर डेमोक्रेटिक को मतदान करते हैं, को मतदान से दूर रखने के लिए अनेक उपायों को लागू करना प्रारंभ कर दिया। उत्तरी कैरोलिना, टेक्सस तथा पाँच अन्य राज्यों ने मतदान के विरुद्ध कानूनों को सख्त कर दिया। उन्होंने मतदाता पहचान की आवश्यकता (जन्म प्रमाणपत्र, निवास का प्रमाण तथा संभवतः एक परिवहन लाइसेंस) को लागू कर दिया तथा उन्होंने पहले मतदान तथा उसी-दिन पंजीयन को कम कर दिया। उनके विधायकों ने दावा किया कि ये उपाय व्यापक मतदाता धोखाधड़ी तथा मतदान में कुशलता बढ़ाने के लिए आवश्यक थे। हालाँकि मतदाता धोखाधड़ी के कोई प्रमाण नहीं थे।

यह मतदान दमन गतिविधि 2015 में विस्कॉन्सिन के स्कॉट वॉकर के द्वारा अग्रिम मतदान को कम करने तथा कॉलेज विद्यार्थियों के लिए इस ज्यादा मुश्किल बना कर; पूर्व-गवर्नर जेब बुश के द्वारा फ्लोरिडा मतदाता सूची को छोटा करने के प्रयास द्वारा तथा न्यू जर्सी के गवर्नर क्रिस क्रिस्टी के द्वारा न्यू जर्सी में अग्रिम मतदान को विस्तृत करने के बिल पर वीटो लगा कर जारी रही। अंतिम मामले में न्यू जर्सी चुनावों में सबसे कम मतदान वालों में से एक था, अर्थात् यह लगभग 20–30% था। क्रिस्टी स्वतः मतदाता पंजीकरण का विरोध करते हैं क्यों कि उन्हें चिंता है कि यह ज्यादा मतदाता धोखाधड़ी की ओर ले जाएगा। इसमें और भी है: रॉली, उत्तरी कैरोलिना के डॉ. अर्ल जॉनसन का कथन है, "मैं सोचता हूँ कि वे एक से अधिक ओबामा के निर्वाचित हो जाने से भयभीत हैं।"

विडंबनापूर्वक, टेक्सस में, सार्वजनिक सुरक्षा कार्यालय विभाग टेक्सस के द्वारा 90-वर्षीय पूर्व सभापति जिम राइट को मतदाता पहचान पत्र देने से इनकार कर दिया। उन्हें टेक्सस राज्य निर्वाचन पहचान पत्र को पाने के लिए एक विशेष यात्रा करनी पड़ी, जब उन्होंने महसूस किया कि उनका टेक्सस वाहन चालन लाइसेंस, जो 2010 में समाप्त हो चुका था, तथा उनके टेक्सस क्रिश्चियन विश्वविद्यालय संकाय पहचान पत्र को स्वीकार नहीं किया जाएगा। यदि सभा के एक पूर्व सभापति के लिए मतदान का अधिकार प्राप्त करना दिक़्क़त भरा है, तो कोई कल्पना कर सकता है कि अन्य लोगों को कितनी दिक़्क़त होगी।

वर्ष 2011 से 2015 के बीच, *49 राज्यों में 395 नए मतदाता प्रतिबंध* प्रस्तावित किए गए। पेशेवर राजनीतिज्ञ इन प्रतिबंधों को जिला सीमाओं से छेड़छाड़ करने तथा लाखों अमेरिकियों के मतदान के अधिकार को नकारने के लिए डिजाइन करते हैं। मतदाता अधिकार एक ऐसी सरकार के निर्माण के लिए आवश्यक है जो लोगों के लिए कार्य करती है।

वर्ष 2015 तक, राज्य के द्वारा नागरिकों के द्वारा मतदान को सीमित करने की कार्रवाइयाँ पहले ही सर्वोच्च न्यायालय के संज्ञान में आ चुकी थी। न्यायालय ने एरिजोना तथा कंसास द्वारा नागरिकता के प्रमाण की

आवश्यकता की अपील को खारिज कर दिया। न्यायालय ने राज्यों के द्वारा संघीय चुनावों के लिए मतदान का पंजीकरण करते समय राज्यों द्वारा नागरिकता के प्रमाण को आवश्यक करने की अनुमति देने से इनकार कर दिया। उत्तरी कैरोलिना *एनएएसीपी*, *लीग ऑफ वीमेन वोटर्स* तथा अनेक अफ्रीकी-अमेरिकी चर्चों सहित वादियों ने साबित करना चाहा कि कानून का प्रायोजन अल्पसंख्यक मतदाताओं के मताधिकार को समाप्त करना है, न कि कथित मतदाता धोखाधड़ी को कम करना।[6]

मतदाता कितने जानकार हैं?

कुल मिला कर हम यह उम्मीद कर सकते हैं कि नागरिक मतदान करते हैं तथा कि वे उन उम्मीदवारों को चुनने के लिए अच्छी तरह से सूचित है, जो उनके हितों तथा आकांक्षाओं का प्रतिनिधित्व करेगा। अनेक मतदाता जानकार नहीं हैं: वे अपर्याप्त शिक्षित हैं तथा वर्तमान घटनाओं एवं मामलों को नहीं पढ़ते हैं या अवगत नहीं रहते हैं। मार्क ट्वेन ने अखबारों की उपयोगिता के संबंध में अपनी धारणा दी थी; 'यदि आप अखबार नहीं पढ़ते हैं तो आप बेख़बर हैं, यदि आप अखबार पढ़ते हैं, तो आपको गलत जानकारी है।'

नाओमी वुल्फ ने हाल ही में सूचना दी कि अमेरिकी जनसंख्या की एक-तिहाई सरकार की एक शाखा का नाम भी नहीं बता पाई; दो-तिहाई सरकार की दो शाखाओं का नाम नहीं बता पाई। अनेक मतदाताओं ने नागरिक शास्त्र कभी नहीं पढ़ा था या उन्हें उसका कुछ ही याद था। उन्होंने अनुशंसा की कि *सिटीजन असेंबली* नामक एक विशाल सम्मेलन में प्रतिवर्ष *राष्ट्रीय मुद्दा दिवस* आयोजित हो।[7] निम्नांकित पर विचार करें: द *न्यू अमेरिकन डेमोक्रेसी* के अनुसार, 'सिर्फ एक तिहाई नागरिक अपने [सं.रा. प्रतिनिधि सभा] प्रतिनिधियों के नाम को याद कर सकते हैं, और इससे भी कम लोग याद कर सकते हैं कि उसने जिले के लिए कुछ किया है। दस में सिर्फ एक व्यक्ति यह याद कर सकता है कि एक विशेष बिल पर उनके प्रतिनिधि ने कैसे मतदान किया। '*अमेरिकन थिंकर* के अनुसार, सिर्फ 27% अपने दोनों अमेरिकी सीनेटरों का नाम बता सकते हैं।'[8]

यहाँ तक कि वे नागरिक जिन्हें एक अच्छी शिक्षा का लाभ मिला है, वे भी मुख्य मामले क्या हैं तथा उनके प्रतिनिधि किस प्रकार मतदान करेंगे या उन्हें किस प्रकार मतदान करना चाहिए इस पर विचार देने में दिक़्क़त महसूस करते हैं। अमेरिका मीडिया तथा विचार उस नेतृत्व में फलता-फूलता है जो अपनी राजनीतिक स्थितियों में बहुत ज्यादा भिन्नता रखते हैं। द *न्यूयार्क टाइम्स* एक उदारवादी डेमोक्रेटिक स्थिति का प्रतिनिधित्व करता है जबकि द *वॉल स्ट्रीट जर्नल* एक रूढ़िवादी रिपब्लिक स्थिति का प्रतिनिधित्व करता है। रेडियो स्टेशन वाम तथा दक्षिण पर और भी ज्यादा टिप्पणीकर्ताओं से संबद्ध हैं। प्रत्येक नागरिक अंततः किसी पक्षधारी मीडिया को ही पढ़ता है या सुनता है तथा दूसरे पक्ष की प्रतिनिधि मीडिया की अनदेखी करती है। हर कोई एक बुलबुले में रहता है।

परिणाम यह होता है कि अधिकतर मतदाता एक राजनीतिक दल के साथ अंततः जुड़ा पाता है तथा महसूस करता है कि यह दल मतदाताओं की प्राथमिकताओं तथा हितों को परिभाषित करता है। राजनीतिक दलों के प्रमुख कारकों में से एक है मतदाताओं को मामलों पर शोध करने के कार्य से बचने के लिए योग्य बनाना।

वे अपने चयनित दल पर उनके हितों को परिभाषित करना छोड़ देते हैं। हम तर्क दे सकते हैं कि नागरिक विचार करने की मशीनें नहीं हैं: वे महसूस करने वाली मशीनें हैं जो कभी-कभी सोचती हैं।[9]

फिर भी लगभग 20% अमेरिकी नागरिक हैं जो स्वतंत्र मतदाता होने का दावा करते हैं जो कभी-कभी डेमोक्रेटिक को तथा कभी-कभी रिपब्लिकनों को मतदान कर सकते हैं। वे लोकतंत्र में एक महत्वपूर्ण मतदाता समूह हैं, क्योंकि वे निर्वाचन के नतीजों पर प्रभाव डाल सकते हैं। मैं आगे जाऊँगा तथा कहूँगा, कि जितना विशाल स्वतंत्र मतदाताओं का समूह होगा, उतना ही ज्यादा लोकतंत्रात्मक राजनीतिक प्रणाली होगी।

क्या मतदाता अपने सर्वश्रेष्ठ हितों को ध्यान में रखकर मतदान करते हैं?

ज्यादा गरीब मतदाता जो सामाजिक सहायता योजनाओं से लाभ प्राप्त करते हैं, हमेशा डेमोक्रेटिक दल के लिए मतदान नहीं करते हैं। हाल ही कुछ नीले राज्य (डेमोक्रेटिक) लाल (रिपब्लिकन) में परिणत हो रहे हैं। *मैने* राज्य, जो सबसे गरीब अमेरिकी राज्यों में से है, ने अपने सशक्त कल्याण-विरोधी रिपब्लिकन गवर्नर को पुनर्निवाचित कर दिया। एक और गरीब राज्य केंटकी ने एक रिपब्लिकन गवर्नर को चुना जिसने इस बात को समझने के बावजूद, कि राज्य ओबामाकेयर के अंतर्गत सबसे ज्यादा वृद्धि प्राप्त कर रहा है चिकित्सा सहायता विस्तार को उल्टा करने का प्रण लिया था।[10]

हम कैसे समझेंगे कि क्यों कुछ लोग अपने हितों के विरुद्ध मतदान करते हैं? पहला अवलोकन यह है कि बहुत गरीब लोग मतदान के लिए भी नहीं आते हैं। संभव है उन्होंने राजनीतिक समाचारों पर थोड़ा या कोई ध्यान नहीं दिया हो तथा पंजीकरण कराना मुश्किल पाया हो या समय निकालना महँगा पाया हो। कुछ गरीब लोग जो मतदान करते हैं, वे महसूस कर सकते हैं कि डेमोक्रेटिक दल धर्म-विरोधी या गर्भपात-समर्थक है तथा कि उन्हें विरोध के रूप में मतदान करना चाहिए। या वे अन्यों जो सामाजिक सहायता पा रहे हैं, उन्हें इसका दुरुपयोग करते देखा हो, जैसे कि *फूड-स्टांप प्राप्त करने वाले* व्यक्ति को एक महँगे माँसाहारी रेस्तरां में खाते या किसी विकलांग व्यक्ति को अपना समय मछली मार कर व्यतीत करते देखना। कुछ सामाजिक सहायता पाते व्यक्तियों का उन अन्यों को देखना जो बहुत ज्यादा पा रहे हैं तथा स्वयं को उस वर्ग से असंबद्ध करना चाहते हैं। कुछ सोच सकते हैं कि रिपब्लिकन दल डेमोक्रेट से ज्यादा वास्तविक नौकरियों को सृजित करेंगे या बचाएंगे तथा ज्यादा आर्थिक विकास करेंगे। डेमोक्रेटिक दलों के कार्यकताओं के लिए अपने ग्रामीण जिलों में प्रचार करना तथा इनके नागरिकों को मतदान के लिए राजी कराना तथा डेमोक्रेटिक दल के द्वारा उनके हितों के लिए रिपब्लिकन दल से ज्यादा करता दिखाना, एक बड़ी चुनौती है।

क्या बहुमत हमेशा जीतता है?

एक अन्य प्रश्न बहुमत के अर्थ से संबंधित है। हम आमतौर पर अर्थ लगाते हैं कि एक प्रस्ताव जीत जाता है यदि यह योग्य मतों के 50% से ज्यादा प्राप्त करता है। फिर भी कई अवसरों पर एक बिल को पारित कराने के लिए दो-तिहाई मतों की आवश्यकता होती है। यह उच्चतर मानक है तथा पारित होने की संभावना को

घटा देता है। एक मतदान क्षेत्र में चीजों के उसी स्थिति में रहने की संभावना रहती है जिसे पारित होने के लिए दो-तिहाई मत की आवश्यकता होती है। दो-तिहाई स्तर रूढ़िवादी मतदाताओं को ज्यादा आकर्षित करता है जो बहुत ज्यादा परिवर्तन देखना पसंद नहीं करते हैं। *लेकिन इसका अर्थ यह है कि हमारे काँग्रेस का एक-तिहाई या ज्यादा एक मत को रोक सकता है जिसके पक्ष में देश का एक बहुमत सशक्त रूप में समर्थन में है।*

यदि 50% से ज्यादा का एक बहुमत शासन कार्यशील है, तो आबादी में अल्पसंख्यक समूहों के अधिकारों के सम्मान को क्या सुनिश्चित करता है? लोकतंत्र को अवश्य सुनिश्चित करना चाहिए कि अल्पसंख्यकों के बहुसंख्यकों के समान अधिकार हैं तथा उनके साथ समान व्यवहार होता है। एक उदाहरण के रूप में, मान लें कि अधिकतर ईसाइयों वाला एक समुदाय अपने क्षेत्र में एक मस्जिद बनने की अनुमति के विरुद्ध मतदान करता है। वे उस क्षेत्र की मुस्लिमों की छोटी संख्या पर ईसाई बन जाने का दबाव नहीं डाल सकते हैं। परंतु, मुस्लिमों का अपना मामला सुनने के लिए ईसाइयों को बुला कर एक सभा करने का अधिकार है। समय के साथ, मुस्लिम उनके क्षेत्र में एक मस्जिद बनाने के लिए अनुमति प्राप्त करने हेतु पर्याप्त ईसाइयों से आवश्यक समर्थन प्राप्त कर सकते हैं।

मतदान प्रक्रिया को कैसे ज्यादा प्रभावशाली बनाया जा सकता है

आज अधिकतर मतदान स्थानीय मतदान केंद्रों में होता है। मतदान पत्र का सबसे ज्यादा उपयोग वाला माध्यम बना रहना जारी है। मतदान के समाप्त हो जाने के पश्चात, बहुत ज्यादा ध्यानपूर्वक मतगणना होती है। इसने एक नए प्रस्ताव के लिए प्रेरित किया है, बहुत से निर्माताओं के द्वारा बनाई गई इलेक्ट्रॉनिक वोटिंग मशीनों का उपयोग। यह मतगणना को बहुत ज्यादा तेज बना देगी। फिर भी प्रत्यक्ष लाभों के बावजूद, ई-मशीनों का सीमित उपयोग है। लोगों को दिखाना पड़ता है कि इलेक्ट्रॉनिक रूप से मतदान कैसे करते हैं। मतदान स्थलों पर कम इलेक्ट्रॉनिक मशीनें होंगी यदि इसे मतदान पत्र वाले चुनावों की जगह रखा जाए। सबसे महत्वपूर्ण, इन मशीनों की विश्वसनीयता तथा क्या ये छेड़छाड़ से सुरक्षित है, ये प्रश्न खड़े किए गए हैं। 2014 की शुरुआत में, *प्रेसिडेंशियल कमीशन ऑन इलेक्शन एडमिनिस्ट्रेशन* ने पुरानी वोटिंग मशीनों के कारण आसन्न संकट की पूर्व-चेतावनी दी। निम्नलिखित समस्याओं को सूचीबद्ध किया गया:

- 36 राज्यों ने 2006 से पहले की अधिकतर मशीनों को खरीदा; 43 राज्य उन प्रणालियों को उपयोग करते हैं जो अब निर्मित नहीं होती हैं।
- 28 राज्यों की प्रणालियाँ संघीय निर्वाचन सहायता आयोग से प्रमाणित नहीं थीं क्योंकि वे मानकों के पूर्व तिथि की हैं।
- उम्रदराज होती मशीनें दुर्घटनाओं तथा स्क्रीन के काम नहीं करने की ओर प्रवृत्त होती हैं, जिससे कभी-कभी मतदाताओं को अपने मताधिकार का उपयोग किये बिना घर वापस जाना पड़ता है।

सामाजिक आलोचक नाओमी वुल्फ सभी इलेक्ट्रॉनिक मतदान पर प्रतिबंध लगाएँगी। वह हर चीज को हाथों द्वारा गिना हुआ चाहती हैं। वह सभी निजी वेंडरों पर मतदान प्रक्रिया में कोई भूमिका निभाने से

प्रतिबंध लगाएँगी। वह चुनावों में राज्य द्वारा जारी की गए पहचान पत्रों की सभी आवश्यकताओं पर प्रतिबंध लगाएँगी। मतदाता धोखाधड़ी तथा निर्वाचन कर्मियों पर नजर रखने एवं मतदान प्रतिशत पर निगाह रखने के लिए वह सभी मतदान केंद्रों को वीडियो निगरानी में रखेंगी। वह निर्वाचन धोखाधड़ी को बारबार दोहराने वालों के लिए कारावास तथा बड़े जुर्माने वाला बड़ा अपराध घोषित करेंगी। वह व्यक्तियों को उनके 18वें जन्मदिन पर किसी डाकखाने में पंजीकृत होना चाहती हैं। अंत में, वह निर्वाचन के दिन को सभी नियोक्ताओं को अपने कामगारों को मतदान हेतु समय देने की अनुमति को आवश्यक बनाते हुए एक संघीय अवकाश घोषित करवाना चाहती हैं। स्पष्ट रूप से, वह शहरों तथा राज्यों को अपनी मतदान प्रणाली पर ध्यानपूर्वक विचार करने तथा लगभग शून्य लागत पर ज्यादा नागरिकों के लिए मतदान करना आसान बनाने के लिए इसमें परिवर्तन करने का आह्वान कर रही हैं।[11] हमें अवश्य महसूस होना चाहिए कि वे नागरिक, जिन्हें खराब या लंबी कतारों या ऊँची लागतों के अनुभव हुए, अगली बार मतदान के विचार को त्याग सकते हैं।

बड़ी आवश्यकता नागरिकों के लिए मतदान ज्यादा आसान करने की है। क्यों हर किसी को प्रत्येक दो वर्ष पर उसी मंगलवार मतदान करना होता है? ऐतिहासिक रूप से, मंगलवार तब चुना गया था जब संयुक्त राज्य मुख्यतः एक कृषक समाज था: मंगलवार रविवार के विश्राम दिवस तथा गुरूवार के बाजारों को खुलने के बीच में आता था। यह सुझाव दिया गया है कि, यदि राष्ट्रपति का चुनाव हर चौथे वर्ष एक मंगलवार को होना है, तो उस मंगलवार को राष्ट्रीय अवकाश घोषित कर देना चाहिए ताकि ज्यादा से ज्यादा कामगार वेतन के बिना नुकसान के मतदान कर सकें। एक ज्यादा बेहतर समय सप्ताहांत होगा जब बहुत से कामगार काम पर नहीं होते हैं। यह सुझाव दिया गया है कि मतदान शनिवार को अपराह्न 2 से रविवार अपराह्न 6 के बीच हो सकता है, इस प्रकार विश्राम का समय प्रभावित नहीं होगा। या मतदान वॉलमार्ट या कॉस्क्टो या विशाल स्टेडियमों में हो सकता है, जहाँ पर्याप्त वाहन पड़ाव स्थल हो। ज्यादा मतदान को प्रोत्साहित करने के लिए प्रत्येक मतदाता को एक लॉटरी टिकट वितरित किया जा सकता है लेकिन विजेता को दिखाना होता कि उसने मतदान किया था।

अब जब हम एक डिजिटल दुनिया में रहते हैं, जहाँ सूचना तत्काल भेजी तथा प्राप्त की जा सकती है, हम क्यों अभी भी एक मतदान प्रक्रिया का उपयोग कर रहे हैं जो मतदाताओं को अपने काम से समय निकालने तथा एक मतदान केंद्र तक यात्रा करने, पंजीकृत होने के लिए लंबी कतारों में इंतजार करना तथा अपने पसंदीदा प्रत्याशियों पर सही का निशान लगा कर लौटाने हेतु एक निजी मतदान बूथ में ले जाने के लिए एक पत्र दिए जाने और फिर मतदान केंद्र छोड़ने को आवश्यक बना रही है। क्यों नहीं नागरिकों को वे जब भी तथा जहाँ भी चाहें, वहाँ मतदान करने दिया जाए? वे एक अग्रिम मतपत्र के लिए कह सकते हैं तथा इसे डाक से भेजवा सकते हैं। आज 27 राज्य तथा वॉशिंगटन डी.सी. मतदाताओं की पसंद को ध्यान में रखते हुए डाक के माध्यम से मतदान की अनुमति देते हैं। आग्रह करने वाले प्रत्येक मतदाता को उनका मतपत्र चुनाव के कई हफ्तों पहले भेजा जाता है, जिसे मतदाता भरकर वापस भेज देता है। या मतपत्र उनके ईमेल पते पर भेजा जा सकता है तथा वे इसे भरकर वापस भेजते हैं। क्यों, एक डिजिटल दुनिया में मतदान एक विशिष्ट समय तथा स्थान तक सीमित रहना चाहिए?

यहाँ तक कि मतदाता पंजीकरण में भी सुधार किया जा सकता है। जब विद्यार्थी 17 वर्ष की आयु के होते हैं, तो उन्हें पूर्व-पंजीकरण के लिए सूचित किया जाएगा ताकि वे 18 वर्ष की आयु पूर्ण करने के बाद मतदान कर सकें। एक अन्य सुझाव यह है कि, जब युवा व्यक्ति एक वाहन चालन लाइसेंस के लिए आवेदन करे, तो उनका स्वतः उसी तारीख से मतदाता पंजीकरण हो जाए। निश्चित तौर पर इन बातों से हर दो वर्ष बाद होने वाले मतदान के प्रतिशत में वृद्धि होगी।

संक्षेप में हम कह सकते हैं कि, अग्रिम मतदान, दूरस्थ मतदान तथा उसी दिन पंजीकरण में विस्तार की आवश्यकता है।

राजनीतिक प्रत्याशी कौन हैं तथा वे कैसे निर्वाचित होते हैं?

किसी लोकतांत्रिक समाज में, कुछ खास लोग तय करते हैं कि वे एक राजनीतिक करियर बनाना चाहते हैं। वे मेयर, गवर्नर, प्रतिनिधि या सीनेटर पदों पर निर्वाचित होने के लिए खड़े होते हैं। वे महसूस कर सकते हैं कि उनके पास ज्यादा लोगों के लिए सरकार को ज्यादा बेहतर काम करने के लिए अच्छे विचार हैं। या वे इसे कुछ ताकत, नाम या धन कमाने के एक अवसर के रूप में देखते हैं।

शायद ही कभी एक राजनीतिक उम्मीदवार बिना किसी दल से संबद्धता के एक स्वतंत्र उम्मीदवार के रूप में लड़ेगा। एक राजनीतिक दल के साथ जुड़ना प्रत्याशी को एक पहचान, विश्वास करने वालों का एक समूह तथा अनुयायी एवं धन का एक स्रोत प्रदान करता है। यहाँ तक कि सिर्फ एक राजनीतिक दल में शामिल हो जाने का अर्थ यह नहीं है कि दल उसकी उम्मीदवारी का समर्थन करेगा, क्योंकि वह व्यक्ति एक विशिष्ट पद के लिए उन बहुत सारे में से एक हो सकता है। यदि वह व्यक्ति उस पद के लिए अकेला है, तो वह उस पद का उम्मीदवार हो सकता या सकती है। अन्यथा, उस व्यक्ति को उस पद के लिए दल सदस्यों तथा मतदाताओं को प्रभावित करने का एक बेहतर कार्य कर प्रतिस्पर्द्धा करनी होगी। नवम्बर 2016 में राष्ट्रपति पद के चुनाव में खड़े होने के लिए रिपब्लिकन दल में 16 से ज्यादा प्रत्याशियों ने अपनी उम्मीदवारी प्रस्तुत की।

अमेरिका में द्वि-दलीय प्रणाली है, डेमोक्रेट तथा रिपब्लिकन। डेमोक्रेट कामगार वर्ग का ज्यादा प्रतिनिधित्व करते हैं तथा रिपब्लिकन कारोबारी हितों तथा अमीरों का ज्यादा। अनेक देशों में वाम तथा दक्षिण के मध्य यह विभाजन पाया जाता है। लेकिन अनेक देशों में दो से ज्यादा दल कार्यरत हैं। उदाहरण के लिए फ्रांस में *सोशलिस्ट पार्टी, द ग्रींस, द लेफ्ट पार्टी, द रैडिकल पार्टी ऑफ द लेफ्ट, द यूनियन फॉर ए पॉपुलर मूवमेंट, द न्यू सेंटर* तथा *द नेशनल फ्रंट* हैं। उसका अर्थ है कि एक प्रत्याशी को सामान्यतया एक दल से संबद्ध होना तथा अन्य दलों के साथ गठबंधन का समझौता करना होता है। अक्सर दो स्थिर गठबंधन उभरते हैं, एक *सेंटर-लेफ्ट* तथा दूसरा *सेंटर- राइट*।

अमेरिका में समय-समय पर तीसरे दल होते रहते हैं, जैसे नॉर्मन थॉमस के नेतृत्व में द *सोशलिस्ट पार्टी*, टेडी रूज़वेल्ट के नेतृत्व में द *बुल-मूस पार्टी, द ग्रीनबैक पार्टी* तथा *प्रोहिबिशन पार्टी*। 2012 में 'द्वि-दलीय प्रणाली की तानाशाही' से उबरने के लिए रॉबर्ट स्टील द *रिफॉर्म पार्टी* के अध्यक्ष पद के लिए खड़े हुए। एक

पीपुल रिफॉर्म कोलिशन में उनके साथ छोटे दलों को जुड़ने के लिए आकर्षित करने के उनके प्रयासों के बावजूद, हर छोटा दल अपने अहम् की तुष्टि करना चाहता था। स्पष्ट है कि, अधिकतर तीसरे दल विलुप्त होने की ओर प्रवृत्त हैं। वे फिर से उभरते हैं जब दो मुख्य दलों की नीतियाँ बहुत ज्यादा समान हो जाती हैं तथा एक राजनीतिक प्रत्याशी एक स्वतंत्र दल बनाने के लिए उभरता है।[12] अप्रत्यक्ष रूप से राजनीतिक रूप से प्रेरित व्यक्ति दो प्रमुख दलों में से एक के साथ संबद्ध होंगे तथा पहचान बनाने तथा ऊपर जाने के लिए कड़ी मेहनत करेंगे। अधिकतर वकील होंगे तथा कुछ सफल कारोबारी व्यक्ति होंगे, तथा कभी-कभी एक चिकित्सक या अकादमिक व्यक्ति निर्वाचन हेतु खड़ा हो सकता है।

निर्वाचन योग्य बनने के लिए प्रत्याशी कई चरणों से होकर गुजरेंगे। सर्वप्रथम, प्रत्याशी को परिवार, मित्रों तथा चुने हुए राजनीतिक दल से समर्थन प्राप्त कर खुद की परीक्षा करनी होगी। एक बड़ी चुनौती ब्रॉशरों, चलने वाले विज्ञापनों क्षेत्रों में आते-जाते रहने तथा पक्ष लिए जाने के लिए पर्याप्त धन जुटाने की है। दूसरी चुनौती उसी पद के लिए आकांक्षी दल के अन्य सदस्यों के विपक्ष में दल के मतदाताओं को जीतने हेतु एक सशक्त संदेश विकसित करने की है। दल के *प्राथमिक चुनाव* में खड़े होने के लिए प्रत्याशी को पर्याप्त हस्ताक्षरों की आवश्यकता होती है। यदि उम्मीदवार दल के *प्राथमिक चुनाव* को जीतना संभव कर लेता है, तो प्रत्याशी को उस पद के लिए दूसरे दल के उम्मीदवार के विरुद्ध अवश्य खड़ा होना होगा। इससे फिर से धन जुटाने तथा संदेश की समीक्षा करने तथा एक ज्यादा विशाल मतदाता जनता के लिए अभियान चलाना होगा। यदि प्रत्याशी दूसरे उम्मीदवार के विरुद्ध चुनाव जीतता है, तो अब वह उस पद के लिए निर्वाचित है और अब उसे अवश्य सिद्ध करना है कि वह उस पद पर एक अच्छा काम कर सकता या सकती है।

दल कई उम्मीदवारों में से सर्वश्रेष्ठ उम्मीदवार के चयन का प्रयास करता है

एक राजनीतिक दल दो में से एक परिस्थिति से पीड़ित हो सकता है: या तो यह खड़े होने के इच्छुक एक संतुष्टिदायक प्रत्याशी को नहीं पा सकता है, या उसे बहुत ज्यादा उम्मीदवारों में से चयन करना है। पूर्ववर्ती मामले में, दल कुछ सक्षम व्यक्तियों को लाना चाहेगा। सबसे सक्षम उम्मीदवारों में से कुछ पद के लिए खड़ा होना नहीं चाहते हैं। बहुत से प्रतिवर्ष $1 करोड़ कमाने वाले विशाल बहुराष्ट्रीय कंपनियों के सीईओ हैं। वे क्यों अमेरिकी राष्ट्रपति के रूप में प्रतिवर्ष सिर्फ $400,000 कमाना तथा पत्रकारों के द्वारा अतिशय जाँच-पड़ताल एवं विपक्षी दल के सदस्यों के अपशब्दों का सामना करना चाहेंगे? यदि वे लड़ने के लिए हामी भरते हैं, तो वे शर्तें तय करना चाहेंगे जिन पर वे चुनाव लड़ेंगे। इसका अर्थ है कि दल का प्रत्याशी कई मामलों में दल की स्थिति से विचलित हो सकता है।

कल्पना करें कि यदि रिपब्लिकन दल पूर्व-न्यूयार्क सिटी मेयर माइकल ब्लूमबर्ग को अपना प्रत्याशी बनाना चाहता। वे लोगों के बीच बहुत लोकप्रिय हैं। लेकिन ब्लूमबर्ग बंदूकों तथा अप्रवासियों के विषय में रिपब्लिकनों की स्थिति के खिलाफ हैं। वे ज्यादा अतिवादी रिपब्लिकनों के कारण प्राथमिक चुनाव हार जाएँगे। दल को तय करना है कि क्या यह जनता के समक्ष रखने के लिए एक कमतर निष्ठापूर्ण प्रत्याशी या

एक सशक्त ज्यादा स्वतंत्र उम्मीदवार को प्राथमिकता देंगे। पुराने दिनों में राजनीतिक दलों के पास ज्यादा ताकत थी जब वे लोगों की नजरों से दूर धूएँ से भरे एक कमरे में प्रत्याशी चुना करते थे।

दल के समक्ष एक समस्या यह भी है कि कई उम्मीदवार प्राथमिक चुनाव में विजय के आकांक्षी हैं। हम 2016 की परिस्थिति का मूल्यांकन करते हैं जहाँ 17 रिपब्लिकन प्रत्याशियों ने घोषणा की कि वे राष्ट्रपति पद के लिए खड़े होंगे। ऐसा पहले नहीं हुआ था। यह एक संकेत है कि रिपब्लिकलन दल में कोई स्पष्ट विजेता या नेता नहीं है। यदि इसके पास ऐसा कोई नेता होता, तो बहुत कम प्रत्याशी होते। बड़ी संख्या कुछ समस्याओं को प्रस्तुत करती है:

- सर्वप्रथम, प्रत्याशी स्पष्ट रूप से एक-दूसरे से अनेक मामलों में असहमत होंगे, लोगों को अचंभे में डालते हुए कि अनेक मामलों में क्या दल की कोई शक्तिशाली या स्पष्ट स्थिति है। अंततः, प्रत्याशी कुछ 'मतदाता हिस्से' पाने की उम्मीद करते हुए एक-दूसरे की बुराई शुरू कर देते हैं।
- द्वितीय, दल का उन पर कोई नियंत्रण नहीं है, जो लड़ने का निर्णय करते हैं। 2016 में, अनेक रिपब्लिकनों को प्रत्याशी डोनॉल्ड ट्रम्प के संबंध में शर्मिंदा होना पड़ा। वे मैक्सिकनों, मुस्लिमों तथा महिलाओं पर उनके हमले से शर्मिंदा थे। वे हर ध्यानपूर्वक तैयार किए गए अपमान के साथ उनकी स्थिति में सुधार को देख कर ज्यादा शर्मिंदा थे। एक रिपब्लिकन ने ट्रम्प को *'रेकिंग बॉल'* की संज्ञा दी। परंतु, रिपब्लिकन दल डोनॉल्ड ट्रम्प को चुनाव नहीं लड़ने के लिए मना करने में असमर्थ रहा: ऐसा कहे जाने पर वह एक तीसरे दल का निर्माण कर लेते और 2016 में उनकी संभावनाओं को और भी क्षति पहुँचाते।
- तृतीय, दल को हर प्रत्याशी को अपने विचारों को प्रदर्शित करने के लिए एक निष्पक्ष तरीके को चुनना है। 2016 में, रिपब्लिकन दल ने शीर्ष दस प्रत्याशी-मत प्राप्तकर्ताओं को बड़े प्रदर्शन तथा छः कम मत प्राप्तकर्ताओं को एक छोटे प्रदर्शन के लिए चुना। फॉक्स से तीन प्रस्तुतकर्ताओं ने विशिष्ट प्रत्याशियों से भिन्न प्रश्न पूछे। ज्यादा रिपब्लिकन राष्ट्रपति पद हेतु बहसें कुछ उम्मीदवारों को हटाने के लिए की गई।

मतदाताओं के लिए यह जानना वास्तव में मुश्किल है कि कौन राष्ट्रपति पद का सर्वश्रेष्ठ उम्मीदवार बनेगा। यदि कोई चर्चिल या लिंकन को युवा पुरुषों के रूप में देखता, तो क्या यह संभव होता प्रतीत होता कि वे दोनों करिश्माकारी, प्रभावी नेतृत्व बनेंगे? किसी को एक महान नेता क्या बनाता है? क्या वे महान नेता बन गए क्योंकि वे एक परीक्षा लेने वाले समय में रहते थे? हमें कम-से-कम कुछ गुणों, जैसे कि बुद्धिमत्ता, निष्ठा, सम्मान की भावना, सत्यवादिता तथा सरल दृढ़ता को देखना चाहिए। हमें अच्छे चरित्र तथा अपना बचाव करने में सक्षम के संकेतों की आवश्यकता है।

अंतिम राजनीतिक प्रत्याशी कैसे चयनित होते हैं?

प्रत्येक राष्ट्रपति चुनाव में, राष्ट्रपति पद के उम्मीदवार मतदाताओं से मिलने तथा अपनी नीतियों एवं वादों के संबंध में वार्ता करने के लिए कई राज्यों की यात्रा करते हैं। परंपरा से, पहले दो राज्य जहाँ राष्ट्रपति के उम्मीदवार प्रचार करते है, वे हैं आयोवा तथा न्यू हैम्पशायर। इन राज्यों को राजनीतिक दलों द्वारा चुना गया था तथा राज्यों के इस क्रम को बदलने के लिए एक बहुत ज्यादा दृढ़प्रतिज्ञ समूह की जरूरत होगी।

आयोवा एक बहुत ज्यादा प्रतिनिधिक राज्य नहीं है क्योंकि यहाँ 98% मतदाता श्वेत हैं तथा विशाल बहुमत ग्रामीण है। जॉर्जिया राज्य राजनीतिक प्रचार शुरू करने के लिए ज्यादा प्रतिनिधिक राज्य होता। इस बीच न्यू हैम्पशायर एक बहुत छोटा राज्य है जिसकी मुख्य विशेषता है कि प्रत्याशी इस राज्य को आसानी से पूरा कर लेते हैं।

प्रत्येक प्रत्याशी राज्य के प्रत्येक भाग में कार्यालयों को स्थापित करेंगे तथा जितना संभव हो उतने स्थानों पर भाषण देंगे। उम्मीदवार के कर्मचारी एक स्थल चुनेंगे तथा दर्शकों को तैयार करेंगे, जहाँ प्रत्याशी बोल सकते हैं। 2016 में, राष्ट्रपति पद के उम्मीदवार टेड क्रूज कहते हैं कि, उन्होंने आयोवा के हर भाग का भ्रमण किया। एक नियत तिथि को *प्रसम्मिलन* या प्राथमिक चुनाव होगा। आयोवा *प्रसम्मिलन* के द्वारा मतदान करता है। उस राजनीतिक दल के पंजीकृत सदस्य (एक सीमित *प्रसम्मिलन* में) एक स्थान पर एकत्रित होते हैं, एक-दूसरे के साथ बातचीत करते हैं, अलग-अलग समूहों में यह दिखाने के लिए कि किस प्रत्याशी को वे प्राथमिकता देते हैं, चले जाते हैं। न्यू हैम्पशायर में प्राथमिक चुनाव द्वारा ऐसा किया जाता है। दल के सभी पंजीकृत सदस्य अपने पसंदीदा उम्मीदवारों का चयन करने के लिए मतपत्र पर मतदान करते हैं। प्रत्येक उम्मीदवार के मतों को गिना जाएगा तथा प्रत्येक प्रक्षेत्र उस राज्य के दल के मुख्यालय अपनी मतगणना की सूचना देगा। अगली सुबह तक यह ज्ञात हो जाएगा कि उस राज्य में हर दल में किस प्रत्याशी ने विजय प्राप्त की।

प्रसम्मिलन तथा प्राथमिक चुनावों को बाकी राज्यों में दोहराया जाता है तथा यह राजनीतिक दल के राष्ट्रीय सम्मेलन, जो गर्मी में आयोजित होता है, में प्रत्येक प्रतिनिधि के सदस्यों की संख्या को तय करता है। डेमोक्रेटिक सम्मेलन में राज्य प्रतिनिधियों की संख्या राज्य *प्रसम्मिलन* या प्राथमिक चुनावों में प्राप्त मतों की संख्या के समानुपाती होती है। हालाँकि रिपब्लिकन दल राज्यों को या तो विजेता-को-सब प्रणाली या समानुपाती प्रणाली का उपयोग करने की अनुमति देता है। अंत में, दल के राष्ट्रीय सम्मेलन में यह तय करने के लिए कि, दल किस प्रत्याशी को राष्ट्रपति पद के उम्मीदवार के लिए नामांकित करेगा, प्रतिनिधियों के मत लिए जाते हैं।

प्रत्येक दल के लिए राष्ट्रपति पद के चुनाव के पश्चात, अपने मत को बनाने के लिए जनता को देखने तथा सुनने के लिए दो प्रत्याशियों के बीच कई राष्ट्रीय टेलीविजन पर बहस होंगी। उस राष्ट्रपति वर्ष के 8 नवम्बर को मतदाता संयुक्त राज्य के अगले राष्ट्रपति का निर्वाचन करेंगे।

मतदाताओं को सूचित तथा प्रभावित करने में मीडिया की बदलती भूमिका

डिजिटल क्रांति के पहले अधिकतर नागरिक अपने सामाचार को *एबीसी, सीबीएस* तथा *एनबीसी* के तीन प्रमुख प्रसारण नेटवर्कों से प्राप्त करते थे। प्रत्येक नेटवर्क का राजस्व इसके विज्ञापनकर्ताओं से आता था, जो नेटवर्कों से किसी दल के साथ सहयोग को नहीं दिखाना चाहते थे। विज्ञापनकर्ता परवाह नहीं करते थे कि चाहे वे अपने उत्पाद को डेमोक्रेटों या रिपब्लिकों को बेच रहे थे। अतः नेटवर्क अनिवार्यतः अपना

कार्य देश के सभी नागरिको को निष्पक्ष व्यक्तिपरक समाचारों की आपूर्ति करना मानते थे, न कि विशेष हित समूहों को।

सभी स्थानीय अखबारों के लिए, सभी समान समाचार देते थे, हालाँकि प्रत्येक समाचार की सूचना देने में कुछ झुकाव हो सकता है। द *न्यूयार्क टाइम्स* एक ज्यादा उदारवादी झुकाव के साथ था जबकि द *वॉल स्ट्रीट* तथा द *शिकागो ट्रिब्यून* का एक ज्यादा रूढ़िवादी झुकाव था। लोकप्रिय पत्रिकाएँ जैसे *टाइम* तथा *न्यूजवीक* मुख्यतः निष्पक्ष समाचार तैयार करती थी। यदि कुछ पाठक ज्यादा उदारवादी या रूढ़िवादी समाचारों को पढ़ना चाहते थे, तो उनके लिए विशिष्ट रूप से उदारवादी या रूढ़िवादी पत्रिकाएँ उपलब्ध थी।

आज मतदाताओं के पास सूचना तथा विचार के हजारों विभिन्न ऑनलाइन तथा ऑफलाइन स्रोतों का विकल्प है। रूढ़िवादी समाचार मत को प्राथमिकता देने वाले मतदाता फॉक्स देखेंगे तथा उदारवादी *एमएसएनबीसी* देखेंगे। दोनों सूचना तथा विचार के पूर्वाग्रहित स्रोत हैं। आज रूढ़िवादी फॉक्स के दर्शकों की संख्या निष्पक्ष *एबीसी, सीबीएस* तथा *एनबीसी* के दर्शकों की संयुक्त संख्या से काफी ज्यादा है। मतदाता उत्तरोत्तर उस मीडिया को पढ़ तथा सुन रहे हैं जो उनके राजनीतिक झुकाव के अनुकूल होती हैं। मतदाता समय के साथ ज्यादा आदिम हो रहे हैं, और अन्य जनजातियों के विचारों को जानने तथा प्रशंसा करने में अक्षम हैं। देश न केवल राष्ट्रीय स्तर पर बल्कि राज्य, राज्य, शहर तथा पड़ोस के स्तर पर भी ज्यादा-से-ज्यादा विभाजित हो रहा है।

अनेक ऐसी कहानियाँ बाहर आती हैं जो वास्तव में असत्य होती हैं लेकिन विभाजितों के द्वारा उन पर गहरा विश्वास किया जाता है। एक कहानी ने दावा किया परिवार कल्याण एजेंसियाँ गर्भपात किए गए अजन्मे शिशुओं के माँस को बेचती हैं। यहाँ तक कि जब तथ्यों की जाँच करने वाली एजेंसी इसे बड़ा झूठ साबित करती हैं, अधिकतर लोग इसे नहीं सुनते हैं या इस पर विश्वास करना जारी रखते हैं। एक सुशिक्षित नागरिक वर्ग के द्वारा एक साझी विरासत के स्थान पर, संयुक्त राज्य बहुत से कबीलों की जगह है जो सत्य के विभिन्न संस्करणों को जीते तथा सांस लेते हैं।

मतदान प्रचार अभियानों में धन की बढ़ती भूमिका

मौजूदा अमेरिकी चुनावों में बेहिसाब धन का व्यय किया जाता है। कोक बंधुओं ने घोषणा की कि वे 2016 के राजनीतिक अभियान को प्रभावित करने के लिए $900 मिलियन खर्च करने की योजना बना रहे हैं। कल्पना करें कि यदि दोनों कोक बंधुओं को सहसा दिव्य ज्ञान की प्राप्ति होती और दोनों अपने विचारों के विपरीत इस धन को चुनाव सुधारों तथा छात्रों के कर्ज को कम करने में इस्तेमाल करने का निर्णय लेते, तो कितना अच्छा होता। यदि चुनावों में खर्च हो रहे अरबों डॉलर को अनेक आवश्यक सामाजिक कारणों में से किसी की ओर मोड़ दिया जा सकता, तो पूरा देश बेहतर स्थिति में होता तथा दानकर्ता तर्कसंगतरूप से अपनी उपकारिता पर गर्व महसूस कर सकते, जैसे कि अतीत में एंड्रयू कार्नीज, रॉकफेलर तथा फोर्ड अमेरिकी जीवन को सुधारने में अपने योगदान पर गर्व महसूस करते थे।

अपने राष्टपति पद की उम्मीदवारी के दौरान हिलेरी क्लिंटन ने कहा, 'मैं वो हर चीज करूँगी जो मैं सर्वोच्च न्यायालय के उन न्यायाधीशों को नियुक्त करने के लिए कर सकती हूँ, जो मतदान के अधिकार का संरक्षण करते हैं तथा *अरबपतियों के चुनावों को खरीदने के अधिकारों को संरक्षित नहीं करते हैं*'। सक्रिय कार्यकर्ताओं का समूह *मूव टू अमेंड* सर्वोच्च न्यायालय के खोटे *सिटिजंस यूनाइटेड* निर्णय को निरस्त करने का इरादा रखता है।

> कॉर्पोरेशन आज न केवल राजनीतिक शक्ति का उपयोग कर रहे हैं- वे एक परोक्ष शासन संस्थान बन गए हैं। अतिशय-धनाढ्य व्यक्ति तथा अनिर्वाचित गैर-उत्तरदायी कॉर्पोरेट सीईओ इस देश में मूल सार्वजनिक नीति बनाते हैं। वे हमारे द्वारा किए जाने वाले कार्य एवं वेतन, प्राप्त होने वाली स्वास्थ्य सेवाओं, तथा देश की ऊर्जा नीति के साथ-साथ हमारी हवा एवं पानी में विषाक्त तत्वों और जहर के स्तर का भी निर्धारण करते हैं। 'हम लोग' कोक या पेप्सी तथा राशन की दुकान पर कागज या प्लास्टिक पर निर्णय लेने का अवसर पाते हैं। समाज को व्यवस्थित करने का अधिकार रखने वाले स्वयंप्रभु मनुष्यों के बजाय नागरिकों से उपभोक्ता या कामगार के तरह व्यवहार किया जाता है।[14]

2014 में लगभग $5 अरब उम्मीदवारों, राजनीतिक दलों, पीएसीज़ तथा गैर-लाभ समूहों द्वारा चुनावों को प्रभवित करने के लिए व्यय किया था। दान का लगभग 20% प्रच्छन्न दानकर्ताओं से अमेरिका तथा विदेश से कॉर्पोरेशनों, यूनियनों तथा अमीर व्यक्तियों से धन प्राप्त कर रहे सुपर पीएसीज़ तथा विशिष्ट हित समूहों के माध्यम से आया। अनुमान है कि लगभग $10 अरब 2016 में चुनावों में व्यय होगा।

अमेरिकी अभियान के वित्त पोषण का संक्षिप्त इतिहास

हम आज की विकृत स्थिति में कैसे पहुँचे इसे समझने के लिए हमें संयुक्त राज्य अभियान के इतिहास का संक्षिप्तावलोकन करने की आवश्यकता है। प्रोफेसर रॉजर बर्कोविट्ज़ ने अभियान के वितपोषण तथा अभियान वित्तपोषण में सुधार को सात चरणों (आठवें को जोड़ कर) में संक्षेपित किया है:

1. वर्ष 1787 के संवैधानिक सम्मेलन के दौरान भ्रष्टाचार एक बड़ा मामला था। संस्थापक, विधायकों के द्वारा विधायक के रूप में सेवा देने के दौरान नागरिक पदों पर बैठने या अपने पद का उपयोग स्वयं अथवा अपने मित्रों को अमीर बनाने देने के पक्षधर नहीं थे। उन्होंने प्रतिनिधि सभा के सदस्यों पर दो वर्ष की सीमा का भी चयन किया ताकि वे कार्यपालिका शाखा के सदस्यों के साथ मजबूत गठबंधन न बना सकें।
2. दूसरा चरण संविधान के पारित होने से 1828 में एंड्रयू जैक्सन के निर्वाचन तक जारी रहता है। उम्मीदवारों ने ज्यादातर अपने अभियान व्ययों का वहन किया, जिसमें अभियान के पैंफलेट और रैलियों में कुछ आहार तथा पेय का भुगतान शामिल था। प्रत्याशी आमतौर पर अमीर थे तथा जमींदार श्वेत पुरुषों से मत प्राप्त करने का लक्ष्य रखते थे।
3. तीसरा चरण 1828 में एंड्रयू जैक्सन के निर्वाचन के साथ प्रारंभ हुआ। जैक्सन पहले ऐसे उम्मीदवार थे जिन्होंने दल के कुलीन वर्ग के बजाय सीधे मतदाताओं से आग्रह किया। उसमें बहुत ज्यादा धन की

(जारी)

(जारी)

आवश्यकता होती थी तथा जैक्सन ने उनसे धन जुटाया जो सरकार में नौकरियाँ चाह रहे थे। यह बिगड़ी प्रणाली की शुरूआत थी जहाँ विद्यमान तथा संभावित सरकारी कर्मचारियों ने अनिवार्यतः चुनाव का वित्तपोषण किया।

4. चौथे चरण में 1883 में *पेन्ड्लेटन एक्ट जिसने* संघीय प्रशासनिक सेवा, जो एक सरकारी नौकरी पाने के लिए प्रशासनिक सेवा अभ्यर्थियों को परीक्षा देना तथा उत्तीर्ण होना आवश्यक करती थी, को स्थापित किया, के पारित होने तक की बिगड़ी हुई प्रणाली शामिल थी। इसने बिगड़ी हुई प्रणाली को अवैधानिक करार दिया तथा राजनीतिज्ञों को धन के नए स्रोतों की आवश्यकता हुई। उन्होंने धनी व्यक्तियों तथा कॉर्पोरेशनों से विनती की। कॉर्पोरेट वित्तपोषण का युग अस्तित्व में आया तथा कॉर्पोरेशनों ने काँग्रेस तथा मतदाताओं पर अपने प्रभाव का बहुत फायदा उठाया।
5. पाँचवें चरण में टेडी रूज़वेल्ट के द्वारा काँग्रेस को 1907 में *टिलमैन एक्ट* पारित करने के लिए प्रेरित करना शामिल था, जिसने सभी कॉर्पोरेट अभियान योगदान को अवैध घोषित कर दिया। *टिलमैन एक्ट* में इसके उल्लंघन के लिए जुर्माने थे, लेकिन इसे लागू करने के लिए नियम नहीं बनाया गया। बहुत से उल्लंघन तथा घपले हुए।
6. छठे चरण में 1974 में फेडरल *इलेक्शन कैंपेन एक्ट (एफइसीए)* का पारित होना शामिल था। *एफइसीए* ने व्यक्तिगत उम्मीदवारों के व्यक्तिगत योगदान को $1,000 तक सीमित कर दिया तथा पीएसी एक व्यक्तिगत उम्मीदवार को $5,000 तक योगदान करने तक सीमित कर दी गई; सीमित कर दिया कि एक अभियान में प्रत्याशी कितना व्यय कर सकते हैं; अभियानों का सार्वजनिक वित्तपोषण का निर्णय किया, जो अभियान व्ययों पर स्वैच्छिक सीमा को आवश्यक करता था; आवश्यक करता था कि प्रत्याशी, पीएसी तथा समर्थन में लगे समूह अपने संचित धन तथा व्यय का खुलासा करें; तथा नए नियमों का विनियमन तथा लागू करने के लिए संघीय निर्वाचन आयोग की रचना की। 1976 में *बक्ले बनाम वालियो* मामले में सर्वोच्च न्यायालय ने व्यक्तिगत उम्मीदवारों और पीएसी तथा अन्य समूहों, दोनों के द्वारा व्यय पर अनिवार्य सीमाओं को निरस्त कर दिया। न्यायालय विशाल योगदानों को एक प्रकार के प्रतिदान को भ्रष्टाचार मानते हुए व्यक्तियों तथा कॉर्पोरेशनों के अभिव्यक्ति की स्वतंत्रता के अधिकार को मान्यता देना चाहता था। न्यायालय ने निर्णय दिया कि एक विशिष्ट उम्मीदवार के साथ समन्वित नहीं किए गए आम व्यय वैधानिक हैं। परिणाम था कि राजनीतिक दलों तथा अन्य समूहों को दिया गया धन व्यक्तिगत उम्मीदवारों को व्यक्तिगत योगदानों पर लागू की गई सीमाओं का विषय नहीं था। पीएसी ने 'कागजी मुद्रा' की विशाल मात्रा का उपयोग किया जो प्रभावित करने की सीमा पर थी, हालाँकि धन व्यक्तिगत उम्मीद्वारों को नहीं दिया गया था। 2001–2002 तक डेमोक्रेटिक दल ने $200 मिलियन तथा रिपब्लिकनों ने $421 मिलियन लिए।
7. सातवें चरण में काँग्रेस द्वारा 2002 में *बाई-पार्टीसन कैंपेन रिफॉर्म एक्ट (बीसीआरए) (मैककैन-फेनीगोल्ड एक्ट* के नाम से भी ज्ञात) को पारित करने के माध्यम से धन के प्रवाह को फिर से रोकने का प्रयास करना शामिल था। बीसीआरए ने कॉर्पोरेशनों तथा यूनियनों के द्वारा असीमित नर्म धन योगदान पर पाबंदी लगा दी। लेकिन 2010 में सर्वोच्च न्यायालय ने *सिटीजंस यूनाइटेड* में यह व्यवस्था दी कि 'कॉर्पोरेशन व्यक्ति हैं' तथा पाबंदी हटा दी एवं असीमित कागजी मुद्रा को प्रवाहित होने की अनुमति दे दी। न्यायाधीश एंथोनी केनेडी ने तर्क दिया कि कॉर्पोरेशनों तथा यूनियनों जैसे संगठनों की गारंटी पहले संशोधन राजनीतिक अभिव्यक्ति के अधिकार में दी गई है तथा कानून को अर्थव्यवस्था के सार्थक हिस्से की आवाज को दबाना नहीं चाहिए। वे फेलिक्स फ्रैंकफुर्टर के तर्कों कि, 'सामूहिक भावना की अभिव्यक्ति हमारी लोकतांत्रिक तथा विधायिक प्रक्रियाओं का हमेशा अभिन्न हिस्सा रही हैं' को प्रतिध्वनित कर रहे थे। हालाँकि इसके तुरंत पश्चात एक *वॉशिंगटन पोस्ट- एबीसी न्यूज* सर्वेक्षण ने पाया कि लगभग 80% अमेरिकी *सिटीजंस* यूनाइटेड निर्णय का

विरोध करते थे। दो महत्वपूर्ण विचारों (1) कॉर्पोरेशन अहस्तांतरणीय अधिकारों वाले व्यक्ति नहीं है, तथा (2) चुनावों को प्रभावित करने के लिए धन का व्यय पहले संशोधन में अभिव्यक्त नहीं है, से बदलने के लिए संविधान में संशोधन करने हेतु समर्थन जुटाने हेतु *मूव टू अमेंड* कहलाने वाला एक मूलभूत द्वि-पक्षीय समूह गठित हुआ।[15]

8. अप्रैल 2014 में सर्वोच्च न्यायालय ने 5–4 से निर्णय दिया कि एक दाता सभी प्रत्याशियों या समितियों पर कुल कितना धन व्यय कर सकता है, इस पर सीमा लगाना पहले संशोधन का उल्लंघन हैं। अतः, एक सशक्त अभियान वित्तपोषण तक पहुँचने के स्थान पर सर्वोच्च ने एक नजदीकी 5–4 के निर्णय में घोषित कर दिया कि अभियान व्यय पर सीमाएँ असंवैधानिक हैं। अनेक समूहों ने प्रतिभूति तथा विनिमेय आयोग (एसइसी) के अध्यक्ष मैरी जो व्हाइट पर कॉर्पोरेशनों को अपने शेयरधारकों को सूचित करना कि कितना राजनीतिक धन व्यय हो रहा है, आवश्यक करने हेतु दबाव डाला है, लेकिन वे ऐसा करने से लगातार प्रतिरोध कर रही हैं। 'काला धन' का पीएसीज़ तथा सुपर पीएसीज़ में नागरिकों के बिना जाने कि दाता कौन हैं, आना जारी है।

आज एक इच्छुक प्रत्याशी को उम्मीदवार के *प्राथमिक* चुनाव अभियान के लिए बहुत धन तथा और भी धन यदि प्रत्याशी सर्वोच्च पद के लिए दल से नामांकित हो जाता है, की आवश्यकता होगी। एलिजबेथ ड्रयू के अनुसार राष्ट्रपति पद के एक उम्मीदवार को गंभीरता से खड़े होने के लिए तीन वस्तुओं की आवश्यकता होगी: (1) एक अरबपति जो उम्मीदवार को पसंद करता है तथा उसका वित्तपोषण करेगा; (2) एक सुपर पीएसी, जो बड़े पैमाने पर "नकद धनराशि" के अनुदान को स्वीकार करने के लिए तैयार एक स्वतंत्र पीएसी होने का दावा करती है; तथा (3) एक गैर-लाभ संगठन, जो सिर्फ सामाजिक कल्याण को प्रोत्साहन देने के लिए कार्य करता है। यह अंतिम समूह 'कागजी' मुद्रा ('काला धन' कहलाने वाला) संग्रहित कर सकता है क्योंकि दानकर्ताओं के नामों का खुलासा नहीं किया जाना है।[16] यहाँ तक भी संभव है कि विदेशी धन दानकर्ताओं के नाम बिना सार्वजनिक हुए पीएसीज़ तथा सुपर पीएसीज़ में प्रवाहित होता हो।

सुपर पीएसीज़ में आ रहा धन राजनीतिक समितियों में वकीलों, शोधकर्ताओं तथा भाषण लिखने वालों को नियुक्त करने एवं चार्टेड हवाई जहाजों, लक्सरी होटल सुइटों तथा विविध व्ययों का भुगतान करने उपयोग किया जाता है। कोई नया प्रत्याशी स्थापित तथा उच्च वित्तपोषित उम्मीदवारों को उपलब्ध धन की तुलना में व्यापक रूप से अक्षम रहता है।

2012 तथा 2016 के चुनावों में कुछ अरबपति ज्ञात हैं: रिक संटोरम का समर्थन अरबपति फोस्टर फ्रिस के द्वारा किया जा रहा था, न्यूट गिंगरीच को कैसिनो शहंशाह शेल्डन एडेल्सन का समर्थन था, विंकिसन के स्कॉट वॉकर का समर्थन कोक बंधुओं द्वारा किया जा रहा है। टेड क्रूज को समर्थन रॉबर्ट मर्शर से था, तथा मार्को रुबियो का समर्थन फ्लोरिडा के अरबपति नॉर्मन ब्रामैन, जो 2016 के राष्ट्रपति पद के लिए रुबियो की उम्मीदवारी के समर्थन के लिए $10 मिलियन या ज्यादा का निवेश करने को तैयार हैं, कर रहे थे। कोई गंभीरता से पूछ सकता है कि उन विधेयकों पर विचार करते समय जो उनके समर्थकों को प्रभावित कर सकता है, के वे स्वतंत्र हो सकते हैं। हम मानेंगे कि अरबपति दानकर्ता अपने उम्मीदवारों से दानकर्ताओं के हित में व्यवहार चाहेंगे, चाहे यह सार्वजनिक हित से टकराव में हो। हम पूछ सकते हैं कि 'एक नागरिक, एक मत' परिभाषा का क्या हुआ तथा क्या हम एक लोकतंत्र में या एक कुबेरतंत्र में रह रहे हैं।

प्रचार अभियान के वित्तपोषण को नियंत्रित करने के लिए क्या प्रस्ताव दिए गए हैं?

पहला प्रश्न है कि एक दानकर्ता एक विशेष उम्मीदवार का समर्थन करने पर कितना धन खर्च कर सकता है, क्या इस पर कोई सीमा लगाई जानी चाहिए। यह मानते हुए कि उनके दानों पर दानकर्ता सीमाओं को लागू करना ज्यादा अच्छा होगा, यह सीमा कितनी होनी चाहिए?

दूसरा प्रश्न है कि क्या कॉर्पोरेशनों को व्यक्तियों के रूप में शामिल करना चाहिए तथा कितनी राशि वे दे सकते हैं। कुछ शेयरधारकों ने उनके कॉर्पोरेशन द्वारा दिए जा रहे धन पर आपत्ति दर्ज कराई है, और इस सवाल को भी शामिल किया जा सकता है कि क्या हम एक कॉर्पोरेशन को एकल व्यक्ति बुला सकते हैं।

तीसरा प्रश्न है कि क्या राजनीतिक उम्मीदवारों को दान देने वाले सभी दानकर्ताओं के नाम सार्वजनिक किए जाने चाहिए। यदि उत्तर हाँ है, तो दानकर्ताओं द्वारा दी जाने वाली राशि की मात्रा कम हो जाएगी, कुछ ऐसा जो अधिकर उम्मीदवारों के द्वारा पसंद नहीं किया जाएगा। सर्वाधिक मूलभूत प्रश्न है कि क्या नागरिकों को जानना चाहिए कि किसका स्वतंत्र भाषण किसका समर्थन कर रहा है।

चौथा प्रश्न है कि क्या 'कागजी' मुद्रा की मात्रा पर नियंत्रण लगाया जा सकता है जिसे सामाजिक कल्याण के कारणों में सहायता हेतु माना जाता है, लेकिन आमतौर पर अन्यों के ऊपर एक राजनीतिक दल तथा उम्मीदवारों की ओर मुड़ जाता है। विचारों की मुक्त अभिव्यक्ति तथा एक विशेष राजनीतिक प्रत्याशी के लिए उपलक्षित समर्थन के बीच अस्पष्टता है। नवम्बर 2015 में *द न्यूयार्क टाइम्स* ने सूचना दी कि सीनेटर मार्को रुबिको के सभी $5.5 मिलियन रुबियो- समर्थक टेलीविजन विज्ञापन का वित्तपोषण एक कर-छूट 'समाज कल्याण' सुपर पीएसी, जिससे धन का उपयोग एक विशेष उम्मीदवार का समर्थन नहीं करने की उम्मीद की जाती है, के माध्यम से गुप्त दानकर्ताओं के द्वारा किया गया था। इस बीच आंतरिक राजस्व सेवा और संघीय निर्वाचन आयोग इस विषय पर मौन रहा है।[17]

अभियानों तथा उम्मीदवारों के लिए दाता उपहारों के वर्तमान नियम:

- एक दाता उस निर्वाचन चक्र में प्रति उम्मीदवार को $2,700 तक दे सकता है।
- एक दाता प्रति निर्वाचन चक्र में प्रति पीएसी को $2,700 तक दे सकता है।
- एक दाता प्रति वर्ष एक राजनीतिक दल को $33,400 तक दे सकता है।
- एक दाता (व्यक्ति या कॉर्पोरेशन) उस निर्वाचन चक्र के दौरान एक सुपर पीएसी को असीमित धन दे सकता है तथा दाता का नाम सार्वजनिक नहीं होगा।
- एक दाता (व्यक्ति या कॉर्पोरेशन) एक सुपर सामाजिक कल्याण संगठन को असीमित धन दे सकता है और उनके नाम निजी रहेंगे।

स्पष्ट रूप से अमीर दाताओं तथा कॉर्पोरेशनों के पास अपने पसंद के उम्मीदवारों तथा दलों को बहुत सारा धन देने के लिए बहुत से तरीके हैं। राजनीतिक अभियान व्ययों की मात्रा को सीमित करने के लिए अनेक से प्रस्ताव लाए गए हैं। एक सिरा सभी उम्मीदवारों को अपने अभियान का वित्तपोषण करने के

लिए सार्वजनिक धन के लिए आवेदन करना होगा, यदि वे अपनी उम्मीदवारी के समर्थन में हस्ताक्षरों की समुचित संख्या जुटा सकते हैं। सभी उम्मीदवार जब वे चाहेंगे तो व्यय करने के लिए समान राशि प्राप्त करेंगे। वे व्यक्तिगत दाताओं, कॉर्पोरेशनों, यूनियनों या गैर-लाभ संगठनों से कोई अतिरिक्त धन नहीं स्वीकार करने के लिए भी राजी होंगे।

अन्य प्रस्तावों के सबसे सशक्त अधिवक्ता लॉरेंस लेसिग हैं, जिनकी पुस्तक *रिपब्लिक, लॉस्ट: हाऊ मनी करप्ट्स काँग्रेस- एंड ए प्लान टू स्टॉप इट।* पहले लेसिग ने एक संवैधानिक सम्मेलन का आह्वान किया लेकिन बाद में वापस ले लिया क्योंकि इस विचार पर हमले होने लगे। फिर लेसिग ने अन्य सुपर पीएसी के साथ युद्ध करने के लिए *मेडे* नामक अपनी खुद की सुपर पीएसी बनाई। उन्होंने अपनी सुपर पीएसी का उपयोग उन उम्मीदवारों का समर्थन करने के लिए किया, जिन्होंने कहा कि वे अभियान वित्तपोषण सुधार का समर्थन करेंगे। उन्होंने अपने अनुयायियों से उन उम्मीदवारों का समर्थन करवाने तथा अन्य उम्मीदवारों, जो अभियान वित्तपोषण सुधार का समर्थन नहीं करेंगे, के विरुद्ध कहने का लक्ष्य किया।

एक अन्य संबंधित समूह, द *ब्रेनन सेंटर फॉर जस्टिस,* ने प्रस्ताव दिया है कि राष्ट्रपति सभी सरकारी संवेदकों के द्वारा अपने अभियान योगदानों का खुलासा करना आवश्यक बनाते हुए एक कार्यकारी आदेश जारी कर दें। यह कम-से-कम उनके समर्थन को सार्वजनिक कर देगा तथा राजनीतिक दानों को आशापूर्वक कम का देगा। *ब्रेनन सेंटर* अंततः उम्मीद करता है कि सर्वोच्च न्यायालय स्वयं को धन को मुक्त अभिव्यक्ति के समान देखने से मुक्त कर देगा तथा *सिटीजन यूनाइटेड* को वापस लेगा।

पूर्व राष्ट्रपति जिम्मी कार्टर के अनुसार, 2010 का *सिटीजन यूनाइटेड* निर्णय द्वारा लिया गया 'आजतक का सबसे मूर्खतापूर्ण निर्णय है।' उन्होंने कहा कि इसने अमेरिका को एक 'कुलीनतंत्र' में बदल दिया है जहाँ सत्ता धनी कुलीनों के हाथों में है। उन्होंने कहा इसने 'प्रमुख योगदानकर्ताओं को प्रतिदायगी के रूप में हमारी राजनीतिक प्रणाली के पूर्णतः विनाश' की ओर अग्रसर कर दिया है। देश असीमित राजनीतिक रिश्वतखोरी के साथ सिर्फ एक कुलीनतंत्र है। कार्टर ने कहा कि यही बात गवर्नरों तथा अमेरिकी सीनेटरों पर भी लागू होती है। उनकी निंदा हिलेरी क्लिंटन तथा सर्वोच्च न्यायालय के न्यायाधीश रूथ गिंसबर्ग के द्वारा प्रतिध्वनित हुई है।[18]

सिटीजन यूनाइटेड को वापस लेने तथा कॉर्पोरेशनों तथा यूनियनों को उम्मीदवारों तथा राजनीतिक दलों पर असीमित धन को व्यय करने पर रोक लगाने का प्रस्ताव है। इसके अतिरिक्त, व्यक्तिगत करदाताओं को अपने कर के पहले $200 को एक राजनीतिक दल को समर्थन के लिए नामांकित करने की अनुमति दें। यह 'लोकतंत्र के लिए कर में छूट' होगा तथा अरबों के छोटे अनुदानों को पसंद के राजनीतिक उम्मीदवारों को भेजें जो फिर अपने निर्वाचन के लिए उच्च धन हितों पर निर्भर नहीं करेंगे।[19]

एक अन्य प्रस्ताव चुनाव के 30 दिन पहले की अवधि में टीवी तथा अन्य मीडिया पर प्रत्याशियों के राजनीतिक व्यय को सीमित करना है। उदाहरण के लिए, ब्रिटेन चुनाव प्रचार की अवधि को संकुचित कर देता है तथा विश्वास करता है कि उम्मीदवार कम समयावधि में अपने संदेशों को दे सकते हैं। यह उस स्थिति से काफी बेहतर होगा जो अब हो रहा है जहाँ प्रत्याशी पिछले निर्वाचन चक्र के अंत से एक पूरी दो वर्ष की अवधि तक प्रचार में संलग्न रहते हैं।

रिचर्ड पेंटर ने लिखा कि यहाँ तक कि रूढ़िवादी चुनावों को प्रभावित करने के लिए बड़े धन को सीमित करने से लाभान्वित होंगे। उन्होंने चार कारण बताए:

- बड़ा धन बड़े शासन को प्रोत्साहित करता है, कुछ ऐसा जो रूढ़िवादियों के लिए अभिशाप है। अभियान योगदान व्यर्थ कार्यक्रमों को ईजाद करने के लिए अग्रसर कर देते हैं – कहीं के लिए 'पुल', उन उपकरणों के लिए अनुबंध जिनकी सेना को आवश्यकता नहीं है, सौर ऊर्जा कंपनियाँ जो सरकार के पैसे पर दिवालिया हो जाती हैं, तथा लाभ के लिए शैक्षणिक संस्थान जो शिक्षित नहीं करते हैं।
- अभियान योगदान ज्यादा नियमनों की ओर ले जाते हैं, जिन्हें रूढ़िवादी नहीं पसंद करते हैं। विनियमित कंपनियाँ – बैंकिग, स्वास्थ्य देखभाल तथा ऊर्जा- इस उम्मीद में सबसे बड़े योगदानकर्ता बन जाते हैं कि उनका धन नियमनों को बदल देगा लेकिन इनका शायद ही कभी अनुपालन होता है। राजनीतिज्ञ इन उद्योगों का शोषण अपने धन को प्राप्त करने के लिए करते हैं, हालाँकि यह कम नियमनों की ओर नहीं के जाता है।
- अन्य कारकों- गर्भपात-विरोधी, जुआ-विरोधी, पोर्नोग्राफी-विरोधी- के लिए रूढ़िवादी बहुत कम धन जुटाते हैं तथा उनकी आवाज नहीं सुनी जाती है क्योंकि सभी धन तथा मीडिया अन्य मामलों की ध्यान आकर्षित कर देता है।
- बड़ा धन विदेशी हितों से भी रिसता है जो वांछित उम्मीदवारों का समर्थन करने के लिए मार्ग खोज लेते हैं। अमेरिकी जनता अब निर्वाचनों के परिणाम को प्रभावित करने वाला एकमात्र दल नहीं है।[20]

क्या सर्वाधिक लोकप्रिय मत प्राप्त करनेवाला प्रत्याशी राष्ट्रपति बनता है?

हम सोचेंगे कि दो अग्रणी उम्मीदवारों में से एक राष्ट्रपति के चुनाव में, सर्वाधिक लोकप्रिय मतों वाला प्रत्याशी राष्ट्रपति बन जाएगा। फिर भी हमारे 57 राष्ट्रपति चुनावों में से चार में सबसे लोकप्रिय मतों वाला उम्मीदवार नहीं जीता।[21]

- 1824 में एंड्रयू जैक्सन ने लोकप्रिय मत जीता लेकिन 50% मतदाता मत से कम पाया। जॉन क्विंसी एडम्स अगले राष्ट्रपति बने जब उन्हें प्रतिनिधि सभा के द्वारा चुना गया।
- 1876 में सैमुएल टिल्डेन ने लोकप्रिय मत जीता लेकिन चुनाव हार गए जब रदरफोर्ड बी. हैस ने टिल्डेन के 184 मतदाता मत की तुलना में 185 मतदाता मत प्राप्त किया।
- 1888 में ग्रोवर क्लीवलैंड ने लोकप्रिय मत जीता लेकिन चुनाव हार गए जब बेंजमीन हैरिसन ने क्लीवलैंड के 168 मतदाता मत की तुलना में 233 मतदाता मत प्राप्त किया।
- 2000 में अल गोर ने लोकप्रिय मत जीता लेकिन जॉर्ज बुश से चुनाव हार गए। आधुनिक इतिहास में सबसे प्रतिस्पर्द्धी चुनाव में, सं.रा. सर्वोच्च न्यायालय ने फ्लोरिडा के मत की पुनर्गणना को रोक दिया, राज्य के 25 मतदाता मतों को बुश को देकर गोर के 255 की तुलना में कुल 271 करते हुए।

तथ्य यह है कि वह प्रत्याशी जो सबसे ज्यादा लोकप्रिय मत प्राप्त करते हैं परंतु राष्ट्रपति नहीं बन सकते हैं, ऐसा *निर्वाचक मंडल मतदान* प्रणाली में हो सकता है। अमेरिकी संविधान के अनुसार, राज्यों के पास अपने चुनावी मतों के आवंटन का संपूर्ण अधिकार है। अनेक राज्यों में राज्य का कानून राज्य के सभी चुनावी मतों को राज्य में सबसे ज्यादा लोकप्रिय मत पा रहे प्रत्याशी को देने को कहता है। इसका अर्थ

है कि उन सभी के मत, जिन्होंने राज्य में सबसे लोकप्रिय प्रत्याशी के पक्ष में मतदान किया था, नहीं गिने जाते हैं।

विचार करें कि जेब बुश ने 2016 में राष्टपति पद को मुख्यतः दो राज्यों फ्लोरिडा तथा ओहियो पर ध्यान केंद्रित कर जीतने की योजना बनाई। कोई भी राज्य रिपब्लिकन या डेमोक्रेटिक का साथ दे सकता था, और सारे मत विजेता को प्राप्त हो सकते थे। बुश फ्लोरिडा की जीत के प्रति आश्वस्त थे क्योंकि वे फ्लोरिडा के भूतपूर्व तथा प्रतिष्ठित गवर्नर थे। यह सुनिश्चित करने के लिए वे ओहियो के मतों को जीत लें, वे वर्तमान ओहियो गवर्नर जॉन कशिच को उपराष्ट्रपति पद के लिए सहयोगी प्रत्याशी बनने के लिए चुनने का प्रस्ताव देते। हालाँकि, उन्हें बाद में सूचना मिली कि जॉन कशिच ने स्वयं राष्ट्रपति पद के लिए खड़े होने का निश्चय किया है।

नेशनल पॉपुलर वोट बिल के नाम से प्रस्तावित विधेयक राष्ट्रपति पद उस प्रत्याशी को देने के लिए कहता है जिसने सभी 50 राज्यों (तथा डिस्ट्रिक्ट ऑफ कोलंबिया) में सबसे ज्यादा मत पाया। यह विधेयक 165 चुनावी मतों वाले 11 न्याय प्रक्षेत्रों में लागू हो गया है – इसे सक्रिय करने के लिए 270 में से 61% चुनावी मतों की आवश्यकता है। यह विधेयक प्रभावी होगा, जब चुनावी मतों के बहुमत को रखने वाले राज्यों द्वारा इसे लागू कर दिया जाएगा – अर्थात, एक राष्ट्रपति को निर्वाचित करने के लिए पर्याप्त चुनावी मत (538 में से 270)। सबसे बड़े राज्यों में मतों का राष्ट्रपति के निर्वाचन पर बहुत ज्यादा प्रभाव करेंगे। इसका यह अर्थ भी है कि राजनीतिक प्रत्याशी अपने अधिकतर धन तथा समय को हमारे सबसे बड़े चार राज्यों- कैलिफोर्निया, टेक्सस, न्यूयार्क तथा फ्लोरिडा में व्यय करेंगे। जब राज्यों की एक पर्याप्त संख्या द्वारा पारित हो जाएगा, तो यह विधेयक आज की स्थिति में सुधार करेगा जहाँ अधिकतर प्रत्याशी अपने अधिकतर राजनीतिक अभियानों को चार राज्यों (ओहियो, फ्लोरिडा, वर्जिनिया तथा आयोवा) में चलाते हैं। इस बीच वे तुलनात्मक रूप से उन 38 राज्यों की अनदेखी करते हैं जो परिणाम में बहुत कम अंतर ला पाते हैं। यह विधेयक 22 राज्यों में कुल 33 विधान सदनों में पारित हो गया है। एक बार जब यह राज्यों की पर्याप्त संख्या में पारित हो जाएगा, तो नागरिक उस उम्मीदवार के राष्ट्रपति बनने की उम्मीद कर सकते हैं, जो सबसे ज्यादा लोकप्रिय मत प्राप्त करता है।[22] अंतिम राष्ट्रीय सम्मेलन में एक राज्य के द्वारा यह उद्घोषणा करने कि 'ओक्लाहोमा राज्य अपने सभी मतों को मिट रोमनी को देता है', के स्थान पर निर्वाचक उद्घोषणा करेंगे कि मतों की संख्या जो वे मिट रोमनी को देते हैं तथा संख्या जो वे बराक ओबामा को देते हैं। वास्तव में यह निर्वाचकों तथा इलेक्ट्रल कॉलेज को नियुक्त करने की समाप्ति की ओर ले जाएगा।

क्या विजेता-सब-ले-जाता-है प्रणाली प्रतिनिधिक सरकार को प्राप्त करने का सर्वश्रेष्ठ मार्ग है?

प्रतिनिधियों तथा सीनेटरों के निर्वाचन की प्रणाली एक 'विजेता-सब-ले-जाता-है (*डब्ल्यू टी ए*)' प्रणाली है। वे प्रत्याशी जो अपने एकल जिलों में मतों में से बहुमत प्राप्त करते हैं, वे जीतते हैं। इसका विकल्प 'समानुपातिक प्रतिनिधित्व (पीआर)' प्रणाली है। यह पश्चिमी यूरोप के 28 देशों में से 21 देशों में प्रमुख मतदान प्रणाली बन गई है।

पीआर प्रणाली में, विधायकों को एक-सदस्य वाले जिलों के स्थान पर बहु-सदस्य वाले जिलों में निर्वाचित किया जाता है। सीटों की संख्या जो एक निर्वाचन में एक दल जीतेगा मतदाताओं में इसके समर्थन की संख्या के समानुपाती होगा। मान लें कि बहु-सदस्य वाले जिले में दस सदस्य जिले हैं। यदि रिपब्लिकन 50% मत प्राप्त करते हैं, तो वे दस सीटों में से पाँच प्राप्त करेंगे। यदि डेमोक्रेट 40% जीतते हैं, तो वे चार सीट प्राप्त करेंगे। तथा एक तीसरा दल मतों का 10% पाता है, तो वह एक सीट जीतेगा। पीआर को लागू करने के लिए अनेक प्रणालियाँ हैं। पीआर मतदाता प्रणालियाँ 'दल की शक्ति का ज्यादा सटीक प्रतिनिधित्व, राजनीतिक तथा नस्लीय अल्पसंख्यकों का बेहतर प्रतिनिधित्व, कम अपव्ययित मत, मतदान के उच्च स्तरों, महिलाओं का बेहतर प्रतिनिधित्व, बहुमत शासन की ज्यादा संभावना तथा अनुचित तरीके से निर्वाचक जिलों के निर्धारण के लिए कम अवसर की ओर प्रवृत करती हैं।'[23]

काँग्रेस सदस्यों को कितना वेतन भुगतान किया जाना चाहिए?

प्रश्न उठता है कि क्या काँग्रेस सदस्यों को उनके खराब प्रदर्शन के लिए बहुत ज्यादा भुगतान किया जा रहा है। यहाँ मौजूदा वेतन स्तर दिये गए हैं:

सभा/सीनेट सदस्यों का वेतन $174,000

सभा के सभापति $223,500

बहुमत/अल्पमत नेता का वेतन $193,400

इसकी तुलना निम्नलिखित से करें:

एक शिक्षक का औसत वेतन $40,065

एक नियुक्त सैनिक का औसत वेतन $38,000

इसने वॉरेन बफेट तथा एक समूह को 2014 में एक *काँग्रेसनल रिफॉर्म एक्ट* को प्रस्तावित करने के लिए अग्रसर किया:

- एक काँग्रेस सदस्य/सदस्या पद पर होने के दौरान वेतन प्राप्त करता/करती है तथा पद से बाहर होने कोई वेतन नहीं प्राप्त करता/करती है। न पदावधि/न पेंशन।
- काँग्रेस सभी नागरिकों के जैसे सामाजिक सुरक्षा में भागीदारी करती है।
- काँग्रेस अपने खुद की सेवानिवृति योजना को खरीद सकती है।
- काँग्रेस स्वयं के वेतन पुनरीक्षण के लिए मतदान नहीं कर पाएगी। कांग्रेस की वेतन वृद्धि सीपीआई या 3% में से जो कम हो, के द्वारा होगी।
- कांग्रेस अपनी वर्तमान स्वास्थ्य देखभाल प्रणाली को खो देगी तथा अमेरिकी लोगों के तरह समान स्वास्थ्य देखभाल प्रणाली में भागीदारी करेगी।

- काँग्रेस उन सभी कानूनों से समान रूप से बँधी होगी जो वे अमेरिकी लोगों पर लागू करते हैं।
- 31 दिसम्बर 2014 से पूर्व तथा वर्तमान कांग्रेस सदस्य/सदस्या के साथ सभी अनुबंध निष्प्रभावी हो जाते हैं।

काँग्रेस में सेवा देना एक सम्मान है, न कि करियर। इस प्रस्ताव का लक्ष्य नागरिकों की नई सोच को प्रोत्साहित करना है कि वे काँग्रेस के सदस्यों से क्या आशा रखते हैं तथा वे अपनी सेवा के लिए कितने पुरस्कार के पात्र हैं।

काँग्रेस के सदस्यों की अवधि सीमाओं को तय करने के लिए प्रस्ताव

काँग्रेस के सदस्य अपने कार्य पर कितने समय तक रहते हैं? मिशिगन के डिंगेल ने सेवानिवृत होने का निर्णय लेने से पहले सभा के 59 वर्षों के रिकॉर्ड को तोड़ दिया। पश्चिम वर्जिनिया के रॉबर्ट बर्ड ने सीनेट के रिकॉर्ड को तोड़ा तथा 51 वर्ष रहे। अनेक प्रतिनिधि तथा सीनेटर काँग्रेस में 30 या 40 वर्ष से ज्यादा बिताते हैं। प्रश्न उठता है: क्या ये लंबी सेवा अवधियाँ देश के लिए अच्छी हैं? हमने किसी भी राष्ट्रपति के कार्यकाल की अवधि को दो तक सीमित करते हुए अमेरिकी राष्ट्रपति पद पर पहले ही सीमा लगा दी है। यहाँ विचार एक राष्ट्रपति को अनंत काल तक बने रहने से रोकने और बहुत ज्यादा ताकतवर होने या अपनी लंबी अवधि के दौरान अपनी मानसिक या शारीरिक क्षमता को गँवाने से रोकने का है। हमने सर्वोच्च न्यायालय के सदस्यों पर कोई सीमा नहीं रखी है, हालाँकि उनमें से अधिकतर आसानी से न्यायालय में 30 या 40 वर्षों तक अपने पद पर बने रह सकते हैं। संभवतः, सर्वोच्च न्यायालय के न्यायाधीशों पर 30 वर्ष की सीमा लगाने का बचाव वृद्धावस्था तथा ह्रासित शारीरिक क्षमता के संबंध में चिंताओं के द्वारा किया जा सकता है।

कांग्रेस के सदस्यों के पद पर बने रहने की लंबी अवधि तथा दीर्घजीविता को देखते हुए कोई भी व्यक्ति उनके कार्यकाल को सीमित करने पक्ष में ज़ोरदार तर्क प्रस्तुत कर सकता है:

1. 30 या 40 वर्ष से ज्यादा समय से कार्यरत काँग्रेस सदस्य अपने नए मतदाताओं से संपर्क से बाहर हो सकते हैं।
2. ऐसे सदस्य उद्योग जगत, कृषि तथा मीडिया के क्षेत्र में कई लोगों के साथ सहज संबंधों का निर्माण कर सकते हैं, तथा जानबूझकर या अनजाने में इन्हें कांग्रेस के किसी नए सदस्य की तुलना में अधिक लाभ या सहायता प्रदान कर सकते हैं।

समय-समय पर नए उम्मीदवारों के लिए राजनीतिक कार्यालयों को खोलना संभवतः एक अच्छा विचार है। सभा के लिए, जिसके सदस्यों को हर दूसरे वर्ष पुनः- निर्वाचित होने की आवश्यकता होती है, दस अवधियों की सीमा लगाना प्रत्याशी को अपने देश के लिए सीखने तथा भलाई करने के लिए 20 वर्ष देती है। सीनेट के लिए, जिसके सदस्यों को हर छठे वर्ष पुनः-निर्वाचित होने की आवश्यकता होती है, सदस्यों पर चार-अवधि की सीमा लगाना उन्हें कार्य पर कम-से-कम 24 वर्ष रहने की अनुमति देती है। अपने अंतिम अवधि में किसी कांग्रेस सदस्य को काँग्रेस के दूसरे सदन के लिए निर्वाचित होने पर कोई प्रतिबंध नहीं होगा। लेकिन अधिकतर काँग्रेसी सदस्य द्वारा किसी बड़ी कंपनी से जुड़ कर तथा काँग्रेस से बेहतर वेतन पा कर बिना किसी खेद के अपनी अंतिम अवधि को पूरा करने की ज्यादा संभावना है।

निष्कर्ष

अनेक देश लोकतंत्र होने का दावा करते हैं, लेकिन कुछ देश ही पूर्णतः लोकतांत्रिक हैं। लोकतंत्र के योग्य होने के लिए केवल चुनावों का संचालन पर्याप्त नहीं है। चुनावों को अवश्यतः खुले एवं निष्पक्ष तथा धमकियों, धन भुगतान एवं अन्य दवाबों से मुक्त होना चाहिए।

लोकतंत्र सर्वश्रेष्ठ कार्य करते हैं जब मतदाता मतपेटी तक जाने के लिए अच्छे से सूचित तथा दृढ़प्रतिज्ञ होते हैं तथा अपने हितों में मतदान करते हैं। कोई उम्मीद करता है कि राजनीतिक प्रत्याशी बहुत ज्यादा योग्य होते हैं तथा वे अपने मतदाता क्षेत्रों के हित में मतदान करेंगे। निर्वाचित होना एक श्रमसाध्य प्रक्रिया है जिसमें एक राजनीतिक दल में शामिल होने, परिवार, मित्रों तथा अमीर समर्थकों से वित्तीय सहयोग पाने तथा उसी पद के लिए निर्वाचित होने के आकांक्षी अन्यों के साथ समान दल में प्रतिस्पर्द्धा करने एवं उनसे ज्यादा मत प्राप्त करने का प्रबंधन करने की आवश्यकता होती है।

दुर्भाग्यवश, उम्मीदवार अमीर समर्थकों के बिना जीतने की उम्मीद नहीं कर सकते हैं। उम्मीदवार अपना बहुत-सा समय निर्वाचित होने से पहले तथा निर्वाचित होने के बाद अपने अमीर समर्थकों के साथ व्यतीत करते हैं। वे इस प्रक्रिया में अपने मतदान-क्षेत्र के सर्वश्रेष्ठ हितों में मतदान करने की स्वतंत्रता खो देते हैं, विशेषकर यदि यह उनके समर्थकों को असंतुष्ट करता हो। हमारे नेताओं को चुनने में धन की बड़ी तथा बढ़ती भूमिका हमारे लोकतंत्र की गुणवत्ता तथा हमारे सभी नागरिकों के हितों की सेवा करने तथा संतुष्ट करने की इसकी क्षमता को मद्धिम कर देती है।

टिप्पणियाँ

1. See: www.presidency.ucsb.edu/data/turnout.php (accessed 03.03.16).
2. See: E. Cepeda, 'Getting Hispanics to Vote', New York Times, April 5, 2015, p. 15A. Paul Taylor, 'The Growing Electoral Clout of Blacks Is Driven by Turnout, Not Demographics,' Pew Research Center, December 26, 2012.
3. See: Lexington, 'Not Running, but Fleeing', The Economist, May 16, 2015, p. 30.
4. N. Wolf, Give Me Liberty: A Handbook for American Revolutionaries (Simon & Schuster, New York, 2008), p. 344.
5. N. Kristoff, 'U.S.A., Land of Limitations?', New York Times, August 8, 2015.
6. *वोटिंग राइट्स एक्ट* के सबसे रोचक इतिहास के लिए देखें, जे. रूटेनबर्ग, *'ए ड्रीम अन्डन: इनसाइड द 50-इयर कैंपेन टो रॉल बैक दी वोटिंग राइट्स एक्ट', न्यूयार्क टाइम्स*, 29 जुलाई 2015।
7. N.Wolf, Give Me Liberty.
8. See:www.localelectors.org/2012/11/12/how-was-91-of-congress-re-elected-despitea-10-approval-rating/ (accessed 03.03.16).
9. See: A. Lupia, Uninformed: Why People Know So Little About Politics and What We Can Do About It (Oxford University Press, Oxford, 2015).

10. A. MacGillis, 'Who Turned My Blue State Red? Why Poor Areas Vote for Politicians Who Want to Slash The Safety Net', New York Times, November 20, 2015.
11. N. Wolf, Give Me Liberty, pp. 345–347.
12. See: T. Amato and R. Nader, Grand Illusion: The Fantasy of Voter Choice in a Two-Party Tyranny (The New Press, New York, 2009).
13. F. X. Clines, 'All 17 Republican Candidates in One Place?', New York Times, July 15, 2015.
14. See: www.fixcapitalism.com, 'Move to Amend.' (accessed 03.03.16).
15. Adapted from Roger R. Berkowitz, 'A Brief History of Campaign Finance', February 9, 2012. (Hannah Arendt Center, Bard College:New York, 2012), www.hannaharendtcenter.org/?p=4247 (accessed 03.03.16).
16. E. Drew, 'How Money Runs Our Politics', The New York Review, June 4, 2015, pp. 22–26.
17. Editorial, 'Senator Rubio's Stealthy Donors', New York Times, November 23, 2015.
18. C. Burke, 'Jimmy Carter: "Unlimited Political Bribery" Subverts Nation', Newsweek, July 31, 2015.
19. R. W. Painter, 'Big Money, Big Government', New York Times, February 3, 2016.
20. Ibid.
21. See: www.history.com/topics/us-presidents/presidential-election-facts (accessed 03.03.16).
22. See: www.nationalpopularvote.com/pages/explanation.php. For more information, see FairVote.org. (accessed 03.03.16).
23. See: www.mtholyoke.edu/acad/polit/damy/BeginnningReading/PRsystems.htm (accessed 03.03.16).

अध्याय-3

कांग्रेस में सुधार—कांग्रेस बुरा प्रदर्शन क्यों करती है?

'मैं इस निष्कर्ष पर पहुँचा हूँ कि एक अनुपयोगी व्यक्ति अपयश का कारण होता है, ऐसे दो व्यक्ति मिलकर विधिक संस्था का निर्माण करते हैं, जबकि ऐसे तीन या अधिक व्यक्तियों से काँग्रेस का निर्माण होता है।'
जॉन एडम्स

अमेरिका के लोगों का काँग्रेस से असंतुष्ट रहने का एक लंबा इतिहास है। विल रॉजर ने एक बार कहा था, 'मैं चुटकुले नहीं बनाता हूँ। मैं सिर्फ सरकार को देखता हूँ तथा तथ्यों की सूचना देता हूँ।' वर्ष 1973 में गैलप सर्वेक्षण में काँग्रेस ने 42% सार्वजनिक अनुमोदन अनुमतांक प्राप्त किया, जो अब तक का अधिकतम अनुमतांक है। 4 जनवरी 2013 में काँग्रेस 10% अनुमोदन अनुमतांक के साथ 16 संस्थानों में अंतिम स्थान पर थी। वर्ष 2014 की गर्मियों में, अनुमतांक घटकर 7% हो गया।

फरवरी 2010 में एक *न्यूयार्क टाइम्स / सीबीएस न्यूज* सर्वेक्षण ने सूचना दी कि 80% अमेरिकी काँग्रेस सदस्य जिन लोगों का प्रतिनिधित्व करते हैं, उनके स्थान पर विशेष हितों की सेवा में ज्यादा रुचि रखते हैं। अमेरिकी प्रतिनिधि मार्क पोकन (विस्कॉन्सिन) ने अवलोकन किया कि 'प्रतिनिधिक सरकार के सर्वश्रेष्ठ उदाहरण होने के स्थान पर, हम दुनिया के सबसे बड़े किन्डरगार्टेन बनते प्रतीत हो रहे हैं- जिसका सिर्फ राज्य के चेकबुक तथा नाभिकीय हथियारों पर नियंत्रण है।'

कौन सी चीज काँग्रेस के सदस्यों को प्रेरित करती है? *नन-पार्टीशन सेंटर ऑन काँग्रेस* ने काँग्रेस के 112वें सत्र (2011–2013) के बीच प्रतिभागियों का सर्वेक्षण किया जिसमें प्रश्न यह था कि, आपके अनुसार कौन सी चीज काँग्रेस के सदस्यों को काम करने के लिए प्रेरित करती है?" प्रतिभागियों में से 49% ने उत्तर 'विशेष हित' को चुना, जिसके पश्चात 36% ने 'स्व-हित' कहा। सिर्फ 14% विश्वास करते थे कि उनके प्रतिनिधियों ने उस वस्तु पर ध्यान दिया जो उनके राज्य, जिले या देश के हित में सर्वश्रेष्ठ होगा। यदि अमेरिका राष्ट्रपति प्रणाली वाले लोकतंत्र के स्थान पर संसदीय लोकतंत्र होता, तो इतना कम विश्वास मत बहुमत दल को उखाड़ फेंकने तथा काँग्रेस के अधिकतर सदस्यों को नए सदस्यों से बदलने के लिए एक त्वरित मतदान की ओर ले जाता। लेकिन राष्ट्रपति प्रणाली में 90% काँग्रेस सदस्य हारने की जगह पर अपना पद बचाए रखेंगे तथा संभवतः अगली पुनः-निर्वाचन अवधि में पुनः-निर्वचित हो जाएँगे। सीनेटर टॉम कोलबर्न ने कहा, 'हालिया इतिहास में अनेक निर्वाचन चक्रों में निर्वाचितों का फिर से चुनावों में हारने की जगह पद पर निधन ज्यादा हुआ'।

निर्वाचन जिलों को व्यवस्थित करना

आज पचास राज्यों में से प्रत्येक राज्य के आकार पर बिना विचार किए दो सीनेटरों (सभासद) को चुनता है। आकारों में विशाल अंतर के बावजूद कैलिफोर्निया के दो सीनेटर हैं तथा रोड आइलैंड के भी उतने ही सीनेटर हैं। वहीं दूसरी तरफ प्रत्येक राज्य में मतदाता में राज्य के आकार को प्रतिबिंबित करते हुए सभा प्रतिनिधियों को चुनते हैं। कैलिफोर्निया प्रतिनिधि सभा में 53 काँग्रेस सदस्यों को भेजता है तथा रोड आइलैंड सभा में सिर्फ दो काँग्रेस सदस्यों को भेजता है।

आज प्रतिनिधि सभा में 435 सदस्य हैं। प्रत्येक सदस्य एक जिले का प्रतिनिधित्व करता है जिसमें औसत 700,000 व्यक्ति हैं। कुछ लोग तर्क देते हैं कि सदन के एक सदस्य के लिए 700,000 लाख लोगों के हितों के संबंध में बहुत जानना मुश्किल है, लेकिन एक जिले को बनाने के लिए छोटी आबादी को लेने से और ज्यादा तथा प्रतिनिधियों की आवश्यकता होगी। काँग्रेस काँग्रेस-जिलों की संख्या 435 रखने की पक्षधर है।

संविधान के निर्माता कहते हैं कि काँग्रेस जिलों का आकार यथासंभव एकसमान होना चाहिए। राज्य व्यक्तिगत नियम बना सकते हैं, उदाहरण के लिए राज्य में सबसे बड़े तथा सबसे छोटे जिले के बीच में अंतर 10% से ज्यादा नहीं हो सकता है। अंतर्निहित प्रयोजन प्रत्येक प्रतिनिधि तथा उसके हर नागरिक के मतदान प्रभाव से जितना संभव हो सके, उतना नजदीक पहुँचना है।

पहले के समय में मतदाता जनसंख्या 21 वर्ष या उससे ज्यादा आयु के पुरुष नागरिकों के रूप में परिभाषित होती थी। बाद में जनसंख्या गणना पुरुष तथा महिला नागरिकों की संख्या के आधार पर हो गई। और बाद में हर राज्य प्राथमिकता से 18 वर्ष की न्यूनतम मतदाता आयु निर्धारित कर सकते हैं हालाँकि कुछ राज्यों में यह आयु 16 या 17 वर्ष निर्दिष्ट है। योग्य मतदाता जनसंख्या को परिभाषित करने के संबंध में नए मुद्दे उभरे हैं। क्या इसमें अमेरिका के मूल निवासी, काराओं में बंद आबादी या पूर्व-अपराधियों को शामिल किया गया है? डेमोक्रेटिक दल जितना ज्यादा संभव हो सकते उतनी ज्यादा आबादी को परिभाषित करने के पक्ष में है क्योंकि इस छोड़ी गई आबादी में अधिकतर के डेमोक्रेट को मतदान करने की संभावना है। इस विषय को सर्वोच्च न्यायालय के द्वारा लिए जाने की संभावना है।

अनुपयुक्त तरीके से जिलों का निर्धारण (जैरीमैन्डरिंग) निर्वाचन जिलों के आकार तथा स्वरूप को प्रभावित करता है

अमेरिका में 435 मतदाता जिले हैं। कुछ लोग अनुमान लगाते हैं कि 435 सभा सीटों में से सिर्फ 15 का वास्तव में चुनाव होगा। निर्वाचितों के बने रहने की उच्च दर के कारण क्या हैं? एक व्याख्या है कि निर्वाचित अपने मतदाता जिलों के फिर से डिजाइन होने से, अपने विधानों की सहायता से, अपने समर्थकों में अधिकतरों को बनाए रख कर लाभान्वित होते हैं। उदाहरण के लिए, अनेक डेमोक्रेट केंद्रीय जिलों तथा अनेक रिपब्लिकन उपनगरों में रहते हैं। अतः, एक निर्वाचित रिपब्लिकन जिले में सिर्फ उपनगरों को शामिल होना पसंद करेगा; तथा एक निर्वाचित डेमोक्रेट जिले में पूरे शहर को शामिल करना चाहेगा। राष्ट्रपति ओबामा ने कहा कि अनुपयुक्त तरीके से जिलों का निर्धारण (जैरीमैन्डरिंग) अमेरिकी राजनीति

की मूलभूत समस्याओं में से एक है: 'मैं सोचता हूँ कि हमें हमारे काँग्रेस जिलों का खाका खींचने की प्रथा को खत्म करना होगा ताकि राजनीतिज्ञ अपने मतदाताओं को चुन सके न कि किसी अन्य तरीके को.. इसे एक द्विपक्षीय दल को करने दें।'[1]

एक दल या प्रत्याशी को विपक्षी दल या प्रत्याशी के ऊपर संख्यात्मक लाभ प्राप्त करने के लिए राजनीतिक सीमाओं के पुनर्निधारण को *गेरीमंडेरिंग* नाम दिया गया है। मूल निर्वाचन जिलों का आकार काफी हद तक गोलाकार या वर्गाकार हो सकता है, जिसे बाद में विधान सभा में विशिष्ट समूह के द्वारा पुनःनिर्धारित किया जा सकता है ताकि वह पुनःनिर्धारित मतदाता जिले में एक दल के मतों को जोड़ सके। एक नया मतदाता जिला एक वृत या वर्ग के बजाय अपवाहन की तरह दिख सकता है। 2015 में फ्लोरिडा सर्वोच्च न्यायालय ने 5–2 से निर्णय दिया कि, रिपब्लिकन के नेतृत्व में विधायिका द्वारा मानचित्र का पुनःजिलाकरण 'विद्यमान कानून निर्माताओं तथा रिपब्लिकन दल के समर्थन के असंवैधानिक इरादे' से कलंकित है तथा रिपब्लिकन 'कार्यकर्ताओं' तथा राजनीतिक सलाहकारों ने 'पुनर्जिलाकरण की प्रक्रिया में छेड़छाड़ तथा प्रभावित करने का षड्यंत्र रचा'।

काँगेस के जिलों का पुनर्निर्धारण अलग-अलग समयों में अलग-अलग दलों के द्वारा धांधली भरा रजनीतिक खेल हो गया है। सामान्यतः, नेतृत्व कर रहे दल के राजनीतिज्ञ पुनर्जिलाकरण के मानचित्रण अधिकार को अपने पास रखना चाहते हैं। वे अपने निर्वाचितों के पक्ष में मानचित्र को फिर से बनाएँगे। विद्यमान निर्वाचित अपनी सीटों पर ज्यादा सुरक्षित हो जाएँगे। वे अपने दल तथा अपने दानदाताओं के नजदीक रह सकते हैं। उनके पास समझौते करने के कम लाभ हैं। वे अपने दल में सर्वाधिक अतिवादी तत्वों को प्रसन्न कर सकते हैं तथा बिना किसी चिंता के रह सकते हैं। परिणामत: दोनों दल अधिकाधिक ध्रुवीकृत होते जा रहे हैं।

उत्तरोत्तर रूप से नागरिक मानचित्र के पुनर्निर्धारण के लिए एक स्वतंत्र पुनः-जिलाकरण आयोग की मांग कर रहे हैं। अप्रत्यक्ष पहल की अनुमति देने वाले आठ अतिरिक्त राज्यों के साथ वर्तमान में 14 ऐसे राज्य हैं, जो या तो विधायिका या सीधे मतदाताओं के समक्ष एक याचिका प्रक्रिया के द्वारा नागरिकों को प्रारंभिक जनसंग्रह की अनुमति देते हैं। निष्पक्ष समितियों या कंप्यूटर प्रोग्रामों को काँग्रेस सीटों (राज्य तथा स्थानीय) के लिए हर दस-वर्षीय जनगणना के पश्चात राज्य के मानचित्र को फिर से बनाना चाहिए। एरिजोना, फ्लोरिडा तथा कैलिफोर्निया विधान-सभा में अपने हितों को देखने वाले राजनीतिज्ञों के स्थान पर अब नागरिकों को वैकल्पिक मानचित्रों को बनाने के लिए आमंत्रित करते हैं। वे चित्रों को एक सघन वृत या वर्ग के जितना संभव हो उतना नजदीक बनाने के लिए प्रेरित करेंगे। लेकिन एरिजोना में इस कार्य में वापस लिए जाने के लिए विधायकों ने मुकदमा कर दिया और यह मामला सर्वोच्च न्यायालय के समक्ष गया। सर्वोच्च न्यायालय ने 5–4 के एक निर्णय से इसे सिर्फ काँग्रेस या स्थानीय विधान सदनों पर छोड़ने के स्थान पर स्वतंत्र आयोगों तथा निर्वाचन जिलों के रेखांकन के अन्य माध्यमों के पक्ष में निर्णय दिया। यह निर्णय कहता है कि पक्षपाती अनुचित निर्वाचन जिला निर्धारण लोकतांत्रिक सिद्धांतों के संगत नहीं है तथा लोगों को सरकार की सभी शक्तियों का उद्‌गम होना चाहिए।

निर्वाचितों के अन्य कारणों से पुनर्निर्वाचित होने की संभावना है। निर्वाचित ज्यादा धन जुटाने, एक ज्यादा सशक्त अभियान को बनाने, तथा ज्यादा बेहतर पहचान पाने में समर्थ होते हैं। एक और घटक है कि मतदाता प्राथमिक चुनावों में सर्वप्रथम उम्मीदवारों के चयन का अवसर पाते हैं, लेकिन 2012 के राज्य भर के प्राथमिक चुनावों में सिर्फ 15.9% योग्य नागरिकों ने मतदान किया (*बाइपार्टीशन पॉलिसी सेंटर* के अनुसार): 'कुछ लोग जो *प्राथमिक चुनावों* में मतदान करते हैं, विशेष हित समूहों के सदस्य बनने की ओर होते हैं, जिन्हें विद्यमान निर्वाचितों ने समर्थकों में परिवर्तित करने के लिए कड़ी मेहनत की है।' उनके द्वारा उनके पक्ष में मतदान करने के लिए राजनीतिक लाभ प्राप्त करने की संभावना होती है। अन्य अनुमान लगा सकते हैं कि निर्वाचितों ने काम का अनुभव प्राप्त कर लिया है, जो उन्हें चुनौती देने वालों से ज्यादा प्रभावी बना देता है। एक आम चुनाव में, दो तिहाई मतदाता अपने पसंदीदा दल को मतदान करते हैं।

अर्थशास्त्री पॉल क्रूगमैन वास्तविक प्राथमिक चुनाव तथा इसके पूर्ववर्ती 'अदृश्य प्राथमिक चुनाव' के बीच अंतर करते हैं। प्रत्याशी पहले अवश्यतः महत्वपूर्ण कुलीनों के समर्थन को जीतने के लिए प्रतिस्पर्द्धा करते हैं। ये कुलीन राजनीतिक संस्थापन तथा वैचारिक नेता होते थे लेकिन अब यह कुछ दर्जन धनिकों से समर्थन प्राप्त करने के संबंध में है। क्रूगमैन को उद्धृत करते हुए, '*जीओपी* [रिपब्लिकन दल] किसी ऐसे को नामांकित करने की राह पर है जिसने 1% के लिए 1% के द्वारा सरकार का वादा कर बड़े धन को जीता है'।[3]

क्या कांग्रेस जानती है कि अमेरिकी नागरिक वास्तव में क्या चाहते हैं?

अमेरिकी काँग्रेस में 535 सदस्य हैं- 435 प्रतिनिधि सभा के तथा 100 सीनेटर – जिन्हें देश के उन नागरिकों, जो मतदान के लिए पंजीकृत हैं, अर्थात 146,311,000 नागरिक, की इच्छा का प्रतिनिधित्व करने के लिए निर्वाचित किया गया था। यह विश्वास करना मुश्किल है कि 535 लोग 146,311,000 नागरिकों की इच्छाओं तथा हितों के संबंध में पर्याप्त रूप से जान सकते हैं। फिर भी चयनित प्रतिनिधि कहते हैं कि वे जानते हैं कि अमेरिकी नागरिक क्या चाहते हैं।

अमेरिकी नागरिक क्या चाहते हैं, यह जानने का एकमात्र वास्तविक मार्ग दर्जनों मामलों को सूचीबद्ध किया हुआ एक विशाल ध्यानपूर्वक शब्दबद्ध किया गया प्रश्नपत्र बनाना तथा पंजीकृत नागरिकों से उनकी प्राथमिकताओं को वर्णन करने को कहना है। सभी प्रश्न के उत्तर केवल 'हाँ' या 'नहीं' में होने चाहिए। निम्नलिखित नमूना प्रश्नों पर विचार करें:

- क्या आप मानते हैं कि पुरुष एवं महिलाओं को समान कार्य के लिए समान वेतन पाना चाहिए?
- क्या आप मानते हैं कि एक गर्भवती स्त्री को यह तय करने का अधिकार है कि क्या वह गर्भपात करवाएगी?
- क्या आप मानते हैं कि जो व्यक्ति अवैध रूप से प्रवेश करने के बाद अमेरिका में बस गए हैं, उन्हें नागरिक बनने की प्रक्रिया से हो कर गुजरने में सक्षम होना चाहिए?

इन प्रश्नों के उत्तर विधायकों को मतदाताओं की प्राथमिकताओं के संबंध में ठोस सूचनाएँ देंगी। उसी समय किसी प्रतिनिधि को पूरे संयुक्त राज्य के मतों के विरुद्ध जाने का अधिकार देगा यदि उसका जिला भिन्न प्राथमिकता वाले मतदाताओं का होगा। यह हो सकता है कि 70% अमेरिकी मतदाता लिंग के आधार पर भेदभाव के बिना समान कार्य के लिए समान वेतन का पक्षधर हो, लेकिन मिसिसिपी में या मिसिसिपी के किसी शहर में मतदाता समान कार्य के लिए समान वेतनमान का विरोध कर सकते हैं। अमेरिका को जिलों में विभाजित करने का संपूर्ण विचार निर्वाचित प्रतिनिधि को पाने के लिए है जो उस जिले में निर्वाचितों के विचार के अनुरूप मतदान करने के लिए करेगा। इसलिए पूरे देश में एक चुनाव के स्थान पर बहुत से चुनाव होते हैं।

अच्छी खबर यह है कि स्थानीय तथा राज्य चुनाव विधायकों को बहुमत की इच्छा को तय करने में मदद कर सकते हैं। बुरी खबर यह है कि अनेक चुनावों में धांधली होती है- एक राजनीतिज्ञ या दल की इच्छानुसार उत्तर पाने के लिए एक तरीके से शब्दबद्ध कर विपक्षी दल के राजनीतिज्ञ अपने राजनीतिक दर्शन का पक्ष लेने वाले विशिष्ट चुनावों को उद्धृत करेंगे। इसलिए बहुत से नागरिक निर्वाचन की प्राप्तियों से बहुत ज्यादा प्रभावित नहीं होते हैं।

तथ्य यह है कि अधिकतर राजनीतिज्ञ खुद के द्वारा प्रतिनिधित्व किए जा रहे नागरिकों के बहुत छोटे से हिस्से से ही व्यक्तिगत रूप से मिलते हैं। वे किसी महत्वपूर्ण मामले पर चर्चा के लिए एक सीधे नागरिक सम्मेलन को आयोजित करते हैं, लेकिन इसमें संबंधित मतदाताओं का एक हिस्सा ही आता है, और अक्सर इसमें ऐसे अप्रतिनिधिक नागरिक भाग लेते हैं जिनके पास अतिरिक्त समय होता है या फिर जो किसी स्तर पर वाद-विवाद करना चाहते हैं। मूल समस्या यह है कि किसी विधायक के पास उसके जिले में मतदाता क्या चाहते हैं, उसकी बुरी तथा विकृत तस्वीर मात्र ही है।

काँग्रेस में सुधार के इस अध्याय में हम तीन विषयों पर विचार करेंगे:

- काँग्रेस की संरचना कैसी है?
- विधायी प्रक्रिया कैसे कार्य करती है?
- विधायी प्रक्रिया को ठीक करने में क्या समस्याएँ हैं?

काँग्रेस की संरचना कैसी है?

अमरीकी काँग्रेस एक द्विसदनी विधायी निकाय है, जिसमें सदन के लिए राज्यों से निर्वाचित सदस्य राज्य की जनसंख्या के अनुपात में होते हैं और सीनेट में 50 राज्यों में प्रत्येक से दो सीनेटर चुने जाते हैं।

535 विधायकों में से प्रत्येक के पास एक बजट तथा विधेयकों को पढ़ने, जिले में नागरिक क्या चाहते हैं, उसका मूल्यांकन करने, *कार्यकर्ताओं* एवं अभिरुचि वाले पक्षों को सुनने तथा सर्वश्रेष्ठ कार्रवाई के संबंध में सलाह देने के लिए सहायक होते हैं। प्रत्येक विधायक एक या ज्यादा समितियों में होंगे, जैसे विदेश नीति, शिक्षा, स्वास्थ्य, सशस्त्र बल एवं इसी तरह के अन्य। प्रत्येक समिति का नेतृत्वकर्ता विजेता दल से होगा

जिसके पास विधेयक के आकार को प्रभावित करने तथा अंतिम मतदान की ओर विधेयक की गति को धीमी या तीव्र करने की शक्ति होगी।

विधायक मतभेद रखते हैं कि वे कितनी अवधि तक काँग्रेस में रहते हैं। शक्ति तथा सबसे महत्वपूर्ण समितियाँ सबसे वरिष्ठ विधायकों के हाथों में होगी। कनिष्ठ विधायकों के द्वारा वरिष्ठ विधायकों के विचारों को स्वीकार करने में बुद्धिमत्ता होती है, यदि वे प्रणाली में सुगमता से प्रवाहित होना चाहते हैं। प्रत्येक दल का सभा तथा सीनेट में एक नेता होगा। 2015 में रिपब्लिकनों का सदन में बहुमत था। प्रतिनिधि जॉन बोयेन्हर सदन के अध्यक्ष थे तथा उनकी कई भूमिकाएँ थीं: वे सदन के पीठासीन अधिकारी तथा प्रशासनिक प्रमुख, रिपब्लिकन दल के नेता, तथा सभा के निर्वाचित प्रतिनिधि थे। यदि आवश्यक हो तो, सदन का अध्यक्ष राष्ट्रपति तथा उप-राष्ट्रपति का उत्तराधिकारी बनने के क्रम में आता है। राष्ट्रपति के अतिरिक्त, रिपब्लिकन के पास बहुमत ह्विप होता है जो दल के विधायी योजना का प्रबंधन करने में सहायता करता है; रिपब्लिकन दल के विचार गोष्ठी का अध्यक्ष सदन में रिपब्लिकन दल के सभी सदस्यों के संगठन का नेतृत्व करता है; तथा रिपब्लिकन नीति समिति का अध्यक्ष नीति विकास पर गोष्ठी का नेतृत्व करता है। अल्पमत डेमोक्रेटिक दल में नेतृत्व के ऐसे ही पद होते हैं। वर्तमान सीनेट का नेतृत्व सीनट बहुमत दल के नेता, सीनेटर मिच मैककॉनेल के द्वारा किया जाता है। इसके अतिरिक्त, रिपब्लिकन दल के सम्मेलन अध्यक्ष, रिपब्लिकन नीति निर्माण समिति के अध्यक्ष, और रिपब्लिकन सम्मेलन के उपाध्यक्ष का पद भी होता है। सीनेट में डेमोक्रेटिक दल के पास भी ऐसे ही अध्यक्ष हैं।

विधायी प्रक्रिया कैसे कार्य करती है?

मार्क ट्वेन ने विधायी प्रक्रिया के संबंध में अपना संदेश प्रदर्शित किया जब उन्होंने कहा, 'जब सदन सत्र में है किसी व्यक्ति का जीवन, स्वतंत्रता या संपत्ति सुरक्षित नहीं है।' फिर भी विधायी प्रक्रिया को अवश्य पूरा किया जाना चाहिए। एक या ज्यादा विधायक सदन या सीनेट में नागरिकों की कुछ वास्तविक या कथित आवश्यकताओं को पूरा करने के लिए एक विधेयक को विकसित करेंगे। विधेयक एक समुचित समिति को भेजा जाएगा जो विधेयक में सुधार करेगी या सलाह देगी तथा इसे आगे जाने के लिए स्वीकृत करेगी, निरस्त कर देगी या विलंबित कर देगी। समिति विधेयक में कुछ अन्य चीजों को जोड़ सकती है, कुछ चीजों को हटा सकती है या इसकी पारित होने की संभावना को बढ़ाने के लिए अन्य सुधार कर सकती है। यह विधेयक दूसरे सदन को विचार के लिए भेजा जाएगा तथा इसमें और भी परिवर्तन हो सकते हैं। विधेयक सदन तथा सीनेट के बीच आगे-पीछे झूल सकता है जब तक इस पर हर सदन में मतदान न हो। आमतौर पर, विधेयक बहुमत से पारित हो सकता है। यदि पारित हो जाए, तो यह राष्ट्रपति (या गवर्नर या मेयर) के पास उसके हस्ताक्षर के लिए जाता है। कार्यपालिका को विधेयक पर वीटो लगाने तथा सदन को वापस भेजने का अधिकार है, सदन कार्यपालिका के वीटो का उल्लंघन कर सकता है, यदि विधायकों का दो-तिहाई दूसरी बार इसका समर्थन करता है।

सदन तथा सीनेट का अधिकतर काम समितियों द्वारा किया जाता है जो विधेयकों का निर्माण, कार्यपलिका एजेंसियों की निगरानी तथा राष्ट्रीय नीति को सूत्रबद्ध एवं निगरानी करती है। काँग्रेस समितियाँ चार व्यापक श्रेणियों में आती हैं: स्थायी, प्रवर, विशेष तथा संयुक्त समिति।

स्थायी समितियाँ स्थायी निकाय हैं तथा काँग्रेस के *लिए सर्वाधिक परिश्रम करती* हैं। वे सुनवाई तथा जाँच करती हैं तथा अपने प्रक्षेत्र के विधानों एवं संघीय एजेंसियों की निगरानी करती हैं। स्थायी समितियों के उदाहरण हैं कृषि, विनियोग, सशत्र सेवाएँ, वित्तीय संस्थानों (बैंकिंग), वाणिज्य तथा विदेशी मामलों पर सभा एवं सीनेट की समितियाँ।

प्रवर समितियाँ तथा *विशेष समितियाँ* एक विशेष प्रयोजन के लिए, अक्सर जाँच- पड़ताल करने के लिए, निर्मित की जाती हैं तथा प्रयोजन के एक बार पूरे हो जाने के पश्चात भंग की जा सकती हैं। प्रवर समितियाँ कई काँग्रेसों तक विस्तृत हो सकती हैं जबकि विशेष समितियाँ एक काँग्रेस की दो वर्ष की अवधि के अंदर हो सकती हैं। ये समितियाँ सुनवाई कर सकती हैं तथा रिपोर्ट जारी कर सकती हैं, लेकिन विधानों पर रिपोर्ट नहीं देती हैं। आयु पर सीनेट की विशेष समिति, नैतिकता पर समिति तथा खुफिया जानकारी पर सीनेट की प्रवर समिति, आदि इन समितियों के उदाहरण हैं।

संयुक्त समितियाँ अस्थायी या स्थायी निकाय हो सकती हैं तथा उनकी पारिभाषिक विशेषता सभा एवं सीनेटरों की समान संख्या से बनी सदस्यता है। संयुक्त कर समिति तथा संयुक्त आर्थिक समिति इसके उदाहरण हैं। संयुक्त समितियों को सभा तथा सीनेट के बीच सहयोग को प्रोत्साहित करने वाले उपकरणों के रूप में देखा जाता है।

काँग्रेस समितियों की पृष्ठभूमि

समितियाँ विधान में *सर्वाधिक परिश्रम करती* हैं। उन्हें उनके इतिहास तथा प्रक्षेत्र, अध्यक्षता, प्रति सदस्य दायित्व, कर्मी एवं समिति के निर्माण में दल अनुपात से परिभाषित किया जाता है। 1946 में सीनेट में समितियों की संख्या 33 से घटा कर 15 तथा सभा में 48 से 19 करने के लिए एक *लेजिस्लेटिव रिऑर्गनाइजेशन एक्ट* लागू किया गया। अनेक स्थायी समितियों को उप-समितियों में परिवर्तित कर दिया गया, जिसने शेष अध्यक्षों की शक्ति को बढ़ा दिया। 1946 के अधिनियम ने समितियों को चार पेशेवर कर्मचारियों तथा छह लिपिक कर्मचारियों की नियुक्ति के लिए अधिकृत कर दिया, और इस तरह समितियों को जटिल नीतिगत मामलों में ज्यादा विशेषज्ञता हासिल हुई। इस एक्ट ने समितियों के द्वारा यथासंभव खुली सार्वजनिक सुनवाइयों को आयोजित करने तथा सटीक रिकॉर्डों को रखना आवश्यक कर दिया।

लेजिस्लेटिव रिऑर्गनाइजेशन एक्ट पूर्ण समितियों की संख्या घटाने में सफल हुआ, लेकिन यह उप-समितियों की संख्या को सीमित रखने में असफल रहा। परिणामस्वरूप, उपसमितियों की संख्या में विस्फोट में हुआ। जहाँ 1949 में सभा तथा सीनेट में सिर्फ 60 उपसमितियाँ थीं,1975 में यह संख्या सभा में 145 से ज्यादा तथा सीनेट में लगभग 120 हो गई। यह कनिष्ठ सदस्यों को उप-समितियों का अध्यक्ष बनाने के ओर ले गई जिसने पुराने तथा ज्यादा रूढ़िवादी पूर्ण समिति के अध्यक्ष के प्राधिकार का क्षरण कर दिया। उप-समितियों की ओर शक्ति के हस्तांतरण से पूर्ण समिति के अध्यक्ष के प्राधिकार में कमी हो गई।

1970 के *लेजिस्लेटिव रिऑर्गनाइजेशन एक्ट* ने प्रति स्थायी समिति स्थायी पेशेवर कर्मियों की संख्या छह तक बढ़ा दी, साथ ही समितियों को अतिरिक्त तकनीकी एवं वैज्ञानिक व्यक्तियों के रखने तथा अस्थायी कर्मियों के लिए धन माँगने की अनुमति दी गई। 1970 के अधिनियम ने कर्मियों के लिए धन के एक-तिहाई को अल्पमत दल की ओर निर्देशित करना भी आवश्यक कर दिया तथा अल्पमत को सुनवाई के समय गवाहों को बुलाने का अधिकार दिया। इस एक्ट ने समितियों का प्रक्रिया के लिखित नियमों को होना तथा उपस्थित मतों को सार्वजनिक रिकॉर्डों में रखना तथा विधेयकों पर समितियों के रिकॉर्डों को सदन में विधान बनाने पर विचार किए जाने से पहले तीन या ज्यादा दिन के उपलब्ध कराए जाने को आवश्यक कर दिया। इसने सभा समितियों की प्रक्रियाओं को रेडियो या टेलीविजन पर प्रसारित करने की भी अनुमति दी।

1970 के दशक में सीनेट ने उप-समितियों को अपने अध्यक्ष को चुनने, उप-समिति के बजट करने की अनुमति देने तथा समिति के अध्यक्ष को पूर्ण समिति को अनुशंसित करने के दो हफ्ते के अंदर विधेयक को समुचित उप-समिति को भेजने को आवश्यक करते हुए *'सबकमिटी बिल ऑफ राइट्स'* को अंगीकृत किया। उप-समितियाँ अपने मिलने की तिथि तथा सुनवाई की तारीखें तय कर सकती थीं। समितियाँ अब 18 पेशेवरों तथा 12 लिपिकों की भर्ती कर सकती थी तथा समिति कर्मियों का एक तिहाई पद अल्पसंख्यकों के लिए आरक्षित कर दिया गया था।

काँग्रेस को अपने बजट बनाने की प्रक्रिया को केंद्रीकृत करने की भी आवश्यकता थी। एक संयुक्त बजट समिति राजस्वों तथा व्ययों तथा प्रत्येक एजेंसी के लिए विनियोग सीमाओं को तय करते हुए एक वार्षिक बजट को बनाएगी। यदि अनुमानित राजस्व से ज्यादा हो जाता है तो एक कर्ज सीमा तय की जाती। राजकोषीय संयम प्रदर्शित करने के लिए काँग्रेस विनियोग अधिनियमों के पाठ्यों के अनुरूप विशिष्ट व्यय सीमाओं को जोड़ती।

1980 तथा 1990 के दशकों में उप-समितियों की संख्या कम करने के तथा पूर्ण समितियों की शक्ति बढ़ाने के एक प्रयास सहित कई परिवर्तन हुए। अनेक स्थायी समितियों के नाम बदल दिए गए तथा दोनों सदनों ने मानदेयों, बाहरी आय तथा नियुक्ति-पश्चात *समर्थक वर्ग के निर्माण* को प्रभावित करते हुए नैतिक कानूनों की एक शृंखला पारित की।

1990 के दशक में दल के नेताओं ने नेतृत्व कार्यदलों के द्वारा प्रोत्साहित किए जा रही नीतियों के पक्ष में उपसमितियों तथा पूर्ण समिति के अध्यक्षों पर ज्यादा नियंत्रण करना प्रारंभ कर दिया। रिपब्लिकन कार्यदल अक्सर प्रस्तावों को सदन में समिति से सलाह किए बगैर प्रस्तुत करते थे। यह काफी हद तक एक संसदीय प्रणाली की तरह है जहाँ बहुमत दल मुख्य विधेयकों को स्थायी समितियों के बगैर या विधान प्रक्रिया में अल्पमत दल को बिना शामिल किए लाता है।

हर चीज को समितियों को अनुशंसित करने के नियमों तथा प्रक्रियाओं के इतिहास के बावजूद बहुमत दल के नेता प्रक्रिया समितियों में पाई जाने वाली तकनीकी संसाधनों में से कुछ से बच कर निकल कर प्रक्रिया पर कार्य करना तथा विधेयकों को सीधे सदन के पटल पर पेश करने की प्रक्रिया सीख रहे हैं। दल की सरकार तथा समिति प्रणाली के बीच एक तनाव स्पष्ट दृष्टिगोचर है। दल की सरकार अल्पमतदल की सहभागिता को कम कर देती है, समितियों के अध्यक्षों के प्रभावों को कम करती है, निर्णय लेने की प्रक्रिया को समिति प्रक्रिया से बाहर तथा बंद दरवाजों के अंदर करती है, तथा दो सदनों की चर्चा को सरेखित करने की प्रक्रिया को ज्यादा दिक्कत भरा बना देती है। दूसरी तरफ, इसके पास मुख्य पहलों पर कार्रवाई को तीव्र करने का लाभ है। हमें भविष्य में देखना होगा कि क्या दल की सरकार जारी रहेगी या संघीय विधायी मामलों पर समिति की सरकार वापस आएगी।[4]

विधायी प्रक्रिया में किन समस्याओं को दूर करने की जरूरत है?

यहाँ हम एक विधायी प्रक्रिया में होने वाली कई कार्यप्रणालियों का परीक्षण करेंगे जिनकी व्यापक आलोचना होती है तथा सुधार की आवश्यकता हो सकती है।

एक विचाराधीन विधेयक के अंतर्गत एक अवांछित या अप्रांसगिक प्रावधान को जोड़ना

एक राजनीतिक दल एक विधेयक जिसे दूसरा दल पारित करना चाहता है, उसमें एक अवांछित प्रावधान जोड़ सकता है। यदि वह दल विधेयक को पारित करने का पक्षधर हो, तो उसे विधेयक में संयुक्त अवांछित संयोजनों के साथ रहना होगा।

एक उदाहरण के रूप में, सीनेट डेमोक्रेट एक बिल पारित करवाना चाहते थे जो मानव तस्करी को रोकता। परंतु, रिपब्लिकनों ने एक अवांछित प्रावधान जोड़ दिया जिसने गर्भपात विरोधी बंधनों की संख्या को बढ़ा दिया। डेमोक्रेटिक सीनेटर चक शूमर ने उल्लेख किया, 'वे अपने खुद के विधेयकों में जहर डाल रहे हैं'। सीनेट डेमोक्रेटों ने अनिच्छा से उस विधेयक के विपक्ष में मतदान किया जिसे वे चाहते थे जो यौन तस्करी को कम करता। बदले की कार्रवाई में, रिपब्लिकन सीनेट बहुमत नेता मिच मैककॉनेल ने इंगित किया कि वे राष्ट्रपति ओबामा के द्वारा लॉरेटा लिंच के महाधिवक्ता पद पर नामांकन में विलंब करेंगे। लॉरेटा लिंच इस पद पर सेवा देने वाली पहली अश्वेत महिला होती तथा वह बहुत ज्यादा योग्य हैं। फिर भी लिंच के पुष्टीकरण को पिछले तीन दशकों में महाधिवक्ता के लिए किसी अन्य नामांकन से ज्यादा समय तक रोक कर रखा गया।

हल? कोई उम्मीद कर सकता है कि काँग्रेस विधेयकों को बना तथा पारित कर सकती है जिसमें कोई असंगत प्रावधान नहीं जोड़ा जा सकता है। लंबी अवधि में दोनों दलों को लाभ प्राप्त होगा। काँग्रेस ज्यादा तेजी से कानून बनाएगी तथा जनता की ज्यादा बेहतर सेवा प्राप्त होगी।

निर्धारण (ईयरमार्किंग)

निर्धारण एक प्रक्रिया है जिससे काँग्रेस द्वारा धन के व्यय को किसी विशेष परियोजना में इस्तेमाल के लिए निर्दिष्ट किया जाता है।

उदाहरण के लिए, 2005 में केत्चिकन, अलास्का से ग्रैविना के छोटे से द्वीप तक एक पुल बनाने के लिए $223 मिलियन धनराशि का निर्धारण किया गया था। यह एक विशिष्ट काँग्रेसियों को संतुष्ट करने के लिए किया गया था जो अपने जिले में कुछ नागरिकों के समक्ष अच्छा दिखना चाहते थे। यह कैटरीना तूफान के पश्चात पुनर्निर्माण का वित्तपोषण करने के लिए एक विधेयक में जोड़ा गया था, जिसका अलास्का से कोई लेना-देना नहीं था। इस निर्धारण की इतनी ज्यादा आलोचना हुई कि काँग्रेस ने इस निर्धारण को निरस्त कर दिया।

2011 में जब रिपब्लिकनों ने सभा का नियंत्रण लिया, तो उन्होंने उत्तम प्रशासन के नाम पर निर्धारणों को पूरी तरह से समाप्त कर दिया। लेकिन आज वे कुछ निर्धारणों पर इस प्रतिबंध का विरोध करते हुए कहते हैं कि, यह कार्यपालिका में नौकरशाहों पर छोड़ने के समान है कि विनियोगों को कहाँ जाना चाहिए तथा यह इसे काँग्रेस पर छोड़ने के स्थान पर मतदाताओं के समक्ष कम पारदर्शी होगा।

क्षेत्रीय हितों के लिए सार्वजनिक धन का व्यय (पोर्क बैरल)

क्षेत्रीय हितों के लिए सार्वजनिक धन के व्यय (पोर्क बैरलिंग) के संदर्भ में माना जाता है कि काँग्रेस के पास व्यय के लिए काफी धन है तथा वे इस धन के एक हिस्से का प्रयोग खुद की पसंदीदा परियोजनओं को चमकाने के लिए कर सकते हैं। विचार यह है कि साझा करने के लिए बहुत-सा '*पोर्क*' है। काँग्रेस के बारे में *बोथ योर हाउसेज* नाम का मैक्सवेल एंडरसन के नाटक ने काँग्रेसी सत्रों को बेनकाब करने के लिए, जहाँ कानून-निर्माता अपने व्यक्तिगत या *लाबी* के कारोबारी परियोजनाओं में देश के हितों की सेवा से ज्यादा अभिरुचि रखते हैं, पुलित्जर पुरस्कार जीता।

अक्सर कानून-निर्माता अपने विधेयकों के पक्ष में मतदान के बदले में दूसरे कानून-निर्माताओं के विधेयकों के पक्ष में मतदान करने के लिए राजी हो जाएँगे।

अच्छी खबर यह है कि राष्ट्रपति क्लिंटन ने 1996 में 'विशेष- हित उपकारी, कर में खामियों तथा विशुद्ध पोर्क' का विरोध करने के लिए आंशिक वीटो को प्राधिकृत करने वाले विधेयक को एक कानून की तरह लागू करने पर हस्ताक्षर किया। राष्ट्रपति अपव्यय को कम कर सके, करदाताओं का संरक्षण तथा बजट को ज्यादा अच्छी तरह से संतुलित कर सके। क्लिंटन ने उल्लेख किया कि 50 राज्यों में से 43 के पास किसी प्रकार की आंशिक वीटो शक्तियाँ थी।[5]

लगभग तीन दशकों से, प्रत्येक वर्ष काँग्रेस ने विशिष्ट उद्योगों तथा विषयों को प्रभावित करने वाले 50 से ज्यादा कर छूटों के साथ '*टैक्स एक्स्टेंडर्स पैकेज*' को स्वीकार किया। बहुत-सी वस्तुएँ 'कॉर्पोरेट कल्याण' उपलब्ध कराने के समान है। एक वस्तु हॉलीवुड निर्माताओं को विशेष स्थानों पर शूटिंग करने पर $20 मिलियन तक छूट की अनुमति दे सकती है; दूसरी वस्तु घुड़दौड़ के मालिकों को अपने प्यारे जानवरों की कीमत में तीन वर्ष में मूल्यह्रास की अनुमति देती है। जनता इन कॉर्पोरेट हस्तांतरणों की वास्तविक लागतों को मुश्किल से जान पाएगी। अनेक लोग वार्षिक कर छूट पैकेजों की समाप्ति देखना चाहेंगे।[6]

गतिरोध (फिलिबस्टर)

काँग्रेस के एक या ज्यादा सदस्य किसी कार्यवाही पर मतदान रोकने के एक उपाय करने या बिना विमर्श किए पारित किए जाने के लिए विचार कर सकते हैं। यह युक्ति गतिरोध (फिलिबस्टर) कहलाती है। यह 17वीं सदी में समुद्री लुटेरों का वर्णन करने वाले स्पैनिश शब्द *फिलीबस्टेरो* से आया है।

26 जून 2013 को टेक्सस के डेमोक्रैटिक सीनेटर, वेंडी डेविस ने गर्भपात-विरोधी विधेयक को पारित होने से रोकने के लिए गर्भपात-विरोधी मामलों से प्रभावित महिलाओं की कहानियों से भरे दस्तावेज़ पढ़ कर

13-घंटों का बिना विराम के एक भाषण दिया। टेक्सस के सीनेट के नियमों के अनुसार इस समय डेविस को बैठने, डेस्क पर झुकने, खाने, पीने, प्रसाधन जाने, या सीनेट के बिल 5 से असंबंधित कुछ भी कहने की अनुमति नहीं थी। इससे आगे निकलते हुए, 25 सितम्बर 2014 को रिपब्लिकन सीनेटर टेड ने टेड क्रूज ने डॉ. सियूस तथा स्टार वार तथा अन्य अप्रासंगिक उद्धरणों से मिश्रित ओबामा केयर-विरोधी भाषण से 21 घंटों तक गतिरोध उत्पन्न किया।

इसमें कोई शंका नहीं है कि गतिरोध अक्सर सिर्फ एक या कुछ उत्साही विक्षियों को संतुष्ट करने के लिए कांग्रेस को ठप्प या शिथिल करने की ओर ले जाता है। 2005 में राष्ट्रपति ओबामा ने 'सीनेट में गतिरोध के नियमित उपयोग के खात्मे' का आह्वान किया। आज की समय की तरह जब दो पक्षों में मतांतर रहता है, तो गतिरोध के ज्यादा अक्सर होने की प्रवृत्ति होती है। वर्ष 2013–2014 में, गतिरोध को समाप्त करने के लिए 218 बार मतदान हुआ। गतिरोध का मूल प्रायोजन अल्पमतों या गौणों के विचारों को सुने जाने की अनुमति दिया जाना था, लेकिन आज इसे प्रमुख दलों के द्वारा दूसरे देल को अपने मंच को बढ़ाने से रोकने के लिए उपयोग किया जाता है। जब गतिरोध टेलीफोन डायरेक्टरी या नर्सरी की कविताओं को पढ़ने के समान होता है, तो इसका उपायों पर विमर्श को आगे बढ़ाने से कुछ लेना-देना नहीं होता है।

सीनेट *में गतिरोध* के नियम का कोई संवैधानिक आधार नहीं है। काँग्रेस का हर सदन संविधान के तहत अपने प्रक्रियागत नियमों को तय कर सकता है। यह इसलिए आया क्योंकि सीनेटर एक विशेष विषय पर कितनी देर तक बोल सकते हैं, इस पर सीनेट ने कोई बंधन लगाने इनकार कर दिया। सीनेट ने जरूर तय किया कि *गतिरोध* 60 सीनेटरों के द्वारा पारित किए जाने की जरूरत वाले प्रस्ताव से समाप्त किया जा सकता है तथा विलंब करने की युक्ति खत्म की जा सकती है। सभा का एक भिन्न नियम है। नवम्बर 2013 में एक बहुमत द्वारा सभा ने राष्ट्रपति नियुक्तियों तथा सर्वोच्च न्यायालय के नीचे न्यायिक नामांकनों के लिए *गतिरोध* का उन्मूलन कर दिया।

स्पष्ट रूप से काँग्रेस को *गतिरोध* की प्रथा को सीमित या अनुशासित करने के लिए ज्यादा करने की आवश्यकता है। *गतिरोध का उपयोग* विपक्ष के विरुद्ध अपने तर्कों को आगे बढ़ाने के लिए करना चाहिए। कुछ घंटों की समय सीमा तय की जानी चाहिए, जो एक विधेयक के किसी प्रस्तावक या विरोधी को अपनी स्थिति साझा करने के लिए पर्याप्त है। एक सांख्यिक सीमा भी तय की जानी चाहिए कि एक विधेयक पर कितने पस्तावक या विरोधी बोल सकते हैं। ऐसी सीमाओं के बिना, किसी विधेयक का हर एक विरोधी अनिवार्यतः एक-दूसरे के तर्कों को दुहरा कर अधिकतम समय को उपयोग करना चाहेगा।

सरकार को बंद कर देना

अक्टूबर 2013 में अमेरिकी संघीय सरकार को एक महंगी बंदी का सामना करना पड़ा जो 1 अक्टूबर से 16 अक्टूबर 2013 तक जारी रही। यह बंदी हुई क्योंकि काँग्रेस 2014 के लिए धन के आवंटन की विधि पर सहमत नहीं हो सकी। परिणामस्वरूप, 800,000 संघीय कर्मचारियों को अनिश्चित काल के लिए छुट्टी दे दी गई तथा 1.3 मिलियनों को बिना किसी ज्ञात भुगतान दिवसों के कार्य पर आना आवश्यक कर दिया

गया। 1978 में 18 दिन की बंदी तथा 1995–96 में 21 दिन की बंदी के बाद अक्टूबर 2013 में 16 दिन की बंदी, अमेरिकी इतिहास की तीसरी सबसे लंबी बंदी थी।[7]

पृष्ठभूमि में, प्रतिनिधियों की रिपब्लिकनों की नेतृत्व वाली सभा ने *एफोर्डेबल केयर एक्ट ('ओबामाकेयर')* को विलंबित या धन से रहित करने का प्रयास किया। सभा तथा सीनेट 30 सितम्बर 2013 तक राजी नहीं हो सके तथा संघीय सरकार को 1 अक्टूबर 2014 को नए 2014 संघीय वित्तीय वर्ष की शुरुआत में निधारित किए गए धन के अभाव में बंद करना पड़ा। फिर भी 1 अक्टूबर से *एफोर्डेबल केयर एक्ट* के बहुत से प्रावधान लागू किए गए। अंततः, 16 अक्टूबर की संध्या को काँग्रेस ने *कंटिन्यूइंग एप्प्रोप्रिएशंस एक्ट 2014* को पारित कर दिया। राष्ट्रपति ने 17 अक्टूबर की मध्यरात्रि के तुरंत बाद सरकार की बंदी को समाप्त करते हुए इस पर हस्ताक्षर कर दिए।

संघीय सरकार की बंदी से वास्तविक नुकसान होते हैं और इससे उस दल जो यह कर रहा है, उससे तथा संपूर्ण रूप में काँग्रेस से विश्वास उठ जाता है। सीनेटर टेड क्रूज तथा अन्य रिपब्लिकनों के द्वारा भड़कायी हुई एक दूसरी सरकार बंदी नवम्बर 2015 में लगभग हो गई थी, लेकिन सौभाग्यवश यह टल गई। यह सभी संबंद्धों के लिए बेहतर होगा यदि भविष्य के किसी सरकार बंदी को होने से रोकने तथा दलों को अपने विवादों को दूसरे तरीके से सुलझाने के लिए बाध्य करने हेतु एक उपाय को पारित किया जा सके।

अनुपालन हेतु पर्याप्त धन नहीं आवंटित करना

काँग्रेस अंततः एक विधेयक को पारित कर सकती है लेकिन इसके अनुपालन के लिए पर्याप्त धन उपलब्ध कराने में असफल हो जाती है। यह नागरिकों के समक्ष दावा कर सकती है कि इसने उनके हितों के अनुरूप प्रतिक्रिया दी है, लेकिन वस्तुतः इसने अपने वादे को नहीं पूरा किया होता है।

उदाहरण के रूप में, काँग्रेस ने एक दूरदर्शी खाद्य सुरक्षा सुधार कानून को लागू किया। हजारों लोग दूषित उत्पादों जैसे पीनट मक्खन, अंडे, पालक तथा तरबूजों से बीमार पड़ गए थे। *द सेंटर फॉर डिजीज कंट्रोल एंड प्रीवेंशन (सीडीसी)* ने अनुमान लगाया कि खाद्य-जनित रोगों से 6 में से हर एक अमेरिकी बीमार पड़ा,128,000 अस्पताल में भर्ती हुए तथा 3,000 की मृत्यु हुई। काँग्रेस के बजट कार्यालय ने अनुमान लगाया कि खाद्य एवं दवा प्रशासन (एफडीए) को संयुक्त राज्य में खाद्य योजनाओं में सुधार के लिए 2011 से 2015 के बीच $580 मिलियन की आवश्यकता होगी। हालाँकि व्यापक संघीय बजट में यह एक छोटी सी रकम थी। फिर भी काँग्रेस इस राशि से आधी के लिए सहमत हुई। इस प्रकार सुधार प्रतीकात्मक रूप से गंभीर दिखते थे लेकिन वास्तव में इसमें तत्व की कमी थी।[8]

सभा नियमन समिति की शक्ति

जहाँ सीनेट किसी बिल पर असीमित चर्चा या बहस की अनुमति देता है, वहीं सभा बहस को सीमित करने की ओर प्रवृत्त होती है तथा अपने नियमन समिति का उपयोग करती है। सभा समिति तय करती है कि किस *नियम* के अधीन विधेयक सदन के पटल पर आएगा। जब एक विधेयक सभा समिति से बाहर सूचित होता

है, तो यह सीधे सभा के पटल पर नहीं जाता है। यह बहस के लिए समुचित सभा कैलेंडर में रखा जाता है। नियमन समिति तय करती है कि कितनी देर तक तथा किस नियम के अधीन पूर्ण निकाय प्रस्ताव पर बहस करेगा। समिति संशोधनों की संख्या या प्रकारों को सीमित कर सकती है तथा यहाँ तक कि किन्हीं संशोधनों की अनुमति नहीं देख सकती है। समिति प्रत्येक विधेयक या संकल्प पर बोलने के समय को तय करती है, परंतु कुछ मामलों में बोलने के लिए समय निर्धारित नहीं किया जाता है। स्पष्ट रूप से, नियमन समिति सभा पर शक्तिशाली प्रभाव डालती है। सीनेट में भी ऐसा हो सकता है। अनेक विधेयक विलंबित, दफ़न या छोड़ दिए जाते हैं।

उदाहरण के रूप में सीनेटर एलिजाबेथ वॉरेन ने अपने विधेयक के पक्ष में सर्वसहमति की आकांक्षा की: द *बैंक ऑन स्टूडेंट्स इमरजेंसी लोन रि-फाइनेंसिंग एक्ट*। यह बिल 25 मिलियन से ज्यादा लोगों को अपने विद्यार्थी कर्ज को आज की कमतर 4% की ब्याज दर से पुनः वित्तपोषित करने की अनुमति दे देता। लेकिन सीनेट रिपब्लिकनों ने उनके विधेयक को रोक दिया क्योंकि यह अमीरों पर कर को बढ़ा देता। रिपब्लिकन सीनेटर जॉन कॉर्नाइन विधेयक में संशोधन चाहते थे लेकिन वॉरेन असीमित संशोधनों के लिए राजी नहीं होतीं। अंत में कानून-निर्माताओं ने इस आधार पर मतदान में हिस्सा लेने से इनकार कर दिया कि उन्हें सरकार को वित्त उपलब्ध कराने के लिए एक तत्काल व्यय उपाय पर ध्यान केंद्रित करने की आवश्यकता है।[9]

काँग्रेस से काम करवाने का एक और तरीका नागरिकों से जनमत संग्रह के लिए कहना है। 25 राज्य हैं जो जनमत संग्रह की अनुमति देते हैं, जिसके द्वारा मतदान विधान सभाओं के द्वारा नए नियमों पर लोकप्रिय मत के लिए आग्रह कर सकते हैं।

पारित हुए विधेयकों को कौन सी बाह्य शक्तियां प्रभावित करती हैं

यहाँ हमें दो समस्याओं की भूमिकाओं के परीक्षण की आवश्यकता है जो काँग्रेस के सदस्यों की निष्ठा को प्रभावित करती है। पहली है उनके निर्णय लेने पर समर्थकों का प्रभाव। दूसरी है स्पष्ट भ्रष्टाचार का होना।

समर्थकों (लॉबियिस्ट) का प्रभाव

पक्ष समर्थन निर्माण संगठनों तथा उनके प्रतिनिधियों *(जिन्हें लॉबियिस्ट कहा जाता है)* के द्वारा सरकारी अधिकारियों, जैसे कि, विधायक, नियामक या न्यायाधीशों के द्वारा लिए गए निर्णयों को प्रभावित करने की प्रक्रिया को वर्णित करती है। यह शब्द इस तथ्य से आता है कि 'प्रभाव डालने वाले' विधान भवनों की लॉबियों में विधायकों पर 'फंदा डालने' तथा *समर्थकों* की ओर से उनके मतदान पर प्रभाव डालने के लिए उपस्थित रहेंगे। अधिकतर *समर्थक* वकील हैं तथा अनेक काँग्रेस के पूर्व सदस्य हैं। कुछ कहते हैं कि वे सरकार के 'चौथे खंभे' का निर्माण करते हैं। सरकार के हर स्तर पर *पक्ष समर्थन निर्माण (लॉबिइंग)* किया जाता है- संघीय, राज्य, कांउटी, नगरपालिका तथा स्थानीय प्रशासन।

वर्ष 1971 में सिर्फ 175 पंजीकृत *लॉबिइंग* फर्में थीं; 2012 में विधायकों को प्रभावित करने के लिए वॉशिंगटन डी.सी. में $3.3 बिलियन से ज्यादा प्रतिवर्ष व्यय करते हुए 13,700 से ज्यादा पंजीकृत *पक्ष समर्थक* थे। जनरल इलेक्ट्रिक ने अकेले $21.4 मिलियन व्यय किया, तथा दूसरे स्थान पर गूगल ने $18.2 मिलियन व्यय किया। इसमें 'शासन संबंध', 'सार्वजनिक मामले' तथा 'कॉर्पोरेट संचार' नामक गैर-पंजीकृत *समर्थकों* का लेखाजोखा नहीं है। इसके अतिरिक्त, अक्सर प्रेरित करने वाली प्रवृत्ति की सूचना उपलब्ध कराने वाले बहुत सारे कारोबार वित्त-पोषित *विशेषज्ञ* हैं। और हम अमेरिकी राज्यों तथा शहरों में जारी सभी *पक्ष समर्थन निर्माण* को उद्धृत नहीं कर रहे हैं।[10]

एक विशाल अमेरिकी कंपनी अनेक लॉबिइंग फर्मों में से दस या ज्यादा पूर्ण-कालिक पंजीकृत *समर्थकों* का उपयोग कर सकती है। यह सेवानिवृत राजनीतिज्ञों की सेवा भी ले सकती है जो अब *समर्थकों* के रूप में सहयोग करने के लिए हैं, जब एक बड़ा मामला दाँव पर है। *समर्थक* मुख्यतः कर वृद्धि या नए नियमनों को रोकने के लिए *पक्ष समर्थन* करते थे, जो बाद में बेहतर सड़कों एवं *आधारभूत संरचनाओं* का पक्ष समर्थन करने लगे और कालांतर में कंपनी या उद्योग-विशिष्ट लाभों के पक्ष समर्थन की ओर मुड़ गए।[11]

पक्ष समर्थकों की शक्ति का एक उदाहरण 2015 में जनरल डाइनामिक्स के $3.3 बिलियन *ज़ूमवाल्ट डिस्ट्रॉयर* का पूर्ण होना है। अमेरिका के पास दुनिया की सबसे बड़ी तथा शक्तिशाली नौसेना है, फिर भी इसका नई शिपों का बनाना जारी है। नौसेना शिप निर्माता, नौसेना सचिव रे माबुस को सभा विनियोग समिति को यह कहने के लिए प्रभावित करते हैं कि नौसेना को अवश्यतः ज्यादा 275 शिपों से कुल मिला कर कम-से-कम 300 तक हो कर ज्यादा बड़ी होनी चाहिए। लुइज़ियाना के गवर्नर बॉबी जिंदल ने *अमेरिकन इंटरप्राइज इंस्टिच्युशन* को कहा कि यदि रक्षा बजट में कमी की गई तो 'अमेरिका के पास अब वैश्विक नौसेना नहीं होगी।' राजनीतिज्ञ अमेरिकी बच्चों को ज्यादा बेहतर शिक्षा देने के लिए आवश्यक धन उपलब्ध कराने के स्थान पर कारोबार के हितों को साधने के लिए तैयार हैं।[12]

सीनेटर एलिजाबेथ वॉरेन तथा अन्य प्रगतिशील डेमोक्रेटों के द्वारा आरोप लगाया जाता है कि कारोबार देश को चला रहा है, न कि काँग्रेस। *सिटिकॉर्प* तथा*जेपी मॉर्गन* जैसे बड़े बैंक शेष दुनिया को बिल्कुल बेकार निवेश श्रेणी की प्रतिभूतियों के विक्रय में योगदान के बावजूद सजा से कैसे बच निकले? काँग्रेस द्वारा अनेक अमेरिकी उद्योगों का विशिष्ट सत्कार क्यों किया जाता है? क्यों काँग्रेस नागरिकों को विशाल दवा कंपनियों से कम दरों पर दवा प्राप्त करने में सहायता नहीं करती है, जैसा कुछ कनाडा तथा यूरोप में होता है? क्यों चीनी उद्योग लगातार संरक्षण पा रहा है, जब कि उनकी चीनी का मूल्य विदेश से आयातित चीनी की लागत से काफी ज्यादा है?[13] जबकि रिपब्लिकन लगातार उपभोक्ता लाभ कानूनों तथा एजेंसियों पर लगातार आक्रमण करते हैं, तो वे क्यों 'कॉर्पोरेट-कल्याणवाद' के अनियंत्रित स्तर पर भी आक्रमण नहीं करते हैं?

क्या राजनीतिक रूप से सक्रिय कॉर्पोरेशन कारोबारी लाभ तथा समर्थन को प्राप्त करने के लिए वे जो धन *पक्ष समर्थकों* को देते हैं, उस पर वे अच्छा लाभ प्राप्त करते हैं? 2014 के अध्ययन ने दिखाया कि 200 राजनीतिक रूप से सर्वाधिक सक्रिय कॉर्पोरेशनों ने संघीय पक्ष समर्थन तथा अभियान योगदानों पर $5.8 बिलियन खर्च किए तथा 4.4 ट्रिलियन का विशाल लाभ प्राप्त किया।[14] प्रोफेसर जॉन फ्रीडमैन ने एक अन्य

अध्ययन में अनुमान लगाया कि दवा कंपनियों ने 2003 के *मेडिकेयर मॉडर्नाइजेशन एक्ट* को पारित होने में सहायता करने में $130 मिलियन व्यय किया और एक्ट के पारित होने के बाद इसने उद्योग को दस वर्ष की अवधि में $242 बिलियन का विशाल मुनाफा दिया। *न्यू अमेरिकन फाउंडेशन* के प्रबुद्ध मंडल ने दिखाया कि जितनी ज्यादा कंपनियाँ पक्ष समर्थन करती हैं, कर की दर उतनी कम होती है तथा लॉबिइंग फर्मों पर धोखाधड़ी की जाँच किए जाने की कम संभावना होती है।[15]

इसके प्रमाण हैं कि एक बार जब कंपनियाँ पक्ष समर्थन शुरू कर देती हैं, वे इसे जारी रखती हैं; पक्ष समर्थन में चिपकाने के गुण होते हैं। इसका भी प्रमाण है कि पक्ष समर्थन और भी ज्यादा *समर्थकों* को जन्म देती है और यह उद्योग विकास करता रहता है।

पक्ष समर्थन (लॉबिइंग) के संबंध में विचार

अनेक व्यक्ति पक्ष समर्थन को ग्राहक-सार्वजनिक हित के स्थान कॉर्पोरेशनों तथा धनी परिवारों के पक्ष में निर्वाचित प्रतिनिधियों को मतदान की ओर प्रवृत्त करनी वाली बुरी चीज की तरह देखते हैं। फ्रांसिस फुकुयामा ने अमेरिकी शासन प्रणाली को 'हित समूह पूंजीवाद' की सीमा पर '*वीटोक्रेसी*' का नाम दिया।[16] वे पक्ष *समर्थकों* को अनेक सारे हित समूहों के प्रतिनिधि के रूप में देखते हैं जो निर्वाचित प्रतिनिधियों पर प्रभुत्व करते हैं तथा कार्यकारियों (राष्ट्रपति, गवर्नरों तथा मेयरों) को काफी दुर्बल बनाते हुए मतदान को निर्देशित करते हैं। निर्वाचित प्रतिनिधियों को कारोबारी हितों को पूरा करने के लिए निर्देशित करने में वे देश के भविष्य को प्रभावित करने वाले वास्तविक मामलों पर से ध्यान विचलित करते हैं।

'बुरी' श्रेणी में विशिष्ट प्रमुख उद्योगों, जैसे तेल उद्योग, कृषि उद्योग, दवा उद्योग एवं रक्षा उद्योग के लिए पक्ष *समर्थक* आते हैं। तेल उद्योग के पक्ष *समर्थकों* ने उस उद्योग के लिए सशक्त सरकारी सब्सिडियों तथा सुविधाओं को प्राप्त करना संभव कर लिया है। कृषि उद्योग के पक्ष *समर्थक* मूल रूप से छोटे कृषकों के स्थान पर विशाल कृषि जमीनों के कॉर्पोरेट मालिकों के हितों को साधते हैं। दवा उद्योग के लिए पक्ष *समर्थकों* ने विदेशी दवाओं को बाहर रख तथा *जेनेरिक* दवाओं को विलंबित कर उच्च अमेरिकी दवा मूल्यों को रखने में सहयोग किया है। रक्षा उद्योग के पक्ष *समर्थक* विधायकों को ज्यादा सैनिक साजो-सामान के लिए सक्रिय रूप से मतदान करवाते रहते हैं, चाहे सैनिक जनरलों को उनकी जरूरत न हो या वे उन्हें नहीं चाहते हों।

पक्ष *समर्थक* बिना किसी शक के निर्वाचित प्रतिनिधियों के मत निर्णयों को प्रभावित करते हैं। प्रत्येक विधायक निर्वाचित होने या पुनः-निर्वाचित होने के लिए अपने व्यक्तिगत, मित्रों तथा परिचितों की आय से कहीं ज्यादा विशाल लागत का वहन करते हैं। प्रत्येक विधायक को राजनीतिक दल के द्वारा आपूर्ति से ज्यादा अभियान हेतु दान की आवश्यकता होती है। पक्ष *समर्थक* अपने ग्राहक कॉर्पोरेशनों से आ रहे अभियान दानों को निर्देशित करने में सक्षम हैं। पक्ष *समर्थक* अभियान दान के बदले में निर्वाचित के मत को स्पष्ट रूप से नहीं माँग सकते हैं। लेकिन स्पष्ट रूप से, निर्वाचित प्रतिनिधि जानते हैं कि उनके मत का दानकर्ता के सहयोग के आकार पर एक प्रभाव पड़ेगा। निर्वाचित प्रतिनिधि जानते हैं कि विशेष कंपनियों के हित में मतदान करना सदन के करियर की समाप्ति के पश्चात एक पक्ष *समर्थक* बनने की संभावना को

भी बढ़ा देगा। आधे काँग्रेस सदस्य पद से हटने के बाद पक्ष *समर्थक* बन जाते हैं। काँग्रेस का एक सदस्य पक्ष *समर्थक (लॉबियिस्ट)* बनकर $187,000 के अपने पूर्व वेतन से कई गुना कमा सकता या सकती है।

अभियान के वित्तपोषण हेतु पर्याप्त धन जुटाना एक कैंसर है जो विधायकों को अपने जिले में मतदाताओं के सर्वश्रेष्ठ हितों को पूरा करने के स्थान पर बड़े कॉर्पोरेशनों तथा धनी परिवारों के हितों पर ज्यादा ध्यान केंद्रित करवाता है। बड़ी राजनीति तथा बड़े धन के बीच संबंध को रिचर्ड वुल्फ इस तरह देखते हैं:

> एक भ्रष्ट चक्र वर्षों से कार्यशील है। अमीरों पर घटे हुए कर उनके पास राजनीतिज्ञों तथा राजनीति को प्रभावित करने के लिए ज्यादा धन उपलब्ध कराता है। उनका प्रभाव उनके करों में और भी कमी करवाती है, जो उन्हें राजनीतिक उपयोग के लिए और भी धन देती है। जब अमीरों से कर राजस्व की क्षति पहले से दबाव में आए सरकारी बजटों को और खराब कर देती है, तो अमीर राजनीतिज्ञों को सार्वजनिक सेवाओं तथा सरकारी नौकरियों को कम करने के लिए दबाव डालते हैं तथा अमीर पहले जो ज्यादा कर चुकाते थे, उसे वापस लाने के लिए विमर्श भी नहीं करते हैं। अतः यह जारी रहता है..।[17]

हमें अवश्य पहचानना चाहिए कि पक्ष समर्थन अनिवार्यतःएक विपणन गतिविधि है। अमीर कंपनी या परिवार मस्तिष्क में एक विचार के साथ एक पक्ष *समर्थक* को नियुक्त करती है। पक्ष *समर्थक* संबंधित मुख्य विधायकों की पहचान करता है तथा सही तर्कों, संचार एवं अनुनय रणनीति बनाता है। पक्ष *समर्थक* विभिन्न विधायकों के साथ नजदीकी तथा विश्वासपूर्ण संबंध विकसित करता है तथा उन्हें उपयोगी सूचना उपलब्ध कराता है। पक्ष *समर्थक* को अवश्यतः विधायक को गलत सूचना देकर उस विधायक को लज्जित नहीं करवाना चाहिए, जो फिर कभी उस *समर्थक* की बात नहीं सुनेगा। हालाँकि तथ्य आमतौर पर सही होते हैं, *समर्थक* उन्हें उस परिप्रेक्ष्य में रखता है जो मतदान को एक तरीके से पक्ष में प्रभावित करता है।

पक्ष *समर्थक* कहते हैं कि वे विधायक के पास नहीं जाते हैं तथा एक राजनीतिक योगदान की पेशकश करते हैं यदि विधायक एक विशेष तरीके से मतदान करेगा। अक्सर विधायक एक *समर्थक* को फोन करता है तथा कभी-कभी राशि बताते हुए राजनीतिक योगदान का आग्रह करता है। निर्वाचित प्रतिनिधि आज अनगिनत घंटे फोन पर अपने अभियानों के लिए धन जुटाते हुए बिताते हैं। यहाँ असली कहानी यह नहीं है कि पक्ष *समर्थक* ईमानदार नीति-निर्माताओं को भ्रष्ट कर रहे हैं, बल्कि निर्वाचित प्रतिनिधि *पक्ष समर्थकों* पर टूट रहें जो विधिपूर्ण उगाही से मिलता-जुलता है।

पक्ष समर्थकों को वेतन मिलता है और खर्चों तथा विधायकों के अभियानों में योगदान करने के लिए एक बजट दिया जाता है। लॉरेंस लेस्सिग ने अपनी पुस्तक *रिपब्लिक, लॉस्ट : हाऊ मनी करप्ट काँग्रेस – एंड अ प्लान टू स्टॉप* इट में पक्ष समर्थन के सबसे हानिकारक आरोपों में से एक को प्रकाशित किया।[18] *सिटीजन यूनाइटेड* में सर्वोच्च न्यायालय के निर्णय ने कारोबारों को अन्य नागरिकों को प्रभावित करने के अधिकार रखने वाला व्यक्ति घोषित कर दिया। परिणाम यह है कि अमेरिकी विशेष हितों को काँग्रेस को प्रभावित करने के लिए कारोबारी धन की विशाल मात्रा उझलते देखते हैं। काँग्रेस के द्वारा वॉल स्ट्रीट को प्रबंधित करने के स्थान पर वॉल स्ट्रीट काँग्रेस को प्रबंधित करता है| हालाँकि प्रत्यक्ष रिश्वतखोरी के बहुत कम प्रमाण हैं, एक *फिर भी* एक

पक्ष समर्थक ने बयान दिया कि 'यदि आप एक्स के लिए मतदान करने में समर्थ नहीं हैं, तो मुझे आपके विरोधी को $1,000,000 का योगदान करना होगा' जिसका सशक्त प्रभाव पड़ने की संभावना है।

क्या भ्रष्टाचार तब भी हो सकता है जब रिश्वतखोरी नहीं होती है? अभियान योगदान स्पष्ट रूप से अवैध हैं यदि यह प्रत्यक्ष रूप से बदले में हैं। किसी प्रत्यक्ष बदले में के अभाव में, अभियान योगदान विधिपूर्ण हैं। लेकिन आज विधायक अपना आधा समय अपने अभियानों के वित्त पोषणकर्ताओं से समय लेने तथा उनका प्रति-उत्तर देते हुए एवं उन्हें खुश रखते हुए बिताते हैं। क्या यह निर्वाचित प्रतिनिधियों को भ्रष्ट नहीं बनाता है तथा उन्हें जनता के विपरीत वित्त पोषणकर्ताओं के हितों में मतदान नहीं करवाता है? हमें राजनीतिक अभियानों में निजी वित्तपोषण को अस्वीकृत या सीमित कर देना चाहिए। हमें राजनीतिक अभियानों के कॉर्पोरेट वित्तपोषण पर प्रतिबंध लगा देना चाहिए तथा जहाँ तक संभव हो कुल अभियान व्यय पर सीमा लगा देनी चाहिए।[19]

क्या पक्ष समर्थन से सही में फायदा होता है? कुछ अध्ययनों ने यह दिखाने का प्रयास किया है कि अनेक निर्वाचित प्रतिनिधि अभियान योगदानों से बहुत ज्यादा प्रभावित नहीं होते हैं। लेकिन लेस्सिग दिखाते हैं कि निर्वाचित प्रतिनिधि विधान बनने को दूसरे तरीकों, जैसे विशेष विधेयकों को विलंबित कर या बदलाव कर या उसपर मतदान करा कर प्रभावित कर सकते हैं। वह प्रदर्शित करते हैं कि कैसे निर्वाचित प्रतिनिधि योगदानों के लिए आग्रह करने के पूर्व अपने मत को पहले ही सामंजित करते हैं, ताकि योगदान माँगने के परिणामस्वरूप निर्वाचित प्रतिनिधि के मत में परिवर्तन का कोई प्रत्यक्ष प्रमाण न रहे।

अन्य अध्ययन संकेत देते हैं कि पक्ष समर्थन का काँग्रेस के विधेयकों तथा नीति निर्माण पर बहुत ज्यादा प्रभाव है। शोध के निष्कर्षों के पश्चात विश्लेषण ने कॉर्पोरेट राजनीतिक गतिविधि तथा कॉर्पोरेट प्रदर्शन के बीच सकारात्मक सह-संबंध पाया।[20] 2009 के अध्ययन ने पाया कि पक्ष समर्थन से निवेश में काफी लाभ हुआ है, जो कुछ मामलों में 22,000% तक है।[21]

परंतु, हमें अन्य *पक्ष समर्थकों* द्वारा गलत वक्तव्यों तथा गलत सूचनाओं का सामना करने प्रयास करने के साथ-साथ पर्यावरणीय, शैक्षिक तथा स्वास्थ्य देखभाल जैसे हिमायती समूहों का प्रतिनिधित्व वाले 'अच्छे *पक्ष समर्थकों*' के उदाहरणों को स्वीकार करने की आवश्यकता है। उदाहरण के लिए, अमेरिकी मेडिकल एसोसिएशन ने काँग्रेस में तंबाकू के विज्ञापन या अवयस्कों को बेचने के विरुद्ध कानून बनाने के लिए पक्ष समर्थन किया। अधिकतर नागरिक इसे समर्थन का एक अच्छा प्रयास मानेंगे।

'काला धन' तथा चुनावों को खरीदने की संबद्ध समस्या

विधायकों को प्रभावित करने की पक्ष समर्थन की समस्या के अतिरिक्त राजनीतिक चुनावों को खरीदने की समस्या भी मौजूद है। अपने *स्टेट ऑफ यूनियन* भाषण में राष्ट्रपति ओबामा ने कहा 'गुप्त अरबपति तथा बड़े कारोबार का "काला धन" हमारी राजनीति को गटर की ओर खींच रही है।' 'काला धन' राजनीतिक निर्वाचन के परिणाम को प्रभावित करने के लिए खर्च किया गया धन होता है जहाँ दानकर्ताओं का कोई

खुलासा नहीं होता है। क्या दानकर्ता सिर्फ अमीर अमेरिकी हैं या वे विदेशी दाता भी हो सकते हैं जो हमारे चुनावों को प्रभावित रहे हैं? 2006 में सिर्फ $5.2 मिलियन उन संगठनों से आया जिन्होंने दाताओं का खुलासा नहीं किया। 2012 में $300 मिलियन से ज्यादा कर-छूट प्राप्त संगठनों से आया। 2016 चुनाव काले धन के 2012 के स्तर से काफी ऊपर चला जाएगा।

सर्वोच्च न्यायालय के 2010 के *सीटीजन्स यूनाइटेड* निर्णय ने *पीएसीज़* तथा *सुपर पीएसीज़* को स्थापित करवा दिया। *पीएसी* में समाज कल्याण गैर-लाभ संगठनों को दान किया धन होता है। *पीएसी* को यह खुलासा करने की आवश्यकता नहीं होती है कि किसने धन दिया। *पीएसीज़* को 'सिर्फ समाज कल्याण को प्रोत्साहित करने के लिए' ही कार्य करना है। राजनीतिक गतिविधि की अनुमति है लेकिन यह संगठन का 'प्राथमिक' मिशन नहीं होना चाहिए। वर्तमान आईआरएस आयुक्त ने कहा कि समूह राजनीतिक गतिविधि पर राजस्व का 49% तक खर्च कर सकते हैं तथा फिर भी अपने कर छूट को बरकरार रख सकते हैं। अनेक पीएसी राजनीतिक गतिविधि पर 49% से कम जरूर खर्च करते हैं। यहाँ तक कि गैर-राजनीतिक भाग आमतौर पर विज्ञापन जारी करने का स्वरूप धारण करता है, जहाँ किसी प्रत्याशी का उल्लेख नहीं होता है, लेकिन यह बहुत स्पष्ट होता है कि कौन सा प्रत्याशी उस मामले का पक्षधर है। यह खीझ दिलाने वाला है कि कर-छूट प्राप्त संगठन राजानीतिक गतिविधि पर इतना ज्यादा व्यय कर सकते हैं जबकि इन संगठनों का प्राथमिक प्रायोजन सामाजिक कल्याण को बढ़ावा देना है।[22]

सुपर पीएसी पारंपरिक *पीएएसी* के समान हैं जो धन जुटा तथा व्यय कर सकते हैं लेकिन उन्हें अपने दानकर्ताओं के नाम की सूचना देनी होती है। वे कॉर्पोरेशनों, यूनियनों, व्यक्तियों तथा संगठनों से असीमित धन जुटा सकते हैं। वे संघीय चुनावों में चुनावों के पक्ष में या प्रत्याशियों की हार की वकालत टेलीविजन, रेडियो तथा मुद्रित विज्ञापनों तथा अन्य मीडिया में विज्ञापन खरीद कर कर सकते हैं। रूढ़िवादी तथा उदारवादी, दोनों सुपर *पीएसीयाँ* हैं।

पक्ष समर्थन की समस्या के लिए प्रस्तावित हल

स्पष्ट रूप से सरकारों को *पक्ष समर्थकों* के प्रभाव को नियंत्रित करने के लिए कानून पारित करना चाहिए। *पक्ष समर्थकों* की गतिविधियों की अवश्य सूचना दी जानी चाहिए तथा खुल्लमखुल्ला रिश्वतखोरी से मुक्त होनी चाहिए। पक्ष समर्थन व्यापक नियमों का विषय है, जिनका यदि अनुपालन न किया जाए, तो कारावास सहित जुर्माना हो सकता है। फिर भी पक्ष समर्थन की गतिविधि वैध है तथा न्यायालय के निर्णयों द्वारा अभिव्यक्ति की स्वतंत्रता के रूप में इसकी व्याख्या की है एवं संयुक्त राज्य के संविधान के द्वारा संरक्षित है। पक्ष समर्थन को सीमित करने के लिए प्रस्तावित हल निम्नानुसार हैं:

1. एक *उपशमन अवधि* जो काँग्रेस के कर्मियों एवं पक्ष समर्थन के क्षेत्र में प्रवेश की इच्छा रखने वाले किसी अन्य व्यक्ति को *पक्ष समर्थक* बनने से पहले एक या ज्यादा वर्ष के लिए इंतजार करने के लिए हो।
2. *पक्ष समर्थकों* के पंजीकरण को आवश्यक करना। उन्हें संपर्कों तथा व्ययों की सूचना देना आवश्यक करना। सूचना देना कि वे किन कारोबारों तथा संगठनों के लिए, कैसे, किसके साथ और कितने में लॉबी करते हैं, आवश्यक कर देना।

3. निजी उपहारों पर प्रतिबंध लगाना।
4. अभियान योगदानों पर सीमाएँ लगाना।
5. राजनीतिक दल के प्रत्याशियों पर सिर्फ छोटे (अधिकतम $100) योगदानों को लेने के लिए स्वेच्छा से आवश्यक करना।
6. संघीय करदाताओं को विशिष्ट काँग्रेस प्रत्याशियों को विशेष धनराशि निर्धारित कर देने की अनुमति देना।

भ्रष्टाचार का प्रभाव

किसी नागरिक-उन्मुख राजनीतिक प्रणाली में यह नियम होना चाहिए कि निर्वाचित प्रतिनिधि सार्वजनिक हित का प्रतिनिधित्व करने के लिए सम्मानपूर्वक बाध्य हैं। निर्वाचित प्रतिनिधि के द्वारा अपनी शक्ति का उपयोग मित्रों, परिवार या अन्य परिचितों के विशेष हित के लिए नहीं करना है, जब यह सार्वजनिक हित में नहीं हो। निर्वाचित प्रतिनिधि कॉर्पोरेशनों, यूनियनों तथा अन्य संगठनों की आवश्यकताओं तथा अपीलों को सुन सकते हैं लेकिन जब मत की बात हो तो उन्हें उनकी 'जेबों' में नहीं होना चाहिए। दुर्भाग्यवश काँग्रेस के अनेक सदस्य विशेष समूहों जैसे बंदूक लॉबी, सिगरेट लॉबी, तेल लॉबी, दवा लॉबी एवं अन्य हित समूहों की 'जेबों' में स्पष्ट रूप से है। निर्वाचित प्रतिनिधि विशिष्ट समूहों का पक्ष ले सकते हैं लेकिन उन्हें कैसे मतदान करना है यह निर्णय करने के लिए धन या लाभ को अवश्यतः नहीं स्वीकार करना चाहिए।

सीआरईडब्ल्यू (सिटिज़न्स फॉर रिस्पॉन्सबिलिटी एंड एथिक्स इन वशिंगटन) के नाम से ज्ञात एक सम्मानित तथा स्वतंत्र समूह, भ्रष्ट माध्यमों से प्रेरित सार्वजनिक प्रतिनिधियों के किसी मतदान व्यवहार की पहचान करने में सक्रिय है। 2013 में *सीआरईडब्ल्यू* ने 13 सभा प्रतिनिधियों (नौ रिपब्लिकन तथा चार डेमोक्रैट) को काँग्रेस के सबसे भ्रष्ट सदस्यों के रूप में सूचीबद्ध किया।

अमेरिकी इतिहास में विशिष्ट काँग्रेस सदस्यों, गवर्नरों, तथा मेयरों एवं राज्यों तथा नगरों में विभिन्न विधायकों के ऊपर नियमित रूप से राजनीतिक भ्रष्टाचार के आरोप लगते रहे हैं। इलेनॉइस के अंतिम सात गवर्नरों में से चार रैकेट चलाने, रिश्वतखोरी या बैंक धोखाधड़ी के आरोपों में अंततः जेल चले गए।

हालाँकि मेरा अनुमान है कि हमारे सार्वजनिक प्रतिनिधियों में से 99% से ज्यादा कानून का पालन करने तथा ध्यान रखने वाले हैं। प्रोफेसर स्टीफन मेडिविक कहते हैं कि, अमेरिकी न्याय विभाग हर वर्ष 900 सार्वजनिक अधिकारियों को सजा देता है। और उसमें से एक अंश ही निर्वाचित अधिकारी हैं। यह अमेरिका में 500,000 से ज्यादा निर्वाचित प्रतिनिधियों का एक बहुत छोटा अंश है।[23]

2007 में सीनेट ने *2007 ऑनेस्ट लीडरशिप एंड ओपेन गवर्नमेंट एक्ट* को पारित कर सीनेटरों तथा उनके कर्मियों को 'जारी' नैतिक प्रशिक्षण लेना आवश्यक कर दिया। इसमें भ्रष्टाचार को नियंत्रित करने के उद्देश्य से नियम परिवर्तनों की एक लंबी सूची थी। कुछ काँग्रेस सदस्य पूरी तरह से नहीं समझते हैं कि कौन से कार्य भ्रष्टाचार होते हैं तथा नैतिकता पर वार्षिक प्रशिक्षण आवश्यकता है।[24]

काँग्रेस के नए सदस्य अपना कार्यकाल शुरू करने से पूर्व कानून के कार्य एवं उनकी जिम्मेदारियाँ तथा पद पर बने रहने के दौरान आने वाले प्रलोभनों बचने के तरीकों पर लंबे भाषण सुनते हैं।

निर्वाचित प्रतिनिधियों के विरुद्ध आरोपों को वर्णित करते मामले

टेक्सस के एक पूर्व कांग्रेसी, **टॉम डीले** ने 1984 से 2006 तक टेक्सस के 22वें काँग्रेस जिले से सेवा दी। उन्होंने 2003 से 2005 तक सभा के बहुमत नेता के रूप में सेवा दी। उनका उपनाम हैमर था और वे *समझौता* करवाने (डील मेकिंग) तथा *क्षेत्रीय हितों के लिए सार्वजनिक धन के व्यय (पोर्क-बैरलिंग)* के लिए जाने जाते थे। 2005 में डीले पर विभिन्न राजनीतिक प्रत्याशियों पर कॉर्पोरेट धन के द्वारा टेक्सस के चुनावों को प्रभावित करने का प्रयास करने का आरोप लगा। मध्य-अगस्त 2010 में न्याय विभाग ने डीले की छः वर्ष की जाँच समाप्त की। अभियोजकों ने निष्कर्ष निकाला कि डीले द्वारा व्यय की गई धनराशि ने टेक्सस के सदन के नियंत्रण को जीतने में मदद की। फिर रिपब्लिकन बहुमत ने कांग्रेस के पुनर्जिलाकरण योजना को आगे बढ़ाया जिसने काँग्रेस में ज्यादा रिपब्लिकनों को भेजा। न्याय विभाग मानचित्रों की बनावट को चुनौती देने वाले मुकदमों से जुड़ा, यह दावा करते हुए कि इसने कुछ जिलों से अल्पसंख्यक समुदायों को अन्यायसंगत रूप से बाहर रखने के लिए बनाया गया है। 2006 में धन आशोधन तथा अभियान वित्तपोषण संबंधित अन्य आरोपों में इंगित किए जाने पर टॉम डीले ने काँग्रेस से इस्तीफा दे दिया। उन्हें तीन वर्ष की कारावास हुई, लेकिन अपील पर निर्णय का इंतजार करते हुए स्वतंत्र रहे। डीले ने कहा कि उन्होंने 1995 में सभा नैतिकता समिति के साथ अपने पहले मामले में विधिक शुल्क पर $112 मिलियन से ज्यादा जुटाए तथा व्यय किए। फिर भी 2013 में टेक्सस की एक अपील न्यायालय ने उनकी सजा को पलट दिया तथा आरोपों को खत्म कर दिया।

न्यू जर्सी से तीन अवधि के अमेरिकी डेमोक्रैट **सीनेटर बॉब मेन्डेज** ने सीनेट की विदेशी मामलों की समिति की अध्यक्षता की। उन पर अपने नजदीकी मित्र नेत्र-विशेषज्ञ, सॉलोमन मेल्गन की मदद करने के लिए संघीय अधिकारियों के साथ हस्तक्षेप करने के लिए जाँच प्रारंभ हुई। डॉ. मेल्गन, उनके परिवार, तथा उनकी कंपनी ने सीनेटर मेन्डेज तथा उनका समर्थन कर रही समितियों को लाखों डॉलर का दान किया। सीनेटर मेन्डेज ने मेल्गन की सहायता का प्रयास किया जिन पर अपने मेडिकेयर बिलिंग को बढ़ाने तथा एक डोमिशियन रिपब्लिक बंदरगाह सुरक्षा ठेके के संबंध में आरोप लगे थे। सीनेटर मेन्डेज ने डॉ. मेल्गन के जेट में डोमिशियन रिपब्लिक की दो निजी यात्राएँ की। वे उनका उपहार के रूप में खुलासा करने में असफल रहे। यह मामला क्या बतलाता है कि कैसे एक निर्वाचित प्रतिनिधि अपने निर्वाचन अभियान के लिए बड़े दाताओं के हितों की रक्षा करने के लिए कितना कृतज्ञ हो सकते हैं।[25]

निष्कर्ष

स्पष्ट रूप से, अमेरिकी विधान सदन कानूनों पर बहस करने तथा पारित करने में काफी अप्रभावी है। काँग्रेस अक्सर कई वर्षों तक अमेरिकी प्रणाली के द्वारा सामना की जा रही दीर्घ-कालीन समस्याओं, जैसे कि, अप्रवासन, स्वास्थ्य सुधार, *आधारभूत संरचना की अधोमुखी प्रवृत्ति*, पर्यावरण संरक्षण, एवं अन्य समस्याओं पर विचार नहीं करती है।

काँग्रेस में निम्नांकित सुधार अमेरिकी मतदाताओं के लिए हितपूर्ण रहेंगे:

- एक मुख्य विधेयक के लिए अन्य दल को कुछ ऐसे के लिए मतदान करने के लिए बाध्य करने, जिसे वे नहीं चाहते हैं, हेतु अप्रासंगिक उपायों से चिपके रहने से बचाव।

- *गतिरोध* तथा सरकार की बंदी में कमी।
- उनका खुलासा करने के संबंध में जो पूरा धन दे रहे हैं? हम एक विधेयक लाएँ जो सभी राजनीतिक धन के स्रोत को पारदर्शी बनाए ताकि हम विदेशी धन आदि से प्रभावित नहीं हो रहे हों।
- *सिटीजंस यूनाइटेड* रद्द हो ताकि चुनावों में जा रही धन राशि कम हो जाए।
- काँग्रेस ने अभी तक हमारी मापन प्रणाली को एक ज्यादा व्यापक रूप से उपयोग की जा रही मिट्रिक प्रणाली में परिवर्तित करने के लिए कार्य नहीं किया है।
- काँग्रेस 'विपरीत घटनाओं' की समस्या का सामना नहीं कर रही है जहाँ अमेरिकी कंपनियाँ विदेशी कंपनियों में परिवर्तित हो रही हैं।
- काँग्रेस ट्रिलियन डॉलरों पर कार्य नहीं कर रही है जो अमेरिकी कंपनियाँ ऊँची कॉर्पोरेट कर के कारण अमेरिका में वापस नहीं ला रही हैं। कॉर्पोरेट कर दरों को कम करने के संबंध में कैसा रहे ताकि धन देश में वापस आना शुरू हो सके?
- काँग्रेस वाशिंगटन डीसी में बहुत कुछ नहीं कर सकती है। काँग्रेस के सदस्य वाशिंगटन में सोमवार से बुधवार तक होते हैं और बाकी सप्ताह में अपने घर लौट जाते हैं। वाशिंगटन में तीन हफ्ते बिताना तथा तीन हफ्ते वापस घर में बिताना बेहतर होगा।

टिप्पणियाँ

1. C. Hulse, 'Seeking to End Gerrymandering's Enduring Legacy', New York Times, January 26, 2016.
2. N. Madigan, 'Florida Court Finds Politics Determined District Lines', New York Times, July 9, 2015.
3. P. Krugman, 'Republicans Against Retirement', New York Times, August 17, 2015.
4. For more details, see M. Welsh, 'An Overview of the Development of U.S. Congressional Committees', Law Library Lights, 47, 3 & 4, Spring and Summer (2004). Law Librarians' Society of Washington, D.C. Inc. (www.llsdc.org/), July 2008.
5. A. Mitchell, 'With Ceremony, Clinton Signs Line-Item Veto Measure', New York Times, April 10, 1996.
6. M. Short and A. Koenig, 'Giving Billions to the Rich', New York Times, November 23, 2015.
7. See: http://en.wikipedia.org/wiki/United_States_federal_government_shutdown_ of_2013 (accessed 03.03.16).
8. Editorial, 'A Shortage of Funds for Food Safety', New York Times, April 9, 2015.
9. R. Cox, 'GOP blocks Warren's student loan bill', New York Times, September 16, 2014.
10. Schumpeter, 'The Washington Wishing-Well: The Unstoppable Rise in Lobbying by American Business is Bad for Business Itself', The Economist, June 13, 2015.
11. Mark Mizruchi, The Fracturing of the American Corporate Elite (Harvard College, Cambridge, MA, 2013).

12. G. Easterbrook, 'Our Navy is Big Enough', New York Times, March 9, 2015. Also see: 'With $8.5 trillion unaccounted for, why should Congress increase the defense budget': www.thefiscaltimes.com/2015/03/19/85.
13. खुलासे पर पढ़ने लायक एक अच्छी पुस्तक है C. Lewis, The Buying of the Congress (Avon Books, London, 1998). यह भी देखें: J. Nichols and R. W. McChesney, Dollarocracy: How the Money and Media Election Complex is Destroying America (Nation Books, New York, 2013). यह भी देखें: M. Salter, 'Sugar-Coated Capitalism is No Free Market', Forbes, November 16, 2015.
14. B. Allison and S. Harkins, 'Fixed Fortunes: Biggest Corporate Political Interests Spend Billions, get Trillions', Sunlight Foundation, November 17, 2014.
15. L. Drutman, The Business of America is Lobbying (Oxford University Press, Oxford, 2015).
16. F. Fukuyama, 'The Decay of the American Political Institutions', The American Interest, December 8, 2013.
17. R. D. Wolff, 'How the Rich Soaked the Rest of Us', Guardian, March 1, 2011. Also see Wolff's Democracy at Work: A Cure for Capitalism (Haymarket Books, Chicago, IL, 2012).
18. L. Lessig, Republic Lost: How Money Corrupts Congress – and a Plan to Stop It (Hachette, New York, 2011).
19. Z. Teachout, 'Legalized Bribery', New York Times, January 26, 2015.
20. See: http://en.wikipedia.org/wiki/lobbying#cite_note-twsNovZ111-22 (accessed 03.03.16).
21. See: http://en.wikipedia.org/wiki/lobbying#cite_note-23 (accessed 03.03.16).
22. Editorial, 'The I.R.S. Gives Up on "Dark Money"', New York Times, July 25, 2015.
23. S. Medvic, 'There is Very Little Corruption in U.S. Politics', New York Times, April 3, 2013. Medvic is the author of In Defense of Politicians: The Expectations Trap and Its Threat to Democracy (Routledge, New York, 2013).
24. D. N. Cicilline and S. Rigell, 'Teach Congress a Lesson', New York Times, January 2, 2015.
25. Editorial, 'Step Down, Senator Robert Menendez', New York Times, April 2, 2015.

अध्याय-4

कार्यपालिका शाखा में सुधार—क्या राष्ट्रपति अति शक्तिशाली हैं?

'किसी व्यक्ति का आकलन तब किया जा सकता है, जब सत्ता उसके हाथों में हो।'
पिट्टाकस

जितनी काँग्रेस नापसंद की जाती है, पदासीन राष्ट्रपति भी अक्सर अबाधित दुर्वचनों तथा घृणा का लक्ष्य रहता है, विशेषकर जितना ज्यादा वह सुधारी गई योजनओं पर जोर देने में प्रभावी होता या होती है। अमेरिका के महानतम राष्ट्रपति–लिंकन, टेडी रूज़वेल्ट, तथा फ्रैंकलिन रूज़वेल्ट को विशाल तथा धनी समूहों के तिरस्कार का सामना पड़ा। आज अनेक आलोचक राष्ट्रपति पर घृणा की बौछार कर देते हैं। रूढ़िवादी पत्रकार जॉर्ज विल आरोप लगाते हैं कि राष्ट्रपति ओबामा 'संविधान के द्वारा सत्ता के विभाजन से बचने तथा विद्यमान कानूनों को फिर से लिखने के लिए कार्यकारी तानाशाही' का उपयोग करते हैं।

एक अन्य रूढ़िवादी पत्रकार चार्ल्स क्रौथमर दावा करते हैं कि 'ओबामा जैसे दूरदर्शी विचारक सामान्य संवैधानिक आलोचना से बंध कर नहीं रह सकते हैं'। लोकप्रिय गायक टेड न्यूजेंट ने राष्ट्रपति ओबामा को एक 'अमानवीय दोगला' कहा।[1]

2014 में जॉन हॉकिंस ने अपने अनुसार ओबामा के भ्रष्टाचार, बेइमानी तथा अक्षमता के 50 उदाहरणों को सूचीबद्ध किया। पूर्व न्यूयार्क मेयर रूडी गिउलियानी ने अपने वक्तव्य से तूफान ला दिया: 'मैं जानता हूँ कि यह कहना अत्यंत अरुचिकर है, परंतु मैं यह विश्वास नहीं करता हूँ कि राष्ट्रपति अमेरिका से प्रेम करते हैं... मेरे और आप लोगों की तरह उनका लालन-पालन देशप्रेम की भावना के साथ नहीं किया गया है।' ओबामा के निर्वाचित होने पर सीनेट के अल्पमत नेता मिच मैककॉनेल ने यह वक्तव्य दिया: 'हमारा सर्वप्रथम लक्ष्य बराक ओबामा को एक ही अवधि के लिए राष्ट्रपति बनाना है।'

राष्ट्रपति ओबामा पर हमले बहुत ज्यादा पक्षपाती हैं। इन सबके बावजूद, आलेखों की एक बढ़ती संख्या यह कहती हुई प्रकाशित हुई है कि ओबामा को हमारे इतिहास के सबसे शक्तिशाली राष्ट्रपतियों में से एक रूप में याद किया जाएगा। अनेक आलेख पहले ही उनके राष्ट्रपति कार्यकाल के 50 शीर्ष उपलब्धियों की सूची बना चुके हैं।[2]

हमारे अनेक राष्ट्रपतियों के प्रति यह घृणापूर्ण व्यवहार लंबी-अवधि के संघर्ष को आरेखित करता है, जो काँग्रेस तथा राष्ट्रपति के बीच के संबंध को चिह्नित करती है। काँग्रेस में बहुमत दल एक कमजोर राष्ट्रपति को प्राथमिकता देता है जो उनके द्वारा पारित किए विधानों से नहीं उलझता है और नए कानूनों के लिए बहुत ज्यादा जोर नहीं देता है। वे राष्ट्रपति का काम मुख्यतः काँग्रेस की नीतियों को लागू कराना मानते हैं। परंतु, तथ्य यह है कि बहुत सारे निर्णय सिर्फ काँग्रेस की नीतियों को लागू करने में लिए गए हैं।

इस कार्य में मदद करने के लिए एक विशाल नौकरशाही राष्ट्रपति को रिपोर्ट करती है। हजारों विभाग, कार्यालय, आयोग तथा समितियों पर इन नीतियों के अनुपालन की जिम्मेदारी है। बहुत से नियमन हैं तथा राष्ट्रपति को तय करना है कि विशेष नियमनों के लिए कितना बजट दिया जाना चाहिए तथा कितनी शक्ति के साथ उन्हें लागू किया जाना चाहिए। काँग्रेस अक्सर नियमनों को आराम से लागू करना चाहती है, लेकिन कुछ राष्ट्रपति नियमन को उसकी आत्मा के साथ के साथ लागू करने का इरादा रखते हैं।

संविधान के तहत राष्ट्रपति की शक्तियाँ तथा उत्तरदायित्व

अमेरिकी राष्ट्रपति की शक्तियाँ एवं उत्तरदायित्व अमेरिकी संविधान के अनुच्छेद II में वर्णित हैं:

- अनुच्छेद II का अनुभाग 1: योग्यता। इसमें पद के लिए योग्यताएँ, वेतन निर्धारण, रिक्ति का प्रबंधन तथा अयोग्यता प्रश्न तथा पद के लिए शपथ लिए जाने से संबंधित वक्तव्य हैं।
- अनुच्छेद II का अनुभाग 2: राष्ट्रपति की शक्तियाँ। इसमें सेना का नेतृत्व, कैबिनेट सचिवों के विचारों पर विमर्श, माफी प्रदान करने की शक्ति, नियुक्ति करना तथा संधियों को संभालना शामिल है।
- अनुच्छेद II का अनुभाग 3: राष्ट्रपति के उत्तरदायित्व। इसमें संघ के राज्यों को सूचित करना, काँग्रेस को अनुशंसाएँ करना, काँग्रेस का असाधारण सत्र बुलाना, काँग्रेस को स्थगित करना, विदेशी प्रतिनिधियों का स्वागत करना, तथा कानून के न्यायसंगत अनुपालन पर ध्यान रखना शामिल है।
- अनुच्छेद II का अनुभाग 4: महाभियोग। इसमें महाभियोग की परिस्थितियों का वर्णन है।

यहाँ पर हम अनुच्छेद II के चारों अनुभागों का वर्णन करेंगे।

अनुच्छेद II का अनुभाग 1: योग्यता

अमेरिका के राष्ट्रपति का जन्म उन दोनों अभिभावकों से अवश्यतः होना चाहिए जो अमेरिकी नागरिक हो। सर्वाधिक विवादग्रस्त मामला बराक ओबामा के संबंध में हुआ कि क्या उनके माता-पिता अमेरिका के प्राकृतिक रूप से जन्मे नागरिक थे तथा क्या वे राष्ट्रपति बनने के योग्य हैं। अनेक षड्यंत्रकारी सिद्धांतों का जन्म हुआ कि क्या उनका जन्म प्रमाणपत्र एक धोखाधड़ी है तथा क्या वे वास्तव में केन्या में जन्मे थे या कि वे इंडोनेशिया के नागरिक बन गए थे। हालांकि अप्रैल 2011 में हवाई स्वास्थ्य विभाग ने ओबामा के जन्म के मूल प्रमाणपत्र तथा जन्म की उद्घोषणा वाले दो समाचार पत्रों की प्रतिलिपियाँ जारी की। इस प्रमाण के बावजूद, षड्यंत्रकारी सिद्धांतकार अभी भी अस्तित्व में हैं। मई 2011 के गैलप सर्वेक्षण ने पाया कि अमेरिकी वयस्कों में से 13% (रिपब्लिकनों में से 23%) ने शंका करना जारी रखा।

एक ज्यादा हाल का मामला इस पर केंद्रित है कि क्या राष्ट्रपति पद के उम्मीदवार टेड क्रूज अमेरिका के 'प्राकृतिक रूप से जन्मे' नागरिक हैं। वे कनाडा में जन्मे थे। सिर्फ उनकी माँ एक अमेरिकी हैं। इस मामले का अभी भी अवश्यतः निर्णय किया जाना है।

अनुभाग 1 राष्ट्रपति के वेतन निर्धारण पर भी चर्चा करता है। हाल ही के समय तक, अमेरिका के राष्ट्रपति को प्रतिवर्ष $200,000 वेतन प्राप्त होता था। जब जॉर्ज डबल्यू बुश राष्ट्रपति बने, तब इसे $400,000 तक बढ़ा दिया गया। इसके अतिरिक्त राष्ट्रपति गैर-कर योग्य व्यय हेतु $50,000 प्राप्त करता है। पद से सेवानिवृत होने के पश्चात पूर्व राष्ट्रपति पेंशन, *सीक्रेट सर्विस* सुरक्षा तथा कर्मचारियों, यात्रा, पत्र–व्यवहार एवं कार्यालय-व्यय प्राप्त करता है। उनकी पेंशन कैबिनेट के सदस्यों के वर्तमान वेतन के साथ बदलती है, जो मार्च, 2008 को $191,3000 थी।

कई पूर्व-राष्ट्रपति वक्ता के रूप में आमंत्रण स्वीकार कर धनार्जन जारी रखते हैं। बिल क्लिंटन एक भाषण के लिए $200,000 तक लेंगे। आय का एक और बड़ा स्रोत पुस्तकों का प्रकाशन है: बिल तथा हिलेरी क्लिंटन ने अलग-अलग *बेस्टसेलर* पुस्तकों का प्रकाशन किया। हम कल्पना कर सकते हैं कि पूर्व-राष्ट्रपतियों के पास कई कंपनियों के समर्थक के रूप में कार्य करते हुए ज्यादा पैसा कमाने का मौका होता है। हालांकि राष्ट्रपति का वेतन सीईओ की तुलना में कम है, इसकी पूर्ति बाद में राष्ट्रपति पद उपरांत सक्रिय जीवन के द्वारा हो जाती है। जिम्मी कार्टर तथा बिल क्लिंटन दुनिया भर में विभिन्न अच्छे कारणों का समर्थन करने के लिए अपने विचारों तथा व्यक्तित्व का उपयोग कर एक विचारशील अमेरिकी के रूप में कार्यरत हैं।

राष्ट्रपति के बीमार होने या अक्षमता के मामले में, संविधान बहुत स्पष्ट नहीं है। निर्माताओं ने महसूस किया कि उन्होंने इस समस्या को यदि आवश्यक हो तो राष्ट्रपति को प्रतिस्थापित करने के लिए उप-राष्ट्रपति का प्रावधान कर, सुलझा दिया है। आठ राष्ट्रपतियों- हैरिसन, टेलर, लिंकन, गारफील्ड, मैककिनले, हार्डिंग, रूज़वेल्ट, तथा केनेडी- का पद पर निधन हुआ तथा उन्हें तत्काल उपराष्ट्रपति के द्वारा प्रतिस्थापित कर दिया गया। इस कारण से राष्ट्रपतियों के द्वारा अपने सहयोगी के रूप में एक बहुत योग्य उपराष्ट्रपति के चुनाव पर बल दिया जाना चाहिए। यदि जॉन मैककैन, बराक ओबामा के विरुद्ध 2008 में राष्ट्रपति पद का चुनाव जीत गए होते तथा उनका पद पर निधन हो गया होता, तो अधिकतर अमेरिकियों को संत्रास देते हुए सारा पॉलिन पदभार ग्रहण करतीं।

एक ज्यादा दिलचस्प प्रश्न यह है कि यदि राष्ट्रपति अपनी मानसिक या शारीरिक क्षमता को खोता प्रतीत हो, तो क्या किया जाना चाहिए। राष्ट्रपति गारफील्ड हत्यारे के द्वारा गोली मारे जाने पर 11 हफ्तों तक बिस्तर पर थे, कोई काम नहीं कर सकते थे, तथा सरकार बिना किसी नेता के थी। यह भी हुआ जब राष्ट्रपति मैककिनले को उनके दूसरे अवधि के प्रारंभ में गोली मारी गई थी तथा आठ दिन के बाद उनकी मृत्यु हो गई। राष्ट्रपति केनेडी ने बाद में इन दुर्घटनाओं को गंभीरता से लिया तथा काँग्रेस को इन मामलों को संभालने के लिए स्पष्ट प्रक्रियाओं को विकसित करने को कहा, जिसके परिणामस्वरूप 25 वां संशोधन पारित हुआ।

25वां संशोधन इससे संबंधित है कि राष्ट्रपति की अक्षमता पर या राष्ट्रपति पद के साथ क्या किया जाना चाहिए यदि राष्ट्रपति अपने पद के दायित्व को नहीं संभाल सकता है। विषम परिस्थितियों में यदि राष्ट्रपति स्मृतिभ्रंश का शिकार हो जाए और आसपास की गतिविधियों के प्रति संवेदनाशून्य हो जाए, तो उसे उपराष्ट्रपति के

द्वारा प्रतिस्थापित किया जाना होगा। लेकिन क्या हो यदि उसकी मानसिक या शारीरिक शक्तियाँ क्रमशः कम होती जा रही होती हैं? रोनाल्ड रीगन कैबिनेट बैठकों के दौरान सो जाने के लिए ज्ञात थे तथा स्मृतिभ्रंश के भी चिन्ह थे जिन्हें संभवतः आम जनता से छिपाया गया था।[3] फ्रैंकलिन रूज़वेल्ट राष्ट्रपति पद पर चौथी अवधि के दौरान स्पष्ट रूप से अपनी मानसिक तथा शारीरिक ऊर्जा खो रहे थे। चूंकि ज्यादातर राष्ट्रपति वृद्धावस्था में चुने जाते हैं, जिनकी शारीरिक क्षमता सत्तर या अस्सी वर्ष की आयु में क्षीण हो जाती है। यह नागरिकों को युवा उम्मीदवारों का पक्ष लेने की ओर प्रवृत्त कर सकती है। नागरिकों ने बर्नी सैंडर्स के संभावित निर्वाचन के संबंध में चिंता प्रकट की, जो 74 वर्ष की आयु में राष्ट्रपति पद के लिए खड़े थे।

25 वाँ संशोधन कहता है यदि राष्ट्रपति अपनी सत्ता को संभालने तथा पद के उत्तरदायित्वों के निर्वाहन में स्वयं को अक्षम पाता है, तो उसे इसके संबंध में सीनेट के *अस्थायी* राष्ट्रपति तथा प्रतिनिधि सभा के अध्यक्ष को एक लिखित उद्घोषणा भेजने की आवश्यकता है। ऐसे समय में उपराष्ट्रपति को कार्यकारी राष्ट्रपति नियुक्त किया जाएगा। लेकिन बाद में यदि राष्ट्रपति अपने पद की शक्तियाँ एवं उत्तरदायित्वों को संभालने के लिए एक लिखित उद्घोषणा प्रेषित करता है, तो वह राष्ट्रपति के रूप में पद पर वापस आ जाएगा यदि उपराष्ट्रपति तथा कार्यकारी विभाग के प्रमुख अधिकारियों का बहुमत यह निर्णय न करे कि उन्हें राष्ट्रपति का उत्तरदायित्व फिर से नहीं संभालना चाहिए तथा काँग्रेस की बैठक आयोजित होती है तथा दोनों सदनों में दो-तिहाई मतदान से निर्णय नहीं करती है कि राष्ट्रपति पद की शक्तियों तथा उत्तरदायित्वों को निभाने के लिए अक्षम है। उपराष्ट्रपति कार्यकारी राष्ट्रपति के रूप में कार्य करता रहेगा।

अनुच्छेद II का अनुभाग 2: राष्ट्रपति की शक्तियाँ

संविधान स्पष्ट करता है कि सैनिक मामलों में राष्ट्रपति सर्वोच्च कमांडर है। सैन्य शाखाओं के सभी प्रमुख राष्ट्रपति को रिपोर्ट करते हैं। लेकिन राष्ट्रपति युद्ध की घोषणा नहीं कर सकता है। अमेरिकी संविधान के अनुच्छेद I का अनुभाग 8, कथन 11 के अनुसार सिर्फ काँग्रेस युद्ध की घोषणा कर सकती है। द *वार पॉवर्स एक्ट, 1973* के तहत काँग्रेस के द्वारा युद्ध की औपचारिक घोषणा के बिना राष्ट्रपति को 60 दिनों तक सैन्य बल के उपयोग की अनुमति दी सकती है। यह अधिनियम राष्ट्रपति के औपचारिक अनुरोध पर काँग्रेस की सहमति पर विचार किए बिना 30 अतिरिक्त दिनों तक सैन्य बल के उपयोग की अनुमति दी सकती है। लेकिन औपचारिक रूप से युद्ध की घोषणा काँग्रेस पर निर्भर है। फिर भी राष्ट्रपति सेना भेज सकता है। विगत 2002 में काँग्रेस ने '*काँग्रेसनल ऑथरॉइजेशन टू यूज फोर्स इन इराक*' संकल्प पारित किया, जिसे युद्ध की घोषणा के रूप में विश्लेषित किया जा सकता है, हालांकि इसने उन स्पष्ट शब्दों का उपयोग नहीं किया। अमेरिका ने विदेशी राष्ट्रों के विरुद्ध पाँच विभिन्न अवसरों पर औपचारिक रूप से युद्ध की घोषणा की है, और हर बार अमेरिकी राष्ट्रपति के पूर्व आग्रह पर ऐसा किया गया है।

राष्ट्रपति विभाग प्रमुखों तथा अन्य अधिकारियों वाले सलाहकारों के कैबिनेट का भी संचालन करता है। राष्ट्रपति विभाग प्रमुखों को सामान्यतः अपने दल से नियुक्त करता है। कुछ अन्य राष्ट्रपतियों में लिंकन तथा ओबामा ने कुछ विशेष विभाग प्रमुखों को दूसरे दल से अवश्य चुना। राष्ट्रपति सरकारी विभागों के प्रमुखों के नामांकन के लिए उत्तरदायी होता है, जिसका अनुमोदन सीनेट के द्वारा अवश्य किया जाना चाहिए।

राष्ट्रपति संघीय न्यायालयों तथा अमेरिका के सर्वोच्च न्यायालय के न्यायाधीशों को नामांकित करता है। संविधान राष्ट्रपति को काँग्रेस की अनुमति के बिना ही संघीय अपराधों के लिए क्षमादान की लगभग असीमित शक्ति देता है।

सर्वोच्च न्यायालय तथा काँग्रेस, दोनों राष्ट्रपति के द्वारा अपनी शक्तियों के अतिक्रमण के किसी भी प्रयास पर ध्यानपूर्वक नजर रखते हैं। जून 2014 में काँग्रेस ने निर्णय दिया कि काँग्रेस अवकाश के दौरान राष्ट्रीय श्रम संबंध बोर्ड (एनएलआरबी) की तीन उच्च-स्तरीय नियुक्तियों में ओबामा ने अपनी शक्तियों का अतिक्रमण कर दिया। काँग्रेस ने नियमित अवकाश लेते हुए राष्ट्रपति को नियुक्तियों करने की अनुमति दी, विशेषकर इस पर विचार करते हुए कि नियमित काँग्रेस सत्रों दौरान अक्सर राष्ट्रपति को नियुक्ति करने से रोक दिया जाता है। रिपब्लिकनों ने कहा कि कुछ रिपब्लिकन काँग्रेस सदस्य आधिकारिक कार्य कर रहे थे, अतएव यह सत्य नहीं था कि काँग्रेस पूर्ण अवकाश में थी।

अनुच्छेद II का अनुभाग 3: राष्ट्रपति के उत्तरदायित्व

अपने कार्य को करने के लिए राष्ट्रपति कार्यकारी आदेशों को जारी कर सकता है, जो विधिसम्मत होते हैं लेकिन काँग्रेस से अनुमोदन की आवश्यकता नहीं होती है। उससे काँग्रेस के संयुक्त सत्र में *संघीय राज्यों* को संबोधित किए जाने की आशा की जाती है। वह काँग्रेस के विशेष सत्रों को बुला सकता है। वह काँग्रेस द्वारा पारित विधानों पर वीटो लगा सकता है। लेकिन यह वीटो सीमित है। यह आंशिक वीटो नहीं है, अर्थात कि वह किसी विधान के विशिष्ट हिस्सों पर वीटो नहीं लगा सकता है तथा इसे काँग्रेस के दो-तिहाई मतों द्वारा रद्द किया जा सकता है।

राष्ट्रपति राजदूतों का भी स्वागत करता है तथा अन्य देशों के नेताओं के साथ कार्य करता है। उसे सीनेट की अनुमति के साथ संधि करने की शक्ति होती है। अमेरिका 20 देशों के साथ 14 मुक्त व्यापार समझौतों (*एफटीए*) में भागीदारी करता है। 2015 में राष्ट्रपति ओबामा एशियाई देशों के साथ अंतः-प्रशांत संबंध (*टीपीपी*) नामक एक बड़े कारोबार समझौते पर कार्य करने में व्यस्त थे। सीनेट के सदस्यों और अन्य लोगों ने शिकायत की कि प्रस्तावित संधि के शर्तों को उनके या नागरिकों के समक्ष पर्याप्त रूप से स्पष्ट हुए बिना ओबामा आगे बढ़ रहे हैं। संधि की रूपरेखा को तैयार होने के दौरान ओबामा स्पष्ट रूप से उसके प्रत्येक प्रावधान पर लगातार बहस नहीं चाहते थे। उन्होंने बहस को विलंबित करने को प्राथमिकता दी जब तक पूरी संधि के प्रस्ताव सीनेट की बहस तथा अनुमोदन के लिए तैयार नहीं हुए थे।

अनुच्छेद II का अनुभाग 3: महाभियोग

अमेरिकी संविधान के अनुच्छेद II का अनुभाग 3 कहता है कि 'राष्ट्रपति, उपराष्ट्रपति तथा संयुक्त राज्य के अन्य असैनिक अधिकारियों को देशद्रोह, रिश्वतखोरी या अन्य बड़े अपराधों तथा अप-कर्मों पर महाभियोग से हटाया जाएगा। प्रतिनिधि सभा के पास महाभियोग की एकमात्र शक्ति है। राष्ट्रपति पर महाभियोग

पारित करने के लिए सभा के बहुमत को इसके पक्ष में मतदान करना चाहिए। अमेरिकी सीनेट में सभी महाभियोग चलाने तथा सजा के लिए दो तिहाई सदस्यों को अवश्य मतदान करना चाहिए। सीनेट के द्वारा सजा निर्धारित होने पर महाभियोग पारित अधिकारियों की स्वतःबर्खास्तगी हो जाती है। यदि महाभियोग पारित हो जाता है, तो राष्ट्रपति को सरकारी पदों को फिर से धारण करने की कभी अनुमति नहीं दी जाती है।

हमारे 17वें राष्ट्रपति एंड्रयू जॉनसन पर उनके कार्यकाल के दौरान महाभियोग पारित कर दिया गया। उन्हें 35 सीनेटरों द्वारा दोषी पाया गया, उन्हें सजा देने के लिए आवश्यक दो तिहाई मत से सिर्फ एक मत कम था। राष्ट्रपति रिचर्ड निक्सन ने 1974 में वाटरगेट कांड में महाभियोग के आरोपों का सामना करने स्थान पर इस्तीफा दे दिया। 1998 में राष्ट्रपति बिल क्लिंटन सभा के द्वारा महाभियोग पारित किए जाने वाले दूसरे राष्ट्रपति बन गए। बाद में सीनेट ने उन्हें दोषी नहीं पाया।

काँग्रेस राष्ट्रपति की शक्ति को कैसे नियंत्रित करने का प्रयास करती है?

संविधान यह स्पष्ट करता है कि काँग्रेस के पास कानून बनाने की विशिष्ट शक्ति है तथा राष्ट्रपति का दायित्व काँग्रेस के निर्देशों को कार्यान्वित करना है। परंतु, कई स्थानों पर विधान ढीलेढाले तरीके से परिभाषित है तथा राष्ट्रपति को विवरणों को भरना होता है तथा काँग्रेस के उद्देश्य पर अपने विचार को देना होता है।

संवैधानिक विद्वान विश्वास करते हैं कि, 1787 के संवैधानिक सम्मेलन ने संभवतः जॉर्ज वाशिंगटन पर अंकुश नहीं लगाने के लिए राष्ट्रपति की शक्तियों पर विचार करने के बजाय काँग्रेस की शक्तियों पर विचार करने में ज्यादा समय व्यतीत किया, जो पहले राष्ट्रपति बनने वाले थे। देश लोकप्रिय मत के द्वारा एक नेता चुन रहा था, न कि वंशानुगत अधिकार या बल के द्वारा। यह कुछ नया था। जहाँ मैडिसन ने सोचा कि विधान सदन प्रभुत्व में होगा, एलेक्सेंडर हैमिल्टन ने यूरोप के सम्राटों की शक्ति से मेल खाती एक कार्यपालिका को प्राथमिकता दी।[4]

समय के साथ कार्यपालिका शाखा की शक्ति बढ़ती गई। जनता ने महसूस किया है कि काँग्रेस अब तेजी से बदलती हुई असुरक्षित दुनिया में समय से प्रतिक्रिया देने में सक्षम नहीं है। राष्ट्रपति को नए घटनाक्रमों तथा खतरों पर तेजी से प्रतिक्रिया देने के लिए स्वतंत्र होना है। इसके अतिरिक्त कानूनों के प्रशासन में कैबिनेट अधिकारियों तथा अन्यों के माध्यम से राष्ट्रपति को रिपोर्ट करने वाली बढ़ती हुई नौकरशाही की आवश्यकता होती है। देश के मामलों में हो रही सभी गतिविधियों की काँग्रेस निगरानी नहीं कर सकती है। अंत में, जैसे लिंकन तथा दो रूजवेल्टों ने विभिन्न खतरों तथा परिस्थितियों के दौरान राष्ट्रपति की शक्तियों की तर्कसंगतता तथा आवश्यकता को प्रदर्शित किया।[5] दुनिया नए अवसरों तथा नए खतरों के साथ बहुत तेजी से बदल रही है, जिसके लिए राष्ट्रपति को कांग्रेस के प्रतिक्रिया की प्रतीक्षा करने के बजाय अग्रसक्रियतापूर्वक नेतृत्व करने की शक्ति दी जानी चाहिए।

राष्ट्रपति ओबामा ने गति-अवरोधित काँग्रेस से छुटकारा पाने के लिए नीतिगत पहलें की है। उन्होंने अमेरिकी नागरिकों के गैर दस्तावेजकृत अभिभावकों को, यदि वे कुछ विशेष पात्रताओं को पूर्ण करते हैं, निर्वासन के भय के बिना तीन वर्षों तक रहने एवं काम करने की अनुमति देने की एक नई नीति की घोषणा

की। टेक्सस तथा 25 अन्य राज्यों ने तुरंत मुकदमा कर दिया, और कहा कि राष्ट्रपति ने अपने प्राधिकार का अतिक्रमण किया है। राष्ट्रपति को ऐसा करने से रोकने के लिए काँग्रेस की मतदान शक्ति का उपयोग करने के स्थान पर राज्यों ने राष्ट्रपति की नीतियों को विफल करने के लिए न्यायालय के समक्ष वादी के रूप में कार्य करने का चयन किया। उम्मीद है कि सर्वोच्च न्यायालय इस मामले को देखेगा तथा राष्ट्रपति के विरुद्ध मुकदमों को रोकेगा।

काँग्रेस-राष्ट्रपति टकराव के दो मामले

यंगसटाउन शीट एंड ट्यूब कं. और अन्य बनाम सॉयर

1951–52 में स्टील कामगारों की यूनियन स्टील कंपनियों के साथ कामगारों के लिए बेहतर शर्तों एवं परिस्थितियों हेतु सौदा कर रही थी। समझौते तथा मध्यस्थता के प्रयासों का असफल होना जारी था। 4 अप्रैल, 1952 को स्टील कामगारों ने 9 अप्रैल 1953 के पूर्वाह्न 12.01 से राष्ट्रव्यापी हड़ताल का नोटिस दे दिया। हड़ताल के कुछ घंटे पूर्व राष्ट्रपति हैरी ट्रूमैन ने देश के वाणिज्य सचिव को देश के स्टील मिलों पर अधिकार करने तथा संचालित करने का निर्देश देते हुए कार्यकारी आदेश 10340 जारी कर दिया, यह दावा करते हुए कि यह राष्ट्रीय विभीषिका को टालने के लिए आवश्यक था। तथ्य यह है कि, स्टील सभी हथियारों का एक आवश्यक अवयव था, जिसने ट्रूमैन को यह विश्वास दिलाया कि प्रस्तावित कामबंदी हमारी राष्ट्रीय सुरक्षा को तत्काल खतरे में डाल देगा। परंतु, मिल मालिकों ने आपत्ति की तथा तर्क दिया कि राष्ट्रपति का आदेश कानून बनाने के समान था, एक विधायिक प्रक्रिया जो काँग्रेस तक स्पष्ट रूप से सीमित है। स्टील कंपनियों ने जिला न्यायालय में राष्ट्रपति के विरुद्ध प्रक्रिया प्रारंभ कर दी। राष्ट्रपति ने कहा कि वे देश के मुख्य कार्यकारी तथा सशत्र बलों के सर्वोच्च कमांडर के रूप में अपने संवैधानिक अधिकारों के तहत कार्य कर रहे हैं। अगली सुबह राष्ट्रपति को अपनी कार्रवाई की सूचना देते हुए काँग्रेस को संदेश भेजा। लेकिन काँग्रेस ने कोई कार्रवाई नहीं की।

सर्वोच्च न्यायालय ने निर्णय दिया कि न संविधान न ही काँग्रेस ने राष्ट्रपति को किसी कंपनी या उद्योग की संपत्तियों का अधिग्रहण तथा संचालन करने का अधिकार नहीं दिया। लेकिन क्या जब्ती का आदेश राष्ट्रीय सुरक्षा के संबंध में राष्ट्रपति की संवैधानिक शक्ति के अधीन था? न्यायालय ने राष्ट्रपति को ऐसा करने की अनुमति देने के विरुद्ध निर्णय दिया तथा श्रमविवादों को मध्यस्थता, समझौते, जाँच बोर्डों के द्वारा जाँच, सार्वजनिक रिपोर्टों तथा *कूलिंग-ऑफ* अवधियों को प्रदान करने के लिए संभवतः अस्थायी आदेश के द्वारा सुलझाने के लिए छोड़ देने को प्राथमिकता दी। जब ये तरीके असफल हो गए, यूनियन हड़ताल करने के लिए स्वतंत्र थे, यदि उनके सदस्यों ने हड़ताल के पक्ष में मत दिया।[6]

न्यूयार्क टाइम्स बनाम संयुक्त राज्य

1971 में राष्ट्रपति निक्सन न्यूयार्क टाइम्स तथा वाशिंगटन पोस्ट को *'हिस्ट्री ऑफ यू.एस. डिसीजन-मेकिंग प्रोसेस ऑन वियतनाम पॉलिसी'* नामक एक गोपनीय अध्ययन के अवयवों को इसके द्वारा राष्ट्रीय सुरक्षा को पहुँचाए जाने वाले तथाकथित हानि के आधार पर प्रकाशित करने से रोकना चाहते थे। इस पर कोई प्रश्न नहीं है कि राष्ट्रपति पर राष्ट्रीय सुरक्षा करने की जिम्मेदारी है। उसके पास इसके प्रकाशन को रोकने के लिए सर्वोच्च न्यायालय जाने का अधिकार है। फिर भी न्यायालय अभिव्यक्ति की स्वतंत्रता की गारंटी देने वाले पहले संशोधन

को बनाए रखना चाहता है। सर्वोच्च न्यायालय प्राथमिकता देगा कि काँग्रेस राष्ट्रपति को राष्ट्रीय सुरक्षा से जुड़ी सूचना को नियंत्रित करने के लिए राष्ट्रपति को इसकी शक्ति देते हुए एक विधेयक पारित करे।

लेकिन चूंकि काँग्रेस के द्वारा कोई कार्रवाई न किए जाने पर, सर्वोच्च न्यायालय को निर्णय करना है, तथा इसने निर्णय किया कि राष्ट्रपति को उल्लिखित दस्तावेज के प्रकाशन का निषेध करने का कोई अधिकार नहीं है। इस मामले में, अभिव्यक्ति की स्वतंत्रता पर पहला संशोधन राष्ट्रपति के द्वारा उस कार्रवाई पर हुआ, जिसके संबंध में उसने सोचा कि यह राष्ट्रीय सुरक्षा को खतरे में डाल देगा।

काँग्रेस तथा कार्यपालिका शाखा के बीच संबंधों मे सुधार

काँग्रेस स्पष्टतः किसी राष्ट्रपति के द्वारा किसी ऐसी कार्रवाइयों या शक्तियों के उपयोग, जो संविधान या काँग्रेस द्वारा विशिष्ट रूप से परिभाषित नहीं है तथा जिनका नए कानूनों को बनवाने में प्रभाव होगा, के संबंध में बहुत संवेदनशील है। काँग्रेस एक राष्ट्रपति के संबंध में चिंता करती है जो अपनी शक्ति को बहुत ज्यादा बढ़ा लेता है। यह 1930 के दशक की महामंदी के दौरान नए कानूनों तथा विधेयकों को प्रस्तावित करने के फ्रैंकलिन रूज़वेल्ट के आक्रामक कार्रवाइयों पर काँग्रेस का विचार था। काँग्रेस अंततः बरस पड़ी जब रूज़वेल्ट ने सर्वोच्च न्यायालय में न्यायाधीशों की संख्या 9 से बढ़ा कर 15 करने तथा अन्य बदलावों का प्रस्ताव दिया। सर्वोच्च न्यायालय ने विधान के कई हिस्सों को यह कहते हुए निरस्त कर दिया कि इन कानूनों ने कार्यपालिका शाखा को बहुत ज्यादा प्राधिकार दे दिया है। रूज़वेल्ट ने 1936 में विशाल बहुमत से चुनाव फिर जीत लिया तथा फरवरी 1937 में 70 वर्ष से ज्यादा आयु के सभी न्यायाधीशों को पूरे वेतन के साथ सेवानिवृत होने का प्रस्ताव दिया। सेवानिवृत होने से इनकार करने वाला कोई न्यायाधीश पूर्ण मताधिकार के साथ एक 'सहायक' प्राप्त करेगा। आलोचकों ने रूज़वेल्ट पर 'न्यायालय को बंद' करने का प्रयास करने का आरोप लगाया। रूज़वेल्ट नर्म पड़ गए जब सर्वोच्च न्यायालय के दो न्यायाधीश अप्रैल 1936 में उदारवादी स्थिति में आ गए। जुलाई में सीनेट ने रूज़वेल्ट के न्यायालय पुनर्गठन योजना के विरुद्ध 70–22 से मतदान किया।

राष्ट्रपति के व्यक्तित्व का काँग्रेस के साथ कार्य करने की क्षमता के साथ गहरा संबंध है। डेमोक्रेटिक राष्ट्रपति लिंडन जॉनसन नागरिक अधिकारों के कानूनों को पारित कराने के लिए रिपब्लिकन दल के सदस्यों सहित काँग्रेस के कई लोगों को साथ जोड़ने में बहुत प्रभावी थे। यह संभव है कि वे विशिष्ट काँग्रेसियों के अनेक रहस्यों को जानते थे यह सुनिश्चित करते हुए कि वे उनकी नीतियों के पक्ष में मतदान करेंगे। वहीं दूसरी तरफ, बराक ओबामा ने पद पर रहते हुए अनेक विरोधियों का सामना किया। रिपब्लिकन इस बात से नाराज थे कि उनका पसंदीदा उम्मीदवार जॉन मैककैन इस नए सीनेटर से हार गए थे जिनका राजनीति में बहुत कम अनुभव था। उन्होंने पाया कि ओबामा डेमोक्रेटिक दल के विचारों को आगे बढ़ाने में बहुत ज्यादा हिचकिचाहट में हैं। उन्होंने यहाँ तक प्रश्न किया कि क्या वे बराक ओबामा जैसे एक विचित्र नाम के साथ एक अमेरिकी हैं। पहले अफ्रीकी-अमेरिकी राष्ट्रपति को चुनने के संबंध में पूर्वाग्रह की एक अंतःधारा थी। ओबामा अपने पक्ष में कुछ अतरंगियों के साथ कार्य करते प्रतीत होते थे तथा अपने परिवार के साथ अपना

समय बिताते थे। उन्होंने काँग्रेस में मिलने-जुलने तथा सहयोगी बनाने के लिए पूरा समय नहीं दिया। उनमें जॉनसन की तरह संपर्क स्थापित करने की क्षमता का अभाव था।

कोई नया राष्ट्रपति दूसरे दल का समर्थन तत्काल गँवा देता है। प्रत्येक दल की अपनी कार्यसूची तथा किसी बिल के समर्थन या विरोध में एक समान मत सुरक्षित करने की अपनी कार्यप्रणालियाँ हैं। यह समस्या हाल के वर्षों में राजनीतिक गति-अवरोध में ज्यादा खराब हो गई है, जिससे काँग्रेस के लिए अति-जरूरी विधानों को पारित करना लगभग असंभव बन गया है। पहले के समय में, कुछ प्रमुख काँग्रेस सदस्यों तथा सदस्याओं ने दूसरे दल के सदस्यों से सम्मान अर्जित किया था। इसके संबंध में सोचें कि कैसे सीनेटर टेड केनेडी दूसरे पक्ष के काँग्रेस सदस्यों के साथ कार्य करने में सक्षम थे। मूलभूत नियम यह है कि दोनों पक्षों को समझौता करना होगा और वे विधेयकों को पारित करने में सक्षम होंगे जब तक कि प्रत्येक पक्ष अच्छा प्रतीत हो सकता है तथा वे विजेता भी प्रतीत हो सकते हैं।

राष्ट्रपति नौकरशाही में कुशलता का कैसे प्रबंधन करता है?

कार्यपालिका पर संघीय नीति के अनुपालन का दायित्व होता है। राष्ट्रपति हजारों विभागों, कार्यालयों, आयोगों, समितियों तथा अन्य सांगठनिक ईकाइयों वाली एक विशाल नौकरशाही को संचालित करता है। सिर्फ सार्वजनिक स्वास्थ्य सेवा में अगली स्वास्थ्य सूचना के लिए संपर्क करने हेतु 16 से ज्यादा कार्यालय हैं।[7] हम नौकरशाहों की एक विशाल प्रणाली के संबंध में बात कर रहे हैं। सभी नौकरशाहों ने अपनी योग्यता से संबंधित परीक्षाएँ उत्तीर्ण की हैं तथा वे सभी अपने कार्यों यथा दायित्वों के लिए सुप्रशिक्षित हैं। दुनिया भर में देश अपने सरकारी कर्मचारियों की गुणवत्ता स्तर में भिन्नता रखते हैं। सिंगापुर, जापान, कनाडा, ग्रेट ब्रिटेन तथा स्कैंडिनेवियाई देशों ने अच्छे लोगों को आकर्षित करने तथा निरंतर सहयोग प्राप्त करने में सफलता हासिल की, जिनके पास सरकार से बाहर अच्छे या ज्यादा बेहतर अवसर थे लेकिन उन्होंने लोक सेवकों के रूप में कार्य करने को प्राथमिकता दी।[8]

सरकारी संगठनों की कुशलता तथा प्रभावशीलता न केवल इन संगठनों की संरचना तथा उनके स्पष्ट उद्देश्य एवं लक्ष्यों पर निर्भर है, बल्कि इन संगठनों का प्रबंधन कर रहे लोक सेवकों की गुणवत्ता पर भी निर्भर करती है। अपनी पुस्तक *ए गवर्नमेंट ईल-एक्सेक्यूटेड* में पॉल लाइट लिखते हैं कि, उच्च-स्तर के व्यक्तियों को संघीय सरकारी संगठनों की ओर आकर्षित करने तथा भर्ती करने के रास्ते में बहुत कुछ आड़े आता है।

पहली समस्या यह है कि नामांकन तथा पुष्टिकरण की प्रक्रिया क्रमशः दीर्घकालीन, हस्तक्षेप वाली, कटु तथा राजनीतिक होती जा रही है। यदि एक राजनीतिक दल संदेह करता है कि नामांकित राष्ट्रपति की नीतियों की ओर बहुत ज्यादा पक्षपाती होगा, तो वे प्रत्याशी की निंदा करेंगे, *गतिरोध* की धमकी देंगे तथा विलंब को दीर्घकालीन कर देंगे जब तक कि प्रत्याशी या राष्ट्रपति छोड़ न दे। अनेक उच्च-पात्रता प्राप्त उम्मीदवार या तो नियुक्ति के पीछे-पीछे आने से इनकार कर देंगे या प्रयास में असफल हो जाएंगे। फिर

दूसरा दल–आमतौर पर रिपब्लिकन–कहेगा कि सरकार अच्छा काम नहीं करती है, जब कि उन्होंने अनेक प्रतिभाशाली व्यक्तियों का मार्ग अवरुद्ध कर दिया है जो किसी विभाग को कुशलता तथा प्रभावी तरीके से चला सकते थे।

दूसरी समस्या यह है कि सरकारी वेतनमान में उम्मीदवार के वेतन में कमी भी हो सकती है। एक बड़े विश्वविद्यालय में उच्च-योग्यता प्राप्त प्रोफेसर को सरकारी नियुक्ति को स्वीकारने में 20–50% वेतन में कमी स्वीकार करना पड़ सकता है। वह एक निजी उद्योग में बहुत ज्यादा कमा सकता है या सकती है।

तीसरी समस्या अनेक सरकारी विभागों की नियम-आधारित प्रकृति है, जो एक प्रभावी नए प्रशासक की वांछित परिवर्तन लाने की शक्ति को सीमित कर सकती है। सरकारी नौकरशाही के साथ कुंठा में नया विभाग प्रमुख एक छोटी अवधि को चुनेगा तथा बनाई गई योजना से पहले सरकार को छोड़ देगा। और राष्ट्रपति इस व्यक्ति को ज्यादा देर तक ठहरने तथा चुनौती पर ज्यादा प्रयास करने में मदद करने के लिए शक्तिहीन हो सकता है।[9]

निष्कर्ष

काँग्रेस एक नए राष्ट्रपति पर अक्सर कठोर होती है क्योंकि या तो उनका उम्मीदवार हार गया होता है या काँग्रेस पहले ही यह स्पष्ट करना चाहती है कि नए कानूनों के लिए इसे ही एकमात्र या प्रमुख स्रोत होना है। क्योंकि अनेक नए कानून सुपरिभाषित नहीं होते हैं, राष्ट्रपति को उन्हें लागू करना होता है तथा उनके आशय की विवेचना करनी होती है। काँग्रेस राष्ट्रपति की विवेचना को पसंद नहीं कर सकती है या उन योजनाओं जिनको लागू करने में राष्ट्रपति अपना अधिकतम समय व्यतीत करता है, उनसे सहमत नहीं हो सकती है। इसके अतिरिक्त नई घटनाएँ तथा परिस्थितियाँ अक्सर राष्ट्रपति के द्वारा जल्दी या तात्कालिक कार्रवाई करना आवश्यक कर देती है क्योंकि काँग्रेस सामान्यतः गतिशील होने या कार्रवाई करने में ज्यादा धीमी होती है। अतः राष्ट्रपति तथा काँग्रेस के बीच तनाव के बहुत से कारण हैं। एक नए राष्ट्रपति के पास काँग्रेस के प्रति पूर्ण सम्मान दर्शाते हुए कार्य करने या काँग्रेस पर दबाव डालकर उनकी दुश्मनी मोल लेने का विकल्प मौजूद होता है। अमेरिकी जनता का अपने राष्ट्रपति के प्रति प्रेम भी अहम् भूमिका निभाता है। एक चतुर राष्ट्रपति अपने दल तथा अन्य दल के सदस्यों को ध्यानपूर्वक अपने पक्ष में करेगा तथा ऐसे निर्णय लेगा जिससे अंततः जनता का समर्थन हासिल हो सके।

टिप्पणियाँ

1. Morgan Whitaker, 'Ted Nugent calls Obama "subhuman mongrel" ', MSNBC, January 22, 2014.
2. See: Paul Glastris, Ryan Cooper, and Siyu Hu, 'Obama's Top 50 Accomplishments', Washington Montly, March April, 2012.

3. K. Moisse, 'Could Someone Run the Country with Alzheimer's Disease?', ABC News Medical Unit, January 17, 2011. अपनी दूसरी अवधि समाप्त होने के पश्चात रीगन में स्मृतिभ्रंश के छठे वर्ष का पता चला था। उनके पुत्र रॉन रीगन ने कहा कि उन्होंने अपने पिता के पद पर होने की अवधि में स्मृतिभ्रंश के प्रारंभिक लक्षण देखे थे।
4. 'Exploring Constitutional Conflicts': http://law2.umkc.edu/faculty/projects/ftrials/conlaw/prespowers.html (accessed 03.03.16).
5. Ibid.
6. See the Youngstown case: http://law2.umkc.edu/faculty/projects/ftrials/conlaw/youngstown.html (accessed 03.03.16).
7. See: www.data.gov.
8. Editorial, 'Civil-service Reform: Modernizing the Mandarins', The Economist, August 9, 2014, p. 51.
9. See H. Pollack, 'Why it's Rare for Someone Like Ashton Carter to Work in Government', Washington Post, December 5, 2014.

अध्याय-5

संघीय न्यायिक प्रक्रिया में सुधार—क्या न्यायपालिका विधि को गढ़ रही है?

'कभी भी लोगों पर निर्णय न दें, और आपको कभी भी गलत नहीं समझा जाएगा।'
जाँ जाक रूसो

न्यायालय सरकार की तीसरी शाखा का प्रतिनिधित्व करते हैं और काँग्रेस तथा राष्ट्रपति के लिए नियंत्रण एवं संतुलन प्रणाली उपलब्ध कराने का कार्य करते हैं। न्यायालयों को यह निर्णय करने के लिए कहा जा सकता है कि क्या काँग्रेस के द्वारा पारित एक विशेष नियम संविधान के संगत है तथा क्या एक विशेष राज्य की कार्रवाई संविधान के अनुरूप है। जब सर्वोच्च न्यायालय निर्णय देता है कि काँग्रेस के द्वारा पारित किया गया कुछ असंवैधानिक है, यह प्रतीत होता है कि सर्वोच्च न्यायालय वास्तव में विधान बना या गढ़ रहा है, एक ऐसा कार्य जो तकनीकी रूप से काँग्रेस से संबद्ध है।

जब राष्ट्रपति ने सीनेट के अवकाश के दौरान राष्ट्रीय श्रम संबंध बोर्ड के तीन सदस्यों की नियुक्ति की, तो काँग्रेस ने कहा कि इसके कुछ काँग्रेसी सांसद तब भी काँग्रेस का कार्य कर रहे थे और इसलिए राष्ट्रपति ने अतिक्रमण कर दिया। सर्वोच्च न्यायालय ने निर्णय दिया कि राष्ट्रपति ओबामा ने तीन अधिकारियों की नियुक्ति में नियमों का उल्लंघन किया क्योंकि उस दौरान काँग्रेस 'सत्र में' थी।

संविधान का अनुच्छेद 3 कहता है कि 'संयुक्त राज्य की न्यायिक शक्ति एक सर्वोच्च न्यायालय में समाहित होगी, और समय-समय पर काँग्रेस अवर न्यायालयों को नियंत्रित तथा स्थापित कर सकती है'। 'अवर न्यायालयों' में संघीय जिले, दिवाला न्यायालय, तथा सर्किट न्यायालय शामिल हैं, जो एक वर्ष में लगभग 13 लाख मामलों को सबसे पहले सुनते हैं। न्यायालय प्रत्येक अवधि में 7,000 से 8,000 मामलों को औसतन प्राप्त करता है, लेकिन 80 से कम पूर्ण विवरण देने तथा मौखिक बहस के लिए तय किए जाते हैं। एक मामले के रूप में चयनित होने के लिए, कम से चार न्यायाधीशों को मामले की सुनवाई के लिए अवश्य राजी होना चाहिए।

आज सर्वोच्च न्यायालय में राष्ट्रपति के द्वारा नामांकित तथा सीनेट के द्वारा अनुमोदित नौ न्यायाधीश होते हैं। अमेरिकी संविधान सर्वोच्च न्यायालय में नौ न्यायाधीशों के होने के संबंध में कुछ नहीं कहता है। यह

संख्या समय के साथ बदलती रही है। जब फ्रैंकलिन रूज़वेल्ट ने न्यायालय में छः अन्य सदस्यों की नियुक्ति का प्रयास किया था, तब उन्हें डेमोक्रेट के नियंत्रण वाली काँग्रेस के समक्ष पराजित होना पड़ा था। न्यायालय कानून का अंतिम पंच है तथा कानून के तहत समान न्याय के वादे को अमेरिकी नागरिकों के लिए सुनिश्चित करने के लिए उत्तरदायी है। संविधान नहीं कहता है कि न्यायालय अंतिम पंच है लेकिन यह प्रथा मुख्य न्यायाधीश जॉन मार्शल के द्वारा स्थापित की गई थी, जिन्होंने प्रारंभिक सर्वोच्च न्यायालय को 35 वर्ष तक चलाया था (वे चौथे मुख्य न्यायाधीश थे)। सर्वोच्च न्यायालय की शक्ति की पुष्टि 1803 में की गई थी जब मार्शल के न्यायालय ने *मार्बरी बनाम मैडिसन* में सर्वसम्मति से मत दिया। मार्शल के न्यायालय ने निर्णय दिया कि न्यायालय काँग्रेस की गतिविधियों को असंवैधानिक घोषित कर सकता है, चाहे संविधान सर्वोच्च न्यायालय को ऐसा करने की शक्ति नहीं प्रदान करता हो।

कोई भी व्यक्ति यह सवाल कर सकता है कि, क्या नौ न्यायाधीश अमेरिकी विचार के विशाल प्रक्षेत्र का प्रतिनिधित्व करने के लिए व्यापक रूप से अनुभव प्राप्त हैं। परोक्ष रूप से सभी विद्यमान न्यायाधीश हार्वर्ड या येल गए थे। उनमें से अधिकतर न्यूयार्क से हैं। लगभग सभी नियुक्ति से पहले न्यायाधीश थे। अतीत में लगभग सभी न्यायाधीश प्रोटेस्टेंट थे। आज विद्यमान न्यायाधीशों में से छः कैथोलिक हैं और तीन यहूदी हैं, जो यह प्रश्न उठाता है कि क्या प्रोटेस्टेंट तथा नास्तिकों सहित अन्य धार्मिक समूह को प्रतिनिधित्व प्राप्त है। अतीत में, सभी न्यायाधीश पुरुष थे; आज तीन न्यायाधीश महिलाएँ हैं। यह सब प्रश्न उठाता है कि क्या नौ न्यायाधीशों के पास हमारे देश के विचरित हितों का न्यायसंगत रूप से प्रतिनिधित्व करने के लिए कार्य तथा जीवन के प्रक्षेत्रों का पर्याप्त अनुभव है। दूसरे शब्दों में कहें, तो क्या न्यायालय में ज्यादा विविधता नहीं होनी चाहिए?

न्यायालय अक्टूबर की शुरुआत में ज्यादा सक्रिय हो जाता है तथा बहस किए गए मामलों में जून के अंत में निर्णय देता है। न्यायालय को अवश्यतः समाज की सुरक्षा की आवश्यकता को सतत संतुलित करने तथा व्यक्ति की स्वतंत्रता के अधिकार के साथ समन्वित करने की जरूरत है। न्यायालय के पास 'न्यायिक समीक्षा' का अधिकार है, लेकिन उसे एक 'जीवित संविधान' को बनाए रखने का अवश्य प्रयास करना चाहिए, जो उन नई समस्याओं में संगत बैठता है तथा सुलझाता है, जिनके संबंध में संविधान निर्माताओं ने कभी नहीं सोचा था। अतएव, न्यायालय संविधान की व्याख्या में शामिल है। न्यायालय के पास संविधान से संबंधित मामलों तथा विवादों पर निर्णय देने का अधिकार है। न्यायालय विशिष्ट मामलों में सलाहकारी विचार नहीं देता है, बल्कि निर्णय देता है। सिर्फ यही राज्यों के बीच तथा एक राज्य एवं संघीय सरकार के बीच के विवादों पर निर्णय कर सकता है।

अधिकतर लोग सर्वोच्च न्यायालय को अच्छे निर्णयों को लेते हुए देखते हैं। न्यायालय ने सिर्फ श्वेतों के प्राथमिक *निर्वाचन* को निरस्त कर दिया तथा जोर दिया कि श्वेत तथा अश्वेत बालकों को समान कक्षाओं में शिक्षित किया जाना चाहिए। इसने समलैंगिक विवाह तथा कई मामलों में न्यायसंगत मतदान का समर्थन करने वाले मामलों को वैधानिक कर दिया। फिर भी पहले का एक समय था, जब न्यायालय ने चुनाव करों तथा साक्षरता परीक्षाओं को बनाए रखा था। सबसे कटु आलोचना यह है कि न्यायालय का बहुमत

ज्यादातर बड़े कारोबारों तथा कॉर्पोरेशनों का पक्ष लेता है। *सिटीजन्स यूनाइटेड* के 5–4 के निर्णय को देखें जहाँ कॉर्पोरेशन, यूनियन तथा संगठन चुनावों को प्रभावित करने के लिए विशाल धनराशि व्यय करते हैं। न्यायालय के निर्णय हमेशा आदर्श नहीं रहे हैं। सौभाग्यवश, फॉर्चून 300 कंपनियों में से 60% कंपनी के धन को दान नहीं करने पर राजी हो गई।

क्या न्यायाधीश सख्ती से स्वतंत्र या ज्यादातर पक्षपाती होते हैं?

न्यायाधीश व्यक्तिगत मामलों में संविधान की विवेचना तथा लागू करने में दो में से एक विचार को अपनाते हैं। जब न्यायाधीश संविधान में लिखे शब्दों पर जाते हैं तथा संविधान के अंगीकरण के समय के अभिप्राय को निर्धारित करने का प्रयास करते हैं, तब उन्हें 'मूलवादी' या 'मूलपाठ विश्लेषक' कहा जाता है। वे एक विवेचना तक पहुँचने का प्रयास करते हैं जो उससे संगत है कि निर्माताओं का क्या अभिप्राय था जब उन्होंने संविधान की रचना तथा अंगीकरण किया था। वे उस विवेचना को अंगीकृत कर सकते हैं जो उस समय में रह रहे तर्कसंगत व्यक्ति पाठ्य का अर्थ लगाते। मूलतावाद अमेरिका में अनेक राजनीतिक रूढ़िवादियों के बीच लोकप्रिय है, और अधिकतर न्यायाधीश क्लेरेंस थॉमस तथा स्वर्गीय एंटोनिन स्कैलिया के साथ संबद्ध है।

गैर-मूलतावादी तर्क देते हैं कि एक संविधान को एक ज्यादा जीवित दस्तावेज होना चाहिए जो नई परिस्थितियों और मामलों, जो 200 वर्ष से पहले मौजूद नहीं थे, को अंगीकृत करता है। संविधान को समय के साथ होने के लिए, विवेचनाओं को बदलती हुई परिस्थितियों में ज्यादा लचीला और प्रतिक्रिया देने वाली होनी चाहिए। हम कैसे जान सकते हैं कि क्या पुरूष एवं महिलाओं को समान कार्य करने के लिए समान वेतन पाना चाहिए या क्या समलैंगिक विवाह शादी के अर्थ की एक स्वीकार्य विवेचना है, इन पर निर्माताओं ने क्या सोचा था? 1861 में पारित संविधान के 14वें संशोधन ने इस वक्तव्य के साथ कि कोई राज्य 'किसी व्यक्ति को उसके जीवन, स्वतंत्रता या संपत्ति से बिना किसी विधि सम्मत प्रक्रिया के वंचित नहीं कर सकता है' ने नागरिक अधिकारों को और विस्तृत कर दिया। लेकिन यह संशोधन भी नागरिक अधिकारों की न्यायिक विवेचना का विषय है। सर्वोच्च न्यायालय में गैर-मूलतावादी, मूल संविधान तथा इसके संशोधनों की अपनी विवेचना में ज्यादा लचीले होने की ओर प्रवृत्त होते हैं।

इस प्रश्न पर लौटते हुए कि क्या न्यायाधीश अपने निर्णयों में राजनीतिक विचारधाराओं से स्वतंत्र रहते हैं, उत्तर नहीं है। न्यायाधीश अपने मतों में पक्षपाती होते हुए प्रतीत होते हैं; सिर्फ उन अवसरों को देखें जब लगभग उन्हीं न्यायाधीशों के द्वारा न्यायालय का मत 5–4 है। पाँच न्यायाधीश जिनकी नियुक्ति ज्यादा रूढ़िवादी राष्ट्रपतियों द्वारा की गई थी, एक समूह के रूप में मत देने के लिए प्रवृत्त होते हैं, चाहे समान निष्कर्ष पर पहुँचने के लिए उनके भिन्न कारण हो सकते हैं। यही चार न्यायाधीशों जिनकी नियुक्ति ज्यादा उदार राष्ट्रपतियों द्वारा की गई थी, के लिए भी सत्य है। एक अध्ययन ने पाया कि न्यायाधीश अधिवक्ताओं से ज्यादा रूढ़िवादी होने के लिए प्रवृत्त होते हैं, जिसका अर्थ है कि हमारे न्यायालयों में रूढ़िवादी पूर्वाग्रह व्याप्त है।[1]

इस पक्षपाती चिंतन का उपचार भविष्य में उन न्यायाधीशों की नियुक्ति में है जिनका अपने निर्णय लेने में ज्यादा खुले दिमाग का होने का रिकॉर्ड है। न्यायाधीश एंटनी केनेडी अच्छे न्यायाधीश के एक उदाहरण हैं जो कभी एक समूह के साथ मतदान करेंगे और दूसरी बार दूसरे समूह के साथ मतदान करेंगे। उन्होंने आमतौर पर रूढ़िवादी बहुमत का समर्थन किया है, लेकिन उन्होंने समलैंगिक विवाह तथा कई अन्य मामलों में न्यायालय के ज्यादा उदारवादी समूहों का साथ दिया है।

वास्तविकता यह है कि न्याय की प्रक्रिया में विषयापरकता को समाप्त करने का कोई मार्ग नहीं है। न्यायालय के नौ सदस्य सभी एक मामले के संबंध में समान दस्तावेजों को पढ़ते हैं तथा अपने भिन्न अनुभवों तथा विचारों के कारण अलग-अलग नतीजों तक पहुँचते हैं। 'क्रूर तथा असामान्य सजा' एवं 'अनुचित तलाशी तथा जब्ती' जैसी अवधारणाएँ समय के साथ परिवर्तित होते मत के विषय हैं। न्यायालय का हर मामला असंख्य विचारों को जन्म देता है न्यायालय अक्सर निर्णय कर रहा होता है कि क्या हस्तक्षेप का समाज को लाभ निजता के अधिकार के संरक्षण से ज्यादा महत्त्वपूर्ण हैं। यह सोचना गलत है कि न्याय सिर्फ कानून को लागू करता है; वे कानून भी बनाते हैं। न्यायाधीशों की मान्यताएँ तथा मत बहुत ज्यादा अर्थ रखते हैं। वस्तुपरक न्याय जैसी कोई वस्तु नहीं है।[2]

राष्ट्रपति की तरह सर्वोच्च न्यायालय पर भी अक्सर अपनी शक्तियों के अतिक्रमण करने का आरोप लगाया जाता है। 2015 में *एफोर्डेबल केयर एक्ट* तथा *समान–लिंग विवाह* पर न्यायालय के निर्णयों को सुनने पश्चात टेक्सस के सीनेटर टेड क्रूज ने न्यायालय को 'कानून-रहित' तथा 'बंजर' कह कर निंदा की। क्रूज ने तर्क दिया कि इसने 'सरकार के प्रतिनिधिक स्वरूप के आधार को ही' खतरे में डाल दिया। उन्होंने एक संवैधानिक संशोधन का आह्वान किया, जो न्यायाधीशों के आजीवन कार्यकाल को हटाएगा तथा उन्हें प्रतिधारण निर्वाचन का विषय बनाएगा। न्यायाधीशों के लिए प्रतिधारण मत का विचार बुरा है, क्योंकि तब न्यायाधीश अपने निर्णयों में पुनः-निर्वाचित होने की इच्छा से प्रभावित होंगे। जीवन भर की अवधि का प्रायोजन न्यायाधीशों को राजनीतिक दबाव से बचाना तथा उन्हें स्वतंत्र बनाए रखना है।

सर्वोच्च न्यायालय के एक न्यायाधीश के बेंच में कार्यकाल की अवधि तय करना अपेक्षाकृत कम क्रांतिकारी कदम है। एक संभावना यह है कि, न्यायाधीशों का कार्यकाल 80 वर्ष की आयु तक बरकरार रखा जाएगा। चूंकि अधिकतर न्यायाधीश 50 वर्ष की आयु में नियुक्त होते हैं, ऐसे में उनके पास सर्वोच्च न्यायालय में 30 वर्ष का एक करियर होगा। एक अन्य प्रस्ताव में कार्यकाल की सीमा को 18 वर्ष करने की बात कही गई। इसका अर्थ है कि वे तीन से पाँच राष्ट्रपतियों की अवधि में न्याय कर रहे होंगे।

कारणों को आगे बढ़ाने के लिए सर्वोच्च न्यायालय की भूमिका

बहुत से ऐसे सार्वजनिक मामले हैं जिन्हें सर्वोच्च न्यायालय अपने कैलेंडर में नहीं रखता है, जैसे अवैध अभिभावकों तथा अप्रवासी बच्चों की स्थिति। न्यायालय कार्य नहीं करता है और काँग्रेस महत्त्वपूर्ण निर्णय लेने से दूर भागती है। राष्ट्रपति भी लाचार रहता है क्योंकि अधिकतम वह काँग्रेस को कार्रवाई करने के लिए दबाव डालने का प्रयास करता है, और आमतौर पर यह कार्य नहीं करता है।

राजनीतिक सर्वेक्षण अक्सर दिखाते हैं कि जनता अधिकारों के एक नए समूह का व्यापक समर्थन करती है। हल अंत में एक महत्त्वपूर्ण मामले के स्वरूप में आता है, जिस पर सर्वोच्च न्यायालय निर्णय करता है। यदि काँग्रेस में बड़े मामलों को निपटाने की शक्ति का अभाव है तो न्यायालय लोगों के अधिकारों के संरक्षण के लिए रक्षा जाल है। जब सर्वोच्च न्यायालय ने समलैंगिक जोड़ों के विवाह के अधिकार को मान्यता दी, तो यह संवैधानिक बन गया तथा काँग्रेस को इसे स्वीकार करना पड़ा, इसके बावजूद काँग्रेस के कुछ सदस्य इसे बेइमानी बता रहे थे और न्यायालय को इसकी स्वतंत्रता के लिए सजा देना चाहते थे। वस्तुस्थिति यह है कि, यदि अमेरिकी लोगों का एक सशक्त बहुमत सार्वजनिक रूप से एक स्थिति का समर्थन करता है तथा काँग्रेस बहुत ज्यादा उदासीन है या कार्रवाई करने के लिए बंधी है, सर्वोच्च न्यायालय अक्सर परिवर्तन के मुख्य सर्जक के रूप में सामने आता है।[3]

जो लोग सोचते हैं कि सर्वोच्च न्यायालय के पास बहुत ज्यादा शक्ति है, उन्होंने इस शक्ति को नियंत्रित करने के लिए: सर्वोच्च न्यायालय के निर्णय को राज्यों के दो-तिहाई के बहुमत के द्वारा पलटने की अनुमति देने; काँग्रेस को ऐसी गतिविधि जो पूर्णतः एक राज्य के अंदर होती है, को नियंत्रित करने का निषेध करने; तथा लोकतांत्रिक तरीके से लागू किए गए कानून को सर्वोच्च न्यायालय के द्वारा अवैध घोषित करने के लिए सात-न्यायाधीशों के अति-बहुमत को आवश्यक करने सहित संभावित संशोधनों को प्रस्तावित किया है। अभी तक इनमें से कोई भी पारित नहीं हुआ है।[4]

सर्वोच्च न्यायालय के तीन मामले

द रॉ बनाम वाडे मामला (1973)

अधिकतर राज्यों में विभिन्न तरीकों से गर्भपात को सीमित करने के कानून हैं। 1973 में सर्वोच्च न्यायालय ने बलात्कार या व्याभिचार के मामले के अतिरिक्त गर्भपात पर प्रतिबंध लगाने वाले टेक्सस के एक कानून से संबंधित मामले को स्वीकार किया। सर्वोच्च न्यायालय ने 7–12 के एक निर्णय में कहा कि, गर्भपात को प्रतिबंधित करने वाला टेक्सस का कानून अमेरिका के संविधान के 14वें संशोधन का उल्लंघन करता है। 14वें संशोधन का पहला अनुभाग कहता है:

> संयुक्त राज्य अमेरिका में जन्मे या देशीयकृत और उसके अधिकार क्षेत्र के अधीन आने वाले सभी व्यक्ति संयुक्त राज्य के साथ-साथ उस राज्य के भी नागरिक हैं, जिसमें वे रहते हैं। कोई राज्य कोई ऐसा कानून नहीं बनाएगा या लागू करेगा जो संयुक्त राज्य के नागरिकों के अधिकारों या संरक्षण का हनन करेगा, न ही कोई राज्य किसी व्यक्ति को जीवन, स्वतंत्रता या संपत्ति से बिना विधि सम्मत कार्रवाई के वंचित करेगा; न ही अपने न्याय प्रक्षेत्र में कोई व्यक्ति कानूनों के समान संरक्षण से वंचित करेगा।

इस प्रकार न कोई राज्य नागरिकों के अधिकारों का हनन करेगा या न ही उन्हें जीवन, स्वतंत्रता या संपत्ति से बिना विधि सम्मत कार्रवाई के वंचित करेगा। एक महिला के पास 'अपनी संपत्ति' (अर्थात उसका शरीर) के उपयोग के निर्णय की 'स्वतंत्रता' होगी। वह अपनी इच्छानुसार गर्भपात करा सकती है। उसको एक अवांछित शिशु को नहीं जन्म देना होगा या अपने सभी जोखिमों के साथ अवैध गर्भपात के लिए जाना होगा। हालाँकि

(जारी)

(जारी)

न्यायधीशों ने अजन्मे शिशु तथा एक स्त्री के स्वास्थ्य में राज्य की वैधानिक अभिरूचि को मान्यता दी। यह जानते हुए कि गर्भावस्था में बाद में किया गया गर्भपात एक स्त्री के स्वास्थ्य को क्षति पहुँचा सकता है या जीवित भ्रूण को चोट पहुँचा सकता है, न्यायालय ने निर्णय दिया कि राज्य 24 या 28 हफ्ते पश्चात गर्भपात पर प्रतिबंध लगा सकता है।

सर्वोच्च न्यायालय के निर्णय की प्रशंसा 'समर्थक' नागरिकों के द्वारा विजय के रूप में की गई। अनेक परिवार कल्याण क्लिनिकों की स्थापना ध्यानपूर्ण गर्भपातों पर सलाह देने तथा करने के लिए की गई। फिर भी इन 'गर्भपात क्लिनिकों' का विरोध करने के लिए एक 'जीवन-समर्थक' नागरिकों का समूह उठ खड़ा हुआ और इन क्लिनिकों में प्रवेश करने वाली महिलाओं को गंदे तरीके से देखने लिए एकत्रित हो गए और कुछ मामलों में ऑपरेशन करने वाले डॉक्टरों को धमकी दी गई और एक की हत्या हो गई। राज्यों में 'जीवन के अधिकार' का समर्थन करने वाले विधायक गर्भपातों पर ज्यादा प्रतिबंध लगाने का प्रयास करते रहते हैं, कुछ यहाँ तक कहते हैं कि बलात्कार या व्याभिचार गर्भपात की अनुमति देने के लिए कोई आधार नहीं है। अनेक राज्य गर्भपात चाहने वाली महिला को गर्भपात करवाने से पहले एक क्लिनिक में दो बार जाना आवश्यक करते हैं। टेक्सस में, उसे गर्भपात करवाने का निर्णय करने से 24 घंटे पहले एक अल्ट्रासांउड करवा कर अपने भ्रूण को देखना होगा। इसके अतिरिक्त डॉक्टर को गर्भपात के चिकित्सीय जोखिमों तथा बच्चे को गोद लिए जाने का प्रस्ताव दिए जाने सहित गर्भपात के विकल्पों के संबंध में राज्य के द्वारा अनिवार्य की गई सूचनाओं को अवश्य पढ़ कर सुनाना होता है।

अन्य राज्य सर्जरी के दौरान महिलाओं के स्वास्थ्य की सुरक्षा को सुनिश्चित करने के लिए क्लिनिकों के पास अत्याधुनिक चिकित्सीय उपकरणों का होना आवश्यक करते हैं। टेक्सस के इस प्रावधान ने हाल ही कई टेक्सस क्लिनिकों को बंद करवा दिया, जो अस्पतालों के सख्त उपकरण मानकों को पूरा नहीं कर सके। 2016 में सर्वोच्च न्यायालय टेक्सस के प्रावधान की संवैधानिकता की समीक्षा करेगा।

जीवन-समर्थक तर्क देते हैं कि एक व्यक्ति का जीवन गर्भधारण से प्रारंभ होता है, एक उर्वरित अंडे के रूप में। वे कहते हैं कि एक 'व्यक्तित्व' होता है और राज्य उस जन्मे व्यक्ति को 'जीवन, स्वतंत्रता या संपत्ति' से 'वंचित' नहीं कर सकता है। यदि कोई मानता है कि व्यक्ति गर्भधारण पर जन्म लेता है, तो एक वास्तविक संघर्ष है कि महिला या भ्रूण में किसके अधिकार ज्यादा महत्त्वपूर्ण हैं। यदि महिला के अधिकार ज्यादा महत्त्वपूर्ण हैं, तो वह जीवित रहेगी, लेकिन दूसरे व्यक्ति, अर्थात् उसके भ्रूण की मृत्यु हो जाएगी। ध्यान दें कि गर्भधारण के साथ व्यक्तित्व के बनने का विचार एक धार्मिक अवधारणा है, न कि वैज्ञानिक अवधारणा, क्योंकि एक उर्वरित अंडे में कोई व्यक्तित्व अथवा चरित्र नहीं होता है, केवल संभावना होती है। सभी नौ न्यायाधीशों ने निर्णय दिया कि भ्रूण एक व्यक्तित्व नहीं है। स्वर्गीय न्यायाधीश स्कालिया ने तर्क दिया कि, एक व्यक्ति से 14 वें संशोधन के शिल्पकारों का अभिप्राय था 'एक चलता-फिरता' व्यक्ति और किसी इरादे से उनका अर्थ एक उर्वरित अंडे से नहीं था।

सर्वोच्च न्यायालय ने राज्यों के द्वारा पारित उत्तरवर्ती प्रतिबंधों पर हाल ही में कोई निर्णय नहीं दिया, हालाँकि वे निचले न्यायालयों में समीक्षाधीन हैं। यह मामला दिखाता है कि कैसे सर्वोच्च न्यायालय राज्य के अधिकार एवं उन व्यक्तियों, जो प्राथमिकता देंगे कि हर राज्य में लोगों के पास यह तय करने का अधिकार होना चाहिए कि वे गर्भपातों के साथ कैसा व्यवहार करते हैं, के साथ विवादों में आता है। एक राज्य में जहाँ बहुत ज्यादा सीमित गर्भपात अधिकार हैं, वहाँ महिलाएँ एक 'गर्भपात अधिकार' वाले राज्य में शल्यक्रिया करने का चयन कर सकती हैं। इसे एक मध्यवर्ग की महिला के द्वारा किए जाने की संभावना है। लेकिन यह गरीब गर्भवती महिलाओं की अनदेखी करता है जो अपने गर्भ को समाप्त करना चाहती हैं, लेकिन दूसरे राज्य में शल्यक्रिया हेतु जाने के लिए

उनके पास धन का अभाव है। इस मामले का एक लंबे समय तक अनसुलझे रहने की आशंका है। एक तरफ आपके पास समर्थक हैं जो एक राष्ट्रीय कानून बनाना चाहते हैं कि गर्भपात बिना किन्हीं शर्तों के वैधानिक है, इसके विपरीत दूसरी तरफ जीवन-समर्थक हैं, जो एक राष्ट्रीय कानून बनाना चाहते हैं कि किसी भी स्थान पर होनेवाला गर्भपात अवैध है।

सर्वोच्च न्यायालय का समलैंगिक विवाह के अधिकार को मान्यता देना

26 जून 2015, शुक्रवार को सर्वोच्च न्यायालय ने 5–4 के मत से समलैंगिक विवाह के राष्ट्रव्यापी अधिकार को मान्यता दी। समलैंगिक युगल 16 राज्यों में विवाह कर सकते थे, लेकिन अन्य राज्य इसकी अनुमति नहीं देते थे या कहीं और किए गए समलैंगिक विवाहों को मान्यता नहीं प्रदान करते थे। इस निर्णय ने समलैंगिक विवाह को 34 राज्यों में, जिन्होंने इस पर प्रतिबंध लगाया था, वास्तविकता बना दिया। न्यायाधीश एंथनी एम. केनेडी, जिन्होंने बहुमत की ओर से लिखा, ने इस निर्णय के संबंध में सर्वाधिक सुंदर अभिव्यक्ति दी: 'कोई मिलन विवाह से गहरा नहीं होता है, क्योंकि इसमें प्रेम, वफादारी, निष्ठा, बलिदान तथा परिवार के सर्वोच्च आदर्शों को समाहित है। वैवाहिक बंधन के बनने मे दो लोग उससे कुछ ज्यादा हो जाते हैं, जो वे कभी थे'। उनका कहना था कि विवाह 'हमारी सामाजिक व्यवस्था का मुख्य आधार' है तथा मुद्दई 'कानून की नजरों में समान सम्मान' की अभिलाषा कर रहे थे। न्यायाधीश केनेडी ने टेक्सस के कानून जिसने समलैंगिक संबंध को एक अपराध घोषित कर दिया था, को निरस्त करने सहित सर्वोच्च न्यायालय के पिछले तीन समलैंगिक अधिकारों पर ऐतिहासिक निर्णयों को लिखा।

जनता का विचार तेजी से बदलता जा रहा है तथा 21 अन्य देशों ने समलैंगिक विवाह के अधिकार को मान्यता दी है। अमेरिका में सर्वेक्षणों ने इंगित किया कि अधिकतर अमेरिकियों ने समलैंगिक विवाह को मंजूरी दी। लेकिन चार न्यायाधीशों, जिन्होंने इस निर्णय के विरुद्ध मतदान किया था, ने असहजता से ले कर घृणा तक भावनाएँ प्रदर्शित की। मुख्य न्यायाधीश जॉन जी. रॉबर्ट्स जूनियर ने कहा कि जो पक्ष में हैं, वे पर्व मना सकते हैं, लेकिन संविधान का इस मामले से कोई लेना-देना नहीं है। उन्होंने निर्णय को इच्छा के अनुरूप कार्रवाई न कि वैधानिक निर्णय के रूप में देखा। उन्होंने कहा कि निष्ठावान व्यक्ति इस निर्णय के साथ थोड़ा भी सहज नहीं महसूस करेंगे, क्योंकि यह धार्मिक स्वतंत्रता को धक्का पहुँचा सकता है। उनका विश्वास था कि समलैंगिक अधिकार कार्यकर्ताओं को राज्य-दर-राज्य राजनीतिक प्रक्रिया का उपयोग कर एक ज्यादा ठोस जीत हासिल करनी चाहिए थी।

स्वर्गीय एंटोनिन स्कालिया ने न्यायाधीश केनेडी की ऊँची भाषा को अहंकारी तथा अभिमानी घोषित कर आलोचना की। न्यायाधीश क्लॉरेंस थॉमस के साथ न्यायाधीश स्कालिया ने लिखा कि न्यायालय के बहुमत ने पुष्टि करने के समय जीवित किसी व्यक्ति तथा उस समय से अब तक लगभग हर किसी व्यक्ति के द्वारा अनदेखा कर दिए गए 'मौलिक अधिकार' की खोज की'। स्कालिया न्यायालय के 'मूलतावादी' विचार का बचाव कर रहे थे जब कि केनेडी 'एक जीवित संविधान' की दृष्टि को अपना रहे थे। केनेडी कह रहे थे कि अधिकारों के विधेयक तथा 14वाँ संशोधन सभी व्यक्तियों के अधिकारों के तथा स्वतंत्रता के उपयोग का विस्तृत दृष्टिकोण का तात्पर्य रखता है। उन्होंने यह भी तर्क दिया कि यह महत्त्वपूर्ण है कि समलैंगिक युगल द्वारा गोद लिए गए बच्चे जानें कि उनके अभिभावक शादीशुदा हैं और वे कमतर स्थिति के कलंक से पीड़ित नहीं हैं।

2016 के चुनाव के राष्ट्रपति पद के उम्मीदवारों ने निर्णय पर अप्रसन्नता दिखाई। अर्कांसस के पूर्व गवर्नर माइक हुकाबी ने माँग की कि लोगों को 'न्यायिक तानाशाही का विरोध तथा उसे अस्वीकृत कर देना चाहिए'। विंकिसन के गवर्नर स्कॉट वॉकर ने कहा, 'अमेरिकी लोगों के पास बचा एकमात्र विकल्प विवाह को

(जारी)

(जारी)

परिभाषित करते रहने की राज्यों की क्षमता की पुनः पुष्टि करने के लिए उन्हें अमेरिकी संविधान में एक संशोधन का समर्थन करना है'।

यह मामला स्पष्ट रूप से प्रदर्शित करता है कि कैसे सर्वोच्च न्यायालय के निर्णय नए कानून बनाते हैं, जो तकनीकी रूप से काँग्रेस का विशेषाधिकार है। केनेडी के अनुसार समलैंगिक विवाह की गारंटी संविधान के द्वारा दी गई है। रॉबर्ट्स के अनुसार, संविधान को समलैंगिक विवाह के संबंध में कुछ नहीं कहना है।

एफोर्डेबल केयर एक्ट (एसीए) पर सर्वोच्च न्यायालय का निर्णय

द *पेशेंट प्रोटेक्शन एंड अफोर्डेबल केयर एक्ट* को काँग्रेस द्वारा पारित किया गया था और 23 मार्च, 2010 को राष्ट्रपति ओबामा के द्वारा कानून के रूप में हस्ताक्षरित किया गया। नए कानून का लक्ष्य बिना किसी स्वास्थ्य बीमा वाले 4 करोड़ से ज्यादा अमेरिकियों की समस्या निराकरण करना था, जो अपने स्वास्थ्य की अनदेखी कर रहे थे या अस्पतालों में आपातकालीन सेवा के लिए जा रहे थे। नए कानून का लक्ष्य निजी स्वास्थ्य सेवा बीमा कंपनियों के द्वारा पूर्व-स्थापित शर्तों के साथ अनेक लोगों को बीमा देने से इनकार कर देने से रोकना भी था।

कानून ने एक प्रणाली को स्थापित किया, जहाँ हर नागरिक अपने खुद के चयनित शर्तों पर स्वास्थ्य बीमा संरक्षण पा सकते थे। जो स्वास्थ्य बीमा कराने में समर्थ नहीं थे उन्हें सब्सिडी दी जाएगी जबकि अन्य लोगों को स्वास्थ्य बीमा खरीदना या एक जुर्माना देना आवश्यक कर दिया जाएगा।

गरीब व्यक्तियों के लागत की भरपाई के लिए, कानून को अधिकतर लोगों के लिए बीमा खरीदने या नहीं लेने के लिए वार्षिक जुर्माने का भुगतान करना आवश्यक करना पड़ा। यह कानून निम्न-तथा मध्य आय वर्ग के परिवारों के लिए सब्सिडी का प्रावधान करता है और ये सब्सिडियाँ सीधे बीमाकर्ताओं को दी जाती हैं, जो फिर अपने उपभोक्ताओं के मासिक प्रीमियमों में छूट देते हैं। औसतन, सब्सिडियाँ मासिक प्रीमियमों में लगभग 75% की कमी कर देती हैं।

सरकार ने *एसीए* से जुड़ने के लिए ऑनलाइन प्रक्रिया तय की, और कुछ कंप्यूटर गड़बड़ियों के बाद इससे जुड़ने को आसान बनाया गया। सरकार की योजना हर राज्य में एक एक्सचेंज की स्थापना करने की थी जो नागरिकों के भुगतानों तथा सब्सिडियों को निपटाएगा। अनेक राज्यों ने इस व्यवस्था को स्वीकार किया जबकि अन्य राज्यों ने सरकार के साथ काम करने से इनकार कर दिया। वे नहीं चाहते थे कि संघीय सरकार उन्हें निर्देशित करे कि उसके राज्य अपने नागरिकों की चिकित्सीय आवश्यकताओं को कैसे पूरा करे।

अफोर्डेबल केयर एक्ट का लक्ष्य बाजारों या एक्सचेंजों को बनाना था, जहाँ लोग व्यक्तिगत तथा पारिवारिक स्वास्थ्य सेवाओं को खरीद सकते थे, यदि उनके पास इसके लिए कोई अन्य स्रोत नहीं था। कानून राज्यों के द्वारा अपने एक्सचेंजों को स्थापित करवाना चाहता था। संघीय सरकार उन राज्यों में एक्सचेंज स्थापित करती जो खुद से नहीं कर सकते थे। यह एक्सचेंज नागरिकों जिनके पास खुद का स्वास्थ्य बीमा खरीदने के लिए साधन का अभाव हो, उनके लिए सब्सिडी उपलबध करवाएगा। *एएसीए* ने कहा कि सब्सिडी सिर्फ उन राज्यों में प्रदान की जाएगी जो एक्सचेंज स्थापित करते हैं। जब से *एसीए* 2010 में पारित हुआ है, काँग्रेस में रिपब्लिकनों ने इसे वापस लेने या कामजोर करने का प्रयास किया। उन्होंने स्वास्थ्य देखभाल को एक अधिकार के रूप में मानने से इनकार कर दिया। फिर भी अमेरिकी नागरिकों ने 2008 में एक राष्ट्रपति को चुनने के लिए मतदान किया जिसने स्वास्थ्य बीमा के राष्ट्रीय अधिकार को बनाने का वादा किया था और 2012 में उसे उस उम्मीदवार के स्थान पर फिर से चुना, जिसने इसे हटाने का वादा किया था। इसके बावजूद रिपब्लिकनों ने इस निरस्त करवाने के लिए तीन मामलों

को सर्वोच्च न्यायालय में लाया। 2012 में मामले ने व्यक्तिगत निर्णय के द्वारा सभी को स्वास्थ्य बीमा खरीदना अनिवार्य करने को चुनौती दी और न्यायालय ने इस चुनौती को खारिज कर दिया।

सबसे हाल के मामले में, *किंग बनाम बुर्वेल* में वर्जिनिया के चार मुद्दई थे जो स्वास्थ्य बीमा नहीं खरीदना चाहते थे। उन्होंने तर्क दिया कि वे अपने राज्य में सब्सिडी पाने के पात्र नहीं हैं, जिसने एक एक्सचेंज की स्थापना नहीं की है और इसलिए उन्हें स्वास्थ्य बीमा नहीं खरीदना है।

25 जून, 2015 को न्यायाधीशों ने इस चुनौती को 6–3 के द्वारा खारिज कर दिया। उन्होंने स्पष्ट किया कि सब्सिडियाँ सभी राज्यों में उपलब्ध होंगी। ओबामा प्रशासन ने कहा कि पूरे कानून का अध्ययन यह स्पष्ट करता है कि सब्सिडियाँ सभी एक्सचेंजों पर उपलब्ध होंगी, इस पर बिना विचार किए कि उन्हें कौन चला रहा है। कानून का उद्देश्य जितना संभव हो, उतने ज्यादा अमेरिकियों को स्वास्थ्य बीमा देना था। अमेरिका में लगभग 80 लाख लोग अपने स्वास्थ्य बीमा को खो देते, यदि न्यायालय ने मुद्दईयों के पक्ष में निर्णय दिया होता। बीमा बाजार ध्वस्त हो गया होता। निम्न-आय तथा ज्यादा स्वस्थ नामांकित तेजी से अपना बीमा छोड़ देते। बदले में बीमाकर्ता अपनी लागतों को पूरा करने के लिए अपनी दरों को बढ़ा देते, और भी ज्यादा लोगों को इस बीमा-संरक्षण से बाहर होते हुए तथा व्यक्तिगत बीमा बाजार को एक्सचेंजों के बाहर भी समस्या पैदा करते हुए।

मुख्य न्यायाधीश जॉन रॉबर्ट्स और न्यायाधीश केनेडी ने ओबामा प्रशासन के साथ सहमति जताते हुए सभी को आश्चर्यचकित कर दिया। उन्होंने कहा, काँग्रेस को बीमा की ऐसी प्रणाली नहीं स्थापित करनी चाहिए जो सिर्फ उन्हीं राज्यों में कार्य करती जिन्होंने एक्सचेंज स्थापित किया था। उन्होंने लिखा, 'काँग्रेस ने *अफोर्डेबल केयर एक्ट* को स्वास्थ्य बीमा बाजारों को सुधारने के लिए पारित किया था, न कि उन्हें बर्बाद करने के लिए'।

हालाँकि बहुत से रूढ़िवादी पागल हुए जा रहे थे, लेकिन अनेक रूढ़िवादी रणनीतिकार तथा राजनीतिज्ञ काफी राहत में थे। लाखों अमेरिकियों के द्वारा खोई गई सब्सिडियों के स्थान पर उनके पास किसी अन्य योजना के न होना उजागर हो गया होता। स्पष्ट रूप से, न्यायालय ने 2010 में *अफोर्डेबल केयर एक्ट* को पारित करने तथा इसे क्रियान्वित करने के काँग्रेस के निर्णय का समर्थन करने की इच्छा प्रदर्शित की।

निष्कर्ष

2105 में सर्वोच्च न्यायालय के निर्णय, सर्वोच्च न्यायालय के कुछ न्यायाधीशों के द्वारा संविधान को देखने के रवैये में एक परिवर्तन का संकेत देते हैं। अमेरिकी संविधान उस समय विकसित किया गया था जब अमेरिकियों के पास गुलाम थे, महिलाएँ मतदान नहीं कर सकती थीं और मूल अमेरिकी लोगों के पास कोई अधिकार नहीं था। उस समय से अनेक नए संस्थान, तकनीकें एवं नई मानसिकताएँ विकसित हुई हैं जिसका संविधान निर्माता पूर्वानुमान नहीं कर सके थे। जब संविधान की रचना हुई थी, तो ऑटोमोबाइल, रेडियो, टेलीविजन, सिनेमा, हवाई जहाज, कंप्यूटर या इंटरनेट नहीं थे। यह जानना असंभव है कि निर्माता इन नए निकायों तथा विचारों से उभरे लाखों मामलों में क्या निर्णय दिए होते।

इसने संविधान की विवेचना पर दो भिन्न मतों को जन्म दिया। मूलतावादी संविधान की विवेचना में निर्माताओं के शब्दों तथा इरादे पर अडिग रहने का चयन करते हैं। उनकी आलोचना संविधान के साथ '*स्ट्रेथ जैकेट*' के जैसा व्यवहार करने के लिए होती है। गैर-मूलतावादी संविधान के साथ एक 'जीवित

दस्तावेज' के रूप में व्यवहार करने को प्राथमिकता देते हैं, जो जीवन तथा मूल्यों के संबंध में नए तथा विस्तृत विचारों के समक्ष खुला है। समय के साथ स्वतंत्रता तथा समानता पर हमारे विचार वर्धित होते जाते हैं। अनेक अमेरिकी अब मानते हैं कि समान लिंग वाले दो व्यक्ति विवाह कर सकते हैं, और यह स्वतंत्रता के हमारे विचार को आगे बढ़ाता है। कई लोग अब मानते हैं कि एक कार्यकारी महिला को उसी कार्य को करने वाले एक कार्यकारी पुरुष के समान वेतन मिलना चाहिए और यह स्वतंत्रता के हमारे विचार को आगे बढ़ाता है। हम स्वतंत्रता और समानता के अधिकारों को सभी लोगों को सम्मान प्रदान करते हुए देखते हैं, उनके स्व-मूल्यों में एक विश्वास।

एक अन्य मामला यह है कि, न्यायालयों को किस हद तक न्यायिक हस्तक्षेप करना चाहिए। काँग्रेस प्राथमिकता देगी कि सर्वोच्च न्यायालय को अपने न्यायिक हस्तक्षेपों को न्यूनतम कर देना चाहिए। काँग्रेस आमतौर पर उन कानूनों को पारित करती है जो लोगों की इच्छा का प्रतिनिधित्व करते हैं और यदि काँग्रेस गलत है और काँग्रेस सदस्य को चुनाव के समय इसका फल भुगतना पड़ेगा। राष्ट्रपति के द्वारा न्यायिक हस्तक्षेप का पक्षधर होने की संभावना है, जब काँग्रेस राष्ट्रपति को एक ऐसी कार्रवाई करने से रोकती है जो सभी के या लोगों के व्यापक बहुमत के हित में होगी। अंत में, उम्मीद है कि सर्वोच्च न्यायालय उन मामलों को चुनना जारी रखेगा जहाँ समाधान यदि तुरंत नहीं लेकिन महत्त्वपूर्ण हो, ताकि मूलभूत मामलों का अंततः समाधान हो जाए।

एक और मामला है कि क्या न्यायाधीशों को जीवन भर के लिए नियुक्त करना चाहिए। मूल विचार था कि न्यायाधीश जीवन भर के लिए नियुक्त होने पर पुनः-निर्वाचित होने के लिए खड़े होने के स्थान पर ज्यादा स्वतंत्र होंगे। लोग आज ज्यादा लंबी अवधि तक जीते हैं और अपने जीवन की लंबी अवधि के लिए काम करने के लिए सक्षम हैं। वहीं दूसरी तरफ, मानसिक तथा शारीरिक शक्तियाँ की आयु के साथ घटने की प्रवृत्ति होती है। एक न्यायाधीश की मानसिक क्षमता घट सकती है या न्यायाधीश वृद्धावस्था या स्मृतिभ्रंश के रोग का अनुभव कर सकते हैं। या एक न्यायाधीश शारीरिक बीमारी या बाधाओं का अनुभव कर सकते हैं जो न्यायालयों के मामलों पर पूरी तरह से विचार करने के लिए समय तथा ऊर्जा होने के साथ हस्तक्षेप करते हैं। कोई उम्मीद कर सकता है कि एक न्यायाधीश या न्यायाधीश का परिवार जानता है कि कब एक न्यायाधीश को सर्वोच्च न्यायालय से सेवानिवृत हो जाना चाहिए। बहुत से सलाह दिए गए हैं। संभवतः सभी न्यायाधीशों को 80 वर्ष की आयु में या एक अवधि (मान लें) 18 वर्षों के पश्चात सेवानिवृत्त हो जाना चाहिए। इसके लिए संविधान में एक संशोधन की आवश्यकता होगी और यह यदि कभी हो, तो इसके नजदीकी भविष्य में होने की संभावना नहीं है।

प्रश्न बना रहता है: अमेरिकी लोगों के लिए क्या अच्छा है इस पर निर्णय करने का नौ न्यायाधीशों को अनुमति देना एक 435 प्रतिनिधियों तथा 100 सीनेटरों के बहुत ज्यादा विविधपूर्ण समूह ने जो तय किया है, उस पर निर्भर करने से अच्छा है? मेरा मत है कि न्यायालय देश को एक बड़े मामले का गहराई से अन्वेषण करने तथा एक निर्णय लेने का एक अवसर प्रदान करता है। न्यायालय का कार्य मामले की संवैधानिकता पर निर्णय लेना है। यदि निर्णय जनता में ठीक नहीं जाता है, तो वे इस पर संविधान में बिना कोई संशोधन किए बहुत कुछ नहीं कर सकते हैं। हमारे संविधान का प्रायोजन अल्पमत अधिकारों के संरक्षण के अधीन बहुमत के विचार को प्रतिबिंबित करना है।

टिप्पणियाँ

1. A. Liptak, 'Why Judges Tilt to the Right', New York Times, February 1, 2015, p. 6.
2. See E. Chemerinsky, 'There is No Such Thing as Objective Judging', Constitutional Daily, November 18, 2014.
3. The Supreme Court, 'Change is Gonna Come', The Economist, July 4, 2015.
4. C. Rampell, 'Tea Partyers Want a More Perfect Constitution', My San Antonio, January 18, 2016.
5. रॉबर्ट्स के न्यायालय पर एक उत्कृष्ट विश्लेषण के लिए, देखें L. Tribe and J. Matz, Uncertain Justice: The Roberts Court and the Constitution (Picador, New York, 2014).

अध्याय-6

संघ-राज्य संबंध में सुधार—क्या राज्य अति स्वतंत्र हैं?

'सिर्फ एक अस्तित्वहीन अमूर्त विश्व के घर्षणरहित निर्वात में ही एक आंदोलन या परिवर्तन संघर्ष के उन खरोंचों वाले घर्षण के बिना हो सकता है।'

सॉल एलिंस्की

मई 1787 में परिसंघीय अंतर्नियमों (आर्टिकल्स ऑफ कन्फेडेरेशन) के असफल होने के कारणों में से एक है कि इसने राज्यों को बहुत ज्यादा शक्ति दे दी। परिणामस्वरूप एक ज्यादा सशक्त संघीय सरकार की आवश्यकता हुई और इसके लिए एक नए संविधान का निर्माण हुआ। संविधान के निर्माताओं ने राज्यों तथा संघीय सरकार के बीच शक्ति के संतुलन के लिए उत्साह से कार्य किया। 10वें संशोधन ने कहा कि संघीय सरकार को नहीं दी गई शक्तियाँ राज्यों या लोगों के पास रहती हैं। अभी भी यही समझ है, लेकिन इस संबंध में अनेक प्रश्न उभरते हैं जैसे कि क्या काँग्रेस अमेरिका के राज्यों को कुछ ऐसा करवा सकती है, जिस पर राज्य महसूस करते हैं कि इस विषय पर निर्णय का उनका अधिकार है। उदाहरण के लिए, कानून कहता है कि महिलाओं के पास गर्भपात का अधिकार है, लेकिन हर राज्य गर्भपात की शर्तों से संबंधित भिन्न नियम बनाने के लिए स्वतंत्र है। आज काँग्रेस ने समलैंगिक जोड़ों की शादी के अधिकार को मान्यता दे दी लेकिन अनेक राज्य प्रतिरोध कर सकते हैं या इसको लागू करने में उदासीनता बरत सकते हैं।

अब भी ओकलाहोमा, टेक्सस, मोन्टाना, यूटा सहित अनेक अमेरिकी राज्य संघीय सरकार के आकार तथा शक्ति से नाखुश हैं। कुछ लोगों ने यहाँ तक सलाह दी है कि दक्षिणी राज्यों को संयुक्त राज्य से अलग हो जाने के लिए फिर से सोचना चाहिए। वे संघीय सरकार को बहुत ज्यादा बड़ी, बहुत ज्यादा अक्षम और बहुत ज्यादा नियमन करने वाली सरकार के रूप में देखते हैं। वे कहते हैं कि वाशिंगटन से नौकरशाह हमारी अर्थव्यवस्था के बड़े हिस्से का संचालन करते हैं। एक भावना है कि गवर्नर तथा मेयर अपने राज्यों तथा शहरों को ज्यादा कुशलता से चलाते हैं तथा अपने लोगों की आवश्यकताओं के ज्यादा नजदीकी संपर्क में हैं। ज्यादा क्षेत्रीय तथा स्थानीय नियंत्रण के लिए प्राथमिकता बढ़ती जा रही है। इसका अर्थ है कि संघीय सरकार से राज्य तथा स्थानीय सरकारों को शक्ति का ज्यादा हस्तांतरण।

संविधान के निर्माताओं की तरह अमेरिका में संघीय तथा राज्य की शक्तियों के बीच समुचित संतुलन पर अभी भी बहस जारी है। मूलभूत समझ है कि संविधान यह स्पष्ट करता है कि संघीय सरकार सिर्फ विशेष प्रकार के कानूनों को पारित कर सकती है और बाकी सब कुछ इसने राज्यों पर छोड़ा हुआ है।

संविधान में एक नए संशोधन को कैसे पारित किया जा सकता है?

संविधान ध्यानपूर्वक वर्णित करता है कि एक नए संशोधन को कैसे पारित किया जा सकता है तथा कैसे देश का कानून बन सकता है। यहाँ पर दो प्रक्रियाएँ हैं:

- जब भी दोनों सदनों के दो-तिहाई सदस्य इसे आवश्यक समझें, काँग्रेस संविधान में संशोधनों को प्रस्तावित कर सकती है।
- या राज्यों के विधानसभाओं के दो-तिहाई सदस्य संशोधनों को प्रस्तावित करते हुए एक सम्मेलन का आह्वान कर सकते हैं।

हर मामले में, संशोधन तभी मान्य होगा जब तीन-चौथाई राज्यों के विधायकों या तीन-चौथाई राज्यों के सम्मेलन के द्वारा इसकी पुष्टि होगी।

ध्यान दें कि काँग्रेस में एक साधारण बहुमत से पारित या संशोधित किए जाने वाले कानूनों तथा नियमनों के विपरीत संविधान में बदलाव करना मुश्किल है। इस रूढ़िवादी प्रवृत्ति का प्रमाण इस तथ्य से पाया जा सकता है कि, 225 वर्ष के इतिहास में संविधान में सिर्फ 27 संशोधन हुए हैं। पहले दस संशोधनों में अधिकारों के विधेयक थे जिन्हें 25 सितम्बर 1789 में पारित किया गया तथा 15 दिसम्बर 1791 को इनकी पुष्टि हुई। शेष संशोधन, 11–27, विभिन्न प्रशासनों के दौरान काँग्रेस के द्वारा पारित किए गए। अंतिम संशोधन, संख्या 27, काँग्रेस के वेतन में वृद्धि से संबद्ध था और कहता था कि सीनेटरों तथा प्रतिनिधियों का वेतन में तब तक बदलाव नहीं हो सकता है जब तक कि प्रतिनिधियों के एक निर्वाचन 'में हस्तक्षेप न किया गया होगा'। दूसरे शब्दों में, काँग्रेस अपने वेतन को बढ़ा (या घटा) नहीं सकती है जब तक दूसरा चुनाव नहीं होता है।

यह सब स्पष्ट करता है कि एक नए संशोधन के माध्यम से सर्वाधिक प्रस्तावित सुधारों को पारित किए जाने की संभावना नहीं है। अधिकतर सुधारकों को ज्यादा विनम्र सुधारात्मक कार्रवाईयों को करने के लिए तरीके खोजने होंगे।

राज्यों में मतभेद हैं कि वे क्या चाहते हैं

राज्य यह तय करने के लिए स्वतंत्र हैं कि वे और उनके नागरिक क्या चाहते हैं। यह अर्थपूर्ण लगता है क्योंकि राज्यों में उनकी राजनीतिक तथा सांस्कृतिक इतिहासों तथा आर्थिक संसाधनों एवं आय में काफी विभिन्नता है। अमेरिकी अपने स्वतंत्रता को मूल्यवान मानते हैं और संघीय सरकार को हर मामले पर

समान शर्तों को लादते हुए नहीं देखना चाहते हैं। न्यायाधीश लुइस डी. ब्रैंडिस ने राज्यों को 'लोकतंत्र की प्रयोगशालाएँ' कहा था। वे नवाचारों के लिए परीक्षण स्थल को उपलब्ध कराते हैं जिसे अन्य राज्य भी प्रयोग में ला सकते हैं तथा यहाँ तक कि संघीय सरकार भी विचार कर सकती है।[1]

इस भावना के साथ प्रतिनिधि सभा शिक्षा पर संघीय नियमनों को कम करने तथा शिक्षकों तथा विद्यार्थियों के प्रदर्शन का मूल्यांकन करने के लिए राज्य तथा स्थानीय अधिकारियों को विवेकाधीन शक्ति प्रदान करने की एक योजना पर विचार कर रही है। मिनेसोटा के रिपब्लिकन तथा सदन शिक्षा समिति के अध्यक्ष जॉन क्लाइन ने कहा कि यह योजना 'अमेरिकी परिवारों को वह शिक्षा प्रणाली देगी, जिसके वे पात्र हैं, न कि वह प्रणाली जो वाशिंगटन चाहता है।'[2]

उसी समय, अमेरिका के राज्यों की प्रमुख समस्याओं के हलों में बड़ी भिन्नताओं की एक लागत है। यहाँ कुछ उदाहरण दिए गए हैं:

- समलैंगिक विवाह कुछ अमेरिकी राज्यों में वैध है, लेकिन अन्य राज्यों में नहीं। क्या होगा यदि एक समलैंगिक विवाहित युगल एक राज्य में जाता है जो उनके विवाह को मान्यता नहीं प्रदान करता है? इस समस्या का सबसे ज्यादा तर्कसंगत हल यह है कि, किसी दूसरे राज्य से नए राज्य में आनेवाले सभी विवाहित युगलों को वैधानिक रूप से विवाहित मान लेना चाहिए।
- गर्भपात के नियम अमेरिका में राज्य-से-राज्य काफी बदलते रहते हैं। इंडियाना राज्य में रह रही स्त्री अपने गर्भपात लागतों को तब तक बीमा आच्छादित नहीं करवा सकती है जब तक कि उसका जीवन खतरे में न हो, उसके साथ बलात्कार न हुआ हो, या व्याभिचार न किया गया हो, लेकिन यदि वह गर्भपात के लिए इलिनियॉस राज्य जा सकती है और पूरे धन को पा सकती है। गर्भपात करवाने पर अलग-अलग राज्यों की अलग-अलग आवश्यकताएँ हैं, क्या उसके अभिभावक इसकी अनुमति देते हैं, क्या महिला के लिए प्रतीक्षा अवधि तक इंतजार करना आवश्यक है, एवं क्रमशः इसी तरह।
- प्रत्येक राज्य अपने विद्यार्थियों के लिए आधारभूत पाठ्यक्रम को परिभाषित करता है। कुछ राज्य *एसटीईएम* (STEM) विषयों (विज्ञान, प्रौद्योगिकी, अभियांत्रिकी तथा गणित) पर बहुत बल देते हैं, जबकि अन्य सिर्फ पढ़ने, लिखने तथा अंकगणित के बुनियादी सिद्धांतों पर काम करते हैं। *के-12* के एक विद्यार्थी को अंग्रेजी भाषा, कला तथा गणित में प्रत्येक ग्रेड के अंत में क्या जानना चाहिए, इसका वर्णन कर परिभाषित करते हुए (बाद में वे इसे सामाजिक विज्ञान तथा विज्ञान के लिए परिभाषित करेंगे) संघीय सरकार सभी राज्यों के लिए एक मानक मूलभूत पाठ्यक्रम परिभाषित करना चाहती है। इसके पीछे का विचार यह सुनिश्चित करना है कि एक उच्च विद्यालय से उत्तीर्ण करने वाले विद्यार्थी महाविद्यालय या कार्यबल में जुड़ने के लिए तैयार रहें। हालाँकि चाहे *एकसमान मूल राज्य मानक पहल* की ओर अधिगमन का समर्थन नेशनल गवर्नर्स एशोसिएशन (एनजीए) तथा कॉन्सिल ऑफ चीफ स्टेट स्कूल ऑफिसर्स (सीसीएसएसओ) के द्वारा किया जाता है, इसके बावजूद विभिन्न राज्य इस पहल के घोर विरोध में है। कुछ रूढ़िवादी इसे राज्य तथा स्थानीय शिक्षा प्रणालियों का संघ के द्वारा 'ऊपर-से-नीचे तक' अधिग्रहण के रूप में देखते हैं। दक्षिण कैरोलिना के गवर्नर निक्की हेली ने कहा कि, उनका राज्य 'शिक्षा पर नियंत्रण को संघीय सरकार के हाथों में नहीं छोड़ेगा, और न ही वह इसे अन्य राज्यों की सहमति को सौंप देगा।' इस बीच, थॉमस बी. फोर्डहैम संस्थान *समान मूल मानकों* को 'स्पष्ट रूप से वे गणित तथा पढ़ाई दोनों [...] में जो उपयोग में है, उनसे ज्यादा बेहतर मानता है।'[3]

- आज एक बड़ी समस्या है कि क्या चिकित्सीय या मनोरंजन के प्रयोजनों के लिए मरिजुआना उगाया जा सकता है और इसका उपयोग किया जा सकता है। कोलोराडो, वाशिंगटन राज्य, अलास्का तथा ऑरेगोन जैसे अनेक राज्यों ने मरिज़ुआना को मनोरंजन के प्रयोजन से उपयोग करने के पक्ष में मत दिया। फिर भी काँग्रेस तथा ओबामा प्रशासन इस विषय पर संघीय कानून के लिए जोर देने से भयभीत हैं। तकनीकी रूप से, न्याय विभाग मरिज़ुआना से संबंधित कारोबारों तथा व्यक्तियों को एक संघीय अपराध करने के लिए दंडित कर सकता है। चिकित्सा तथा मनोरंजन के लिए मरिज़ुआना को वैध करते हुए राज्यों को अनुमति देने के लिए एक विधेयक की जरूरत है। अथवा काँग्रेस न्याय विभाग को राज्यों को अपनी खुद की नीतियों को बनाने से से रोकने की मनाही करने हेतु एक प्रावधान को अनुमोदित कर सकती है। अंततः, मरिज़ुआना को *कंट्रोल्ड सबस्टांसेज एक्ट* से हटाया जाना चाहिए, जहाँ यह हेरोईन तथा एलएसडी जैसी नशीली दवाओं के रूप वर्गीकृत है। यह अमेरिकी राज्यों के लिए यह निर्णय लेना आसान कर देगा कि वे इस कैसे विनियमित करना चाहते हैं।[4]
- प्रत्येक अमेरिकी राज्य तथा शहर अपने खुद के बंदूक कानूनों को परिभाषित करते हैं। हथियार रखने तथा संभालने का अधिकार अमेरिकी संविधान के दूसरे संशोधन के द्वारा संरक्षित है। फिर भी आग्नेयास्त्रों, गोलाबारुदों तथा आग्नेयास्त्रों के सामानों के निर्माण, व्यापार, रखने, स्थानांतरण, रिकॉर्ड रखने, परिवहन तथा नष्ट करने के विनियमन के लिए अनेक संघीय कानून हैं। इन्हें मद्य, तंबाकू, आग्नेयास्त्र तथा विस्फोटकों (एटीफ) के द्वारा लागू किया जाता है। 1994 में सरकार ने घातक हथियारों पर संघीय पाबंदी को पारित किया जिसने सेमी-ऑटोमैटिक हथियारों तथा बड़ी क्षमता के गोलाबारूद भरने वाले उपकरणों पर प्रतिबंध लगा दिया। हालाँकि राज्यों तथा शहरों को अपने खुद के बंदूक कानूनों को परिभाषित करने के लिए ज्यादा स्वतंत्र छोड़ते हुए 2004 में इस कानून की अवधि समाप्त हो गई।

निष्कर्ष

हम देख सकते हैं कि अमेरिकी राज्य मद्य या सख्त दवाओं, उद्भव तथा आत्मवाद, अभिव्यक्ति तथा घृणापूर्ण भाषण की स्वतंत्रता, मार्चों एवं रैलियों की अनुमति, सार्वजनिक परिधान, अभियान वित्तपोषण, सार्वजनिक विद्यालयों में प्रार्थना, धार्मिक विद्यालयों के लिए वित्तीय सहायता एवं कई अन्य विषयों पर अपने खुद के कानूनों को बनाने के लिए काफी हद तक स्वतंत्र हैं। इससे एक दूसरे राज्य में जा रहे व्यक्तियों तथा परिवारों पर यह अवगत रहने का बोझ आता है कि नए राज्य में कानून उनके पिछले राज्य से काफी भिन्न हो सकते हैं। यह अंतर्राज्यीय व्यापारों को कर रहे लाखों कारोबारों पर भी अलग-अलग राज्यों में अपने कारोबारों को करने के लिए अलग-अलग जरूरतों की पहचान करने का बोझ डालता है।

यह संभव नहीं है कि राज्य समानता बढ़ाने के संघीय प्रयासों के लिए अपने नागरिकों की प्राथमिकताओं को पूरा करने वाले कानूनों एवं विधियों को बनाने के अधिकार को छोड़ देंगे। यह विषय तब तक समाप्त नहीं होगा जब तक कि एक संघीय अमेरिकी सरकार और भिन्न राज्य सरकारें हैं।

एक समान रूप से दिलचस्प तथ्य यह है कि एक अमेरिकी राज्य का विधान सदन अक्सर एक समान राज्य कानून पारित करता है, जिससे इस राज्य अनेक शहर असहमत रहते हैं। एक राज्य धूम्रपान को प्रतिबंधित करने की इच्छा रख सकता है, लेकिन इसके अनेक शहर आपत्ति दर्ज करा सकते हैं। या एक राज्य बंदूकों

की आसान बिक्री की अनुमति दे सकता है, लेकिन इसके कुछ नगर बंदूकों की बिक्री पर प्रतिबंध लगा सकते हैं।

राज्य अक्सर अनुमोदन से बचने के लिए स्थानीय सरकारों की शक्ति की जगह लेने का प्रयास करते हैं। टेक्सस जैसा एक राज्य कारोबार को आकर्षित करने के लिए मित्र राज्य बनना चाह सकता है, लेकिन टेक्सस के अनेक शहर कठोर प्रदूषण-विरोधी कानूनों को पारित करने की इच्छा रख सकते हैं। अतः, जैसे संघीय सरकार राज्यों से विशेष मानकों के अनुमोदन की आकांक्षी रहती है, वैसे ही राज्य सरकारें अपने शहरों से पुष्टि करने में इसी समस्या का सामना करती हैं।[5]

टिप्पणियाँ

1. A. Chatterji, ‘Don’t Look to States for New Ideas’, The New York States, January 12, 2015.
2. T. Lewin, ‘More Conflict Over Cutting Federal Role in Education’, New York Times, February 24, 2015.
3. S. Banchero, ‘School-standards Pushback’, The Wall Street Journal, March 23, 2013; M. Malkin, ‘Lessons from Texas and the Revolt Against Common Core Power Grab’, Noozhawk, March 24, 2013; T. B. Fordham Institute, ‘State of State Standards & the Common Core in 2010—Executive Summary’, August 26, 2013.
4. Editorial, ‘Congress and Obama Are Too Timid on Marijuana Reform’, New York Times, August 8, 2015.
5. S. Dewan, ‘States are Overturning Local Law, Often at Behest of Industry’, New York Times, February 24, 2015.

अध्याय-7

राजनीतिक दलों में सुधार—क्या दल बहुत अनम्य हैं?

'अमेरिका में दो वास्तविक राजनीतिक दल हैं, विजेता तथा पराजित।'

कर्ट वॉनेगट

यह सर्वविदित है कि संविधान के निर्माता राजनीतिक दलों को नहीं पसंद करते थे। संविधान में दलों के संबंध में कुछ नहीं कहा गया है। फिर भी अधिकतर देशों में आज दो या अधिक राजनीतिक दल हैं। हालाँकि चीन तथा रूस अपवाद हैं।

नागरिकों के पास व्यक्तियों के रूप में सार्वजनिक नीति को प्रभावित करने की बहुत कम क्षमता है। लेकिन वे आबादी में समान विचारों का समर्थन करनेवाले दूसरे नागरिकों को मान्यता देते हैं। उनके द्वारा समान हित समूह का प्रतिनिधित्व करने वाले समूह से जुड़ने की संभावना होती है। यह प्रदूषण तथा पर्यावरणीय क्षति को कम करने की इच्छा रखनेवाला एक हित समूह हो सकता है। यह समूह सरकारी विचार-विमर्शों में कुछ राजनीतिक प्रभाव की इच्छा रख सकता है। वे स्वयं को *हरित दल* के रूप में स्थापित कर सकते हैं तथा ज्यादा सदस्यों एवं रंगरूटों की भर्ती करना चाहते हैं। एक और हित समूह व्यक्तिगत हितों के संरक्षण की ओर प्रवृत हो सकता है तथा अन्यों को आकर्षित कर सकता है और एक उदारवादी दल के रूप में विकसित हो सकता है।

यह देखना महत्त्वपूर्ण है कि अधिकतर देशों में सिर्फ दो दलों के स्थान पर अनेक दल हैं। उदाहरण के लिए इटली पर विचार करें। 1945 से 1994 के बीच इटली की राजनीति पर दो दलों का प्रभुत्व था; *क्रिश्चियन डेमोक्रेसी*, जो सरकार का दल था; और *इटालियन कम्यूनिस्ट पार्टी*, जो मुख्य विपक्षी दल था। एक और विपक्षी दल था, *अर्थात् फासीवाद के बाद का इतालवी सामाजिक आंदोलन। क्रिश्चियन डेमोक्रेसी* दल ने अपने गठबंधन सदस्यों को चार दलों में से चुना:द *इटालियन सोशलिस्ट पार्टी, द इटालियन डेमोक्रेटिक सोशलिस्ट पार्टी, द इटालियन रिपब्लिकन पार्टी* तथा *इटालियन लिबरल पार्टी*। आज चित्र ज्यादा जटिल है। (पिछले आम चुनाव में 4% से ज्यादा मत प्राप्त किए जाने से परिभाषित) आठ प्रमुख दल अस्तित्व में हैं: *डेमोक्रेटिक पार्टी, फाइव स्टार मूवमेंट, फॉरवर्ड इटली, नॉर्दर्न लीग, न्यू-सेंटर-राइट, सिविक च्वाइस, लेफ्ट*

इकोलॉजी फ्रीडम तथा *ब्रदर्स ऑफ इटली*। इसके अतिरिक्त 33 छोटे दल हैं, जैसे *पेंशनर्स पार्टी, पार्टी ऑफ इटालियन कम्यूनिस्ट्स, न्यू इटालियन सोशलिस्ट पार्टी* तथा *ग्रीन इटली*।[1]

ऐसे एक बहु-दलीय प्रणाली में कोई इकलौता दल बहुमत नहीं प्राप्त कर सकता है। इसके स्थान पर प्रत्येक प्रमुख दल को उन अन्य दलों के साथ गठबंधन बनाना होता है, जो बहुत ज्यादा भिन्न नहीं हैं। गठबंधन के दलों को उनके गठबंधन के नेता तथा कुछ प्रमुख पदों पर अवश्यतः सहमत होना चाहिए। यह स्पष्ट है कि एक गठबंधन दल के द्वारा जनता के लिए किए गए कुछ वादों को पूरे किए जाने की संभावना नहीं रहती है; क्योंकि बहुत से हित उनके गठबंधन के अंदर आपस में टकराएंगे तथा पराजित दलों के द्वारा सतत विरोध होगा।

अमेरिका की राजनीतिक दल प्रणाली दो टिकाऊ दलों, रिपब्लिकन तथा डेमोक्रेट, के साथ बहुत ज्यादा सरल है। रिपब्लिकन अधिकतर कारोबारों और धनिकों के हितों का प्रतिनिधित्व करते हैं। वे एक दल होने का दावा करते हैं जो ज्यादा आर्थिक वृद्धि को उत्पन्न करेगा और यह गरीबों तक 'नीचे रिसेगी'। वास्तव में, डेमोक्रेट के शासन में ज्यादा आर्थिक विकास हुआ है, क्योंकि ज्यादा सामाजिक लाभ योजनाओं के पारित होने से ज्यादा 'नीचे रिसाव' है। डेमोक्रेट अधिकतर कामकाजी तथा मध्य वर्गों के हितों का प्रतिनिधित्व करते हैं। रिपब्लिकन मध्यम वर्ग की सेवा का दावा करते थे लेकिन अमेरिकी मध्यमवर्ग के सिकुड़ने के कारण वे अपनी पकड़ खो रहे हैं। 2008 में शुरू हुई महामंदी ने मध्यमवर्ग के आकार, वेतन तथा निवल मूल्य को कम कर दिया। 1971 के 61% से कम होकर 2012 में अमेरिकी जनसंख्या में मध्यम वर्ग 51% था।

कई बार टेडी रूज़वेल्ट की *बुल-मूस पार्टी*, नॉर्मन थॉमस की *सोशलिस्ट पार्टी* तथा पेट बुकानन से प्रेरित *अमेरिकाज फर्स्ट पार्टी* जैसे छोटे दल हुए हैं। लेकिन इनमें से कोई दल बहुत दूर नहीं गया या लंबी अवधि तक बना रहा। कभी-कभी रॉल्फ नाडर या एच. रॉस पेरोट जैसे ख्यात व्यक्तित्व के खड़े होने और उनके मतों की संख्या, हालाँकि कम ही, अक्सर जीत को विपक्षी दल की ओर स्थानांतरित कर सकती है। यदि रॉल्फ नाडर 2000 में नहीं लड़े होते, तो अल गोर ने स्पष्ट रूप से उस वर्ष डेमोक्रेटिक चुनाव जीत लिया होता।

कोई भी व्यक्ति यह तर्क दे सकता है कि, अमेरिका में एक तीसरे स्थायी दल से कुछ लाभ होंगे। सर्वप्रथम, मतदाताओं के पास सिर्फ दो उम्मीदवारों के स्थान पर तीन मतदाताओं के बीच चुनने का विकल्प होगा। दूसरा, ज्यादा ध्रुवीकृत हो चुके दो दलों से एक तीसरा दल ज्यादा उदारवादी हो सकता है। उदाहरण के लिए, ब्रिटेन में शासन में कभी-कभी ही आने वाले *लिबरल डेमोक्रेट्स*, वाम में *लेबर* तथा दक्षिण में *कंजर्वेटिव्स* के बीच 'केंद्र में आधार' बनाते दिखते हैं। तीसरा, दो मुख्य दल तीसरे दल के द्वारा विज्ञापित नीतियों से अपने नीतियों के निर्धारण में प्रभावित होंगे।

अतीत के वर्षों में, अमेरिकी दल एक दूसरे के साथ सौहार्दपूर्ण थे तथा एक दल में विशेष नेतागण, जैसे डेमोक्रेटिक नेता टेड केनेडी तथा रिपब्लिकन दल जॉन मैककैन को दूसरे दल के सदस्यों से बहुत ज्यादा सम्मान प्राप्त था। कुछ विधेयकों को प्रत्येक दल के एक सदस्य के द्वारा प्रायोजित किया जाता था। दोनों दल समझौते तथा यदि संभव हो तो साथ में हल खोजने की आवश्यकता सम्मान करते थे, विशेषकर यदि दोनों जीत का दावा कर सकते थे।

दलों में कैसे मतभेद हैं: ध्रुवीकरण तथा गति-अवरोध?

समय के साथ-साथ उनमें कितना बदलाव आया है! 2008 में ओबामा के चुनाव से दोनों अमेरिकी दल ज्यादा ध्रुवीकृत तथा गति-अवरोधित हो गए हैं। हम गति-अवरोधों (ग्रिडलॉक) और बड़े पैमाने पर असफल सौदेबाजी की रिपोर्टों को सुनते हैं। काँग्रेस किसी विधेयक को पारित करते नहीं प्रतीत होती है। हम ध्रुवीकरण के संबंध में तीन प्रश्नों की जाँच-पड़ताल करेंगे।

1. ध्रुवीकरण क्यों होता है?

रिपब्लिकनों ने *एक्टिविस्ट टी पार्टी* शाखा के उभार तथा अन्य घटनाक्रमों के परिणामस्वरूप अमेरिकी राजनीति में दक्षिणपंथ की ओर जाना प्रारंभ कर दिया है। *टी पार्टी* अपने खुद के दल में भी दुराग्रही लगभग 40 सभा प्रतिनिधियों वाले *फ्रीडम कॉकस* में उत्परिवर्तित हो गई है। वे कोई समझौता नहीं करेंगे। उनके अनुरूप न होने पर वे सरकार की बंदी करने के इच्छुक होंगे। सरकार को ऋण लेने की सीमा बढ़ाने की अनुमति देने के बदले में *फ्रीडम कॉकस* बड़ी पात्रताओं वाले सुधारों को चाहता है, अर्थात, समाजिक सुरक्षा, स्वास्थ्य देखभाल तथा स्वास्थ्य सहायता में कटौती। वे योजनाबद्ध अभिभावकत्व, ईरान के साथ परमाणु समझौता तथा ओबामाकेयर के वित्तपोषण की समाप्ति की भी माँग करते हैं। वे किसी सर्वग्राही व्यय बिल को भी अस्वीकृत करेंगे ताकि वे बहुत सी एजेंसियों और विधेयकों, जिन्हें वे नहीं पसंद करते हैं, उन्हें बंद करते हुए रक्षा विभाग जैसे अपनी पसंद के हिस्सों का वित्तपोषण कर सकें। टेड क्रूज जैसे सीनेट के सहयोगियों के साथ वे अपनी अति-दक्षिण प्राथमिकताओं को स्वीकार कराते हुए अमेरिका का भयादोहन करना चाह रहे हैं। वे अपनी स्थितियों पर चुनाव के दिन मत नहीं डलवाना चाहते हैं क्योंकि वे जानते हैं कि वे हार जाएँगे।

इसने कुछ डेमोक्रेटों को वाम की ओर जाने के लिए प्रवृत्त किया है। यह एक ऐसे बिंदु पर पहुँच गया था, जहाँ सर्वाधिक न्यूनतम रूढ़िवादी रिपब्लिकन अधिकतम डेमोक्रेट के दाहिने था। यह *असममित ध्रुवीकरण* कहलाता है। अब कोई अधिव्यापन नहीं है। दोनों पक्ष विरोधी नहीं हैं; वे दूसरे पक्ष को दुश्मन के रूप में देखते हैं। एक दक्ष अवलोकनकर्ता नॉर्मन ओर्न्स्टीन कहते हैं कि दल अब आदिवासी कबीले बन चुके हैं। रिपब्लिकन कर-विरोधी, जीवन-समर्थक, बंदूक-समर्थक तथा विवाह समानता विरोधी हैं। डेमोक्रेट, जो एक न्यूनतम-वेतन वृद्धि का समर्थन करते हैं, गर्भपात के अधिकारों तथा समलैंगिक विवाह के भी समर्थक हैं।

अमेरिका में आय में बढ़ता अंतर उम्मीदवारों को उनकी स्थिति को प्रभावित करनेवाले अतिवादी व्यक्तिगत दानकर्ताओं पर ज्यादा निर्भर करवा रहा है। इसके अतिरिक्त, दल के नेता, दल के प्रति ज्यादा वफादारी और अनुशासन की माँग कर रहे हैं और थोप रहे हैं। मीडिया की विविधता और विभाजन तथा समाचार चैनलों में उनकी बढ़ती पक्षधरता, ज्यादा ध्रुवीकरण में योगदान कर रही है। मतदाता उत्तरोत्तर मीडिया को टेलीविजन अथवा इंटरनेट को अपने विचारों को पुष्ट करने के लिए चुन रहे हैं। अंततः, काँग्रेस सदस्यों के बीच गलियारों में कम सामाजिक विचार-विमर्श हो रहा है। ज्यादा सदस्य अपना समय वाशिंगटन के बाहर व्यतीत कर रहे हैं और वाशिंगटन में उनका कार्यभार इतना ज्यादा है कि खुले अनौपचारिक विमर्श के लिए बहुत कम समय बचता है।

2. परिणाम क्या हैं?

वर्धित वैचारिक मतभेद संभव समझौतों की संख्या को घटा देते हैं। वे कुछ सदस्यों को अस्थिरता फैलाने में संलग्न रहने के लिए प्रोत्साहन देते हैं। *गतिरोध की स्थिति* या राष्ट्रपति के वीटो, समझौतों के अवसरों को घटा देते हैं। सीनेट बहस को समाप्त नहीं कर सकती है और सीनेट के साठ फीसदी सदस्यों द्वारा इसके लिए बिना मतदान करवाए, अंत में मतदान नहीं करवा सकती है। रिपब्लिकन दल के कुछ सदस्य समझौते की जगह समय-समय पर सरकार को बंद करने की धमकी देते हैं।

1 से 16 अक्टूबर, 2013 तक 16 दिवसीय बंदी हुई, क्योंकि डेमोक्रेट ओबामाकेयर में परिवर्तनों के लिए तैयार नहीं थे, जिसका सरकार का वित्तपोषण के वास्तविक मामले से कोई लेना-देना नहीं था। परिणामस्वरूप सरकार का काम-काज ठप्प हो गया, जिसमें लगभग 800,00 संघीय कर्मियों को अनिश्चित काल तक छुट्टी पर भेज दिया गया और अन्य 13 लाख कर्मचारियों को बिना ज्ञात भुगतान दिवसों के काम पर आना आवश्यक कर दिया गया। अमेरिकी करदाताओं को लगी चपत अरबों डॉलर में थी और अनेक नागरिकों के द्वारा सामना की गई दुश्वारियों का तो कोई उल्लेख ही नहीं है।

वास्तविक त्रासदी यह है कि चाहे डेमोक्रेट ही राष्ट्रपति का चुनाव जीतें, नया राष्ट्रपति कुछ नहीं करवा सकता है। इसने अनेक मतदाताओं के प्रश्न को जन्म दिया है, चूंकि यह आवश्यक कानूनों को पारित करवाने में कोई अंतर नहीं पैदा करेगा, तो क्यों उन्हें मतदान ही करना चाहिए। *फ्रीडम कॉकस* सौदों तथा समझौतों के लिए मैडिसोनियन संवैधानिक अनिवार्यता को प्रभावहीन कर देता है।

3. हल क्या हैं?

एक हल है, काँग्रेस जिलों के अनुचित निर्धारण को कम करना; जो काँग्रेस के एक सदस्य या सदस्या को अनवरत चुनाव जीतने तथा उसके विचारों पर सशक्त बहस का सामना नहीं करने की अनुमति देती है। एक और हल बंद निर्वाचनों, जिनमें ज्यादा अतिवादी मतदाता शामिल होते हैं, के स्थान पर खुले निर्वाचनों का समर्थन करना है। एक तीसरा हल अमीर व्यक्तिगत दाताओं, तथा पीएसीज़ एवं सुपर पीएसीज़ के प्रभाव को कम करते हुए चुनाव अभियानों के वित्तपोषण में सुधार करना है। एक चौथा हल बहसों, *गतिरोध* तथा राष्ट्रपति के वीटों को खत्म करने के संबंध में नियमों में परिवर्तन करना है।

छः में से सिर्फ एक अमेरिकी काँग्रेस के द्वारा किए जाने वाले कार्य को अनुमोदित करते हैं। हर दल में अपने सभी सदस्यों से पक्षपातपूर्ण तरीके से ऋण सीमा बढ़ाने या सामाजिक सुरक्षा को विस्तृत करने जैसे मामले पर एक तरह से मतदान करवाया जाता है। 21वीं सदी में दल के आधार पर मतदान ने अतीत के द्विपक्षीय गठबंधन का स्थान ले लिया है।

अमेरिका के दो दल विरोधी विचारधाराओं का प्रतिनिधित्व करते हैं। रिपब्लिकन अतीत के गौरव का आह्वान करने के लिए प्रवृत्त होते हैं: वे कानून और व्यवस्था, एक सशक्त सेना, ग्रामीण मूल्यों, धार्मिक मूल्यों तथा वित्तीय रूढ़िवादिता के पक्षधर हैं। उनका मंत्र छोटा प्रशासन एवं कम विनियमन है। वे करों,

सरकारी तथा सामाजिक एवं पर्यावरणीय लाभों में कटौती करने को प्राथमिकता देते हैं। वे *आदर्शवाद के विरोधी* हैं तथा अतीत एवं वर्तमान को प्राथमिकता देते हैं।

अनेक रिपब्लिकनों के द्वारा अपनाई गई वर्तमान नीति स्थितियों पर विचार करें:

- चिकित्सीय-देखभाल तथा चिकित्सीय-सहायता को समाप्त करें या बहुत ज्यादा कम करें।
- सामाजिक सुरक्षा को कम करें या खत्म करें।
- पर्यावरण सुरक्षा एजेंसी (ईपीए) को निरस्त करें।
- न्यूनतम वेतनमान कानून को निरस्त करें या जहाँ पर वे हैं, उन्हें वहीं पर छोड़ दें।
- मौजूदा आयकर प्रणाली को एकल सपाट कर से प्रतिस्थापित करें, जहाँ हर कोई कर देता है।
- *राशन कार्ड की संख्या* को कम करें।
- बच्चों के लिए हेड *स्टार्ट* योजना को कम करें।
- गरीब परिवारों के लिए आवास सहयोग में कमी करें।
- रोजगार प्रशिक्षण तथा नियोजन सहायता को कम करें।
- शिक्षा के लिए बजट को कम करें।
- बंदूक को खरीदने के लिए नागरिकों के आधिकार की रक्षा करें।
- जीवन समर्थक आंदोलन का समर्थन करें तथा गर्भपातों पर प्रतिबंध लगाएँ।

हालाँकि अधिकतर रिपब्लिकन अपने आर्थिक, वित्तीय तथा नैतिक विचारों में रूढ़िवादी हैं, इसके बावजूद रिपब्लिकन दल में अलग-अलग शाखाएँ हैं। एक शाखा अमेरिका को विदेश में आईएसआईएस पर हमले करने तथा यूक्रेन जैसे सहयोगियों की रक्षा के लिए ज्यादा सैन्य बजट दे कर ज्यादा सख्त होना चाहती है। दूसरी शाखा ज्यादा अज्ञातव्यक्तिभीत है और स्वयं से बहुत ज्यादा भिन्न संस्कृतियों के लोगों को बाहर रखने के लिए प्रवासन कानूनों को चाहती है। एक और शाखा बहुत ज्यादा धार्मिक है और हमारे समाज में धर्म की भूमिका को रक्षित या विस्तृत करना चाहती है। रिपब्लिकनों का भी एक समूह है जो आर्थिक रूप से रूढ़िवादी, लेकिन सामाजिक रूप से उदार है, जैसे न्यूयार्क शहर के पूर्व मेयर माइकल ब्लूमबर्ग। अर्थशास्त्री पॉल क्रूगमैन रिपब्लिकन दल के एक कठोर आलोचक हैं: 'पूरे रिपब्लिकन दल पर मुख्यतः पर्यावरण खंडनवादियों, तथा विज्ञान-विरोधियों का नियंत्रण है [...] आधुनिक *जीओपी* मूल रूप से तर्कवाद-विरोधी विश्लेषण है: यह न कि सिर्फ कल्याणकारी राज्य बल्कि प्रबोधन के विरुद्ध युद्धरत है।'[3]

डेमोक्रेट एक ज्यादा बेहतर भविष्य बनाने पर ज्यादा ध्यान देते हैं और वे कामकाजी लोगों, नागरिक अधिकारों तथा बड़े शहर के मूल्यों के पक्षधर हैं। अनेक डेमोक्रेटिक राष्ट्रपति अपने अभियानों में 'परिवर्तन' शब्द का उपयोग करते हैं: जिम्मी कार्टर *'ए लीडर, फॉर ए चेंज'(1976);* बिल क्लिंटन का *'चेंज वर्सेज मोर ऑफ द सेम'* (1992); तथा बराक ओबामा का *'चेंज यू कैन बिलीव इन'* (2008)।[4] डेमोक्रेट निम्नलिखित लक्ष्यों का समर्थन करते हैं:

- सामाजिक सुरक्षा तथा चिकित्सीय-देखभाल एवं चिकित्सीय सहायता और ओबामा योजना का विस्तार करें।
- आधारभूत संरचनाओं (सड़क, पुल, बंदरगाह आदि) के पुनर्निर्माण में निवेश करें।

- वे अवैध व्यक्ति जो देश में प्रवेश कर गए हैं, उनकी नागरिकता के लिए रास्ता खोलें।
- संघीय अनुदान दे कर या कम-लागत के अधिकाधिक सामुदायिक महाविद्यालयों को बना कर महाविद्यालय में पढ़ने की लागत कम करें।
- उच्च-आय वर्ग के लोगों को बहुत कम कर या पूरी तरह से कर से बचने की ओर ले जाने वाली असाधारण कर राहतों तथा छिद्रों को बंद करें।
- करोड़पतियों और अरबपतियों पर उच्च प्रगतिशील कर प्रणाली को लागू करें।
- वित्तीय प्रतिभूति सौदों पर एक वित्तीय कर लागू करें।
- एक सार्वभौमिक प्री-किंडरगार्टन योजना में निवेश करें।
- *सिटीजन यूनाइटेड* को समाप्त करें जो कंपनियों, यूनियनों, एसोशिएशनों तथा व्यक्तियों को चुनाव जीतने के लिए विपुल धन व्यय करने देता है।

समान रूप से डेमोक्रेटों में अलग-अलग खेमे हैं। हम उदारवादी डेमोक्रेटों और प्रगतिशील डेमोक्रेटों के बीच अंतर कर सकते हैं। आज बर्नी सैंडर्स और एलिजाबेथ वॉरेन डेमोक्रेटिक दल की प्रगतिशील शाखा का प्रतिनिधित्व करते हैं, तथा वे चाहते हैं कि सरकार इस दिशा में, विशेषकर 2008 के वितीय संकट में बैंकों को उनकी भूमिका के लिए सजा देने, कारोबारों में सरकारी सब्सिडियों को कम करने, न्यूनतम वेतनमानों में व्यापक वृद्धि, पर्यावरण तथा जलवायु संरक्षण के लिए निवेश में वृद्धि, हमारी आधारभूत संरचनाओं को सुधारने हेतु निवेश में वृद्धि करने, ओबामाकेयर को एकल-भुगतान स्वास्थ्य प्रणाली से बदलने का प्रस्ताव पारित करने, और कामकाजी वर्ग के हितों को संरक्षित करने के लिए ज्यादा यूनियन विकास को प्रोत्साहित करते हुए और ज्यादा प्रयास करे। डेमोक्रेटिक दल के ज्यादा उदारवादी वर्ग का प्रतिनिधित्व हिलेरी क्लिंटन के द्वारा किया जाता है, जो इस पर ज्यादा उदारवादी हैं कि क्या प्राप्त किया जा सकता है और वे इन मामलों पर सौदों तथा समझौतों के माध्यम से रिपब्लिकनों से ज्यादा छूट प्राप्त करने के लिए ज्यादा तैयार हैं।

फिर भी एक अच्छे समाज के संबंध में दोनों दलों की दूरदृष्टि के बीच एक गहरी खाई है। राजनीति एक नैतिक खेल बन गई है। 1960 का एक सर्वेक्षण आंकड़ा कहता है कि 5% रिपब्लिकन और डेमोक्रेट कहते थे कि वे नाखुश होंगे यदि उनका बच्चा दूसरे दल के किसी सदस्य से विवाह कर ले। 2010 तक 49% रिपब्लिकन और 33% डेमोक्रेट कहते थे कि वे नाखुश होंगे।[5]

हर दल अपने सदस्यों से लक्ष्यों तथा मूल्यों के एक अलग विशेष समूह पर मतदान करवाने का लक्ष्य रखता है। हर दल में कुछ अतिवादी समूह होते हैं और दल को उनके मतों की आवश्यकता है। अतिवादी समझौते करने के लिए तैयार नहीं रहते हैं। अच्छी बात यह है कि दोनों दलों में कुछ नेता इन अतिवादी समूहों से पूरी तरह से सहमत नहीं हैं और वे कुछ के होने के लाभ को देखते हैं चाहे इसके लिए समझौते की आवश्यकता हो।

2012 में नॉर्मन ऑरनस्टीन एवं थॉमस मान की पुस्तक, '*इट्स इवेन वर्स दैन इट लुक्स*', में लेखक कॉंग्रेस में शिथिलता और तीक्ष्णता के नए स्तर का वर्णन करते हैं:

> समस्याओं को सुलझाने के स्थान पर राजनीतिक लाभ पर पूरी तरह से केंद्रित ध्यान, पिछले कई दशकों से तीव्रतर होते हुए और यह उस तीव्रता तथा कटुता तक पहुँच चुका है कि सरकार देश के

> समक्ष विद्यमान चुनौतियों पर चिरस्थायी सार्वजनिक निर्णयों को लेने में अक्षम प्रतीत हो रही है [...] देश अपने आर्थिक भविष्य को गँवा रहा है और प्रभावी तरीके से शासन करने में अक्षमता के कारण स्वयं को जोखिम में डाल रहा है।[6]

भविष्य में कौन इसके मतदाता होंगे इसकी कल्पना करने के लिए प्रत्येक दल को आगे देखने की जरूरत है। विशेषकर रिपब्लिकन अस्तित्व के संकट का सामना कर सकते हैं। वास्तव में यह अमीरों के लिए कार्यरत वयोवृद्ध श्वेत लोगों की पार्टी है। महिलाओं, अफ्रीकी-अमेरिकियों, हिस्पैनिकों तथा एशियनों के बीच उनका आकर्षण डेमोक्रेटों की तुलना में कम है। यदि कुछ परिस्थितियों में वे अपनी स्थिति पर नर्म नहीं पड़ते हैं, तो विभिन्न समूहों के जनसांख्यिकीय रूझानों को देखते हुए रिपब्लिकन दल के समक्ष यह खतरा है कि वे मतदाताओं के थोड़े से ही हिस्से को आकर्षित करने में समर्थ हो पाएँगे।

यह समझना महत्त्वपूर्ण है कि एक लोकतंत्र के प्रचालन में दल अनिवार्य हैं। वे किसी लोकतंत्र में सामना किए जाने वाले अनेक जटिल मामलों को सरल करने के एक मार्ग का प्रतिनिधित्व करते हैं। अधिकांश मतदाता अधिकतर मामलों के संबंध में बहुत कम जानते हैं। दल नक्षत्रों के एक समूह में जटिल राजनीतिक दुनिया को सरल करने में मदद करते हैं। नागरिकों को व्यक्तिगत रूप से मामलों के संबंध में गहराई से सोचने की जरूरत नहीं है, बल्कि उन्हें सिर्फ उस दल के लिए मतदान करने की आवश्यकता है जो उनके द्वारा महत्त्वपूर्ण माने जाने वाले विषयों की पूर्ति करता है। नागरिक सैंकड़ों अलग-अलग मामलों के लिए मतदान न कर सिर्फ एक दल के लिए मतदान करने में ज्यादा सहज रहते हैं। दल मतदाताओं की गहरी अज्ञानता का हल हैं।

एक बार एक दल के अस्तित्व में आ जाने पर इसका कार्य अपने उम्मीदवारों और अभियानों को आवंटित करने तथा एक सशक्त छवि बनाने के लिए धन जुटाना होता है। यह एक विपणन तथा छवि निर्माण संगठन बन जाता है, जो रंगों और शुभंकरों (रिपब्लिकन हाथी और डेमोक्रेटिक गधों) को अंगीकृत करता है तथा अपने पक्ष की अभिव्यक्तियों एवं मूल्यों को तय करता है। वे अपने विचाराधारा पर कार्यकर्ताओं तथा मतदाताओं को जोड़ते हैं और वे उनसे विपक्ष के विरुद्ध भड़कने तथा नए उम्मीदवारों का समर्थन करने और अगले चुनावों को जीतने के लिए धन और समय लगाने के लिए तैयार होने की उम्मीद करते हैं।

2016 के अमेरिकी चुनाव में राजनीतिक दल कितना धन व्यय करेंगे? 2012 में राष्ट्रपति तथा काँग्रेस चुनावों की रिकॉर्ड लागत \$6.3 बिलियन थी। यह अनुमान लगाया जाता है कि 2016 के निर्वाचन की लागत \$8 बिलियन तक जाएगी। यह अंशतः सर्वोच्च न्यायालय के द्वारा *सिटीजन यूनाइटेड* के माध्यम से व्यक्तियों और कॉर्पोरेशनों के द्वारा पिछले चुनावों से बहुत ज्यादा खर्च करने की अनुमति दिए जाने के कारण भी है। कोक बंधुओं के द्वारा संचालित नेटवर्क ने, जिसके सदस्यों को अपने दाताओं का खुलासा करने की आवश्यकता नहीं होती है, 2012 में \$400 मिलियन की तुलना में 2016 के दौड़ के लिए लगभग \$900 मिलियन का व्यय लक्ष्य निर्धारित किया है। प्रश्न यह है कि, क्या यह धन वास्तव में उन्हें प्रभावित करता है, जिन्हें हम मत देते हैं। यदि यह प्रभावित करता है, तो रिपब्लिकन प्रत्याशी विजेता हो जाएंगे, क्योंकि वे दाताओं से डेमोक्रेटों से ज्यादा धन जुटाते हैं। यदि ऐसा नहीं है, तो दोनों

दल दाताओं के उस बहुत से धन को बर्बाद कर रहे हैं, जिसे एक ज्यादा अच्छे कारण के लिए उपयोग किया जा सकता था।

आज निर्वाचन प्रणाली घड़ी के साथ चलती है। जैसे ही पिछला चुनाव पूरा होता है, निर्वाचित प्रतिनिधि और अन्य राजनीतिज्ञ अपने अगले अभियान को प्रारंभ कर देते हैं। औसत नागरिकों को एक प्रत्याशी या मामले या किसी अन्य चीज के लिए $3,$5 या उससे ज्यादा जैसी छोटी रकमों हेतु अभियान याचनाएँ प्राप्त होने लगती हैं। यदि आप एक डेमोक्रेट हैं, तो आपका अल फ्रैंकेन, नैंन्सी पेलोसी तथा अन्य लोगों की ओर से धन के लिए ईमेल याचनाओं को प्राप्त करना सुनिश्चित है।

इस भारी-भरकम तथा सतत याचना प्रक्रिया का सबसे अक्लमंद हल एक कानून पारित करना है कि, कोई भी दल तथा प्रत्याशी चुनाव के एक वर्ष पूर्व तक धन हेतु आग्रह नहीं कर सकते हैं या कम-से-कम एक चुनाव के दो महीने पहले से राजनीतिक विज्ञापन प्रारंभ नहीं कर सकते हैं। एक प्रत्याशी को जो कुछ भी कहना है, वह दो- महीने की अवधि में पर्याप्त दुहराव के साथ विज्ञापनों में कहा जा सकता है। यह अमेरिकी चुनावों में जुटाए और व्यय किए जा रहे धन की मात्रा घटा देगा। इस हल को ब्रिटेन में उपयोग किया जाता है और उनके मामले में राजनीतिक विज्ञापन के लिए 30 दिनों की अनुमति दी जाती है। लेकिन उन्हें एक लगातार गति से भाषण देने और अभियान को बढ़ाने से रोकने का कोई तरीका नहीं है।

अमेरिका में दो-दलीय प्रणाली से हर कोई नहीं संतुष्ट नहीं होता है। एक व्यक्ति पर विचार करें जो वित्तीय रूप से रूढ़िवादी लेकिन सामाजिक रूप से उदार है। वह कैसे मतदान करेगा या करेगी? अनेक मतदाता जिनकी संख्या आज हमेशा से ज्यादा है, स्वयं को स्वतंत्र घोषित कर रहे हैं। 2014 में *प्यू रिसर्च* के सर्वेक्षणों ने पाया कि, अब 32% डेमोक्रेट तथा 23% रिपब्लिकनों से ज्यादा 39% मतदाता स्वयं की पहचान स्वतंत्र के रूप में करते हैं। सर्वेक्षणों के दौरान और निर्वाचन के दिन लोगों के पास केवल दो विकल्प हैं। दो प्रमुख दलों के द्वारा एक ऐसे प्रत्याशी के खड़े करने की संभावना नहीं है, जिसे अनेक मतदाता आदर्श मानते हैं। अक्सर लोग कहते हैं कि वे चुनाव के दिन मतदान नहीं करेंगे क्यों कि कोई भी प्रत्याशी उन्हें संतुष्ट नहीं करता है या दो प्रत्याशी बहुत ज्यादा समान है, और इससे कोई फर्क नहीं पड़ता है कि कौन जीतता है।

सुपर पीएसी आज ज्यादा शक्तिशाली होते जा रही हैं। वे दलीय प्रणाली के बाहर कार्य करती हैं और उनमें अपने-अपने उम्मीदवारों के समर्थन करने वाले विशाल-दाता हैं। वे दोनों दलों को कमजोर करती हैं। तेगन गोडार्ड के अनुसार एक ऐसा समय आएगा, जब हर प्रत्याशी के अभियान को एक सुपर पीएसी के द्वारा संभाला जाएगा।[7] वह एक सुपर पीएसी को सामाजिक मामलों पर उदार, विदेश नीति में समझौतावादी तथा अर्थशास्त्र में रूढ़िवादी, 'सहस्राब्दि पीढ़ी के अनुकूल', और थोड़े उदारवादी प्रत्याशी का समर्थन करते देखते हैं।' इस प्रत्याशी का नामांकन कभी-भी एक प्रमुख दल के द्वारा नहीं होगा क्योंकि वह एक ऐसे तरीके से उपस्थित है जो लोगों को उसके प्रति आकर्षित होने के लिए पर्याप्त है। कल्पना करें कि दस सुपर पीएसी वैचारिक रूप से भिन्न दस प्रत्याशियों का समर्थन कर रही हैं। यह मतदाताओं को एक पसंदीदा प्रत्याशी को खोजने का ज्यादा विकल्प उपलब्ध कराएगा। अंत में, मतदाता दो-व्यक्तियों के विकल्प में चुनने के

लिए बाध्य नहीं है। इसकी एक मात्र खामी यह है कि, प्रत्याशी उनके द्वारा बंधा रहेगा जो सुपर पीएसी को प्रायोजित करने के लिए धन की आपूर्ति कर रहे हैं।

राजनीतिक विज्ञापन का प्रभाव

एक प्रत्याशी और उसके प्रबंधकों को जितना संभव हो, प्रत्याशी की ओर लोगों का ध्यान आकर्षित करने के लिए प्रयास करना होता है। पहले के समय में सामने आने के संभव स्थल सीमित थे। रेडियो और टेलीविजन के आगमन से पहले, उम्मीदवार घरेलू सभाओं, पिकनिक और रैलियों में मिल पाते थे। प्रत्याशी मुस्कुराते, बच्चों को पुचकारते हुए संक्षिप्त लेकिन प्रेरक भाषण देते जिसमें तथ्यों के बजाय देशभक्तिपूर्ण बातें होती थी। प्रत्याशी के समर्थक अखबारों और पत्रिकाओं को उनके भाषण एवं अन्य समर्थकों की टिप्पणियों से संबंधित आलेखों और रिपोर्टों से भर देते।

रेडियो और टेलीविजन के आगमन के बाद प्रत्येक उम्मीदवार एक या ज्यादा विज्ञापन एजेंसियों को प्रसारण और विडियो विज्ञापनों को बनाने के लिए नियुक्त कर लेते। प्रत्याशी अच्छे दिनों का वादा करते हुए एक वक्तव्य देते और सामान्यतः दूसरे दल और उसके प्रत्याशी को नीचा दिखाते। प्रत्याशी अतिशयोक्तिपूर्ण बातें करते और कभी-कभी तथ्यों को गलत प्रस्तुत करने से नहीं हिचकिचाते। विज्ञापनों में इस बात का उल्लेख किया जाता था कि, दर्शक और प्रशंसक उम्मीदवार का समर्थन करने के लिए अपने पैसे कहाँ भेज सकते हैं।

2015 में हिलेरी क्लिंटन आयोवा गईं और पहले श्रोताओं के समक्ष भाषण देने के स्थान पर वह मतदाताओं के छोटे समूहों के साथ बैठीं, और वे मामलों के संबंध में क्या सोचते हैं यह जानने के लिए उनसे बातचीत की, और उसके बाद उन्होंने अपने विचारों को प्रस्तुत किया। यह उनके द्वारा मामलों पर समर्थन घोषित करने से उसके महीनों पहले हुआ था। फिर उन्होंने अभियान के विषयों को घोषित किया: अमीरों पर बढ़ा हुआ कर, उच्च संघीय न्यूनतम मजदूरी, आधारभूत संरचना से संबंधित परियोजनाओं पर ज्यादा सरकारी व्यय, नवजात शिशु देखभाल लाभ, कॉलेज के शुल्क के लिए संघीय सब्सिडियाँ और यूनियनों के विस्तार में सहायता के लिए कानून।[8]

इंटरनेट तथा मोबाइल फोन के आगमन ने उम्मीदवारों के दिखने और सुने जाने के अवसरों को बढ़ा दिया है। एक नागरिक उम्मीदवारों से संबंधित सैंकड़ों आलेखों पर नजर डाल सकता है या सुन सकता है अथवा उम्मीदवारों से संबंधित असंख्य वीडियो देख सकता है। प्रत्याशी के आलोचकों और विरोधियों की दृष्टि सहित कुछ भी नजर से छिपा नहीं है। प्रत्याशी इंटरनेट का उपयोग अभियान के लिए धन जुटाने के लिए भी कर सकते हैं। अक्सर एक परेशान कर देने वाले एक मामले या विकास का संदर्भ देते हुए और दूसरे दर्शकों या स्वयं कॉंग्रेस को एक नए विज्ञापन या वक्तव्य प्रेषित करने हेतु सहायता करने के लिए दर्शकों से $5 या ज्यादा रकम भेजने हेतु आग्रह करता एक विज्ञापन स्क्रीन पर आ सकता है।

हर विज्ञापन एजेंसी का कार्य अनेक मीडिया जैसे फिल्म, छपे हुए विज्ञापनों, पत्रिकाओं में कहानियों, ईमेल, टॉक शो और सभाओं और रैलियों के माध्यम से प्रत्याशी की छवि बनाना मात्र नहीं है, बल्कि प्रस्तुत करने के प्रभाव को भी मापना है। क्या इसने किसी मतदाता को बदला? क्या इससे प्रेरित होकर उसने अन्य लोगों से प्रत्याशी के विषय में सकारात्मक बातें कही? क्या इसने इस संभावना को बढ़ाया कि दर्शक मतदान के दिन मत देंगे? एजेंसी सामने लाने के ऐसे तरीकों की खोज करेगी जो सर्वाधिक सकारात्मक प्रभाव डालेगा। एजेंसी के व्यक्ति जितना ज्यादा इसके संबंध में जानेंगे, उतना बेहतर वे व्यय हुए धन का औचित्य सिद्ध कर सकेंगे।

निष्कर्ष

प्रारंभ से ही, अमेरिकियों ने राज्य के अधिकारों और स्थानीय नियंत्रण को संरक्षित करने के लिए मतदान किया है। संविधान निर्माता संघीय सरकार की शक्तियों के वर्णन तथा उसे सीमित करने के प्रति सचेत थे। फिर भी अन्तर्राज्यीय वाणिज्य को प्रोत्साहित करने और समान मानकों को स्थापित करने के लिए विभिन्न राज्यों को आपस में जोड़ना जरूरी था। संघीय सरकार समान मानकों को आगे बढ़ाने संबंधी दायित्व रखने वाली एजेंसी है।

फिर भी बहुत से घटक हैं जो संघीय सरकार पर अविश्वास करते हैं। *टी पार्टी* और अन्य सरकार-विरोधी समूह मानते हैं कि संघीय सरकार बहुत ज्यादा बड़ी, प्रतिक्रियाहीन, नियामक और व्यर्थ हो गई है। रिपब्लिकन दल संघीय सरकार के आकार और शक्तियों को संकुचित करने का लगातार प्रयास कर रहा है। रिपब्लिकन संघीय घाटों और ज़रूरतमंद नागरिकों को मिलने वाले अनुदानों से नफरत करते हैं, क्योंकि उन्हें लगता है कि ऐसे लोग आलसी होते है और कर्मठ अमेरिकियों का लाभ उठाते हैं।

पिछले 20 वर्षों में दो दलों के द्वारा किए गए गति-अवरोधों के त्रासदीपूर्ण परिणाम हुए हैं। काँग्रेस बड़े मामलों, जैसे कि आय और धन की बढ़ती असमानता, भौतिक अधोसंरचनाओं का अपक्षयन, गरीबी की व्याप्तता, जलवायु परिवर्तन पर अपर्याप्त ध्यान, महाविद्यालय शिक्षा प्राप्त करने के लिए कर्ज लेने में भारी बोझ और बहुत से अनेक मामले, पर विमर्श या निपटारा नहीं कर पा रही है। इसमें कोई आश्चर्य नहीं है कि सभी पेशेवर कार्यों में काँग्रेस को निम्नतम अनुमतांक मिलना जारी है। आइरिश राजनीतिक दार्शनिक एडमंड बर्क ने कहा था: 'बुराई की जीत के लिए सिर्फ अच्छे लोगों के द्वारा कुछ न किया जाना आवश्यक है।'[9]

अमेरिकी सिर्फ उम्मीद कर सकते हैं कि कुछ काँग्रेस सदस्यों में अपने दल के अनुशासन से विपथित होने और दूसरे दल के एक सदस्य के साथ एक विधेयक पर कार्य करने के लिए दूसरी तरफ जाने का साहस हो। उदाहरण के लिए, सीनेट एलिजाबेथ वॉरेन (डेमोक्रैट) जॉन मैककैन (रिपब्लिकन) के साथ *ग्लास-स्टीगल एक्ट* जो वाणिज्यिक बैंकिंग को *निवेश बैंकिंग* से अलग करता है, को बहाल करने के लिए कार्य करेंगी। इसका प्रयोजन बैंकों को इतना विशाल हो जाने से रोकना है कि उनकी असफलता हमारे लिए असह्य हो जाए। यह एक संकेत हो सकता है कि देश की स्थिति सुधारने के लिए दोनों दल एक-दूसरे के साथ फिर से काम करना प्रारंभ कर सकते हैं।

टिप्पणियाँ

1. See: http://en.wikipedia.org/wiki/List_of_political_parties_in_Italy (accessed 03.03.16).
2. See M. Barber and N. McCarty, 'Causes and Consequences of Polarization': www.apsanet.org/Files/Task%20Force%20Reports/Chapter2Mansbridge.pdf. Also, see M. Golden, 'Unlock Congress: Reform the Rules—Restore the System' (Why Not Books, Pacific Grove, CA, 2015) (accessed 03.03.16).
3. Paul Krugman, "Fear of Asymmetry," New York Times, August 28, 2015.
4. U.S. Chamber of Commerce, 'The Tattooed and Pierced Longhairs Never Showed Up', March 18, 2013, pp. 26–30.
5. D. Brooks, 'Why Partyism is Wrong', New York Times, October 27, 2014.
6. N. Ornstein and T. Mann, It's Even Worse Than It Looks: How the American Constitutional System Collided with the New Politics of Extremism (Basic Books, New York, 2013).
7. T. Goddard, 'Can America's Politics be Unbundled from America's Political Parties?', The Week, April 27, 2015.
8. See: www.washingtontimes.com/news/2015/jul/12/carly-fiorina-rips-hillary-clintons-big-government/#ixzz3fij6zfXN (accessed 03.03.16).
9. http://www.goodreads.com/quotes/370-the-only-thing-necessary-for-the-triumph-of-evil-is

अध्याय-8

विदेश नीति निर्माण में सुधार—विदेश नीति किसे बनानी चाहिए?

'विदेश नीति का प्रयोजन उम्मीदों या आक्रोश की हमारी खुद की भावनाओं के लिए एक निर्गम उपलब्ध कराना नहीं है; यह एक वास्तविक दुनिया में वास्तविक घटनाओं को आकार देने के लिए है।'

जॉन एफ. केनेडी

अमेरिकी इतिहास के प्रारंभ में अनेक अमेरिकियों ने तटस्थतावाद को प्राथमिकता दी और शेष दुनिया के साथ नहीं जुड़े। विदेशी मामलों पर बिना ध्यान दिए या शामिल हुए अमेरिकी नागरिकों के पास देश को बनाने के लिए बहुत कार्य या अवसर थे। हाँ, दूसरे देशों के साथ विदेश व्यापार करना आवश्यक और लाभप्रद था। लेकिन उनके षड्यंत्रों तथा युद्धों में शामिल हो जाना मूर्खता थी।

लेकिन पिछली सदी में घटनाओं और अवसरों ने अमेरिका को दुनिया का सबसे शक्तिशाली राष्ट्र बना दिया। 19वीं सदी ब्रिटेन की सदी थी और 20वीं सदी अमेरिका की सदी थी। अमेरिका प्रथम विश्वयुद्ध और द्वितीय विश्वयुद्ध में दूसरे देशों की सहायता के लिए आगे आया और इसकी जीतों ने इसे स्वतंत्र विश्व का अधिनायक बना दिया। द्वितीय विश्वयुद्ध के पश्चात भविष्य के विश्व युद्धों को रोकने की उम्मीद में न्यूयार्क सिटी में संयुक्त राष्ट्र की स्थापना हुई।

कालांतर में अमेरिका कोरिया युद्ध (1950–53) और उसके बाद वियतनाम युद्ध (1955–1975) में शामिल हुआ। 2 अगस्त 1990 में राष्ट्रपति जॉर्ज एच. डब्ल्यू. बुश कुवैत पर सद्दाम हुसैन के हमले के बाद मदद के लिए आए तथा 28 फरवरी 1991 को खाड़ी युद्ध शीघ्रता से समाप्त हो गया। 20 मार्च 2003 को जॉर्ज डब्ल्यू. बुश टेलीविजन पर आए और चार मिनट का भाषण दिया: 'मेरे साथी अमेरिकियों, इस घड़ी में अमेरिकी तथा गठबंधन सेनाएँ इराक को निरस्त्र करने, इसके लोगों को मुक्त करने और दुनिया को गंभीर खतरे से बचाने के लिए सैन्य अभियान के प्रारंभिक चरण में हैं।' 1 मई 2003 को बुश ने 'मिशन को पूरा' घोषित कर दिया और बड़े इराकी युद्ध अभियान समाप्त हो गए थे। हालाँकि, यह 13 दिसम्बर तक गठबंधन सेनाओं के द्वारा सद्दाम हुसैन के पकड़े जाने तक नहीं हुआ था।

जॉर्ज डब्ल्यू. बुश ने 'जनसंहार के हथियारों' को इराक पर हमले का कारण बताया। बाद में यह कल्पना सिद्ध हुआ। जैसे-जैसे इराक का युद्ध आगे बढ़ा, बुश ने कहा कि अमेरिका का लक्ष्य मध्य-पूर्व में लोकतंत्र की स्थापना करना है। अमेरिका 2001 में अफ़ग़ानिस्तान पर हमले के साथ मध्य-पूर्व में और उलझ गया। अफ़ग़ानिस्तान युद्ध सही नहीं हुआ और राष्ट्रपति ओबामा ने 2014 में वापसी शुरू कर दी।

17 दिसम्बर 2010 को ट्यूनिशिया में मोहम्मद बुआजिजी के आत्मदाह से *अरब विद्रोह की लहर* ट्यूनिशिया, मिस्र, लिबिया, यमन, सिरिया और बहरीन में दिखाई देने लगी। स्वतंत्रता और लोकतंत्र लाने के स्थान पर इनमें से अधिकतर विद्रोहों को कुचल दिया गया और ये क्रांतियाँ सैन्य शासन के साथ समाप्त हो गईं।

ये सारी गतिविधियाँ प्रश्न उठाती हैं, 'अमेरिका की विदेश नीति क्या होनी चाहिए और अगली सदी के लिए इसे कौन निर्देशित करेगा?'

विदेशों में अमेरिकी विदेश नीति का अवलोकन

अमेरिकी सरकार को दुनिया के विभिन्न हिस्सों में अपनी निभाई जाने वाली भूमिका को परिभाषित करने की आवश्यकता है। एक लंबे समय तक दुनिया की सैन्य तथा वाणिज्यिक शक्ति का नेतृत्व करते हुए अमेरिका दुनिया की एकमात्र महाशक्ति थी। इसके द्वारा दुनिया को व्यवस्थित तथा युद्धों से मुक्त रखने की आवश्यकता थी। इस तरीके से उसका व्यापार सफल होता और वह पूँजीवाद एवं गणतंत्र के विचारों को प्रोत्साहित कर सकता था। हालाँकि अक्सर, अमेरिका को एक पक्ष की ओर खींच लिया जाता और वह कुछ देशों या प्रक्षेत्रों की रक्षा कर रहा होता था। 1983 में राष्ट्रपति रोनॉल्ड रीगन ने यूएसएसआर को 'शैतानी साम्राज्य' कहा और अमेरिका ने लंबी अवधि का शीत युद्ध प्रारंभ कर दिया, जिसने दुनिया के विभिन्न हिस्सों को क्षुब्ध कर दिया। सिर्फ ये दो देश परमाणु हथियार संपन्न थे, और सौभाग्यवश ये दो दुश्मन 'अस्थिरता' की ओर कभी नहीं गए। अमेरिका के पास सोवियत संघ को परास्त करने की क्षमता थी, परंतु अनुवर्ती ने अंत में हथियार डाल दिया।

फिर 2002 में राष्ट्रपति जॉर्ज डब्ल्यू. बुश ने उत्तर कोरिया, ईरान और इराक को 'बुराई की धुरी' कहते हुए भाषण दिया। *द थ्री ट्रिलियन डॉलर वार* में जोसेफ स्टिगिल्ट्ज के अनुसार अमेरिका ने सद्दाम हुसैन से छुटकारा पाने के लिए इराक में प्रवेश किया और $3 ट्रिलियन व्यय किया, परंतु कुल 4,491 अमेरिकी सेवा सदस्यों की मौत और दस हजार से अधिक घायलों की गिनती नहीं की। कोई सबक न सीखते हुए अमेरिका अफ़ग़ानिस्तान में गया और जल्दी ही समझ लिया कि यहाँ उनका उद्देश्य पूरा नहीं होगा। राष्ट्रपति ओबामा ने सही निर्णय लेते हुए वापसी की, और वह समझ चुके थे कि मध्य-पूर्व की समस्याओं का कोई सैन्य हल नहीं होगा। आईएसआईएस के उभार तथा आतंकवाद के जारी रहने से समस्याएँ समाप्त नहीं हुई हैं।

विदेश नीति निर्माण में सुधार

राष्ट्रपति ओबामा काँग्रेस की अनुमति के बिना भी आवश्यक समझी जाने वाली सैन्य कार्रवाई (जैसे कि, ड्रोन हमला तथा हवाई हमला) कर सकते हैं। उन्हें हमेशा एक सशक्त, आमतौर पर रिपब्लिकन समूह का सामना करना पड़ता है जो सैन्य कार्रवाई के लिए जोर देते हैं। फिर भी उनकी क्रियाविधि युद्ध के स्थान पर राजनीति को प्राथमिकता देना और नजदीकी सहयोगियों के साथ कार्य करना है, जो संयुक्त रणनीतिक निर्णय लेने में भागीदारी करते हैं। दोनों पक्षों और जनता को विश्वास दिलाने में कि एक विशेष विदेश नीति अर्थपूर्ण है, उन्हें कड़ी मेहनत करनी पड़ती है। यह विदेशी वचनबद्धताओं तथा मामलों की सामान्य गोपनीयता के कारण और भी ज्यादा मुश्किल है तथा अधिकतर लोगों को गहरे मामलों को जानने से रोकती है। यहाँ पर जॉन एफ. केनेडी के चेतावनी के शब्दों पर ध्यान देना महत्वपूर्ण है कि, 'घरेलू नीति सिर्फ हमें हरा सकती है; विदेश नीति हमें मार सकती है।'

आज अमेरिका एकमात्र महाशक्ति नहीं है। चीन तथा रूस हैं और भारत, ब्राजील, तुर्की तथा इंडोनेशिया सहित संभावित महाशक्तियों की एक संख्या है। दुनिया का दरोगा बना रहना आर्थिक रूप से असंभव है और अनेक अमेरिकी इसके पक्षधर नहीं हैं। यह इस प्रश्न को उठाता है कि अमेरिका का दुनिया में मूल प्रयोजन क्या है। क्या यह दुनिया में शांति और व्यवस्था बनाए रखना है ताकि सक्रिय वैश्विक कारोबार के माध्यम से देश समृद्ध हो सकें? क्या यह कुछ 'बुरे' देशों को अपने या दूसरे लोगों को हानि पहुँचाने से रोकना है? क्या यह दूसरे देशों को मुक्त कराने या बचाने के लिए है, जैसा कि अतीत में किया गया है? क्या यह घर में एक उदाहरण स्थापित करने के लिए है कि वास्तविक लोकतंत्र तथा पूंजीवाद क्या हैं, ताकि अन्य देश उनका अनुकरण कर सकें? या फिर क्या यह दूसरे देशों के साथ हस्तक्षेप करने से हटने और कम विदेशी मामलों में पड़ने के साथ अमेरिका का खुद का भविष्य बनाने के लिए है? इन संभावनाओं के संबंध में अनेक प्रतिस्पर्द्धी विचार हैं।

यह कार्य दुनिया के प्रत्येक प्रमुख क्षेत्र में अमेरिकी विदेश नीति को परिभाषित करने तक संक्षेपित हो जाता है। आइए हम प्रमुख महादेशों में अमेरिका की वर्तमान नीति की समीक्षा करें।

एशिया

अमेरिका इस कथन से अवगत हो कर अपना ध्यान एशिया पर केंद्रित कर रहा है कि 21वीं सदी चीन की सदी होगी। चीन, भारत, इंडोनेशिया तथा जापान की आबादी दुनिया की आबादी की एक चौथाई है। चीन वर्तमान में केंद्र-बिंदु है और दुनिया पिछले तीस वर्षों में गरीबी से सबसे ज्यादा लोगों को उठाने, दुनिया के कारखाने के रूप में कार्य करने, एशिया और अफ्रीका से कच्चे मालों की विशाल मात्रा खरीदने, बड़े कारोबारी सहयोगों को स्थापित करने, कम-मूल्य, कम गुणवत्ता उत्पादों से सुधरी हुई गुणवत्ता और सेवाओं की तरफ गमन सहित इसकी उपलब्धियों से प्रभावित है। चीन एक सौम्य

एक-दलीय अधिनायकवादी सरकार, जो रेलगाड़ियों को 124 मील/घंटे से चलाने, नदियों के प्रवाह को पुनः-निर्देशित करने के लिए नए बाँध बनाने और कम-से-कम दस नए महानगरों को बनाने की योजना सहित चीजों को जल्दी और अच्छे से करवा सकती है, के नेतृत्व में मुक्त पूंजीवादी प्रणाली से समर्थित अरबपतियों और करोड़पतियों के फौज रखने का अभिमान करता है। चीन पहले ही जापान से आगे निकल गया है और आज दुनिया की दूसरी सबसे बड़ी अर्थव्यवस्था के रूप में स्थान रखता है। यह कुल मिला कर विस्तार के मार्ग पर है। यह चीन के कुछ द्वीपों पर पुनः दावा कर रहा है और अपनी नौसेना बना रहा है। चीन के दक्षिण-पूर्व में कुछ नाख़ुश मुस्लिम समूह हैं और विभिन्न चीनी समूहों के बीच तनाव है जो अलग राष्ट्र का दावा कर सकते हैं।

चीन अभी कमजोर होती अर्थव्यवस्था का सामना कर रहा है। इसकी वित्तीय स्थिति कमजोर हो रही है। इसने बहुत तेजी से विस्तार कर लिया है। वह विदेश से कम बेच तथा खरीद रहा है, जो कुछ उभरते हुए देशों को क्षति पहुँचा रहा है, जिन्होंने चीन की वृद्धि के दौरान लाभ प्राप्त किया था। चीन अपने घरेलू बाजार के विकास पर ध्यान केंद्रित कर रहा है। लेकिन चीन के मजदूर, जिनको बहुत ज्यादा भुगतान नहीं होता है, फिर भी सेवानिवृति या 'बुरे दिन' के लिए अपनी आय का आधा हिस्सा बचाना चाहते हैं। इसके अतिरिक्त, कुछ चीनी कंपनियाँ असफल और बंद हो रही हैं, जिससे बेरोजगार नागरिकों की संख्या में वृद्धि हुई है।

चीन के प्रति अमेरिकी नीति क्या है? सारतः, यह नियंत्रक है। चीन आज अन्य देशों के अधीन मौजूद कुछ द्वीपों पर स्वामित्व का दावा कर रहा है, वह तिब्बत पर नियंत्रण बनाए रखना सुनिश्चित करता है और हमेशा ताइवान पर आधिपत्य जमाना चाहता है। एक तरफ चीन के नेताओं के साथ ऊपरी मित्रतापूर्ण संबंध रखते हुए अमेरिका, जापान, दक्षिण कोरिया, इंडोनेशिया, भारत और फिलीपींस के साथ चीन को नियंत्रित करने के लिए प्रतिवेशी प्रणाली के निर्माण हेतु मित्रता कर रहा है। चीन इससे पूरी तरह से अवगत है और अंशतः प्रतिक्रियास्वरूप अपनी सैन्यप्रणाली का निर्माण करने के लिए निवेश कर रहा है। विडंबना यह है कि चीन अपने लोगों के लिए अच्छा कार्य कर रहा है और यह बात तर्कसंगत है कि अमेरिका को चीनी लोगों के साथ मित्रवत रहने की आवश्यकता है।

भारत एशिया में दूसरी शक्ति है और अमेरिका भारत के प्रति बहुत ज्यादा मित्रवत तथा कारोबार में सक्रिय है। यह अमेरिकी हित में है कि भारत अधोसंरचना तथा अपने लोगों के जीवन को सुधारने में निवेश करता रहे। प्रधानमंत्री मोदी एक भद्र तथा प्रतिभावान नेता हैं जो अमेरिका के साथ एक अच्छा संबंध चाहते हैं। एक दीर्घकालीन लोकतंत्र के रूप में भारत तथा अमेरिका के हित बहुत ज्यादा समकालीन हैं। जैसे-जैसे भारत समृद्ध होगा, अमेरिका भारत के बाजार की वृद्धि से लाभान्वित होगा।

जापान और इंडोनेशिया दोनों सशक्त नेताओं के अधीन मित्र देश हैं, जो अमेरिका के साथ सहयोग करने में प्रसन्न हैं, विशेषकर चीन के आक्रामक कदमों को रोकने में। जापान में प्रधानमंत्री अबे एक संवैधानिक परिवर्तन के लिए प्रयास कर रहे हैं जो जापान को एक सैन्य बल बनाने में निवेश करने की अनुमति देगा। अमेरिका चीन की प्रमुख कारोबारी शक्ति को कुछ हद तक सीमित करने के लिए अनेक एशियाई देशों के

साथ सक्रिय रूप से कारोबार समझौते हेतु इच्छुक है। स्पष्ट रूप से अमेरिका चीन की आर्थिक एवं सैन्य प्रगति को धीमा करने की इच्छा रखते हुए उसके साथ अपने व्यवसायिक संबंधों के समर्थन का संवदेनशील कार्य कर रहा है।

मध्य-पूर्व

अमेरिका ने इराक तथा अफ़ग़ानिस्तान में केवल अशांति का पता लगाने के लिए महंगे युद्धों को लड़ा है, जो कुछ हद तक अनेक कबीलों और अनेक अलग-अलग मुस्लिम समूहों से बने कृत्रिम देश हैं। इराक अनेक 'राज्यों' से बना एक कृत्रिम 'राज्य' है जो एक दूसरे को नापसंद करते हैं और अक्सर युद्धरत रहते हैं। यही अफ़ग़ानिस्तान के संबंध में तथा मध्य-पूर्व को उपनिवेश बनाने के दौरान यूरोपवासियों द्वारा बनाए गए अन्य राज्यों के संबंध में कहा जा सकता है।

यदि कोई सबक सीखा गया है, तो वह है कि मध्य-पूर्व लोकतंत्र के लिए नहीं तैयार है और वे उन युद्धों में उजड़ते रहेंगे जिनके कोई विजेता नहीं होंगे। एक मध्य-पूर्व देश की एक लोकतांत्रिक प्रक्रिया के स्थान पर एक सशक्त नेता के द्वारा सर्वश्रेष्ठ रूप से शासित होने की संभावना रहती है। राष्ट्रपति ओबामा को सऊदी के धार्मिक तथा राजनीतिक दुश्मन ईरान को बहुत ज्यादा छूट दिए बिना अमेरिका के मित्र, सऊदी अरब के हितों को ध्यानपूर्वक संतुलित करना पड़ता है। ईरान इस्लाम की शिया शाखा का नेतृत्व करता है जबकि सऊदी अरब सुन्नी शाखा का नेतृत्व करता है, एवं दोनों अपनी रक्षा की तैयारी कर रहे हैं।

सऊदी अरब अमेरिका का मुख्य सहयोगी बन गया जब अमेरिका को तेल की निर्बाध आपूर्ति को सुनिश्चित करने के लिए मध्य पूर्व में शांति की आवश्यकता थी। यह आज भी समान मामला है, लेकिन अमेरिका की तेल पर निर्भरता व्यापक रूप से घट गई है और अंततः दुनिया को कम तेल की आवश्यकता होगी क्योंकि तेल एवं गैस अन्य स्थानों पर पाए जा रहे हैं साथ ही कारें ज्यादा इलेक्ट्रिक और चालक-विहीन हो रही हैं।

अमेरिका ईरान की परमाणु *हथियार* बनाने की महत्वाकांक्षा को रोकने में संलग्न है तथा इसने ईरान के बहिष्कार को कम कर दिया है। परंतु इसका अर्थ है कि ईरान की अर्थव्यवस्था ज्यादा तेजी से वृद्धि करेगी और इसके पास हिजबुल्ला और अन्य आतंकवादी समूहों जो इज़राइल के लिए खतरा हैं, को जारी करने के लिए ज्यादा संसाधन होंगे। इसलिए अमेरिका को एक विदेश नीति की आवश्यकता है, जो सीरिया और यमन में नियमित रूप से हो रही भयानक समस्याओं के साथ-साथ सऊदी अरब, ईरान तथा इज़राइल में इसके हितों को संतुलित करे। अमेरिका ने सीरिया में सेना नहीं भेजने का निर्णय लिया और प्रारंभ में सीरिया की सरकार के हितों के विरुद्ध कार्य किया, जब तक कि आईएसआईएस मध्य-पूर्व में एक नई विस्तारित हो रही शक्ति के रूप में नहीं उभरा जिसने उस पर नियंत्रण हेतु और भी ज्यादा प्रयास को आवश्यक कर दिया। अब आईएसआईएस ने इराक के अच्छे-खासे हिस्से पर कब्जा कर लिया है। अमेरिका ने जमीन पर सैनिकों को नहीं भेजा, लेकिन आईएसआईएस के विरुद्ध हवाई युद्ध चलाने का निर्णय किया है, यह उम्मीद

करते हुए कि अमेरिका के ज्यादा समर्थन के साथ इराक के सैनिक वापस युद्ध कर सकेंगे। सबसे ज्यादा डर इस बात का है कि आईएसआईएस पाकिस्तान पर कब्जा कर सकता है और इसके परमाणु हथियारों तक पहुँच सकता है।

रिपब्लिकन दल में अनेक रूढ़िवादियों ने जमीन पर सैनिकों को उतारने पर ओबामा के प्रतिरोध की निंदा की है और उन्हें लगता है कि उस क्षेत्र में अमेरिका का प्रभाव कम हो रहा है। ओबामा ने स्पष्ट किया है कि मध्य-पूर्व में विजय जैसी कोई चीज नहीं है और और इस अशांत क्षेत्र में किसी अमेरिकी का रक्त नहीं बहना चाहिए।

हाल ही में वे इराक में सैन्य स्थिति को मजबूत करने में ज्यादा विशेष अभियान सैन्य बलों को भेजने के लिए राजी हो गए हैं।

मध्य-पूर्व की दूसरी प्रमुख समस्या फ़िलिस्तीन और इज़राइल के बीच संघर्ष है। गाजा और पश्चिमी तट पर फ़िलिस्तीनी कहते हैं कि इज़राइल एक अतिक्रमणकर्ता है और अपनी जमीन को वापस पाने के लिए फ़िलिस्तीन के लोगों के पास विद्रोह करने और यहाँ तक कि इज़राइल पर बमबारी करने का अधिकार है। इज़राइल कोई जमीन तब तक नहीं लौटाने जा रहा है जब तक फ़िलिस्तीन के लोग इज़राइल को नष्ट करने का संकल्प रखते हैं। पहले के अमेरिकी राष्ट्रपतियों और उसके बाद बिल क्लिंटन ने दोनों पक्षों को साथ लाने और हलों को खोजने तथा प्रस्तावित करने हेतु सहयोग के लिए तृतीय पक्ष के उपयोग के प्रयास करने में बहुत ज्यादा ऊर्जा का निवेश किया है। मध्य-पूर्व भविष्य के सभी अमेरिकी राष्ट्रपतियों और सभी पश्चिमी नेताओं के समक्ष बड़ी चिंता रहेगी।

यूरोप

यूरोप कारोबार, साझा लोकतंत्र और परस्पर अभिरुचि के आधार पर अमेरिका का मजबूत सहयोगी रहा है। अमेरिका का ब्रिटेन और जर्मनी के अलावा स्कैंडिनेवियाई देशों तथा दक्षिण एवं पूर्वी यूरोपीय देशों के साथ अच्छे संबंध हैं। दुर्भाग्यवश, यूरोप की अर्थव्यवस्था ने धीमी गति से वृद्धि की है। यूरोप में उच्च बेरोजगारी है (ग्रीस में 28% और स्पेन में 22%) तथा इसके देशों पर ऊँची कल्याण लागतों का बोझ है। यूरोप के दक्षिणी '*पिग्स*' देशों (पुर्तगाल, इटली, ग्रीस और स्पेन) ने हाल में ऋणात्मक वृद्धि दरों का अनुभव किया है। ग्रीस कठिन दौर से गुजर रहा है, ऐसे में प्रश्न यह है कि क्या यह दिवालिया हो जाएगा तथा यूरोजोन को छोड़ देगा या फिर इसकी सब्सिडी जारी रहेगी। यूरोप ग्रीक यूरो की असफलता के अप्रत्यक्ष परिणामों से चिंतित है जो प्रपात की तरह हो सकता है।

अमेरिका की यूरोप में मुख्य विदेश नीति राष्ट्रपति पुतिन के नेतृत्व में रूस के प्रभाव को नियंत्रित करना है। रूस पहले ही क्रीमिया में विस्तृत हो चुका है, जो यूक्रेन का भाग था। पुतिन कहते हैं कि पूर्वी यूक्रेन में रह रहे रूसी नागरिक यूक्रेन के हिस्सों में अपने अधिकारों का दावा कर रहे हैं। रूस मित्रों के अपने समूह को बनाने और यूरोप के अनेक उदारवादी झुकावों पर आपत्ति कर यूरोप के विचारवान नेता के रूप में कार्य करने का

प्रयास कर रहा है। रूस पेरेडों में अपनी सैन्यशक्ति को प्रदर्शित करने के हर अवसर का उपयोग करता है ताकि यूरोप कोई गलत कदम न उठाए। पुतिन रूस के दुर्लभ संसाधनों को अपनी सैन्य शक्ति को बनाने में ज्यादा लगा रहा है और इसने कुछ सबसे उन्नत रॉकेटों और पनडुब्बियों को विकसित कर लिया है। रूस अमेरिका द्वारा जाहिरा तौर से एक रूसी हमले से यूरोपीय देशों को बचाने के लिए यूरोप में विभिन्न स्थानों पर लगाए जाने वाले परमाणु कवच से भय महसूस करता है। वर्तमान तथा भविष्य के अमेरिकी राष्ट्रपतियों को यह निर्णय करना होगा कि रूस के साथ एक नया शीत युद्ध प्रारंभ किए बिना यूक्रेन तथा बाल्टिक देशों को कितनी सैन्य सहायता देनी है।

आज यूरोप, जो कि ऐतिहासिक रूप से एक ईसाई देश रहा है, में बढ़ती हुई मुस्लिम आबादी और युद्ध तथा सैन्य तानाशाही से मुक्त बेहतर जीवन की तलाश में मध्य-पूर्व और उत्तरी अफ्रीकी देशों से आ रहे ज्यादा-से-ज्यादा प्रवासी चिंता का प्रमुख विषय है। यूरोप ने राजनीतिक, आर्थिक और सांस्कृतिक निहितार्थों के कारण प्रवासियों और शरण माँगने वालों के झुंडों के साथ-साथ अवैध मानव तस्करी को धीमा करने का प्रयास किया है। कुछ लोग यह मानते हैं कि, जर्मनी, स्वीडन और अन्यत्र विशाल मुस्लिम जनसंख्या के साथ-साथ मुस्लिमों में उच्च जन्म दर के कारण भविष्य में एक मुस्लिम महादेश के रूप में यूरोप की नियति पहले ही तय हो चुकी है। यूरोपीय आशंका व्यक्त करते हैं कि, क्या उनकी सदियों पुरानी परंपराएं एवं परिपाटियाँ समाप्त हो जाएंगी। अमेरिका इसे मुख्यतः यूरोप की समस्या के रूप में देखता है, क्योंकि यह पक्षधर नहीं हो कर भी अपने मध्य-पूर्व के सहयोगियों को संतुष्ट नहीं कर सकता है।

अफ्रीका

अफ्रीका ने एक बेहद पिछड़े महादेश के रूप में अपनी यात्रा शुरू की, जिसकी चौहद्दी में सिर्फ कुछ ही यूरोपीय पहुँचे। उसके बाद ब्रिटेन, फ्रांस, जर्मनी, नीदरलैंड और बेल्जियम से अन्वेषकों की बढ़ती संख्या ने अंदरूनी भूमि तक पहुँचना और देश पर दावा करना प्रारंभ कर दिया। ब्रिटेन ने उत्तर में मिश्र से दक्षिण में दक्षिण अफ्रीका तक ऊर्ध्वाधर हिस्से पर अधिकार कर लिया। फ्राँस ने अपने ऊर्ध्वाधर हिस्से में मुख्यतः पश्चिमी अफ्रीका के अल्जीरिया, मोरक्को, ट्यूनिशिया एवं अन्य देशों को समाहित कर लिया।

एक व्यापक सहमति है कि भविष्य में अफ्रीका एक महाशक्ति बन जाएगा, विशेषकर, यदि यह इसके शीर्ष देशों जैसे कि मिश्र, नाइजीरिया और केन्या में सशक्त नेतृत्व की स्थापना के बाद ऐसा संभव है। अफ्रीका में आर्थिक गतिविधियों के विभिन्न स्तरों तथा अनेक आंतरिक समस्याओं और सीमा पर झड़पों वाले 26 देश हैं। अफ्रीका खनिज और कृषि संसाधनों में अति संपन्न है और चीन अफ्रीका में कार्य करने के लिए पूँजी तथा अपने लोगों को लगा रहा है। अपनी लागतों को कम करने के इच्छुक वैश्विक कारोबार, विशेषकर श्रम-साध्य उद्योगों में, अफ्रीका में उत्पादन को ले जा कर बेहतर प्रदर्शन करेंगे।

अमेरिका अफ्रीकी देशों के बीच झड़पों को रोकने के लिए नर्म शक्ति का उपयोग करने के अलावा अफ्रीका में बहुत ज्यादा संलग्न नहीं है। अमेरिका अफ्रीका को विदेशी सहायता देने में उदार रहा है। लेकिन बहुत से लोगों ने आलोचना की है कि वास्तव में गरीबों तक कितनी कम विदेशी सहायता पहुँचती है; एक अनुमान

है कि धन का 15% दिया जाता है। एक निंदक ने विदेशी सहायता को 'अमीर देशों के गरीबों से गरीब देशों के अमीरों तक धन के स्थानांतरण' के रूप में परिभाषित किया है। अमेरिका अभी तक अफ्रीका को उसकी गरीबी, उसके राजनीतिक भ्रष्टाचार और अनिश्चितताओं के कारण अपने सामानों और सेवाओं के लिए बड़े बाजार के रूप में नहीं देखता है। अमेरिका के लिए सही अफ्रीकी मित्रों का चयन करने और जैसे-जैसे अफ्रीका सशक्त हो रहा है, वैसे-वैसे अफ्रीकी समृद्धि के लिए तैयारी करने के संबंध में ज्यादा गहराई से सोचना ज्यादा अर्थपूर्ण होगा।

दक्षिण और मध्य अमेरिका

अमेरिकी सरकार अक्सर दक्षिण में अपने पड़ोसियों पर पर्याप्त ध्यान देने में अनदेखी कर देती है। मैक्सिको मुक्त व्यापार समझौतों (एफटीए) के प्रभावित होने के बाद से एक अर्थव्यवस्था के रूप में बढ़ रहा है। 'ब्रिक' (ब्राजील, रूस, भारत और चीन) देशों में से एक ब्राजील एक बड़ी शक्ति है, जिसका अन्य दक्षिण अमेरिकी देशों की अर्थव्यवस्था तथा आर्थिक विकास पर बहुत ज्यादा प्रभाव हो सकता है। चिली और कोलंबिया में सफल अर्थव्यवस्थाएँ संचालित हैं। हालाँकि जब हुगो शावेज वेनेजुएला पर शासन कर रहे थे, तब उसके नेतृत्व में कुछ दक्षिण अमेरिकी देशों ने विकास के मार्क्सवादी मार्ग को अपनाया था। उन्होंने बोलिविया, पराग्वे और इक्वेडोर को क्यूबा तथा अन्य मार्क्सवादी देशों के साथ आने के लिए प्रभावित किया। हालाँकि आज वेनेजुएला इसके नेता के जाने और इसकी अर्थव्यवस्था के छिन्न-भिन्न हो जाने से वह अपने पूर्ववर्ती रूप का एक कंकाल मात्र रह गया है। हैती, ग्वाटेमाला और होंडुरास सहित मध्य अमेरिका में आज भी समस्याएँ मौजूद हैं, जबकि कोस्टा रिका, निकारागुआ, पनामा और डोमिनिकन रिपब्लिक ज्यादा अच्छी स्थिति में हैं।

अमेरिकी विदेश नीति कैसे बनती है?

यह स्पष्ट है कि भविष्य के अमेरिकी राष्ट्रपति अन्य देशों के साथ समस्याओं को सुलझाने में व्यस्त रहेंगे। उन्हें निर्णय करना होगा कि कौन उनके साथी होंगे, कौन तटस्थ होंगे और कौन उनके दुश्मन होंगे। तटस्थतावाद संभव नहीं है। विदेशी राष्ट्र अपनी आर्थिक शक्ति को बढ़ाएँगे और अपनी सैन्य ताकत प्रदर्शित करेंगे। अमेरिका को अवश्यतः अपने विद्युत ग्रिड की रक्षा करनी होगी जिसे आसानी से हैक किया जा सकता है। अमेरिकी सरकार और अमेरिकी कंपनियों को अपनी सूचनाओं को साइबर हमलों द्वारा हैक किए जाने से बचाने के लिए सुरक्षा प्रणालियों में अवश्य निवेश करना चाहिए।

अमेरिकी विदेश नीति अमेरिकी राष्ट्रपति के हाथों में होती है और एक नए राष्ट्रपति के पद पर बैठने के साथ हर बार बदल सकती है। एक सबसे महत्वपूर्ण पद है विदेश विभाग, जिसका हाल के समय में नेतृत्व मैडेलिन एल्ब्राइट, कोलिन पॉवेल, कोंडोलिजा राइस, हिलेरी क्लिंटन और जॉन केरी के द्वारा किया गया है। हर अनुवर्ती विदेश मंत्री राष्ट्रपति को रिपोर्ट करता या करती है तथा उसके नीतियों को क्रियान्वित करता

या करती है। विदेश विभाग के पास एक विशाल नौकरशाही है, जिसमें दुनिया में हर देश के लिए विशेषज्ञ शामिल हैं और ये सभी हजारों विदेशी विशेषज्ञों तथा स्रोतों के साथ जुड़े हुए है।

अमेरिकी संविधान विदेश नीति की शक्तियों को राष्ट्रपति और काँग्रेस के बीच विभाजित करता है। विदेश नीति के निर्माण में प्रत्येक की भागीदारी होती है। दोनों शाखाएँ विदेश नीति की शुरूआत और परिवर्तन कर सकती हैं। विदेश नीति का निर्माण और बचाव करना एक जटिल प्रक्रिया है।[2]

राष्ट्रपति और विदेश विभाग विदेशी घटनाओं पर इसकी प्रतिक्रिया या अंतर्राष्ट्रीय सहमतियों की समझौता वार्ताओं के माध्यम से नीति वक्तव्यों तथा विधानों के लिए प्रस्तावों के द्वारा विदेश नीति बना सकते हैं। काँग्रेस या तो राष्ट्रपति के तरीके का समर्थन कर सकती है या इसमें बदलाव की इच्छा व्यक्त कर सकती है। जब विदेश नीति में बदलाव राष्ट्रपति की कार्रवाई के माध्यम से होती है, तो इसे कम अवधि में बदल पाना मुश्किल होता है क्योंकि काँग्रेस को प्रतिक्रिया देने में समय लगता है। अक्सर काँग्रेस कार्यकारी शाखा से संधियों तथा अंतर्राष्ट्रीय समझौतों के संबंध में प्रस्तावों को प्राप्त करती है, जिसे सीनेट या काँग्रेस को अवश्य अनुमोदित करना होता है। अक्सर राष्ट्रपति के प्रारंभिक प्रस्ताव में महत्वपूर्ण संशोधन करने के बाद अधिकतर मामलों को काँग्रेस अनुमोदित कर देती है।

दूसरी तरफ, काँग्रेस संकल्पों तथा नीति वक्तव्यों, विधायी निर्देशों, विधायी दबाव, अनौपचारिक सलाह या वित्त पोषण निषेध के माध्यम से विदेश नीति की शुरूआत कर सकती है। कार्यकारी शाखा अपने तथा सार्वजनिक हित में काँग्रेस की नीतियों का समर्थन या बदलाव का प्रयास कर सकती है।

परिणामस्वरूप, यह निर्णय करना मुश्किल है कि किसी विदेश नीति का श्रेय किसे देना चाहिए, क्योंकि इसका विकास दोनों शाखाओं के साझा कार्य से हुआ है। विदेश नीति एक भव्य डिजाइन के स्वरूप में नहीं है, बल्कि यह विभिन्न देशों और प्रक्षेत्रों में व्यक्तिगत नीतियों के बहुत ज्यादा समझौतों का परिणाम है। यह सच है कि कई अवसरों पर विदेश नीति में राष्ट्रपति एक सशक्त नेता होता है और दूसरे अवसरों पर काँग्रेस का प्रभुत्व रहा है।

निष्कर्ष

अमेरिका के पास दूसरे देशों के मामलों में लगातार शामिल होने के अलावा कोई विकल्प नहीं है। कई बार ऐसी घरेलू और विदेशी परिस्थितियाँ उत्पन्न हो सकती हैं – वित्तीय संकट, नाभिकीय निर्माण, साइबर हमले- जो अमेरिकियों के जीवनों को बहुत ज्यादा प्रभावित कर सकती हैं। अमेरिका अनिवार्य रूप से अपने पारंपरिक सहयोगियों तथा उनकी समस्याओं की ओर खींच लिया जाएगा।

अमेरिका के लिए सर्वश्रेष्ठ स्थिति पूरी दुनिया में हर जगह शांति और समृद्धि के लिए कड़ी मेहनत करना है। इसे ज्यादा वैश्वीकरण और कारोबार के लिए जोर देते रहना जारी रखना चाहिए। जब देश अपने कारोबारी सहयोगियों पर निर्भर हो जाते हैं, तो उनके द्वारा युद्ध करने की कम संभावना होती है।

अमेरिका को उभर रही समस्याओं के राजनीतिक हलों को प्राथमिकता देनी चाहिए। उसे मामलों पर निष्पक्ष तथा तीव्रता से निर्णय देने के लिए एक वैश्विक संस्था के रूप में संयुक्त राष्ट्र को मजबूत करना चाहिए। उसे महत्वपूर्ण वित्तीय तथा आर्थिक सहयोग प्रणालियों के रूप में विश्व बैंक तथा अंतर्राष्ट्रीय मुद्रा कोष का समर्थन करना चाहिए। उसे क्षेत्रीय कारोबार संगठनों के विकास का पक्षधर होना चाहिए जो उनके क्षेत्रों में संयुक्त योजना एवं निर्णय की क्रियाविधि को विकसित करेंगे।

टिप्पणियाँ

1. Ephraim Hardcastle, 'Foreign aid: "Poor people in rich countries sending money to rich people in poor countries," ' Daily Mail, July 2, 2010.
2. See: 'Foreign Policy Roles of the President and Congress', June 1, 1999. U.S. Department of State: http://fpc.state.gov/6172.htm (accessed 03.03.16).

अध्याय-9

सरकारी सेवा में सुधार—क्या सरकारी कर्मी कुशल और सचेत हैं कि वे "सार्वजनिक सेवक" हैं?

'याद रखिए कि हमें किसी सार्वजनिक सेवक का मूल्यांकन किसी एक काम के आधार पर नहीं करना चाहिए।'

थियोडोर रूज़वेल्ट

नागरिक यह महसूस करने में मत-भिन्नता रखते हैं कि सार्वजनिक एजेंसियाँ तथा सार्वजनिक कर्मचारी उनकी अच्छी सेवा कर रहे हैं। एक छोर पर वे नागरिक हैं जो सरकार पर अपनी नापसंदगी को व्यक्त करने में मुखर हैं। वे कहते हैं कि सरकार बहुत बड़ी, बहुत अक्षम, हमारे जीवन में बहुत ज्यादा नियामक है। वे करों के संबंध में शिकायत करते हैं। वे सार्वजनिक कर्मचारियों को आलसी, अपर्याप्त प्रशिक्षित तथा बहुत ज्यादा वेतन पाने वालों के रूप में वर्णित करते हैं। दूसरी छोर पर वे नागरिक हैं जो सरकार को ज्यादा बड़ा बनना तथा सामान्य समस्याओं को ठीक करने के लिए उनसे ज्यादा काम करवाना चाहते हैं। वे सरकार से चाहते हैं कि वह अपक्षयित हो रही अधोसंरचनाओं को ठीक करे, कमजोर प्राथमिक तथा माध्यमिक विद्यालयों में सुधार करे, स्वास्थ्य प्रणाली में सुधार करे, सुनिश्चित करे कि खाद्य आपूर्ति सुरक्षित है, और उन कंपनियों को दंडित करे जो पर्यावरण को हानि पहुँचाती हैं।

अधिकतर नागरिक सरकार के संबंध में पूरी तरह से निष्कर्ष नहीं निकालते हैं, लेकिन वे सरकार की कुछ विशेषताओं को पसंद करते हैं और अन्यों को नापसंद करते हैं। वे अच्छी सड़कों और पुलों, अच्छी बिजली ग्रिडों, पानी की अच्छी आपूर्ति, सक्षम शिक्षकों, पुलिस तथा अग्निशामकों को पसंद करते हैं। वहीं दूसरी तरफ, वे अपने लाइसेंस के पुनर्नवीकरण या मतदान करने या सहायता नहीं करने वाला या दंभी तरीके से कार्य करने वाले एक सार्वजनिक कर्मचारी के साथ कार्य करना नापसंद करते हैं।

नागरिक संघीय सरकार, राज्य सरकार, नगर सरकार और यहाँ तक कि पड़ोसी सरकार पर भिन्न-भिन्न विचार रख सकते हैं। हालाँकि अमेरिकी अधिकतर नागरिक संघीय सरकार की गतिविधियों के संबंध में बात करते हैं, लेकिन उन्हें स्थानीय और क्षेत्रीय सरकारों के विचारों तथा आशाओं के संबंध में भी अवगत होना चाहिए।

सरकार की सबसे बड़ी समस्याओं में से एक है 'लाल फीताशाही' की उपस्थिति। लाल फीताशाही नौकरशाही के सबसे बुरे स्वरूप का संकेत है: निंदक अव्यैयतिक सेवा, अर्थहीन दस्तावेजीकरण में फँसे रहना, और काम को अत्यधिक दोहरावपूर्ण तथा अनावश्यक प्रक्रियाओं से रोकना। लाल फीताशाही सिर्फ सरकारी सेवाओं तक नहीं है। यह बड़े संगठनों तथा यहाँ तक कि छोटे गैर-लाभ संगठनों में भी है।

सरकारी एजेंसियों के साथ लोगों के अधिकतर अनुभव कर्मचारी वर्ग की गुणवत्ता से प्रभावित हैं। प्रशासनिक सेवा की परीक्षाओं को प्रारंभ किया गया था ताकि सरकार में करियर बनाना चाह रहे व्यक्तियों को अपने कार्यों तथा नागरिकों की सहायता करने के लिए आवश्यक ज्ञान हो। उम्मीद है कि सरकारी संगठन कुशलता, अच्छे उपभोक्ता संबंधों, समस्या सुलझाने की क्षमता और संवेदना का अनुकरण करेंगे।

सरकारी एजेंसियों के प्रमुखों को अपने ग्राहकों के प्रति एक देखभालपूर्ण रवैया प्रदर्शित करने वाले के 'सेवक नेता' बनने की जरूरत है, जिसका उनके कर्मियों के द्वारा अनुकरण किए जाने की उम्मीद है। जबकि कंपनियाँ बेहतर कर्मचारी व्यवहार को प्रदर्शित करवाने के लिए प्रोत्साहनों (बोनस, तरक्की, आदि) का उपयोग कर सकती हैं, सरकारी संगठनों के पास वांछित कर्मी व्यवहार को करवाने के लिए प्रोत्साहनों का उपयोग करने की कम गुंजाइश होती है। कंपनी अपने कर्मियों से कड़ी मेहनत करते रहने के लिए प्रतिद्वंदियों पर निर्भर कर सकती हैं, लेकिन अनेक सरकारी एजेंसियाँ बिना प्रतिद्वंदियों के एकाधिकार क्षेत्र में स्थित हैं। अच्छे कर्मी व्यवहार को सुनिश्चित करने के लिए सरकारी एजेंसियों को नागरिकों से इस फीडबैक को एकत्रित करने की आवश्यकता है कि कर्मियों ने अपने दायित्व को कैसे निभाया है; फिर भी कंपनियों की तुलना में सरकारी एजेंसियों का खराब प्रदर्शनकर्ताओं से छुटकारा पाना ज्यादा मुश्किल है।

सार्वजनिक क्षेत्र में नागरिक सेवा में सुधार[2]

उपभोक्ताओं की संतुष्टि के स्तर का सरकार की एजेंसियों के राजस्व पर प्रभाव पड़ता है, विशेषकर जहाँ नागरिकों के पास उत्पादों, योजनाओं और सेवाओं हेतु विकल्प मौजूद होते हैं।

सार्वजनिक परिवहन पर विचार करें। एक सामुदायिक परिवहन प्रणाली की कार तथा इसके आराम के साथ अमेरिका के 'प्रेम संबंध' से तगड़ी प्रतिस्पर्द्धा है। क्या एक नागरिक अपनी कार को छोड़ देगा या देगी और सार्वजनिक परिवहन का उपयोग करेगा या करेगी, यह सारणियों, रूटों, आवश्यक स्थानातंरणों की संख्याओं, समयबद्धता, ड्राइवर की विनम्रता, बस (और इसके सवारियों) की स्वच्छता, रूकने के स्थानों, क्या इंतजार करने के लिए शेल्टर हैं, क्या इंतजार करने के दौरान बैठने के लिए बेंच हैं, के साथ उच्चतः सह-संबंधित है। इन परिप्रेक्ष्यों पर नागरिकों की अनुभूति और अनुभव एजेंसी के वार्षिक राजस्वों को प्रभावित करेंगे। सार्वजनिक सेवा और संतुष्टि भविष्य के वित्तपोषण में वृद्धि करेगी।

एक दूसरे उदाहरण पर विचार करें। 21 अप्रैल 2005 को *सिएटल टाइम्स* ने एक शीर्षक '10 *सिएटल विद्यालयों को बंद करने का लक्ष्य, घाटे को कम करने के उद्देश्य से बड़े बदलाव की संभावना' के माध्यम से* चेतावनी दी। पढ़ने पर, आलेख वर्णन करता है कि अंशतः जन्मदर में कमी के कारण और परिवारों के द्वारा निजी विद्यालयों

को चुनने या उपनगरों में चले जाने के कारण जिले को बजट तथा नामांकन में वर्ष-दर-वर्ष उत्तरोतर कमी का सामना करना पड़ रहा है। चूंकि जिले के विद्यालय नामांकन के आधार पर वित्तपोषित होते हैं, अतः कम होते नामांकन के चलते जिले के समक्ष अपने बजट में व्यापक कटौती करने की मजबूरी थी और प्रचालन लागतों को घटाने के लिए वह विद्यालयों को बंद करने तथा समेकन पर विचार कर रहा था।

सरकारी सब्सिडियों पर निर्भर रहने वाली जिला विद्यालय जैसी एजेंसियों पर उपभोक्ता संतुष्टि का प्रभाव होगा। कक्षाओं के आकार से लेकर, एक बच्चे को एक उच्च-स्तरीय विज्ञान कक्षाओं जैसे विशेष प्रस्तावों से आकर्षित किया जाता है (या नहीं), प्रशासक तथा उनके कर्मचारी अभिभावकों तथा विद्यार्थियों की चिंताओं पर कैसे प्रतिक्रिया देते हैं, तक हर चीज पर विद्यालयों से संतुष्टि के स्तर का निर्भर करता है। जब उम्मीदें नहीं पूरी होती हैं, तो अभिभावक अपनी पूरी नहीं हुई उम्मीदों को पूरा करने के लिए निजी विद्यालयो या उपनगरों या एक भिन्न जिला विद्यालय में गमन करने सहित अन्य विकल्पों पर विचार करने लगते हैं।

एक और उदाहरण पर विचार करें। अमेरिकी कृषि बाजार उत्पादकता योजना का लक्ष्य ताजे, स्थानीय स्तर पर उगाए गए फलों तथा सब्जियों के उपयोग में वृद्धि करना है। इसका वित्तपोषण संघीय तथा स्थानीय अनुपूरक निधि से होता है। योग्य प्राप्तकर्ताओं को कूपन जारी किए जाते हैं, जिसे सिर्फ कृषक बाजारों में ताजे फलों और सब्जियों और जड़ी-बूटियों की खरीददारी के लिए उपयोग किया जा सकता है।

क्या परिवार कृषक बाजारों में जाएंगे और अपने कूपनों का उपयोग करेंगे, यह परिवहन तथा पार्किंग की अनुभूत सुविधा, उत्पादों के विकल्प और उनके साथ कैसा व्यवहार होता है, जब वे किसानों नकद के स्थान पर कूपन देते हैं, सहित अनेक कारणों पर निर्भर करेगा। भुगतानों की संख्याओं की दी गई सूचनाएँ भविष्य के वित्तपोषण को प्रभावित करेंगी।

परिचालन प्रदर्शन में सुधार

छोटी कतारें, न्यूनतम इंतजार समय, परेशानी रहित अनुभवों जैसे वर्धित परिचालन कुशलता के लाभों की उपभोक्ता अक्सर सराहना करते हैं। सेवाओं को प्रदान करने के लिए कम संसाधनों को लगा कर एजेंसी भी इन स्थितियों से लाभ प्राप्त करती है। सफलता की कुंजी उपभोक्ता की आवश्यकताओं, प्राथमिकताओं, तथा व्यवहारों के आधार पर प्रक्रियाओं तथा कार्यविधियों को डिजाइन, उनकी निगरानी और समायोजित करना है। इसके लिए फीडबैक तथा समन्वयनों के एक चक्र के दौरान सतत वचनबद्धता की आवश्यकता होती है।

आइए हम इस पर विचार करते हैं कि हवाई अड्डों की सुरक्षा कतारों की परेशान करने वाली समस्या पर हवाई अड्डों तथा उनके कर्मचारियों ने प्रक्रिया को तीव्र करने के लिए क्या किया है। हर समायोजन तथा परिवर्धन उपभोक्ताओं के आराम तथा अभिप्रेरण की समझ में निहित है। कतार की शुरूआत में जेब में छुट्टे पैसों तथा चाबियों के लिए एक प्लास्टिक बैग उपलब्ध कराना, यात्रियों को अपनी जेबों को तेजी से खाली करने के लिए प्रोत्साहित करता है। यदि यात्रियों को तेजी से अगले जाँच बिंदु तक तेजी से निर्देशित किया जाता है तो समय को बचाते हुए कतारें सांकेतिक और टेढ़ी-मेढ़ी होती हैं। कुछ विशिष्ट वस्तुओं का निषेध

करने वाले विशिष्ट संकेत चिह्न सहायता करते हैं। ऐसे ही संकेतक हैं कि कन्वेयर बेल्ट से पहले लैपटॉप को भी हटा लेना चाहिए। सुरक्षा एजेंट जूतों को हटाने के संबंध में अंतिम बार याद दिलाते हैं। इस तरीके से प्रणाली बेहतर कार्य करती है तथा यात्रियों को कम इंतजार करना पड़ता है और वे अगली बार के लिए ज्यादा तैयार रहते हैं। तत्पश्चात संतुष्टि व्यवहारों को मजबूत बनाती है और एजेंसी की परिचालन कुशलता को बढ़ाना जारी रखती है।

ऐसी ही अवधारणाओं को ज्यादा कुशलता की इच्छुक सामुदायिक स्वास्थ्य क्लिनिकों पर लागू किया जाता है। यहाँ पर लक्ष्य मरीजों के मिलने के समय को बनाए रखने, किन्हीं महत्वपूर्ण रिकॉर्डों या सूचना के साथ समय पर आने और फिर अनुशंसित उपचार योजनाओं का अनुपालन करने में मरीजों की मदद करना है। याद दिलाने के लिए कॉल या कार्ड, मिलने के समय को बनाए रखने तथा सभी महत्वपूर्ण वस्तुओं के साथ आने की संभावनाओं को बढ़ाता है। जब मरीजों को दिए गए समय पर देखा जाता है, तो यह संभावना बढ़ जाती है कि वे अगली बार अपने निर्धारित समय पर आएँगे। उपचार योजनाओं के अनुपालन में वृद्धि करने के लिए, अनुवर्ती उपचार कॉल तथा घर पर आगमन ज्यादा प्रेरणा तथा शक्ति प्रदान करते हैं।

अनेक सरकारी एजेंसियाँ भविष्य के लिए प्राथमिकताओं को तय करने के लिए प्रदर्शन मापकों को विकसित करती हैं। निम्नलिखित उदाहरण पर विचार करें। अमेरिकी जनगणना ब्यूरो अपने प्रदर्शन लक्ष्यों तक पहुँचने में ब्यूरो की सहायता के लिए उपभोक्ता संतुष्टि की आवश्यकता को मान्यता देता है। ब्यूरो की 2004–2008 की रणनीतिक योजना में, एक लक्ष्य सबसे ज्यादा प्रासंगिक है: 'रणनीतिक लक्ष्य 1: नीति निर्माताओं, कारोबारों तथा गैर-लाभकारी संगठनों की आवश्यकताओं को पूरा करना तथा अमेरिका की जनसंख्या, अर्थव्यवस्था तथा सरकारों के लिए वर्तमान उपायों को सार्वजनिक करना।'[3] इस लक्ष्य का समर्थन उपभोक्ता संतुष्टि के लिए एक सबसे ज्यादा प्रयोग में आने वाले सहित अनेक उद्देश्यों के द्वारा किया जाता है: 'उद्देश्य *1.3:* उत्तरदाताओं पर सूचना देने के बोझ में कमी'। एजेंसियाँ इस बात को मानती हैं कि सफल आंकड़ा संग्रहण आंकड़े उपलब्ध कराने वाले के सहयोग पर निर्भर करता है–व्यक्ति, परिवार, कारोबार तथा सरकारें-और उत्तरदाताओं पर बोझ में कमी उनके सहयोग को बढ़ाएगी और परिचालन लागतों को कम करेगी।

अमेरिकी जनगणना ब्यूरो प्रदर्शन में सुधार हेतु निम्नांकित कदमों को उठाता है:

- इलेक्ट्रॉनिक तरीके से सूचना प्रदान करने की क्षमता तथा बार-बार होने वाले सर्वेक्षणों में इलेक्ट्रॉनिक माध्यम से उत्तर देने जैसे विकल्पों में विस्तार करने के माध्यम से सुविधा दे कर और सरल बनाना।
- भागीदारी तथा उत्तर देना सरल करने के लिए आंकड़ा संग्रहण के उत्तरदाता-केंद्रित तरीकों का उपयोग करना।
- भागीदारी को प्रोत्साहित करने के लिए आंकड़ा संग्रहण के तरीकों को घरों तथा कारोबारों में रिकॉर्डों को रखने के तरीकों के अनुरूप बनाना।
- व्यर्थ आंकड़ों के आग्रहों को समाप्त करने के लिए संघीय, राज्य, तथा निजी क्षेत्रों की सूचनाओं का पूरा लाभ लेना।

प्रदर्शन की माप अंशतः, प्रत्युत्तर की दरों से होती है। 2000 की जनगणना में अंतिम डाक प्रत्युत्तर दर 1990 के 75% की अंतिम प्रत्युत्तर दरों से 3% से ज्यादा बढ़ कर 78.4% थी।[4]

ज्यादा उपभोक्ता संतुष्टि प्रदान करने हेतु प्रथाएँ

यहाँ पर हम वाणिज्यिक क्षेत्र में उपयोग की जाने वाली पाँच प्रमुख तरीकों का वर्णन करने जा रहे हैं जिन्हें सार्वजनिक क्षेत्र में भी उपयोग किया जा सकता है।[5]

1. बेहतरीन सेवाएँ देने के लिए कर्मचारियों का सहयोग करें

सार्वजनिक क्षेत्र के कर्मचारी, विशेषकर उपभोक्ताओं को सर्वप्रथम सेवा प्रदान करने करने वाले कर्मचारी, दी जाने वाली सेवाओं की गुणवत्ता में मुख्य भूमिका निभाते हैं। निम्नांकित पर विचार करें:

- एक ड्राइवर पर जुर्माना लगाने वाला एक पुलिसकर्मी
- सहायता डेस्क पर एक पुस्तकालयकर्मी
- घर में आने वाला एक बाल संरक्षण सेवा मामला प्रबंधक
- हॉटलाइन पर प्रश्नों का जवाब देने वाला एक *आईआरएस* कर्मी
- एक विद्यार्थी को अनुशासित करने वाला एक शिक्षक
- नौकरी का आवेदन करने वाले एक किशोर की सहायता करने वाला एक नियोजन सुरक्षा सलाहकार
- संघीय संग्रहालय में भ्रमण कर रहा एक निदेशक
- हवाई अड्डा सुरक्षा जाँच बिंदु पर यात्रियों की तलाशी कर रहा एक एजेंट

इनमें से प्रत्येक संतुष्ट उपभोक्ता बनाने, निष्ठा पैदा करने और मुख से सकारात्मक प्रचार करवाने के अवसरों को सृजित करने अथवा इसके अन्यथा का प्रतिनिधित्व करते हैं। सफल संगठनों ने पारंपरिक संगठन चार्टों को उलटा कर दिया है, उपभोक्ताओं को शीर्ष पर और अग्रिम पंक्ति के लोगों को उसके बाद। अग्रिम पंक्ति के व्यक्तियों के द्वारा उपभोक्ताओं को अच्छी सेवा प्रदान करने के लिए उन्हें मध्यम स्तर के प्रबंधकों की ओर से प्रदान किए जा रहे अति महत्त्वपूर्ण सहायताओं को प्रतिबिंबित करते हुए मध्यम स्तर को स्थापित किया गया है। और बेहतरीन प्रबंधकों की नियुक्ति तथा सहायता के उत्तरदायित्व के साथ शीर्ष प्रबंधन आधार में है। (चित्र 9.1 देखें)।

सकारात्मक कर्मचारी प्रवृत्तियों के महत्त्व के कारण सेवा कंपनियाँ अपने ध्यान तथा संसाधनों को सर्वश्रेष्ठ कर्मचारियों को आकर्षित करने, सशक्त लेकिन (सरल) प्रशिक्षणों को विकसित करने, और बेहतरीन प्रदर्शनों का समर्थन तथा मान्यता देने में लगा रही हैं।

रॉबर्ट स्पेक्टर ने नॉर्डस्ट्रॉम, विभागीय भंडारों पर वृहत अनुसंधान किया है और वे अग्रिम पंक्ति के व्यक्तियों के लिए कई अनुशंसाएँ करते हैं।[6] निम्नांकित सार्वजनिक क्षेत्र की एजेंसियों के लिए सर्वाधिक प्रासंगिक प्रतीत होती हैं:

- *मुस्कुराना सीखें। कौशल को बेहतर बनाएँ।* 'हम अच्छे लोगों को नियुक्त कर सकते हैं और उन्हें बेचना सिखा सकते हैं, लेकिन हम विक्रेता को नियुक्त करके उन्हें अच्छा बनना नहीं सिखा सकते हैं।'

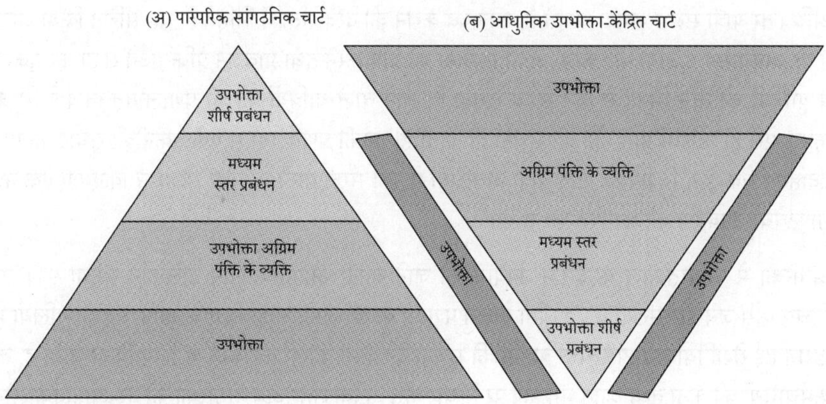

चित्र 9.1: उल्टा पिरामिड सांगठनिक चार्ट

कॉटलर, फ़िलिप; केलर, केल्विन लेन, *मार्केटिंग मैनेजमेंट*, 14वाँ संस्करण © 2012। पियरसन एजुकेशन इं., न्यूयार्क की अनुमति से मुद्रित तथा पुनरुत्पादित।

- *दूसरों के लिए मिसाल बनें।* एक विभाग में एक प्रबंधक के संबंध में एक कहानी कही जाती है जिसने एक दिन काउंटर पर पॉप का एक कैन देखा। उसने तुरंत उसे उठाकर कूड़ेदान में डाल दिया और अपनी राह पर चलता गया। कर्मचारियों ने इसे देखा और उन सभी को उस क्षेत्र को साफ रखने का संदेश मिल गया।
- *उपभोक्ताओं को संतुष्ट करने के लिए समस्याओं को सुलझाने हेतु कर्मचारियों को शक्ति दें।* जब किसी नागरिक को समस्या होती है, तो कर्मचारी को यह नहीं कहना चाहिए कि कुछ नहीं हो सकता है। असाधारण कर्मचारी एक कदम आगे बढ़ेंगे और हल निकालने के लिए उपभोक्ता के साथ काम करने का प्रयास करेंगे।
- *वीरोचित कार्यों का उत्सव मनाएँ।* उपभोक्ता सेवा के लिए असाधारण कार्यों को मान्यता दें और प्रदर्शित करें। यह गतिविधि प्राप्त करने वाले को अच्छा महसूस कराती है और पूरी कंपनी में स्पष्ट संदेश भेजती है कि आगे बढ़ने का मार्ग बेहतरीन उपभोक्ता सेवा प्रदान करना है।

2. सुनिश्चित करें कि अधोसंरचनाएँ तथा प्रणालियाँ सहायता करती हैं, न कि सेवा प्रदान करने को बाधित करती हैं

अच्छी तरह से कार्य कर रही प्रणाली में काम करना उत्कृष्ट उपभोक्ता सेवा प्रदान करने की कुंजी है। हम जानते हैं कि वे एक अच्छी-नीयत वाले कर्मचारी को उपभोक्ता को अपनी सेवा देने की क्षमता को प्रभावित करती हैं। संभावित सुधार के लिए अन्वेषण की जाने वाली संपर्क बिंदुओं तथा प्रक्रियाओं का सटीक निर्धारण महत्त्वपूर्ण है। सेवा प्रदान प्रणाली में सुधार के निम्नांकित दो उदाहरणों पर विचार करें।

सिंगापुर सरकार सिंगापुर के चांगी हवाई अड्डे को संचालित करती है। इस हवाई अड्डे को अनेक वर्षों में दुनिया के सर्वश्रेष्ठ हवाई अड्डे के रूप में मान्यता दी गई है।[7] संभवतः, यह परिणाम दुनिया का सर्वश्रेष्ठ हवाई अड्डा एवं वैश्विक हवाई हब बनने तथा ज्यादा महत्त्वपूर्ण रूप से तीव्र एवं निर्बाध पारगम्यता, जिसे

अधिकतर यात्री सबसे ज्यादा चाहते हैं, उपलब्ध कराने की दूरदर्शिता में निहित हैं। यह सूचित किया जाता है कि अप्रवासन प्रक्रिया पूरी करने, अपने सामानों को प्राप्त करने तथा प्रावजन प्रक्रियाओं से हो कर गुजरने में यात्रियों को तीन मिनट से कम समय लगता है। जाने वाले यात्रियों को भी प्रणालीगत क्रियाविधि के कारण ऐसे ही आराम प्राप्त होने की सूचना दी जाती है। उनकी प्रणालियों में एक तकनीकी सुधार का एक उदाहरण *चेक-इन*, विशेषकर शीर्ष यात्रा अवधियों में, को सरल करने के लिए *डिजाइन* किए गए एक नए सॉफ्टवेयर उपकरण को स्थापित करना था।[8]

अमेरिका में आपातकाल के दौरान उपयोग की जाने वाली आपातकालीन टेलिफोन संख्या 911 पर विचार करें। जब इस संख्या का उपयोग पालतु पशुओं के खो जाने, साइकिलों के खोने, गढ़ढों, गलियों में खराब हुई रोशनियों तथा परित्यक्त वाहनों की सूचना देने जैसी कॉलों को करने के लिए किया जाता है, तो कर्मचारियों की कुंठा तथा ध्यान भंग होने पर विचार करें। अनेक शहर अब नागरिकों को गैर-आपातकालीन कॉलों के लिए 311 सेवा का विकल्प दे रहे हैं। इसका प्रायोजन नागरिकों जब सूचना की आवश्यकता होती है, तो उन्हें दिए जाने वाले प्रति-उत्तर में सुधार करना है, और कॉल करने वालों को सही दिशा में ले जा कर, शहर प्रशासन को ज्यादा कुशल और प्रभावी और अपने नागरिकों के लिए, '*वन स्टॉप शॉपिंग*' के जैसा बनाते हुए सहायता करनी है।

3. उपभोक्ता संबंध प्रबंधन प्रणालियों पर विचार या विस्तार

सरकारी एजेंसियाँ सार्वजनिक क्षेत्र में नागरिक संतुष्टि में सुधार करने के लिए उत्तरोत्तर उपभोक्ता संबंध प्रबंधन (*सीआरएम*) प्रणालियों की ओर मुड़ रही हैं। सीआरएम प्रणालियों में शामिल हैं विशेष सॉफ्टवेयर, कभी-कभी हार्डवेयर, जो संगठन को वास्तविक-समय के साथ-साथ ऐतिहासिक विस्तृत व्यक्तिगत उपभोक्ता सूचना तक पहुँच और निगरानी में सक्षम बनाता है। *सीआरएम* प्रणाली की संरचना में परिचालन के साथ विश्लेषण घटक होंगे और विभिन्न उपभोक्ता संपर्क बिंदुओं के माध्यम से उपभोक्ता आंकड़ों को संग्रहित करने के लिए एक सहयोग समाहित होगा। निम्नलिखित दो उदाहरणों पर विचार करें।

क्वींसलैंड, आस्ट्रेलिया में बाल सुरक्षा तथा निःशक्तता सेवा विभाग मानता है कि, उनकी नई समेकित ग्राहक-प्रबंधन प्रणाली मामलों पर नजर बनाए रखने तथा प्रबंधन करने में ज्यादा बेहतर तरीके से सहायता करेगी क्योंकि युवा न्यायालयों तथा राज्य-प्रायोजित देखभाल केंद्रों में आवागमन करते हैं। अतीत में, विभाग देश भर में कानून-अनुपालन एजेंसियों और न्यायालयों के साथ सूचना के आदान-प्रदान के लिए फैक्सों पर निर्भर करता था और फिर सूचना को कंप्यूटरों में हाथों से दर्ज किया जाता था। यह नई प्रणाली, कर्मचारियों का ग्राहकों के साथ ज्यादा समय बिताने, जिसका अर्थ हो सकता है कि बच्चों को ज्यादा तीव्रता से घरेलू वातावरण में फिर से संयोजित किया जा सकता है, सहित लाभदायक परिणामों के साथ ग्राहक के आंकड़ों को इलेक्ट्रॉनिक तरीके से आदान-प्रदान करने में एजेंसियों को सक्षम बनाती है।[9]

सीआरएम प्रणालियों पर अमेरिकी सरकार का व्यय मुख्यतः 1998 के *गवर्नमेंट पेपरवर्क इलिमिनेशन एक्ट* के कारण बढ़ रहा है, जो एजेंसियों के लिए बिल भुगतान जैसे उपभोक्ता लेनदेन सहित कागज आधारित प्रक्रियाओं के लिए इलेक्ट्रॉनिक विकल्प उपलब्ध कराना आवश्यक कर देता है। इस व्यय को आंतरिक

राजस्व सेवा तथा सामाजिक सुरक्षा प्रशासन जैसी नागरिक एजेंसियों में सबसे ज्यादा होने की उम्मीद है, जिनका वृहद उपभोक्ता आंकड़े के साथ विशाल उपभोक्ता सेवा लेनदेन है।[10]

4. संपूर्ण गुणवत्ता प्रबंधन के लाभों को खोजें

संपूर्ण गुणवत्ता प्रबंधन (*टीक्यूएम*) का विकास 1940 के दशक में डॉ. डब्ल्यू. एडवर्ड्स डेमिंग के द्वारा किया गया था, जो एक ह्रासित दर पर गुणवत्ता प्राप्त करने के लिए संख्यिकी के अपने अनुप्रयोग तथा उपयोग के लिए ज्ञात थे। उनकी एक आधारभूत अवधारणा है कि, गुणवत्ता ग्राहक के द्वारा परिभाषित होती है तथा सतत सुधार के द्वारा प्राप्त की जाती है। डॉ. डेमिंग के सिद्धांतों के अंगीकरण में जापानी निर्माता कंपनियाँ प्रथम थीं, लेकिन उन्होंने अनेक अमेरिकी कंपनियों तथा कुछ सार्वजनिक क्षेत्रों की एजेंसियों का ध्यान 1970 और 1980 के दशक में खींचा। मैडिसन, विंकसिन के मेयर ने डेमिंग के संपूर्ण गुणवत्ता सुधार के सिद्धांत का उपयोग किया।

1983–1989 तक मैडिसन के मेयर जोसेफ सेंसेनब्रेनर एक बार 82 वर्षीय डेमिंग की एक प्रस्तुति में शामिल हुए थे। डेमिंग की पहले दी गई एक प्रस्तुति ने देश में ध्यान खींचा था। यह उनका क्रांतिकारी दृष्टिकोण (उस समय का) था कि अमेरिकी कंपनियों का बाजार में हिस्सेदारी में कमी होने का कारण '*बनाएं और निरीक्षण करें*' की इसकी संभावित घातक कमी है, जिसे यदि टोस्ट बनाने पर लागू किया जाए तो यह ऐसे व्यक्त होगा, 'आप इसे जला दें, मैं इसे खुरच दूंगा।'[12] डेमिंग के द्वारा संकेत किया जा रहा सबसे महत्वपूर्ण विषय था कि हमें 'डाउनस्ट्रीम' में कमियों को दूर करने की जगह हमारे 'अपस्ट्रीम' प्रक्रियाओं को नियंत्रित करना है। और इसे करने के लिए संगठन को सिद्ध गुणवत्ता तकनीकों को अवश्य लागू करना चाहिए और सर्वप्रथम इसे उपभोक्ताओं को प्रसन्न करने में सतत सुधार के रूप में परिभाषित करना चाहिए।

प्रेरित सेंसेनब्रेनर ने प्रयोग करना प्रारंभ कर दिया। उनका प्रथम पड़ाव नगर का गराज था और उनका पहला चुनौती भरा लक्ष्य था – वाहन की मरम्मत के समय को कम करना। उस वक्त उन्होंने 'डेमिंग' का अनुसरण किया। उन्होंने सर्वप्रथम मिस्त्रियों से व्यक्तिगत रूप से तथा मरम्मत की प्रक्रिया से सूचनाएँ जुटाई। उन्होंने पाया कि भंडार में उपयुक्त *कल-पुर्जों* की अनुपलब्धता के कारण अधिक विलंब होता है। *कल-पुर्जों* के प्रबंधक ने कहा कि, संग्रहित कल-पुर्जों के साथ समस्या यह है कि नगर ने उपकरणों के विभिन्न संस्करणों तथा मॉडलों को लगभग हर वर्ष खरीदा और परिणामस्वरूप मौजूदा बेड़े में विभिन्न संस्करणों, मॉडल तथा वर्ष के 440 उपकरण हैं।

यह स्थिति शहर की उस नीति के कारण थी, जिसके अनुसार खरीददारी के दिन जिस वाहन पर सबसे कम कीमत का स्टिकर लगा होता, लोगों को उसे ही खरीदना पड़ता था। कल-पुर्जों को खरीदने वाला मिस्त्रियों के साथ सहमत था कि भंडार में कम कल-पुर्जे काम को आसान बना देंगे, लेकिन उसने दावा किया कि केंद्रीय क्रय विभाग इसकी अनुमति नहीं देगा। केंद्रीय क्रय विभाग ने लेखा परीक्षक की ओर ऊँगली उठायी जिसने नगर अटॉर्नी की ओर ऊँगली उठा दी। जब इस प्रक्रिया के साथ 'आगे बढ़ना असंभव' हो गया, तब नगर अटॉर्नी ने उत्तर दिया कि यह 'निस्संदेह' संभव है और इसके लिए सिर्फ अग्रिम में (ज्यादा) विस्तृत विवरणों की आवश्यकता है। वस्तुतः, उन्होंने मान लिया कि, वे लोग साथ मिलकर कर ऐसा रहे थे।

सेंसेनब्रेनर ने सूचना दी: 'इन परिवर्तनों के परिणामस्वरूप वाहनों के मरम्मत में लगने वाला औसत समय नौ दिन से घटकर तीन दिन रह गया और इंतजार में व्यय होने वाली $7.15 की बचत तथा निवारक रखरखाव में निवेश किए गई हर $1 के लिए मेडिसन शहर की वार्षिक निवल बचत लगभग $700,000 थी'।[13]

सेंसेनब्रेनर के इस पहले प्रयोग ने पुष्टि की कि इस धीमी प्रक्रिया का स्रोत वास्तव में *अपस्ट्रीम* था, शहर का इसके आपूर्तिकर्ताओं के साथ संबंध, न कि *डाउनस्ट्रीम* जहाँ कामगार एक अनुपलब्ध हिस्सा नहीं पा रहे थे। इसने यह पुष्टि कर दी कि डेमिंग गुणवत्ता रणनीति सिर्फ नारों के एक नए समूह या नई लेखांकन प्रणाली के अंगीकरण का विषय नहीं थी। इसमें दलकार्य तथा विभागों के बीच अवरोधों को समाप्त करने तथा अपने कामों के लिए सर्वाधिक लागत प्रभावी उपकरणों और वस्तुओं के चयन में कर्मचारियों को शामिल करने की आवश्यकता थी। और उन्होंने पाया कि कर्मचारी प्रसन्न थे कि कोई सिर्फ उन्हें काम पर लगाने की जगह पर उनकी बात भी सुन रहा है।

उपभोक्ताओं की अपेक्षाओं और संतुष्टि के स्तर का निरीक्षण एवं निगरानी

उपभोक्ताओं को व्यक्तिगत राय तथा प्रतिपुष्टि हेतु प्रोत्साहित करना, किसी संगठन में सबसे महत्त्वपूर्ण भूमिकाओं में से एक है। यह सूचना उपभोक्ता की आशाओं, प्राथमिकताओं तथा जरूरतों पर योजनाओं और प्रणालियों का खाका खींचने वालों को एक अंदरूनी दृष्टि प्रदान कर सकती है। वे प्रदर्शन पर संतुष्टि (अथवा अन्यथा) को माप तथा रिपोर्ट बना सकते हैं, और फिर ध्यान केंद्रित करने वाले क्षेत्रों तथा सुधार करने की रणनीतियों की अनुशंसा कर सकते हैं।

प्राथमिक उपकरणों में से एक है आवधिक सर्वेक्षण। इन सर्वेक्षणों से प्राप्त सूचनाओं का उपयोग कर प्रबंधक एक परिदृश्य प्राप्त कर सकते हैं कि, कैसे नागरिक उनकी सेवाओं को देखते हैं और अनुभव करते हैं। कनाडा में द *इंस्टिचूट फॉर सिटीजन-सेंटर्ड सर्विस* इस बात पर बल देता है कि, सर्वेक्षण की प्राप्तियाँ सर्वाधिक प्रभावी तब होती हैं जब इनकी तुलना और मूल्यांकन आशाओं, लक्ष्य, पिछले प्रदर्शन, उद्योग मानक या समकक्षों के प्रदर्शन जैसे 'मानकों' से की जा सके।

मानक पहल का एक उदाहरण द *अमेरिकन कस्टमर सैटिस्फैक्शन इंडेक्स (एसीएसआई)* है, जो कंपनियों, औद्योगिक कारोबार संगठनों तथा सरकारी एजेंसियों के लिए उपभोक्ता संतुष्टि की प्रवृत्तियों पर नजर रखता है और आंतरिक दृष्टि प्रदान करता है। इसे *अमेरिकन सोसाइटी फॉर क्वालिटी* तथा एक अंतरराष्ट्रीय सलाहकार फर्म *सीएफआई* समूह की सहभागिता में मिशिगन विश्वविद्यालय द्वारा तैयार किया जाता है। 1999 में संघ सरकार के द्वारा उपभोक्ता संतुष्टि के एक मानक माप के रूप में चयनित होने के बाद, 60 से ज्यादा संघीय एजेंसियों ने *एसीएसआई* का उपयोग 100 से ज्यादा सेवाओं तथा योजनाओं में उपभोक्ता संतुष्टि के माप के लिए किया है।

एक अन्य माप यह है कि संतुष्टि (प्रदर्शन) के अंकों की तुलना समुदाय या सामाजिक मामलों पर कथित आवश्यकता या चिंता के स्तरों के साथ की जा सकती है। एक शहर के नागरिकों के प्रतिनिधियों के नमूने से शहर के द्वारा सामना की जा रही विभिन्न समस्याओं के कथित महत्त्व को अंक देने के लिए कहा जाना

चाहिए। फिर नगर प्रबंधकों को इसकी तुलना महत्व पर इसके अंकों की खुद की सूची से करना चाहिए। दोनों सूचियों पर विचार कर नगर प्रबंधकों को बेहतर समझ होगी कि उनके बजट में किन समस्याओं पर सबसे ज्यादा ध्यान दिया जाना चाहिए।[14]

निष्कर्ष

सुधरी हुई उपभोक्ता सेवा तथा संतुष्टि के माध्यम से एक सरकारी एजेंसी वर्धित राजस्व, भविष्य के वित्त पोषण के लिए सहयोग, तथा वर्धित प्रदर्शन मापों सहित बहुत से पुरस्कारों का अनुभव कर सकती है। इसमें सहायता के लिए पाँच प्रमुख कार्यव्यवहारों में बेहतरीन सेवा देना, तथा सेवा प्रदान करने के लिए आधारभूत संरचना तथा प्रणाली सहायता (न कि बाधित करने) सुनिश्चित करना, उपभोक्ता समर्थन प्रबंधन प्रणालियों (सीआरएम) को विकसित करना, संपूर्ण गुणवत्ता प्रबंधन (टीक्यूएम) सिद्धांतों को लागू करना तथा उपभोक्ता की आशाओं एवं संतुष्टि के स्तर की निगरानी करना और नजर रखने में कर्मियों का सहयोग करना शामिल है।

सार्वजनिक क्षेत्र में प्रबंधक सार्वजनिक कर्मचारियों द्वारा उपभोक्ता मूल्य तथा संतुष्टि पर ध्यान केंद्रित करवाने में दिक्कत के संबंध में अक्सर शिकायत करते हैं। निम्नलिखित उदाहरण दिखाते हैं कि कितने सार्वजनिक प्रबंधक एक सशक्त उपभोक्ता को प्रोत्साहित कर सकते हैं।

शहर में 'एकमात्र' भवन निर्माण अनुमति देने वाली एजेंसी का प्रबंधन करने वाले व्यक्ति के लिए हम सलाह देते हैं कि, *टीक्यूएम* सिद्धांत लागू करना यह ज्यादा संभव बनाता है कि आपके उपभोक्ता आपकी परेशानी को कम करते तथा समय को बचाते हुए और आपके प्रदर्शन मापदंडों को बढ़ाते हुए पहली बार में आपके अनुमति पत्रों को ठीक से तथा सटीक भरेंगे।

उस बस चालक, जो यात्रियों के साथ ग्राहकों की तरह व्यवहार करने के महत्त्व पर प्रश्न करता है, के लिए हम उम्मीद करते हैं कि एक 'हर्षित' यात्री आपकी एजेंसी को चालक की प्रशंसा करते हुए एक पत्र भेज सकता है और अगले *कर्मचारी न्यूजलेटर* में ड्राइवर को प्रस्तुत किया जा सकता है, तथा यहाँ तक कि चालक को एक ज्यादा बेहतर समय-सारणी दी जा सकती है।

जो लोग उपभोक्ताओं को 'अपने रास्तों पर रहने' की अनुमति देने के लाभ को नहीं देखते हैं, उनके लिए स्वीकार कर सकते हैं कि घटती हुई संतुष्टि तथा नामांकन के कारण विद्यालयों को बंद किया जा सकता है।

जो लोग कल्पना नहीं कर सकते हैं कि, अमेजन उपभोक्ता आंकड़ों तथा उनके इतिहास पर कैसे नजर रखता है, उन लोगों को *सीआरएम* प्रणाली या सॉफ्टवेयर को देखना चाहिए।

जो लोग नहीं मानते हैं कि सार्वजनिक एजेंसियों में प्रतिस्पर्द्धा है, वे आपके शहर के पुस्तकालय या स्थानीय परिवहन प्रणाली के निदेशक से पूछें कि उन्हें क्या रात में जगाए रखता है। पुस्तकालयाध्यक्ष के लिए यह गूगल के डेटाबेस और परिवहन निदेशक के लिए टोयोटा का *प्रियस* हो सकता है।

और जब सरकारी सेवाओं से आशाएँ इतनी कम हैं, तो जो आशाओं के पूरे होने के संबंध में 'इन सब झमेले' को नहीं समझते हैं, उनके लिए हम उम्मीद करते हैं कि अब आप इस समीकरण की अच्छी-खबर पक्ष पर विचार करेंगे। उसका अर्थ यह होगा कि, आशाओं से ज्यादा कर देने और अपनी एजेंसी के लिए निष्ठावान ग्राहकों को बनाने, सकारात्मक मौखिक प्रचार, वित्त-पोषण बनाए रखने, राजस्व बढ़ाने तथा उच्च-प्रतिष्ठित सरकारी एजेंसी के ओहदे का आनंद लेने में संभवतः ज्यादा वक्त नहीं लगेगा।

टिप्पणियाँ

1. लाल फीताशाही पर B. Bozeman and M. K. Feeney, Rules and Red Tape: A Prism for Public Administration Theory and Research (Routledge, New York, 2015) के प्रारंभिक अध्याय को देखें। लाल फीताशाही के लिए सामान्य परिभाषा है 'नियम, विनियमन तथा प्रक्रियाएँ जो अनुपालन आवश्यक करती है, लेकिन शासन के लिए संगठन के कार्यकारी उद्देश्य को पूरा नहीं करती हैं' (Barry Bozeman, Bureaucracy and Red Tape. Prentice-Hall, Englewood Cliffs, NJ, 2000)।
2. इस अध्याय के अधिकतर अंश को P. Kotler and N. R. Lee, Marketing in the Public Sector: A Roadmap for Improved Performance (Wharton School Publishing, Philadelphia, PA, 2006) के अध्याय 8 से अंगीकृत किया गया है।
3. U.S. Census Bureau, 2004–2008 Strategic Plan, Strategic Goal 1.
4. Census 2000 Mail Return Rates, January 30, 2003. Final Report USCENSUSBUREAU.
5. See R. Spector and P. D. McCarthy, The Nordstrom Way to Customer Service Excellence: The Handbook for Becoming the 'Nordstrom of Your Industry' (Wiley, Hoboken, NJ, 2012).
6. Spector and McCarthy, ibid.
7. Reported in Condé Nast Traveler magazine, by readers of the Daily Telegraph and the Sunday Telegraph, a UK newspaper, and the 'Top Overseas Airport' in Wanderlust Travel Awards among others.
8. Unisys, 'Singapore's Changi International Airport Services (CIAS) "Checking in" with New Unisys Solution to Expedite Passenger Processing.' www.ipress.com.hk/companyview.asp?id=9287 (accessed 16.05.16).
9. 'Government Agencies Look to CRM Software', InformationWeek, December 6, 2004: http://informationweek.com/shared/printableArticleSrc.jhtml?articleID-54800256 (accessed 03.03.16).
10. 'Feds Pump Up the CRM', MM, March/April, 2002, p.5.
11. J. Sensenbrenner, 'Quality Comes to City Hall', Harvard Business Review, March–April 1991.
12. Ibid., p.68.
13. Ibid., p.68.
14. N. Roberto, 'How to Make Local Governance Work', Asian Institute of Management, 2002.

अध्याय-10

दूरदर्शिता एवं राजनीतिज्ञता के साथ नेतृत्व—लोकतंत्र बहाल करने के लिए क्या करना होगा?

'एक राजनेता अगले चुनाव के लिए सोचता है, जबकि एक राजनीतिविद अगली पीढ़ी के संबंध में सोचता है।'

जेम्स फ्रीमैन क्लार्क

दुनिया के अधिकतर देश अमेरिका के जीवन स्तर, इसके प्रगतिशील तथा लोकतांत्रिक विचारों, दुनिया में शांति स्थापित करने में इसकी अभिरुचि तथा इसके उत्पादों एवं सेवाओं के लिए अमेरिका का सम्मान करते हैं। ये देश अमेरिका का सम्मान इसकी अभिव्यक्ति की स्वतंत्रता, प्रेस और विधान सदन तथा बहुत से अन्य देशों में बुरी तरह से अनुपस्थित अधिकारों के लिए करते हैं। वे अमेरिका को लोगों के लिए जीवन को ज्यादा आसान बनाने के लिए नए तथा बेहतर उत्पादों को विकसित करने वाले एक सृजनात्मक तथा नवाचारी देश के रूप में देखते हैं।

फिर भी अमेरिका के घरेलू और विदेशी आलोचक हैं, जो अलग-अलग तरह की शिकायतें करते हैं। कुछ लोग कहते हैं कि, अमेरिका गर्भपात तथा समलैंगिक विवाह जैसे मामलों में बहुत ज्यादा उदार है। वे यौन संबंधों के बारे में इसके मुक्त वार्तालाप तथा राष्ट्रपति, इस्लाम एवं अन्य विषयों पर मजाक उड़ाते कार्टूनों की अनुमति को नापसंद करते हैं। कुछ आलोचक अमेरिका के हित में उसके द्वारा दूसरे देशों पर बल प्रयोग करने का आरोप लगाते हैं। वे कहते हैं कि दुनिया में अमेरिका के पास बहुत ज्यादा शक्ति है और वे अमेरिका से अपनी शक्ति को नियंत्रित रखने की इच्छा रखते हैं ताकि शक्ति के अन्य केंद्र कार्य कर सके।

कुछ देश अमेरिका के द्वारा तुलनात्मक रूप से उपेक्षित किए जाने की भावना के कारण नाराज हैं। मैक्सिको तथा ब्राजील सहित अनेक दक्षिण अमेरिकी देश मानते हैं कि अमेरिका इन देशों पर विचार करने के लिए पर्याप्त नीतिगत समय नहीं व्यतीत करता है। यह अनेक अफ्रीकी देशों के संबंध में भी सत्य है, जो महसूस करते हैं कि वे इस गैर-नुकसानदायक उपेक्षा के कारण पीड़ित हैं।

तथ्य यह है कि लोकतंत्र की प्रक्रिया में बुरी तरह से प्रभावहीन हुए तरीकों से दुनिया बहुत बदल गई है। हमारे गरीब, कामगार वर्ग, मध्यम वर्ग तथा धनी नागरिकों के भिन्न लक्ष्य हैं और कोई भी समूह नहीं महसूस

करता है कि कोई भी राजनीतिक दल उनके हितों के लिए कार्य करता है। आज मतदाताओं के नियंत्रण से बाहर की बहुराष्ट्रीय कंपनियाँ और कारोबार समझौते, दुनिया के ज्यादातर निर्णयों को प्रभावित कर रहे हैं। बहुत से कानून विशाल पक्षसमर्थक समूहों के परिणामस्वरूप बने हैं। बहुराष्ट्रीय कंपनियों ने अपने कारोबार को विदेश में इतना ज्यादा फैला लिया है कि यदि वे अपने खुद के देश में पारित हो रहे कानूनों को नापसंद करती हैं, तो वे अपने अधिकतर कारोबार को किसी अन्य देश में ले जा सकती हैं। सरकार स्वयं निजीकरण की ओर अग्रसर है और मतदाताओं के प्रभाव में कमी हो रही है। अमीर और अतिधनाढ्यों का कानून की विषय-वस्तु पर अत्यधिक प्रभाव है।

लोकतंत्र की चौदह कमियाँ

इस पुस्तक के प्रथम अध्याय में मैंने लोकतंत्र की 14 कमियों को सूचीबद्ध किया था:

1. कम मतदाता साक्षरता, उपस्थिति तथा संलग्नता।
2. उच्च योग्यता-प्राप्त तथा दूरदृष्टि वाले प्रत्याशियों की कमी।
3. अमेरिकी असाधारणता में अंध-विश्वास।
4. सरकार के प्रति बढ़ती सार्वजनिक घृणा।
5. आवश्यक विधेयकों को रोकते हुए द्वि-दलीय गतिरोध।
6. राजनीति में धन की बढ़ती भूमिका।
7. निर्वाचित प्रतिनिधियों को हमेशा पुनर्निर्वाचित होने की शक्ति प्रदान करने के लिए निर्वाचन क्षेत्रों का अनुचित निर्धारण।
8. गुट तथा प्राथमिक चुनावों में अग्रणी प्रत्याशियों के द्वारा सर्वाधिक अतिवादी स्थिति अंगीकृत करना।
9. राष्ट्रपति तथा काँग्रेस के बीच सतत संघर्ष।
10. संघीय तथा राज्य सरकारों के बीच सतत संघर्ष।
11. विधायी कार्यों को संशोधित करने की सर्वोच्च न्यायालय की तत्परता।
12. नए संशोधनों को पारित करने में दिक्कत।
13. एक ठोस विदेश नीति को विकसित करने में दिक्कत।
14. सरकारी एजेंसियों को ज्यादा उत्तरदायी बनाना।

इन सभी कमियों पर पूरी पुस्तक में प्रस्तावित हलों के साथ चर्चा की गई थी। इस अध्याय में हम हर कमी का पुनः परीक्षण करेंगे और हर कमी को दूर करने या कम करने के लिए आवश्यक कार्रवाई पर विचार देंगे।

1. कम मतदाता साक्षरता, उपस्थिति तथा संलग्नता

हमने पाया था कि हर चौथे वर्ष अपने अगले राष्ट्रपति को चुनने के लिए 55% से कम अमेरिकी नागरिक मतदान करते हैं। यह स्थिति मध्य-अवधि चुनावों में और भी बुरी है जब प्रतिनिधियों और सीनेटरों के लिए 40% से कम नागरिक मतदान करते हैं। फिर भी आस्ट्रिया (75%), बेल्जियम (89%) तथा जर्मनी (71%) जैसे कई औद्योगिक देशों में मतदान का प्रतिशत 70–90% तक हो सकता है।

उदारवादी तर्क दे सकते हैं कि, नागरिकों के पास *मतदान* नहीं करने का अधिकार है। नागरिकों के द्वारा मतदान करने की आवश्यकता के संबंध में संविधान मौन है। कोई प्रत्याशी उनके हितों पर ध्यान नहीं देता है या इसमें बहुत समय लगता है या बहुत कम लाभ के लिए यह बहुत ज्यादा है, जैसे मतदान नहीं करने के अच्छे कारण हो सकते हैं। परंतु, यदि हम ज्यादा नागरिकों के द्वारा मतदान करने तथा चुनावों में शामिल होने को वांछनीय मानते हैं, तो ये कुछ ऐसी चीजें हैं, जिन्हें किया जा सकता है:

- मतदान करना ज्यादा आसान बनाएँ।
- पहचान पत्र को साथ लाना तथा प्रदर्शित करना आवश्यक करने वाली बाधाओं को हटाएँ।
- ज्यादा मतदान केंद्रों को बना कर या उन्हें ज्यादा देर तक खुला रख कर एक मतदान केंद्र तक पहुँचना ज्यादा आसान करें।
- मतदान के दिन को शनिवार या रविवार को स्थानांतरित करें या चुनाव के दिन को राष्ट्रीय अवकाश घोषित करें।
- डाक के द्वारा मतदान को प्रोत्साहित करें।
- जो लोग मतदान नहीं करते हैं, उन पर जुर्माना लगाने पर विचार करें (जैसा कि आस्ट्रेलिया में होता है)।
- लोगों को मतदान करने के लिए प्रेरित करने हेतु ज्यादा अखबारों तथा रेडियो एवं टेलीविजन चैनलों का उपयोग करें।
- प्राथमिक विद्यालयों, उच्च विद्यालयों और महाविद्यालयों में नागरिक शास्त्र की पढ़ाई को सशक्त करें।
- सभी नए 18 वर्ष के नागरिकों के स्वतः मतदाता पंजीकरण की व्यवस्था करें।

2. उच्च योग्यता-प्राप्त तथा दूरदृष्टि वाले प्रत्याशियों की कमी

अमेरिका के 50 राज्यों में मेयर, गवर्नर, प्रतिनिधि या सीनेटर बनने के लिए अनेक प्रत्याशी हर चुनाव में खड़े होते हैं। इसके लिए एकमात्र योग्यता अमेरिकी नागरिक होने की है। फिर भी एक नगर या देश को चलाने या एक विधायक बनने के लिए बहुत-सी योग्यताओं की आवश्यकता होती है। यदि नागरिकों को व्यक्तिगत उम्मीदवारों के ज्ञान तथा अनुभवों के संबंध में पत्र-पत्रिकाओं के माध्यम से सूचना दी जा सके, तो यह नागरिकों के द्वारा उनकी योग्यताओं पर निर्णय लेने हेतु वांछनीय होगा। बजट बनाने, यातायात योजना, कराधान, बाजार पर शोध, कारोबार योजना के संबंध में होने वाले मेयर को क्या जानना चाहिए? बिल कैसे पारित होता है, इसके संबंध में काँग्रेस का एक प्रतिनिधि क्या जानता है? बिल के पारित होने, बजट बनाने, वीटो तथा विदेशी मामलों के संबंध में सामना होनेवाले मामलों पर अच्छी पकड़ के लिए राष्ट्रपति के उम्मीदवार को क्या जानना चाहिए? जैसे प्रश्नों का उत्तर प्राप्त हो जाएगा।

हम यह नहीं कह रहे हैं कि 'काम' की जानकारी का अभाव किसी को चुनाव लड़ने से प्रतिबंधित कर देगा, परंतु मतदाता इस कार्य को करने के लिए किसी प्रत्याशी की क्षमता के संबंध में ज्यादा जानने की इच्छा रख सकते हैं। हमें राजनीति विज्ञानियों को विभिन्न पदों के लिए खड़े होने वाले व्यक्तिगत राजनीतिक उम्मीदवारों के लिए आवश्यक ज्ञान और कौशल का खाका खींचने के लिए प्रोत्साहित करना चाहिए। हालाँकि लोकतंत्र को मेधातंत्र के रूप में देखने में भ्रमित नहीं होने की आवश्यकता है, लेकिन हम उम्मीद कर सकते हैं कि उनमें मेधा के ज्यादा चिह्न होंगे।

हमें ज्यादा बेहतर गुणवत्ता के प्रत्याशी मिल सकते हैं, यदि हम हमारे निर्वाचित राजनीतिज्ञों के प्रति सम्मान के स्तर में वृद्धि करें। जब तक हमारे चुनावों की विशेषता विरोधियों के खिलाफ नकारात्मक प्रचार अभियान चलाने की रहेगी, बहुत से अच्छे लोग चुनाव नहीं लड़ने का चयन करेंगे। जब तक कि काँग्रेस के सदस्यों को अपने दल अनुसार मतदान करना पड़ेगा और वे कोई समझौता नहीं करेंगे, तब तक जनता के बीच राजनीतिज्ञों की बुरी तस्वीर बनी रहेगी। हम पर दबाव बनाती समस्याओं को दुरुस्त करने के लिए हमारे पास कम ही निष्ठापूर्ण और निश्चयी राजनीतिज्ञ दिखते हैं। इसके विपरीत हमारे पास बहुत से प्रत्याशी हैं जिनके निष्ठा के निम्न व्यक्तिगत मानक हैं और जिनका वास्तविक प्रयोजन अपनी सेवाओं के बदले में ताकत, नाम या धन अर्जित करना है।

हमें प्रत्याशियों के परिवारों और खानदानों के विचार पर वापस जाना पड़ सकता है, जिनके प्रयोजनों पर हम विश्वास कर सकते हैं कि वे ज्यादा लोगों के लिए चीजों को बेहतर बनाने से ज्यादा धन के पीछे नहीं हैं। हालाँकि यह एक अनुशंसा नहीं है।

3. अमेरिकी असाधारणता में अंध-विश्वास

किसी महान देश को आत्मश्लाघा की आवश्यकता नहीं होती है। यह बिना प्रचार के ज्ञात हो जाएगा। दूसरे देश इसे इस कारण से सुनना पसंद नहीं करते हैं कि उनका देश अमेरिका की तुलना में बहुत कम सुविधाएँ उपलब्ध कराता है। वास्तव में अनेक देशों के नागरिक अमेरिका की तुलना में अपने देश के तरीकों और संस्कृति को ज्यादा पसंद करते हैं। अनेक यूरोपीयन, विशेषकर फ्रांसीसी नागरिक अपनी जिंदगी से ज्यादा संतुष्ट हैं। वे सप्ताह में सिर्फ 35 घंटे काम करते हैं, उनके पास छः हफ्ते की छुट्टी है, वे धीमी गति से ज्यादा अच्छा खाना खाते हैं और यूरोपीय नागरिक होने के कारण वे ज्यादा सांस्कृतिक विविधता का आनंद उठाते हैं।

अमेरिकी नागरिकों के द्वारा असाधारणता पर इतराने का सर्वश्रेष्ठ निवारण, अमेरिका में पूंजीवाद और लोकतंत्र के प्रदर्शन में और सुधार पर ध्यान केंद्रित करना है। इसमें बहुत ज्यादा सुधार की आवश्यकता है। अमेरिका में गरीबी घटाने के लिए अमेरिकी सरकार को ज्यादा सशक्त नीतियों की आवश्यकता है। ज्यादा नौकरियों को सृजित करने और हमारी अपक्षयित हो रही अधोसंरचना को ठीक करने, वायु और जल प्रदूषण में कमी करने तथा हमारी शिक्षा एवं स्वास्थ्य प्रणाली में सुधार करने के लिए नीतियों की जरूरत है। इन बातों पर ज्यादा बल देकर अमेरिकी अपने देश पर गौरवान्वित हो सकते हैं।

4. सरकार के प्रति बढ़ती सार्वजनिक घृणा

अनेक देशों में नागरिक अपनी सरकार को हताशा से देखते हैं। उनकी सरकार उनसे आयकर, बिक्री कर तथा लाइसेंस शुल्क के रूप में उनकी मेहनत की कमाई का बड़ा हिस्सा ले लेती है। कई नागरिकों को विशाल नौकरशाही का सामना करना पड़ता है, जिसकी सेवाएँ बुरी हैं, जहाँ बड़े विलंब हैं और जहाँ वैकल्पिक आपूर्तिकर्ताओं का कोई संसाधन नहीं है। सरकारें बहुत से नियमनों को पारित करती हैं, जो कारोबारों की स्वतंत्रता को सीमित करती हैं और कारोबार की लागतों को बढ़ा देती है। प्रदूषण को घटाने,

आहार को सुरक्षित करने, तथा लाइसेंसों के पुनर्नवीकरण के लिए कारोबारों को भुगतान करना पड़ता है। इसमें बहुत-से गंभीर सरकार विरोधी आलोचक हर अवसर पर सरकार की आलोचना करते हैं। औसत अमेरिकी सरकार की बड़ाई से बहुत ज्यादा निंदा सुनता है, जो अनेक नागरिकों के हृदय में सरकार को बहुत ज्यादा बड़ा, बहुत ज्यादा व्यर्थकारी तथा अकुशल मानने की भावना बना देता है।

इन अवसरों पर नागरिकों को करों से होने वाली अच्छी चीजों के संबंध में याद दिलाने की आवश्यकता है। उन्हें बेहतर सड़कें तथा राजमार्ग, ज्यादा सुरक्षित कारें, सक्षम पुलिस और अग्निशामक, एक निःशुल्क शिक्षा प्रणाली, सार्वजनिक पार्क तथा पूरी तरह तैयार सैन्य प्रतिष्ठानों की सेवाएँ प्राप्त होती हैं। कुछ अन्य देशों में नागरिक अपनी सरकारों को सकारात्मक दृष्टि से देखते हैं। फ्रांसीसी पेरिस की गलियों तथा रास्तों के सौंदर्य को विकसित करने में उनकी सरकार के द्वारा निभाई गई भूमिका पर गौरवान्वित हैं। जापान और दक्षिण कोरिया में नागरिक लोगों का ध्यान रखने के लिए सरकार को ऊँचे अंक देते हैं। सालों पहले, हार्वर्ड के अर्थशास्त्री, जॉन कीनिथ गाल्ब्रेथ ने शिकायत की कि सरकार बहुत कुछ करने के स्थान पर बहुत कम करती है। वे सहमत थे कि अमेरिकी निजी क्षेत्र के कार्य के द्वारा बहुत लाभान्वित हुए, परंतु, उन्हें सार्वजनिक कल्याण में दरिद्रता नजर आई। एक मध्यम वर्गीय अमेरिकी काम पर जाने के लिए अपनी महंगी कार चला सकता है, लेकिन यातायात में भीड़भाड़ के कारण सिर्फ 10 मील प्रति घंटे के औसत से चलते हुए; या अपने परिवार को सार्वजनिक पार्क में ले जाता है, लेकिन वह वहाँ सिर्फ कूड़े के ढेरों, बदमाशों तथा बेघर लोगों के द्वारा भोजन खोजते फिरते रहने से पार्क को तहस-नहस हुआ पाता है। उन्होंने व्यंग्यात्मक ढ़ंग से अपनी पुस्तक का शीर्षक द *एफल्यूएंट सोसाइटी* रखा, क्योंकि समृद्ध समाज का काफी बड़ा हिस्सा समृद्ध नहीं था।

अपनी सरकार तथा देश की उपलब्धियों पर ज्यादा संतुलित दृष्टि बनाने के लिए ज्यादा अमेरिकी कैसे प्रेरित हो सकते हैं? यहाँ कुछ पहल दिये गए हैं:

- सरकार जो अच्छी चीजें करती है और कर सकती है, उसके संबंध में सार्वजनिक विद्यालय के बच्चों को ज्यादा पढ़ाएँ। नागरिक शास्त्र की पढ़ाई करने वाले छात्र, आम नागरिकों के जीवन में सुधार के लिए ज्यादा सार्वजनिक धन व्यय करने सहित वैकल्पिक निर्णयों के समूह का सामना कर रहे मेयर, गवर्नर, राष्ट्रपति या विधायक की भूमिका निभा सकते हैं और उनके द्वारा लिए गए निर्णयों पर विचार कर सकते हैं। सरकार की प्रशंसा तथा निंदा करने वाले और उनके विचारों पर बहस करने के लिए लोगों को साथ लाने की आवश्यकता है। सरकार के साथ अपने अच्छे या बुरे अनुभवों को साझा करने के लिए लोगों को आमंत्रित करने हेतु स्तंभकारों की आवश्यकता है।
- सरकार को सभी स्तरों पर अपने परिचालन तथा निर्णयों में ज्यादा संव्यावसायिक और पारदर्शी अवश्य होना चाहिए। विभिन्न करों से प्राप्त धनराशि से सरकार ने किन कार्यों को पूरा किया, सरकार को आवधिक रूप से इसका सार्वजनिक लेखा-जोखा देना चाहिए। जैसे-जैसे सरकार बेहतर प्रदर्शन करती है, वैसे-वैसे सरकार की कम आलोचना होगी।
- प्रतिष्ठित संस्थानों को अच्छे सरकारी व्यवहारों के उदाहरणों की खोज करनी चाहिए, पुरस्कारों का वितरण करना चाहिए और इन पुरस्कारों को अच्छी सरकार के उदाहरणों के रूप में व्यापक रूप से प्रचारित करना चाहिए।

5. आवश्यक विधेयकों को रोकते हुए द्वि-दलीय गतिरोध

एक राजनीतिक दल मूल विश्वासों के समूह का प्रतिनिधि करता है। सदस्यों से इन विश्वासों को स्वीकार करने तथा मतदान प्रक्रिया में उनका उपयोग करने की आशा की जाती है।

रिपब्लिकन दल 'स्वतंत्रता', 'व्यक्तिगत उत्तरदायित्व, तथा 'निजी उद्यम' को परम मानता है। डेमोक्रेटिक दल 'दूसरों का ध्यान रखने' तथा 'समस्याओं को सुलझाने के लिए सक्रिय सरकार' में विश्वास रखता है। प्रत्यक्ष रूप से इन दो विश्वास प्रणालियों के बीच में द्वंद्व है, जो यह व्याख्या करता है कि क्यों द्वि-दलीय गति-अवरोध की स्थिति बनी रहती है।

क्या गर्भपात पर प्रतिबंध लगना चाहिए अथवा नहीं, इस विषय पर विचार करें। हमारा वर्तमान कानून कहता है कि किसी महिला को 24 या 28 हफ्तों तक गर्भपात का चयन करने का अधिकार है। फिर भी अनेक रिपब्लिकन इस कानून को बदलना और गर्भपात पर प्रतिबंध लगाना चाहेंगे। जब तक यह नहीं होता है, वे महिलाओं के लिए गर्भपात करवाना ज्यादा-से-ज्यादा मुश्किल करने के लिए हर कुछ करते हैं। वे परिवार कल्याण क्लिनिकों की संख्या कम करने का प्रयास करते हैं। गर्भपात करवाने की योजना के समय में उनके गर्भ में उनका शिशु कैसा दिखता है, महिलाओं को यह देखना वे आवश्यक करना चाहते हैं। वे उससे अपने निर्णय को विलंबित करवाना तथा गर्भपात के विरुद्ध संदेशों को सुनवाना चाहते हैं। यह मान्य है कि पूरी तरह से विकसित शिशुओं का बाद-की अवधि में गर्भपात के संबंध में वैधानिक बहस है, लेकिन अनेक रिपब्लिकन सभी प्रकार के गर्भपातों को प्रतिबंधित करना चाहते हैं, चाहे महिला के साथ बलात्कार हुआ हो या होने वाला शिशु गंभीर रूप से विकलांग हो।

गर्भपात पर प्रतिबंध लगाना चाह रहे रिपब्लिकन तकनीकी रूप से स्वतंत्रता में अपने मूल विश्वास से भटक रहे हैं। क्या महिलाओं के पास इसके लिए विकल्प नहीं होने चाहिए? क्या गर्भपात पर रिपब्लिकनों की स्थिति विरोधाभासी नहीं है? रिपब्लिकन महिलाओं की स्वतंत्रता के साथ हस्तक्षेप को इस प्रकार तर्कसंगत घोषित करते हैं। वे प्रस्तावित करते हैं कि गर्भधारण के क्षण से एक 'नया' व्यक्ति अस्तित्व में आ जाता है। उस व्यक्ति के पास जीने का अधिकार है। वह व्यक्ति जीवन के अधिकार का चयन करेगा। इसलिए गर्भपात एक अपराध है। गर्भपातों पर प्रतिबंध लगा कर माता और शिशु, दोनों जीवित रहेंगे। एक व्यक्ति को जीवित रहने देने और दूसरे व्यक्ति की हत्या करने देने से यह ज्यादा अच्छा है।

डेमोक्रेट इसके विरुद्ध तर्क देते हैं कि अंडे-शुक्राणु का संयोग गर्भधारण के समय सिर्फ एक रासायनिक मिश्रण है न कि कोई व्यक्ति। रासायनिक मिश्रण में ज्यादा भौतिक रूप से निर्मित होने के बाद ही एक व्यक्ति बनने की संभावना है। डेमोक्रेट महिला को एक मुश्किल निर्णय लेने वाले मनुष्य के रूप में देखते हैं। वह अपनी अकेली बीमार माँ के सिर्फ 14 वर्ष की अविवाहित, गरीबी में जीवन-व्यापन कर रही एक गर्भवती किशोरी हो सकती है। वह लड़की इस दुनिया में बच्चे को नहीं लाना चाहती है, जिसे अंततः उसके समान गरीबी में जीना पड़ेगा और जो उसकी विद्यालय की पढ़ाई पूरी करने, करियर बनाने तथा अपने जीवन में सुधार की संभावनाओं को खत्म कर देगा। हम कैसे कह सकते हैं कि गर्भपात करवाने के अपने निर्णय में यह किशोरी अतर्कसंगत है। स्वतंत्रता में विश्वास रखने वाले उस लड़की की खुद की स्वतंत्रता का निषेध

कैसे कर सकते हैं? क्या वे धार्मिक मत को नहीं ला रहे हैं और भूल रहे हैं कि देश, राज्य और धर्म के बीच अलगाव में विश्वास रखता है?

यही मामला बंदूक के साथ भी उठता है। परोक्ष रूप से सभी रिपब्लिकन बंदूक खरीदने तथा बंदूक रखने की स्वतंत्रता के पक्ष में ठोस रूप से मतदान करते हैं। कुछ रिपब्लिकन बंदूक को मनोरंजन या निजी सुरक्षा में उपयोग के लिए रखना चाहते हैं। लेकिन डेमोक्रेट किसी व्यक्ति के पास बंदूकों की संख्या तथा प्रकारों को सीमित करना चाहते हैं। वे अतीत में अपराधी और मानसिक रूप से अस्थिर व्यक्तियों को बंदूक नहीं खरीदने देना चाहते हैं। वे लोगों के द्वारा बंदूक को विद्यालयों, चर्चों या सार्वजनिक सभाओं में नहीं ले जाने देना चाहते हैं। डेमोक्रेटों का क्या विश्वास है? अनेक डेमोक्रेट मानते हैं कि, ज्यादा बंदूकें ज्यादा निर्दोष लोगों के घायल होने की आशंका को बढ़ा देगी।

स्वतंत्रता में रिपब्लिकनों का गहरा विश्वास उन कारोबारों के मामलों में भी परीक्षित होता है जो हानिकारक उत्पादों का उत्पादन करना चाहते हैं। इस प्रमाण के बावजूद कि धूम्रपान करने वालों में फेंफड़ों की बीमारी, कैंसर या हृदयाघात से जल्दी मृत्यु हो जाने की आशंका होने पर भी रिपब्लिकन कंपनियों द्वारा सिगरेटों को बनाने, बेचने तथा महिमामंडन करने के कंपनियों के अधिकार के पक्षधर हैं। डेमोक्रेट तर्क देते हैं कि धूम्रपान उसे करने वालों के आसपास के अन्य लोगों को भी परोक्षतः हानि पहुँचाता है। उनका कथन है कि सिगरेट पीने को हतोत्साहित करना चाहिए तथा इसे सिर्फ कुछ स्थानों तक सीमित रखना चहिए। वे धूम्रपान करने की स्वतंत्रता धूम्रपान करने वाले पर छोड़ देते हैं। वे धूम्रपान पर पूर्ण निषेध नहीं चाहते हैं। धूम्रपान विरोधी सिर्फ युवा लोगों को धूम्रपान करना प्रारंभ करने से हतोत्साहित करने तथा धूम्रपान के कारण होने वाली हानियों से सभी को अवगत कराने के लिए सार्वजनिक अभियानों के संदेशों को टाँगने की स्वतंत्रता चाहते हैं।

दो विश्वास प्रणालियों के बीच संघर्ष को कम करने के लिए क्या किया जा सकता है? हर दल में अपनी विश्वास प्रणाली के संबंध में थोड़ा कम अडिग सदस्य हैं। हम अक्सर सुनते हैं कि, एक रिपब्लिकन कहता है कि वह आर्थिक मसलों पर रूढ़िवादी तथा सामाजिक मसलों पर उदार है। ज्यादा 'उदार' रिपब्लिकनों को साथ आने और एक-दूसरे का समर्थन करने के लिए एक प्रयास किया जाना चाहिए। ज्यादा 'रूढ़िवादी' डेमोक्रेटों को साथ आने और एक-दूसरे का समर्थन करने के लिए एक प्रयास किया जाना चाहिए। अंतिम कदम दोनों समूहों का एक-दूसरे से मिलना तथा एक-दूसरे के विचार पर खुला वातावरण तथा अभिरूचि का प्रदर्शन होगा।

6. राजनीति में धन की बढ़ती भूमिका

निर्वाचित होने के लिए बहुत धन की आवश्यकता होती है। पहले के समय में अनेक उम्मीदवार अपने खुद के धन या अपने परिवार, दोस्तों तथा परिचितों से जुटाए गए धन को व्यय करते थे। वे इस धन को परिवहन, ठहरने, मनोरंजन, रैलियों, चाय, अखबार में विज्ञापन, तथा इसी प्रकार के कार्यों में व्यय करते थे। उन्हें इन इंतजामों को करने के लिए, अगला भाषण कहाँ देना है, और विज्ञापनों को बनाने तथा वितरित करने के लिए कर्मचारियों की आवश्यकता होती थी। यदि कोई विशेष उम्मीदवार जीत भी जाता, तो सदन में उनके नए पद का वेतन निर्वाचित होने के लिए उनके द्वारा व्यय किए गए धन की पूर्ति नहीं करता। व्यय किये जाने

वाले अधिकांश धन का वहन दाताओं द्वारा किया जाता था, इसलिए उम्मीदवारों को ज्यादा परेशानी नहीं थी। अथवा उम्मीदवार इतना अमीर होता था कि उसके लिए यह महत्त्व नहीं रखता था। अधिकतर मतदाता अमीर प्रत्याशियों को प्राथमिकता देते हैं, क्योंकि वे दानकर्ताओं पर कम निर्भर करेंगे। धनी उम्मीदवार धन के लिए राजनीति में नहीं होते हैं। लेकिन अपने बिलों के लिए पर्याप्त धन का अभाव रखने वाले उम्मीदवारों के लिए लागतों का महत्त्व था। एक नव निर्वाचित विधायक को दानकर्ताओं के हितों का समर्थन करके धन प्राप्ति हेतु कई तरह के प्रलोभन का सामना करना पड़ता था।

आज निर्वाचित होना हमेशा से ज्यादा महंगा है। प्रत्याशी को अपने अभियान को न केवल स्वयंसेवकों के साथ, बल्कि चुनाव सर्वेक्षकों, बाजार शोधकर्ताओं, राजनीतिक रणनीतिकारों, आंकड़ा विश्लेषकों, विज्ञापन विशेषज्ञों तथा लोकसंचार विशेषज्ञों की फौज के साथ अवश्यतः निर्मित करना होता है। यह जानते हुए कि जितना ज्यादा वे भुगतान करेंगे या करेंगी उतने बेहतर विशेषज्ञ होंगे, प्रत्याशियों को विशेषज्ञों का चयन करना होगा। सफल राजनीतिक अभियानों को व्यापक चुनाव अभियान मशीनरी की आवश्यकता होगी। और चूंकि दो, तीन या चार प्रत्याशियों में से सिर्फ एक ही चुनाव जीतेगा, कोई भी व्यक्ति यह महसूस कर सकता है कि एक नए प्रत्याशी को जीतने प्रयास करने में कितना धन खर्च करना पड़ता है।

आज के प्रत्याशी धनी दाताओं पर निर्भर करते हैं। राष्ट्रपति पद के उम्मीदवार का समर्थन करने के लिए एक या दो अरबपतियों की आवश्यकता होती है। धन का आगमन ऐसे समर्थकों एवं कंपनियों से भी होगा, जो उम्मीदवार को अपने हितों के पक्ष में वोट करने वाले व्यक्ति के तौर पर देखते हैं। हम सभी बंदूक के अधिकार तथा तेल एवं दवा उद्योगों के हितों का हमेशा समर्थन करने वाले राजनीतिज्ञों को जानते हैं।

राजनीति में जा रही धन का मात्रा को घटाने के लिए कोई आसान उत्तर नहीं है। इस संदर्भ में कुछ प्रस्ताव निम्नलिखित हैं:

- राजनीतिक विज्ञापन प्रारंभ होने के संदर्भ में एक ज्यादा छोटी राजनीतिक विज्ञापन अवधि तय करें। ब्रिटेन निर्वाचन के दिन से 30 दिन पहले तक विज्ञापन अभियान को सीमित करता है। इसका तर्क यह है कि कोई प्रत्याशी 30 दिनों के भीतर अपने संदेश को दे सकता या सकती है। सभी उम्मीदवार बहुत ज्यादा धन की आवश्यकता न होने से लाभान्वित होंगे, तथा उम्मीदपूर्वक उनमें से सभी इस नियम के लिए सहमत होंगे। हालाँकि यह उनके सार्वजनिक भाषण की गतिविधियों तथा रैलियों को सीमित नहीं करता है।
- समर्थकों की गतिविधि का ज्यादा प्रभावी तरीके से नियमन करें। जनता को यह जानने की आवश्यकता है कि समर्थक कौन हैं और उन्होंने अपना धन किसको दिया। यह सुनिश्चित करें कि काँग्रेस के छोड़ने के तीन वर्ष के लिए कोई पूर्व-काँग्रेसी किसी समर्थक फर्म में नामांकित न हों। समर्थन निर्माण तथा निर्वाचन पर व्यय को सीमित करने पर लॉरेंस लेस्सिग ने व्यापक रूप से लिखा है।

7. निर्वाचित प्रतिनिधियों को हमेशा पुनर्निर्वाचित होने की शक्ति प्रदान करने के लिए निर्वाचन क्षेत्रों का अनुचित निर्धारण

सत्ता में रहने के दौरान दोनों राजनीतिक दल निर्वाचित क्षेत्रों के अनुचित निर्धारण करने में संलग्न रहते हैं। अपने प्रत्याशियों के पुनः-निर्वाचन की संभावना को बढ़ाने के लिए वे काँग्रेस सदस्य के जिलों में अपने

ज्यादा मतदाताओं को लाने के लिए ज्यादा बेहतर पुनः-जिलाकरण का खाका खींचते हैं। इसके कारण कुछ विचित्र आकार के मतदाता जिले बन जाते हैं। रिपब्लिकनों के पुनः-निर्वाचित होने की बेहतर संभावना होती है, यदि उनके जिलों में ज्यादा उप-नगर हैं, जबकि डेमोक्रेटिक प्रत्याशी अपने जिले में ज्यादा बड़े नगरों में शामिल होने से लाभान्वित होते हैं।

राज्य के विधान सदन निर्वाचन जिलों के अनुचित निर्धारण से भाग निकलते हैं, जब तक कि अल्पमत दल विरोधियों के मतदान जिलों के अनुचित निर्धारण का विरोध न करें। वे परिवर्तनों का अध्ययन करने तथा उनमें परिवर्तन करने के लिए एक स्वतंत्र पुनः-जिलाकरण आयोग को नियुक्त करने के लिए कानून का आह्वान करते हैं। इसके कारण कई निर्वाचन जिलों की सीमाओं का पुनः निर्धारण हुआ।

8. गुट तथा *प्राथमिक चुनावों* में अग्रणी प्रत्याशियों के द्वारा सर्वाधिक अतिवादी स्थिति अंगीकृत करना

आमतौर पर एक दल के बहुत से उम्मीदवार दल के मान्यता प्राप्त पदाधिकारी बनने हेतु *प्रसम्मिलन* या *प्राथमिक चुनाव* में आने के लिए प्रतिस्पर्द्धा करते हैं। एक बंद प्राथमिक चुनाव में सिर्फ दल के सदस्यों को मतदान की अनुमति होगी। आमतौर पर, ज्यादा सक्रिय सदस्य मतदान के लिए आते हैं। उदाहरण के लिए, रिपब्लिकन दल के *टी पार्टी* सदस्यों का अपने पसंदीदा प्रत्याशी के लिए मतदान करने के लिए आने की संभावना है। यह प्रत्याशियों को *टी पार्टी* के मामलों में समर्थन में प्रस्तुत करता है। पूरे देश भर में रिपब्लिकन दल के अनेक सदस्य उभरेंगे जो विषयों में *टी पार्टी* के स्थितियों को अंगीकृत करेंगे। डेमोक्रेटिक दल में भी इसके अलग तथा सक्रिय समूह हैं।

तथ्य यह है कि प्राथमिक चुनावों में सक्रिय समूह के बहुत ज्यादा मतदान के परिणामस्वरूप दोनों दलों से ऐसे प्रतिनिधि चुने जा सकते हैं, जो दल के औसत प्राथमिकताओं का कम प्रतिनिधित्व करते हैं। दोनों दलों के शीर्ष प्रत्याशी एक दूसरे के विरोधी हो सकते हैं और इसलिए किसी प्रस्तावित कानून पर उनके समझौता करने की कम संभावना होती है। यह हठ तथा राजनीतिक अवरोध के स्तर में वृद्धि की व्याख्या करने के लिए काफी है।

प्राथमिक चुनावों के दौरान पार्टी के विशिष्ट सदस्यों का सामने आना तथा मतदान करना, इस समस्या का मूलभूत हल है। लेकिन ऐतिहासिक रूप में प्राथमिक चुनावों में बहुत कम मतदान होता है। संभवतः, दल के लगभग एक-तिहाई सदस्य मतदान करने के लिए आते हैं। दलों को अपने सदस्यों के बीच यह अभियान चलाने की आवश्यकता है कि, मतदान करना उनका दायित्व है, अन्यथा उन्हें उनका पसंदीदा प्रत्याशी नहीं प्राप्त होगा।

खुले निर्वाचन का संचालन करना एक अन्य विकल्प है। यह स्वतंत्र सदस्यों के साथ-साथ दूसरे दलों के सदस्यों को मतदान करने की अनुमति देता है। अनुवर्ती अपने सबसे बुरे प्रत्याशियों को मतदान कर सकते हैं, ताकि उनके खुद के प्रत्याशी का दूसरे दल के प्रत्याशी की तुलना में ज्यादा अच्छी संभावना हो।

9. राष्ट्रपति तथा काँग्रेस के बीच सतत संघर्ष

हर नया राष्ट्रपति काँग्रेस के साथ अच्छे से कार्य करना चाहने के साथ प्रारंभ करता या करती है। यह उसके हित में होता है। यदि राष्ट्रपति प्रारंभ से ही कांग्रेस के सदस्यों को दूर कर देता है, तो वे राष्ट्रपति के विधायी पहलों का समर्थन नहीं करेंगे। राष्ट्रपति विधायी रूप से कम सक्रिय रह कर उनकी सद्भावना को प्राप्त कर सकता है। इसका अर्थ है कि, राष्ट्रपति बहुत ज्यादा परिवर्तन पर जोर नहीं देगा और काँग्रेस को इस संदर्भ में निर्णय लेने की अनुमति देगा। लेकिन यदि राष्ट्रपति अपना विकल्प चुन लेता या लेती है तो वह अपने नेतृत्व के बहुत ज्यादा रिकॉर्ड के साथ राष्ट्रपति पद की समाप्ति नहीं करेगा या करेगी।

वैधानिक रूप से निष्क्रिय होना एक नए राष्ट्रपति के द्वारा चुकाई जाने वाली एक ऊँची लागत है, जिसने विशेष मामलों और सुधारों के लिए कड़ी मेहनत की है। बराक ओबामा का स्वास्थ्य क्षेत्र, स्वच्छ ऊर्जा, हमारी सैन्य संलग्नताओं, एवं अन्य विषयों में सशक्त परिवर्तनों के लिए स्पष्ट रूप से दूरदृष्टि थी। स्पष्ट रूप से वे दूसरे दल के ज्यादा काँग्रेस सदस्यों के साथ संघर्षरत होने जा रहे थे, और उन्हें अपने दल से ज्यादा समर्थन की आवश्यकता होती। लेकिन खुद उनका दल ईरान के साथ नाभिकीय समझौता पारित करने के प्रयास जैसे कुछ मामलों में उनसे विलग हो गया। अतएव, एक राष्ट्रपति जितना ज्यादा नेतृत्व प्रदर्शित करता है, उतना ही ज्यादा काँग्रेस के साथ उसका संघर्ष होता है।

इसके अतिरिक्त, यदि काँग्रेस उच्च स्तर के राजनीतिक गति-अवरोध से गुजर रही है, तो नया राष्ट्रपति बहुत आवश्यक कानूनों को परित करने में सक्षम नहीं होगा। लोग नए राष्ट्रपति के साथ-साथ काँग्रेस से निराश हो जाएँगे। काँग्रेस के प्रतिरोध से पार पाने और कुछ विधेयकों को पारित करवाने के लिए नए राष्ट्रपति के पास उल्लेखनीय मानव संसाधन तथा शीर्ष काँग्रेसी सदस्यों से संबंधित बहुत निजी सूचनाओं की आवश्यकता होगी। लिंडन जॉनसन ऐसे ही एक राष्ट्रपति थे, जिनके पास काँग्रेस के सभी सदस्यों के बारे में उपयोगी सूचनाएँ थी, और इसी के आधार पर वह अपने कुछ विधेयकों के लिए समर्थन हासिल करते थे।

सदन तथा सीनेट, दोनों में अपने दल की सशक्त विजयों के साथ निर्वाचित होने वाला सर्वाधिक प्रभावी राष्ट्रपति होता है। राष्ट्रपति का हाजिरजवाब होना भी सहायता करता है। रोनाल्ड रीगन के 40 वें राष्ट्रपति बनने के समय ऐसा हुआ। 42वें राष्ट्रपति बिल क्लिंटन भी रिपब्लिकनों को छूट देकर ज्यादा प्रभावी हो गए, वे ज्यादा मध्यमार्गी बन गए और रिपब्लिकन दल के साथ ज्यादा प्रभावी तरीके से काम कर सके।

इसलिए काँग्रेस के राष्ट्रपति को सफल बनने के सूत्र में निम्नांकित शामिल हैं:

- एक अति वामपंथी या अति दक्षिणपंथी बनने के स्थान पर मध्यमार्ग की ओर जाएँ।
- उनके विषयों के समर्थन के बदले में दूसरे दल को छूटें दें।
- काँग्रेस तथा जनता के साथ हँसी मजाक करें और विचारों में खुलापन लाएँ।
- काँग्रेस सदस्यों की व्यक्तिगत दुर्बलताओं और शक्तियों के संबंध में गहराई से जानें तथा उनके साथ काफी समय व्यतीत करें।

10. संघीय तथा राज्य सरकारों के बीच सतत संघर्ष

कुछ सार्वजनिक गतिविधियाँ तथा मामले स्थानीय अथवा राज्य स्तर पर सर्वश्रेष्ठ ढंग से सुलझाए जाते हैं और अन्य मामले राष्ट्रीय स्तर पर सुलझाए जाते हैं। *के-12* शिक्षा (अमेरिका तथा कनाडा में महाविद्यालय पूर्व अपनाई जाने वाली ग्रेडिंग प्रणाली) को इस आधार पर स्थानीय रूप से डिजाइन तथा वित्तपोषित किया जाता है कि, हर स्थान पर लोगों के शिक्षा का स्तर भिन्न-भिन्न है, और प्रत्येक मतदान जिले को तय करना है कि उनके विचार में किस स्तर तक शिक्षा की आवश्यकता है या इसे प्रदान करने का सर्वश्रेष्ठ तरीका क्या है तथा इसे प्रदान करने के लिए कितना धन व्यय करने की आवश्यकता है। संघीय सरकार का शिक्षा विभाग स्थानीय शिक्षा को संचालित नहीं करता है, परंतु उच्चतर मानकों को स्थापित करने में सहायता करने की अभिलाषा रखता है। शैक्षिक मानकों को उठाने के लिए सामान्य मूल पाठ्यक्रम योजना तथा '*कोई बच्चा पीछे छूट न जाए*' विधेयक संघ स्तर के प्रयास हैं, लेकिन यह स्पष्ट है कि अनेक शहर और राज्य अप्रसन्नता जाहिर करते हैं कि ये योजनाएँ स्थानीय शिक्षा पर उनके नियंत्रण पर हमला करती हैं।

राज्य तथा शहर भी बंदूकों की खरीद तथा उपयोग पर अपने खुद के कानूनों को तय करना चाहते हैं। संघीय अधिकारियों ने कुछ आम सहज नियमों को स्थापित किया है कि, बंदूक मानसिक अस्थिर व्यक्तियों या अपराधियों के हाथ में न जाए। फिर भी काँग्रेस ने संघीय सरकार को इन बंदूक नियंत्रणों को पर्याप्त रूप से मानकीकृत करने से रोक दिया है। आमतौर पर, हम किसी व्यक्ति के द्वारा रखी जाने वाली बंदूकों की संख्या एवं उनके प्रकारों को सीमित करने वाले एक कानून को चाहेंगे।

अन्य मामलों के साथ कानून को मानकीकृत करने एवं इसे सभी शहरों तथा राज्यों पर लागू करने के लिए एक ज्यादा सशक्त मामला बनाया जा सकता है। विवाह कानूनों को स्थानीय स्तर पर परिभाषित करने के बजाय राष्ट्रीय स्तर पर परिभाषित किया जाना चाहिए। स्थानीय रूप से किए ऐसा जाने पर, एक शहर किसी श्वेत तथा अश्वेत युगल अथवा समलैंगिकों के बीच विवाह पर प्रतिबंध लगा सकता है। आज नेब्रास्का (19 वर्ष) तथा मिसिसिपी (21 वर्ष) के अपवाद के अतिरिक्त लगभग सभी राज्य विवाह करने के लिए व्यक्तियों की आयु 18 वर्ष या ज्यादा होना आवश्यक करते हैं। कुछ राज्य गर्भवती होने पर महिला अवयस्कों को पैतृक या न्यायिक सहमति के बिना विवाह की अनुमति देते हैं। लेकिन समलैंगिक विवाह के लिए एक नए संघीय कानून कई आवश्यकता पड़ी। इसके अभाव में एक राज्य में वैधानिक रूप से विवाहित युगलों के विवाह को एक दूसरे राज्य में वैधानिक मान्यता नहीं होगी।

वाणिज्य के संबंध में कानूनों और नियमनों को राष्ट्रीय आधार पर मानकीकृत करना बहुत महत्वपूर्ण है। राज्यों के बीच कारोबार में सामंजस्य स्थापित करने के लिए अन्तर्राज्यीय वाणिज्य विधेयक पारित किया गया। राष्ट्रीय स्तर पर अपने ब्रांडों को बेचने के दौरान प्रॉक्टर एंड गैंबल, क्राफ्ट एवं अन्य ब्रांड उत्पादों के निर्माता हर शहर तथा राज्य में नियमनों को नहीं देखना चाहते हैं। वे राज्यों में वाणिज्यिक मानकीकरण के उच्च स्तर की आशा रखते हैं। फिर भी अल्कोहल वाले पेय तथा दवा उत्पादों जैसे कुछ कारोबार हैं, जिन्हें हर शहर तथा राज्य में अपने उत्पादों का विनियमन करने के लिए विभिन्न नियमनों को समझना होता है।

अनेक व्यक्ति स्थानीय लोगों हाथों में नियंत्रण रखना पसंद करते हैं जो इनकी क्षमताओं, आवश्यकताओं तथा सार्वजनिक प्रवृत्तियों के संबंध में ज्यादा जानते हैं। अमेरिका की स्थापना प्रारंभिक अमेरिकियों के एक समूह के द्वारा की गई थी, जो चाय पर कर नहीं देना चाहते थे और उन्हें इससे कोई लाभ नहीं प्राप्त होता था। स्थानीय स्वायत्तता अमेरिकी मनोदशा में गहरी सहज मनोवृत्ति है, और काँग्रेसी सदस्य स्थानीय तथा राज्य नियंत्रणों के पक्ष में बहस करने के लिए तैयार रहते हैं क्योंकि उन्हें अपने मतदाताओं को वापस जवाब देना है।

साथ ही, जब शिक्षा के स्तर, स्वास्थ्य सुविधाओं तथा बंदूक कानूनों के संदर्भ में विभिन्न भौगोलिक क्षेत्रों में स्पष्ट तौर पर अंतर दिखाई पड़ता है, तब कई लोग अवसरों तथा क्षमताओं की समानता के मानकीकरण हेतु दबाव देंगे। इसके परिणामस्वरूप राज्यों के अधिकारों तथा संघीय मानकीकरण के बीच सतत वाद-विवाद जारी रहेगा।

11. विधायी कार्यों को संशोधित करने की सर्वोच्च न्यायालय की तत्परता

अमेरिकियों का गहरा विश्वास है कि कानूनों को काँग्रेस के द्वारा निर्मित किया जाना चाहिए और इसमें राष्ट्रपति या सर्वोच्च न्यायालय के द्वारा कोई छेड़छाड़ नहीं किया जाना चाहिए। इसके पीछे विचार यह है कि, काँग्रेस लोगों की इच्छा को पूरा करती है। फिर भी 1803 के *मारबरी बनाम मैडिसन* मामले में सर्वोच्च न्यायालय ने एकमत से विचार दिया था कि, न्यायालय काँग्रेस के किसी कार्य को असंवैधानिक घोषित कर सकता है चाहे संविधान ने सर्वोच्च न्यायालय को ऐसा करने का अधिकार न दिया हो। यदि सर्वोच्च न्यायालय के अधिकतर निर्णय में सर्वसम्मति से किसी कानून को असंवैधानिक माना जाए, तो यह बहुत ज्यादा आपत्तिजनक होगा। उसका अर्थ होगा कि नौ न्यायाधीशों ने एक कानून बदल दिया, जिसे 500 काँग्रेस सदस्यों ने पारित करने का निर्णय किया था। लेकिन इन नौ सदस्यों द्वारा देखे गए बहुत से मामलों में 5–4 का निर्णय दिया गया था। इसका अर्थ है कि सार्वजनिक हित में काँग्रेस के द्वारा पारित किसी कानून को नौ न्यायाधीश बना या निरस्त कर रहे हैं।

चूंकि बहुत से लोग पारंपरिक विवाह का प्रभुत्व बनाए रखना चाहते थे, ऐसे में समलैंगिक विवाह कानून को पारित किये जाने के बाद सीनेटर टेड क्रूज़ काफी नाराज हो गए। गर्भपात के विषय पर जारी संघर्ष पर नजर डालें, जहाँ अनेक राज्य गर्भपात पर अपने कानून पारित करना चाहते हैं। *रॉ बनाम वेड* (1973) में 7–2 के मत से अमेरिकी सर्वोच्च न्यायालय ने पूरे अमेरिका में गर्भपात को वैधानिक बनाते हुए कहा कि, हर राज्य में गर्भपात पर पाबंदी असंवैधानिक है।

लेकिन सर्वोच्च न्यायालय के अनेक निर्णयों को 5–4 के बहुमत से निर्णीत किया गया है, जो न्यायालय के निर्णयों में विश्वास को घटाता प्रतीत होता है। नागरिक सोचते हैं कि, न्यायाधीश प्रत्येक मामले में विशिष्ट तथ्यों के स्थान पर वैचारिक रूप से मतदान करते हैं। आदर्श रूप में, नए न्यायाधीशों को निष्पक्ष होना चाहिए जहाँ प्रत्येक मामले में कोई पूर्वानुमान नहीं कर सकता है कि कोई न्यायाधीश कहाँ मतदान करेगा। न्यायाधीश केनेडी एक उदाहरण हैं कि कुछ मामलों में वे आम तौर पर ज्यादा रूढ़िवादी रूप से मतदान कर सकते हैं, लेकिन कुछ मामलों में वे ज्यादा उदारता से मतदान कर सकते हैं। यह न्यायाधीश थॉमस

के संबंध में नहीं कहा जा सकता है; उनके मत पर पूरी तरह से पूर्वानुमान लगाया जा सकता है। जैसे–जैसे काँग्रेस भविष्य में ऐसे न्यायाधीशों को खोजने के लिए तैयार होगी, जो वैचारिक रूप से कम प्रतिबद्ध हैं, न्यायालय के निर्णयों को ज्यादा व्यापक स्वीकृति मिलेगी। दुर्भाग्यवश, राष्ट्रपति ऐसे न्यायाधीश के नाम की नाम अनुशंसा करेंगे जो उनके दल की तरह सोचता हो, और विरोधी दल उस व्यक्ति का विरोध करेगा यदि वे संदेह करते हैं कि वह दूसरे दल के साथ बहुत ज्यादा जाएगा या जाएगी।

12. नए संशोधनों को पारित करने में दिक्कत

17 सितम्बर, 1787 को अमेरिकी संविधान को पारित करने के बाद से संविधान में संशोधन के लिए लगभग 11,539 प्रस्ताव लाए गए हैं। इस संख्या से आश्चर्यचकित नहीं होना चाहिए। हमारी अर्थव्यवस्था, अंतरराष्ट्रीय संबंधों, तकनीक तथा समाज में हुए सभी परिवर्तनों के कारण ज्यादा संशोधनों को पारित हुआ जाने की उम्मीद की जानी चाहिए थी। अधिकारों के विधेयक के अंगीकरण के बाद – संविधान के पहले दस संशोधन, जिनकी अभिपुष्टि 1791 में की गई – देश के संस्थापक दस्तावेज में सिर्फ 17 संशोधनों ने सूत्रबद्ध होने की बाधाओं को पार किया है। अंतिम संशोधन (27वाँ) की पुष्टि 1992 में हुई।

संविधान में संशोधन करने के विभिन्न तरीके हैं, लेकिन सिर्फ दो का उपयोग किया गया है:

- सर्वाधिक सामान्य तरीके ने 27 में से 26 संशोधनों को पारित किया है। सभा तथा सीनेट दोनों प्रस्तावित संशोधन पर मतदान करते हैं और प्रत्येक को इसे अवश्यतः दो-तिहाई बहुमत से पारित करना होता है। यदि यह होता है तो इसे अनुमोदन करने के लिए राज्य विधान सदनों को भेजा जाता है। यहाँ हर प्रस्तावित संशोधन का अनुमोदन करने के लिए सभी विधान सदनों के तीन-चौथाई बहुमत को अवश्य पक्ष में मतदान करना चाहिए। इसका अर्थ यह है कि किसी प्रस्तावित संशोधन की पुष्टि को सिर्फ 13 राज्य बाधित कर सकते हैं।
- राज्यों का सम्मेलन विधि संविधान में संशोधन करने के लिए राज्यों के दो तिहाई सदनों को राष्ट्रीय सम्मेलन का आह्वान करता है। इन संशोधनों को विचार करने के लिए बुलाए गए राज्य सम्मेलन के तीन-चौथाई सदस्यों द्वारा अनुमोदित किया जाना चाहिए। इस संशोधन विधि का कभी उपयोग नहीं किया गया है।
- शराब की बिक्री का निषेध करने वाले 18वें संशोधन को निरस्त करने वाले 21वें संशोधन को भिन्न तरीके से पारित किया गया था। काँग्रेस के दोनों सदनों के दो-तिहाई ने पुष्टि करने के लिए इस संशोधन को राज्यों के पास भेजा, लेकिन तीन-चौथाई राज्य के विधान सदनों के द्वारा इस संशोधन को अनुमोदित करने पर जोर देने के स्थान पर, काँग्रेस ने निर्दिष्ट किया कि 'यह अनुच्छेद निष्क्रिय रहेगा जब तक कि सात वर्षों के भीतर राज्यों में [...] सम्मेलनों के द्वारा संविधान में एक संशोधन के रूप में इसकी पुष्टि नहीं की जाएगी'। काँग्रेस ने ऐसा किया क्योंकि प्रस्तावक मानते थे कि इन सम्मेलनों में निर्वाचित प्रतिनिधियों का मद्यपान पर सार्वजनिक मत का ज्यादा प्रतिनिधित्व करने की संभावना है। काँग्रेस के द्वारा पारित किए जाने के बाद दस महीनों के अंदर 21वां संशोधन अनुमोदित हो गया।
- 1992 में अनुमोदित हुए 27वें संशोधन के पारित होने तथा अनुमोदन होने की बीच की अवधि सबसे ज्यादा थी! इसे 1789 में जेम्स मैडिसन द्वारा काँग्रेस सत्र में अपने वेतन में परिवर्तन करने से रोकने के लिए सबसे पहले प्रस्तावित किया गया था। इसे आधे-दर्जन राज्यों के द्वारा अनुमोदित किया किया गया लेकिन फिर यह निष्क्रिय रहा काँग्रेस के द्वारा अपने वेतन वृद्धि किए जाने को लेकन अमेरिकियों की कुंठा परवर्ती 20वीं सदी में बढ़ने लगी और और अंततः 1992 में 27वें संशोधन के अनुमोदन न किए जाने तक इसमे वृद्धि होती रही।

यह स्पष्ट है कि संविधान में संशोधन के लिए अतिशय सहमति की जरूरत होती है, क्योंकि कुछ परिस्थितियों में सुधार की बहुत जरूरत होती है। यह देखते हुए कि कितने प्रस्ताव पेश हुए और कितने कम पारित हुए, हमारे संविधान में दृढ़ता स्थापित करने के लिए देश के संस्थापकों को श्रेय जाता है। हमारा संविधान अप्रासंगिक नहीं हुआ है। अतीत में कुछ विशिष्ट न्यायाधीशों की उदार व्याख्याओं से हमें यह आभास हुआ कि, संविधान हमारे समाज में हुए सभी परिवर्तनों की अनदेखी करने वाला एक जड़बद्ध दस्तावेज होने के स्थान पर एक जीवित दस्तावेज है। किसी को बहुत ज्यादा संशोधनों की आवश्यकता नहीं है जब सर्वोच्च न्यायालय संविधान को हमारी नई दुनिया के अनुरूप बनाने के लिए बुद्धिमत्तापूर्वक कार्य करता है।

13. एक ठोस विदेश नीति को विकसित करने में दिक्कत

एक स्वस्थ अमेरिकी विदेश नीति के निर्माण में अनेक खिलाड़ियों तथा प्रभावित करने वालों की अनंत संख्या शामिल होती है। विदेश नीति की पहल राष्ट्रपति, विदेश विभाग या काँग्रेस द्वारा की जा सकती है। राष्ट्रपति सैन्य कमान तथा नियुक्ति करने की क्षमता एवं संधियों पर कार्य करने का अधिकार रखता है। राष्ट्रपति ही वह व्यक्ति है, जो विदेशी प्रतिनिधियों का स्वागत करता है और संधि करने के लिए उनके साथ कार्य करता है।

सर्वश्रेष्ठ व्यवस्था वह है जहाँ राष्ट्रपति सभी प्रमुख विदेश नीति पहलों पर काँग्रेस के साथ सौहार्दपूर्वक काम करता है। यहीं पर समस्या प्रारंभ होती है। काँग्रेस के सदस्य दो भिन्न दलों से आते हैं जिनके संपूर्ण अमेरिकी विदेश नीति तथा चीन, रूस, उत्तर कोरिया, ईरान, इराक एवं अन्य मुख्य देशों जैसे विशिष्ट राष्ट्रों पर विचार बहुत ज्यादा भिन्न होते हैं। राष्ट्रपति जिस दल से जीतता है मुख्यतः उसी के विचार का प्रतिनिधित्व करता है। किसी प्रमुख विदेश नीति पहल पर ली गई स्थिति का औचित्य सिद्ध करने के लिए दूसरे दल के सदस्यों के समक्ष राष्ट्रपति को अवश्य तथ्यों और तर्कों पर निर्भर करना चाहिए। समझौते अपरिहार्य हैं। दुनिया में बदलती हुई परिस्थितियों पर राष्ट्रपति तेजी तथा नजदीकी से कार्य करता है, जबकि काँग्रेस राष्ट्रपति की पहल पर बहस या अनुमोदन करने के लिए धीमी गति से चलती है। अक्सर राष्ट्रपति को यथोचित समयावधि में विदेशी शक्तियों के अनुरोध को मानने या इस दिशा में कार्य करने से रोक दिया जाता है।

अनेक कारोबार समझौतों तथा सैन्य पहलों को काँग्रेस के अनुमोदन का इंतजार करना होता है। काँग्रेस संकल्पों तथा नीति वक्तव्यों, विधायी निर्देशों, विधायी दबाव, अनौपचारिक सलाह या वित्तपोषण निषेध के द्वारा अपनी विदेश नीति पहलों को शुरू कर सकती है। कार्यपालिका शाखा अपने हित या सार्वजनिक हित को देखते हुए काँग्रेस की नीतियों का समर्थन अथवा बदलने का प्रयास कर सकती है।

यह कहना मुश्किल है कि हमारी विदेश नीति के किसी परिप्रेक्ष्य के लिए किसको श्रेय दिया जाना है, क्योंकि यह सरकार की दोनों शाखाओं के साझा कार्य से विकसित होती है। विदेश नीति एक भव्य डिजाइन का स्वरूप नहीं लेती है, बल्कि यह विभिन्न देशों और प्रक्षेत्रों में कार्य कर रही व्यक्तिगत नीतियों का परिणाम है। कुछ समय राष्ट्रपति विदेश नीति में एक सशक्त नेता की भूमिका निभाता है और किसी अन्य समय में विदेश नीति पर काँग्रेस प्रभुत्व रखती है।

14. सरकारी एजेंसियों को ज्यादा उत्तरदायी बनाना

जनता को सार्वजनिक एजेंसियों से वास्तविक तथा मान्य प्रायोजन रखने तथा उन्हें कुशलता से संचालित होने का अधिकार है। हर सार्वजनिक एजेंसी को निजी क्षेत्र के द्वारा नहीं पूरी की जा सकने वाली एक वास्तविक सार्वजनिक जरूरत को पूरा करने के लिए स्थापित की जानी चाहिए। अपने उद्देश्यों की पूर्ति करने के लिए इन एजेंसियों का पर्याप्त वित्तपोषण करना चाहिए। क्या उन्हें समाप्त कर देना चाहिए, या विस्तृत करना चाहिए या यथास्थिति बनाई रखनी चाहिए इसके निर्धारण के लिए उनके कार्य की समीक्षा की जानी चाहिए।

जो विनियमित होते हैं तथा जो महसूस करते हैं कि सेवा में कमी है, उनसे हर एजेंसी आलोचना का सामना करने की उम्मीद रख सकती है। अनेक लोग शिकायत करते हैं कि बहुत सी अमेरिकी एजेंसियाँ हैं और बहुतों के अधिव्यापित या प्रतिस्पर्द्धात्मक उत्तरदायित्व हैं, अनेक एजेंसियाँ करदाताओं से भारी कर वसूलती हैं और बहुत सी नौकरशाहीपूर्ण तथा निर्णय लेने की प्रक्रिया में धीमी हैं। विशेषकर करोबारी समूह सोचते हैं कि ये एजेंसियाँ उन्हें विलंब करवा देती हैं और उन्हें एक बनाई गई रणनीति को छोड़ने या अपनी लागतों बढ़ाने के लिए मजबूर कर देती हैं, जो सब कुल मिला कर निवेश को हतोत्साहित तथा अर्थव्यवस्था की वृद्धि को धीमी करने में परिणत हो जाती हैं।

फिर भी भोजन एवं दवाओं की स्वीकार्यता को सुनिश्चित करने (संघीय दवा प्रशासन); वातावरण को प्रदूषण से तुलनात्मक रूप से मुक्त करने (पर्यावरण संरक्षण एजेंसी); उत्पादों की सुरक्षा को सुनिश्चित करने (उपभोक्ता उत्पादा सुरक्षा आयोग); हवाई कंपनियाँ तथा हवाईअड्डे की सुरक्षा को सुनिश्चित करने (संघीय उड़ान प्रशासन); रोजगार में अवसर की समानता (समान नियुक्ति अवसर आयोग); तथा शेयर बाजार के तर्कसंगत रूप से संचालन (प्रतिभूति एवं विनिमेय आयोग) के लिए लोगों को कार्यक्षम और योग्य एजेंसियों की तलाश है।

मुख्य आवश्यकता एक अच्छी प्रशासनिक सेवा संचालित करना है, जो योग्य कर्मचारियों तथा प्रबंधकों को नियुक्त करती है और सरकार के कारोबार को कुशलता से प्रशासित करने के लिए पर्याप्त रूप से वेतन देती है।

निष्कर्ष

हर लोकतंत्र की अपनी कमियाँ होती हैं। 1863 में लिंकन की मुक्ति की घोषणा तक अमेरिका में गुलामों के स्वामित्व की अनुमति थी। इसने 1920 में 16वें संशोधन के पारित होने तक महिलाओं को मतदान के अधिकार से महरूम रखा। हाल के वर्षों में अमेरिका 'जनता द्वारा और जनता के लिए सरकार' की विचारधारा से '1% द्वारा 1% के लिए सरकार' की विचारधारा की ओर अग्रसर हुआ है। इस अध्याय में वर्तमान कमियों में से 14 की समीक्षा की गई है और संभावित सुधारों हेतु सलाह दी है। कोई भी शासन प्रणाली सदैव एकसमान नहीं रह सकती है, और ऐसा होना भी नहीं चाहिए। प्रणाली को लचीला तथा नई

शक्तियों के अनुरूप होना चाहिए। विषय यह है कि, क्या नागरिकों के पास लोकतंत्र में सुधार करने की इच्छशक्ति है अथवा क्या वे इसे इसके मूल मूल्यों तथा सिद्धांतों से विपथित होने की अनुमति देंगे।

स्तंभकार थॉमस फ्राइडमैन 'उद्यमितावाद की संस्कृति', 'बहुलतावाद की नीति' तथा 'प्रशासन करने वाले संस्थानों की गुणवत्ता' को शक्ति के सबसे बड़े स्रोतों के रूप में देखते हैं। वे इसमें से हर चीज को पिछड़ते देख रहे हैं। हार्वर्ड विश्वविद्यालय के विद्वान लोकतांत्रिक पंथ में तीन मूल मूल्यों को देखते हैं: समानतावाद, उदारता और व्यक्तिवाद। अधिकतर नागरिक तकनीक, वैश्वीकरण और असमान आय के बलशाली शक्तियों के अधीन इन मूल मूल्यों को मुरझाते देखना नहीं चाहते हैं। लोकतंत्र में नागरिकों को यह अवश्य महसूस होना चाहिए कि उनकी राजनीतिक प्रणाली उन्हें समान आवाज, मुक्त अभिव्यक्ति, निजी सुरक्षा और कानून का शासन प्रदान करती है। हमें यह उम्मीद रखनी चाहिए कि इन सभी मूल्यों की सुरक्षा की जाएगी।

टिप्पणी

1. http://classroom.synonym.com/four-ways-pass-amendment-constitution-11631.html (accessed 03.03.16).

अध्याय-11

मुख्य अनसुलझे सरकारी नीतिगत मामलों को सुलझाना

'जब सही लोग साथ में आते हैं, तो चुनौतियाँ अवसर में बदल जाती हैं'

रॉबर्ट रेडफोर्ड

अमेरिकी नागरिकों तथा उनके प्रतिनिधियों को हर वर्ष बहुत सारे मामलों पर निर्णय लेना होता है। बहुत से महत्त्वपूर्ण मामलों का वर्ष-दर-वर्ष बिना सुलझे रहना जारी है। काँग्रेस वास्तविक नीतिगत हलों पर सहयोग करने के स्थान पर 'महत्त्वपूर्ण निर्णय लेने से दूर भागना' पसंद करती है।

मैंने सबसे ज्यादा विद्यमान 16 नीतिगत विषयों का चयन टिप्पणी करने के लिए किया है। वे हैं:

1. गर्भपात
2. चुनाव अभियान का वित्तपोषण
3. जलवायु और प्रदूषण
4. उपभोक्ता संरक्षण
5. नशीली दवाओं से युद्ध
6. बंदूक पर नियंत्रण
7. स्वास्थ्य देखभाल
8. अप्रवासन
9. कैद तथा कारावास
10. अधोसंरचनाएँ
11. सेना और रक्षा
12. राष्ट्रीय ऋण
13. गरीबी

14. सामाजिक सुरक्षा और सेवानिवृति
15. विद्यार्थियों को कर्ज
16. कर

आइए प्रत्येक पर संक्षेप में नजर डालें।

1. गर्भपात

रॉ बनाम वेड, 410 यू. एस. 113 (1973), गर्भपात के मामले पर अमेरिकी सर्वोच्च न्यायालय के द्वारा लिया गया निर्णय एक मील का पत्थर है। एक समधर्मी मामले, *डो बनाम बोल्टन* के साथ-साथ लिए गए इस निर्णय में न्यायालय ने 7–2 से निर्णय दिया कि, 14वें संशोधन की प्रक्रिया अनुच्छेद के तहत निजता के अधिकार महिलाओं के द्वारा गर्भपात करवाने के निर्णय के अधिकार तक विस्तृत है, लेकिन इस अधिकार को गर्भपात का नियमन करवाने के राज्य के दो वैधानिक हितों, महिलाओं के हित की सुरक्षा तथा मनुष्य जीवन की संभावना की सुरक्षा के साथ अवश्य संतुलित किया जाना चाहिए। यह तर्क देते हुए कि राज्य की ये अभिरूचियाँ गर्भावस्था के ऊपर बलशाली हो गई हैं, न्यायालय ने गर्भपात के राज्य नियमन को गर्भावस्था की तीसरी तिमाही से आबद्ध कर इस संतुलनकारी परीक्षण को तय कर दिया। एक बार जब एक नवजात की माता के गर्भ से बाहर जीवित रहने की संभावना हो सकती है, इस निर्णय को नहीं लागू किया जाता है। 'जीवन' आमतौर पर 7 महीने (28 सप्ताह) पर माना जाता है लेकिन पहले, यहाँ तक कि 24 सप्ताहों पर भी हो सकता है।[1]

जिन्होंने इस निर्णय का तिरस्कार किया था, वे समय के साथ इसे वैधानिक या अन्य माध्यमों से दुर्बल करने का प्रयास करते थे। 'चयन का समर्थन' करने वाले इस निर्णय के समर्थकों के विपरीत वे स्वयं को 'जीवन-समर्थक' कहते थे। जीवन-समर्थक समूह ने तर्क दिया कि, एक मनुष्य की शुरुआत गर्भधारण से होती है और मनुष्य का गर्भपात हत्या के समान है। उन्होंने कहा कि भ्रूण के माता के समान नागरिक अधिकार हैं। जीवन-समर्थक समूह के अतिवादी सदस्य कहते हैं कि बलात्कार के मामले या चाहे गर्भावस्था में अजन्मे शिशु की पहले की चिकित्सीय पूर्वसमीक्षा में शिशु के विकलांग जन्मने की आशंका के बावजूद गर्भपात की अनुमति नहीं दी जानी चाहिए। इस समूह ने योजनाकृत अभिभावकत्व क्लिनिकों के निकट जमीनी स्तर पर जोरदार प्रदर्शन किया, कुछ मामलों में गर्भपात करने वाले एक चिकित्सक की हत्या तक कर दी।

जीवन-समर्थकों ने गर्भपात का चयन करने के एक महिला के अधिकार की राह में राज्य विधान सदनों के माध्यम से ज्यादा मुश्किलें खड़ी करने के लिए वैधानिक कदम उठाए हैं। टेक्सस ने नियम बनाया है कि, क्लिनिकों में आधुनिक अस्पतालों के मानकों के स्तर के चिकित्सा उपकरण तथा प्रक्रियाएँ होनी चाहिए। कुछ योजनाबद्ध अभिभावकत्व केंद्रों को बंद करना पड़ा क्योंकि वे उस स्तर के उपकरण नहीं रख सकते थे। अन्य राज्य महिलाओं से निर्णय लेने के पूर्व अपने गर्भ में अजन्मे भ्रूण को देखने की सहमति लेना चाहते हैं। कुछ राज्य एक युवा महिला को अपने अभिभावकों की अनुमति या एक अवधि तक इंतजार करने को आवश्यक करते हैं।

चयन-समर्थक समूह तर्क देते हैं कि महिलाएँ एक बहुत मुश्किल निर्णय का सामना करती हैं जिसे लेने में वे खुश नहीं हैं, लेकिन उन्होंने सभी लाभों और हानियों को तौला है और गर्भपात करवाना ही सर्वश्रेष्ठ हल है। इस प्रकार एक गर्भवती किशोरी को महाविद्यालय जाने के विचार को छोड़ना पड़ सकता है और उसे पति या एक अच्छी नौकरी के बिना शिशु का पालन-पोषण करना पड़ सकता है। हर महिला को अपने सर्वश्रेष्ठ हित में काम करने के लिए स्वतंत्र होना चाहिए। चयन-समर्थक समूह नहीं मानता है कि गर्भधारण के समय ही एक मनुष्य अस्तित्व में आ जाता है और उर्वरण के क्षण से एक मानव के अस्तित्व के संबंध में एक वैज्ञानिक प्रश्न को धार्मिक आंदोलन के विशिष्ट विश्वासों के प्रासंगिक नहीं मानता है।

इस मामले में एक समझौते तक पहुँचने की संभावना बहुत ही कम है। कानून माता के द्वारा चयन की स्वतंत्रता के पक्ष में है। उसी समय जीवन-समर्थक समूह जहाँ तक संभव हो, वहाँ तक गर्भपातों को रोकने या विलंबित करने का प्रयास करना जारी रखते हैं।

2. चुनाव अभियान वित्तपोषण

राजनीतिक चुनाव अभियान सरल हुआ करते थे; प्रत्याशी स्वयं का समर्थन करने वाली याचिका पर हस्ताक्षर कराने के लिए बहुत से नागरिकों को तैयार करते थे; प्रत्याशी के तौर पर अपने राजनीतिक दल से समर्थन प्राप्त करते थे; अपने विश्वासों तथा अनुभव के संबंध में विभिन्न समूहों से बातचीत करना प्रारंभ करते थे; और धारणा यह थी कि अगर आप लोगों से मुस्कुराते हुए मिलेंगे, हाथ मिलाएँगे, बच्चों को पुचकारेंगे, तो आप नामांकन जीत सकते हैं।

आज पहली चीज आपमें विश्वास रखने वाले कुछ अमीर व्यक्तियों को खोजना है। आपको बहुत सारे धन की आवश्यकता होगी। यदि आप एक अरबपति से संबद्ध हो जाते हैं, तो आप एक अच्छी शुरुआत करने वाले हैं। लेकिन आम आदमियों की अनदेखी न करें और उनसे भी $5 प्राप्त करना सुनिश्चित करें।

अभियानों और प्रत्याशियों के लिए दानदाताओं के उपहार के संदर्भ में मौजूदा नियम निम्नलिखित हैं:

- एक निर्वाचन चक्र में एक दाता प्रति उम्मीदवार $2,700 तक दे सकता है।
- एक निर्वाचन चक्र में एक दाता एक *पीएसी* को $5,000 तक दे सकता है।
- एक वर्ष में एक दाता एक राजनीतिक दल को $33,400 तक दे सकता है।
- एक दाता (व्यक्तिगत या कॉर्पोरेशन) एक निर्वाचन चक्र में एक सुपर *पीएसी* को असीमित धन दे सकता है, लेकिन दानकर्ता का नाम सार्वजनिक किया जाएगा।
- एक दाता (व्यक्तिगत या कॉर्पोरेशन) एक निर्वाचन चक्र में एक सामाजिक कल्याण संगठन को असीमित धन दे सकता है, लेकिन दानकर्ता का नाम निजी रह सकता है।

सिटीजेंस यूनाइटेड के पक्ष में सर्वोच्च न्यायालय का 5–4 निर्णय अर्थ है कि, हर कंपनी तथा संगठन *पीएसी* और *सुपर पीएसी* को धन देने के लिए स्वतंत्र है। एक *पीएसी* एक विशेष उम्मीदवार को समर्थन करने के लिए अस्तित्व में होती है और उसे दाताओं तथा राशियों की सूची अवश्यतः सार्वजनिक करनी होती है।

सर्वोच्च न्यायालय के 2010 के *सिटीजेंस यूनाइटेड* निर्णय ने *सुपर पीएसी* की स्थापना को प्रोत्साहन दिया। तकनीकी रूप से सुपर पीएसी को 'सिर्फ सामाजिक कल्याण' को प्रोत्साहित करने के लिए' ही परिचालित किया जाना चाहिए। उन्हें राजनीतिक गतिविधि की अनुमति होती है लेकिन यह संगठन का 'प्राथमिक' मिशन नहीं होना चाहिए। फिर भी वर्तमान *आईआरएस* आयुक्त ने कहा कि, समूह राजनीतिक गतिविधि पर 49% तक व्यय करने के बाद भी अपने कर छूट को प्राप्त कर सकते हैं।

स्पष्ट रूप से, अमीर दानकर्ताओं तथा कॉर्पोरेशनों के पास अपनी पसंद के उम्मीदवारों तथा दलों को बहुत सा धन देने के कई तरीके हैं। चुनाव अभियानों पर व्यय की गई राशि को सीमित करने के लिए बहुत से प्रस्ताव दिए गए हैं:

- अपने अभियान के वित्तपोषण के लिए लिए सभी प्रत्याशियों से सार्वजनिक निधि हेतु आवेदन करना आवश्यक करें। सभी प्रत्याशी अपनी इच्छानुसार व्यय करने के लिए समान धन प्राप्त करेंगे। वे व्यक्तिगत दाताओं, कॉर्पोरेशनों, यूनियनों या गैर-लाभकारी संगठनों से कोई अतिरिक्त धन नहीं प्राप्त करेंगे। निर्वाचन अवधि ब्रिटेन की तरह 30 दिनों तक की चुनाव प्रचार अवधि तक सीमित होगी।
- वर्तमान व्यवस्था को बनाए रखें लेकिन सुपर पीएसी के द्वारा दाताओं के नाम तथा धन को सूचीबद्ध करना आवश्यक कर दें, तथा सामाजिक मामले को प्रोत्साहित करने के स्थान पर एक प्रत्याशी के समर्थन में जाने वाले धन की प्रतिशत सीमा को सख्ती से लागू करें।
- *सिटीजंस यूनाइटेड* निर्णय को निरस्त करें, जिसने कहा कि कंपनियाँ व्यक्ति हैं जो प्रत्याशियों का समर्थन करने के लिए स्वतंत्र हैं। एक राजनीतिक प्रत्याशी के समर्थन के लिए सभी संगठनों द्वारा दिए गए धन की सीमा को बहुत ज्यादा सीमित कर दें।

3. जलवायु एवं प्रदूषण

विश्व स्वास्थ्य संगठन (*डब्ल्यूएचओ*) के अनुसार वायु प्रदूषण की चपेट में आकर फेंफड़े के कैंसर से 2010 में 223,000 लोग मारे गए। चीन और पूर्व एशिया में बहुत से शहर प्रदूषित हैं। सोफिया (बुल्गारिया) तथा क्राको (पोलैंड) के साथ-साथ बेकर्सफील्ड तथा फ्रेस्नो, कैलिफोर्निया जैसे अमेरिकी नगर बहुत ज्यादा प्रदूषित हैं। कंपनियों की ओर से प्रदूषण-विरोधी गतिविधियों में निवेश आवश्यक किये जाने के कारण के कारण अमेरिकी तथा पश्चिमी यूरोपीय नगर तुलनात्मक रूप से कम प्रदूषित हैं।

इसके साथ-साथ जल प्रदूषण भी एक विकसित हो रही समस्या है। हमारे महासागर हानिकारक रसायनों और अपशिष्टों के लिए निस्तारण भूमि बन गए हैं, जो मछलियों एवं समुद्री जीवन को विषैला कर रहा है। आज सौंदर्य प्रसाधनों को बनाने में उपयोग किए गए सूक्ष्म-मनके मछलियों के मृत्यु का कारण बनते हुए हमारे जलीय पर्यावरण में सर्वत्र व्याप्त हैं।

मनुष्य स्वास्थ्य तथा पर्यावरण के संरक्षण के लिए राष्ट्रपति निक्सन के नेतृत्व में अमेरिका ने 1970 में पर्यावरण संरक्षण एजेंसी (*ईपीए*) की स्थापना की। *ईपीए* ने प्रदूषण करने की लागतों और उत्तरदायित्वों को साझा करने के लिए मानक व्यवहारों की स्थापना की। कार्बन प्रदूषण की अनुमत मात्रा को सीमाबद्ध करना

तथा कंपनियों द्वारा प्रदूषकों के उत्सर्जन पर नियंत्रण अनिवार्य करना हमारी नीति है। आज कुछ राजनीतिज्ञ *ईपीए* के नेतृत्व पर बहुत ज्यादा नियामक बंधन लगाने का अरोप लगा रहे हैं।

मूल प्रश्न यह है कि, यह देखते हुए कि यह आर्थिक विकास की दर को धीमा कर देगा, प्रदूषण करने पर कितनी रोक लगाई जानी चाहिए। स्तंभकार जॉर्ज विल जलवायु परिवर्तन को वैज्ञानिक रूप से स्थापित तथ्य मानने से इनकार कर देते हैं और प्रदूषण घटाने के लिए उठाए गए नियामक उपायों के कारण ज्यादा नौकरियों तथा आर्थिक वृद्धि में हानि के संबंध में शिकायत करते हैं।

वायु तथा जल प्रदूषण के लिए प्रयासों के भिन्न स्तरों के कारण कितनी नौकरियाँ समाप्त हुई हैं, क्या काँग्रेस इसके संबंध में ज्यादा स्पष्ट अनुमान लगा सकती है?

4. उपभोक्ता संरक्षण

दुनिया भर में लोगों के जीवन स्तर को उठाने में पूँजीवाद एक प्रेरक बल रहा है। जो भी उन्हें खरीदने में इच्छुक हों, कंपनियाँ उन्हें अपने उत्पादों और सेवाओं को डिजाइन करने तथा बेचने के लिए स्वतंत्र हैं। कंपनियाँ दुनिया भर में बिक्री लक्ष्यों को तय करती हैं और अपने विपणनकर्ताओं को जितना संभव उतनी ज्यादा इकाईयाँ बेचने के लिए प्रशिक्षित तथा प्रेरित करती हैं। विपणनकर्ताओं को उनके द्वारा की गई बिक्री के अनुसार पुरस्कृत किया जाता है। बेचने वाले लोग एक परिवार को एक ऐसा घर या कार खरीदने के लिए यकीन दिला सकते हैं, जिसके लिए वास्तव में वे समर्थ नहीं हैं। वे आसान वित्तपोषण का प्रस्ताव देते हैं, ताकि मासिक भुगतानें छोटी और संभव प्रतीत हो, चाहे उनमें विशाल वित्तपोषण शुल्कें छिपी हो सकती हैं।

इस परिप्रेक्ष्य में हम कई कारणों को उद्धृत कर सकते हैं कि क्यों उपभोक्ताओं को कुछ संरक्षण की आवश्यकता हो सकती है:

- क्रेडिट कार्ड फर्मों, बैंकों तथा *रिटेलर* उपभोक्ताओं के लिए उन चीजों को खरीदना काफी आसान बना सकते हैं, जो उनके सामर्थ्य के बाहर है।
- कुछ विक्रेता उन उत्पादों को बना तथा बेच सकते हैं जो उपभोक्ताओं को हानि पहुँचा सकती हैं। तंबाकू कंपनियाँ उन उत्पादों को बनाती हैं, जो धूम्रपानकर्ताओं के स्वास्थ्य को क्षति पहुँचा सकती हैं। आहार कंपनियाँ या रेस्तराँ ऐसे खाद्य पदार्थों की बिक्री कर सकते हैं, जिनकी तिथि समाप्त हो चुकी हो या लोगों के स्वास्थ्य के लिए हानिकारक हो। निर्माता सीढ़ी या कार जैसे उन उत्पादों को बना सकते हैं जिसमें वे क्षतियाँ हो जो उपयोगकर्ता अथवा अन्य को नुकसान पहुँचा सकते हैं।
- कुछ विक्रेता पूरी तरह से सुरक्षित उत्पादों की बिक्री कर सकते हैं, लेकिन उनके प्रदर्शन के संबंध में अतिशयोक्ति कर सकते हैं। एक दवा कंपनी के दावे पर विचार करें कि, इसकी गोलियाँ राहत पहुँचाती हैं चाहे वह सिर्फ एक *प्लासिबो* हो। विपणनकर्ता कहानी सुनाने वाले होते हैं और वे उत्पादो के प्रदर्शन या लाभों के संबंध में असल से ज्यादा दावा कर सकते हैं।

इनके अलावा अन्य कारणों से देश कई तरह के कानून बनाते हैं एवं उनका वित्तपोषण करते हैं, एक उपभोक्ता संरक्षण ब्यूरो की स्थापना करते हैं, जो उत्पादों का परीक्षण करते हैं, उनके सुरक्षा की पुष्टि करते हैं और यह सुनिश्चित करते हैं कि विक्रेता के दावे समर्थन योग्य हैं।

5. नशीली दवाओं से युद्ध

जून 1971 में राष्ट्रपति निक्सन ने 'नशीली दवाओं से युद्ध' की घोषणा कर दी और उन्होंने संघीय नशीली दवा नियंत्रण एजेंसियों के आकार को बढ़ा दिया। उन्होंने अनिवार्य सजा सहित अन्य उपायों पर जोर दिया। नशीली दवाओं में मैरिजुआना, अफीम, कोकीन, हेरोइन और साइकेडेलिक्स शामिल थीं।

मैरिजुआना के संबंध में 1972 में एक आयोग ने इसे निजी उपयोग के लिए रखने तथा वितरण को गैर-आपराधिक घोषित करने की अनुशंसा की, लेकिन निक्सन ने इसे खारिज कर दिया। फिर भी 1973 से 1977 के बीच 11 राज्यों ने मैरिजुआना रखने को गैर-आपराधिक घोषित कर दिया। अक्टूबर 1977 में सीनेट न्यायपालिका समिति ने निजी उपयोग के लिए एक आउंस मैरिजुआना रखने को गैर-आपराधिक कर दिया।

1980 के दशक में अभिभावक किशोरों में मैरिजुआना के उपयोग की उच्च दरों की शिकायत करने लगे। राष्ट्रपति रीगन ने 'सिर्फ न कहें' स्लोगन के साथ उच्च-प्रचारित नशीली दवा विरोधी अभियान को प्रारंभ किया और शून्य सहिष्णुता नीतियों पर बल दिया। इसके चलते कारागार में कैद लोगों की संख्या 1980 में 473,368 से उछल कर 2001 में 2,042,479 तक पहुँच गई।

1992 में राष्ट्रपति पद के अभियान के दौरान बिल क्लिंटन ने कैद की जगह उपचार की वकालत की, लेकिन राष्ट्रपति पद पर जीतने के बाद उनके प्रशासन के द्वारा नशीली दवाओं के विरुद्ध युद्ध को तीव्रतर करना जारी रहा। सिर्फ राष्ट्रपति पद की अंतिम अवधि में उन्होंने कारावास की नीति की पुनः-परीक्षा का आह्वान किया और मैरिजुआना के निजी उपयोग को गैर-आपराधिक करने को प्राथमिकता दी।

राष्ट्रपति जॉर्ज डब्ल्यू. बुश ने प्रतिवर्ष अमेरिकियों पर 40,000 अर्धसैनिक प्रकार के *स्वाट* छापों को शुरू करने सहित नशीली दवाओं के विरुद्ध युद्ध के लिए और भी ज्यादा धन आवंटित किया।

फिर भी नशीली दवा के कानूनों में सुधार के प्रयास जारी रहे। माइकल ब्लूमबर्ग, बराक ओबामा सहित अनेक गणमान्य व्यक्तियों ने अपनी युवावस्था में मैरिजुआना का सेवन करने को सार्वजनिक रूप से स्वीकार किया है। अब मनोदशा बदल रही है, विशेषकर 2013 में 2,220,300 वयस्क कैदियों को ध्यान में रखते हुए यह बात सत्य प्रतीत होती है। कोलोराडो तथा ऑरेगोन जैसे राज्य वर्तमान में विशेषकर चिकित्सीय उपयोग सहित मैरिजुआना के उपयोग को उदार बनाने में संलग्न हैं और मनोरंजन प्रायोजनों हेतु उपयोग की दिशा में कदम बढ़ा रहे हैं।

अमेरिका की सख्त नशीली दवा नीति क्या होनी चाहिए? इसकी छः संभावित नीतियाँ हैं:

1. 'नशीली दवाओं के विरुद्ध युद्ध' पर व्यय करना तथा नशीली दवा विक्रेताओं को कारागार में डालना तथा जारी कठोर कारावास की सजाओं के साथ-साथ नशीली दवाओं का उपयोग करने वालों के विरुद्ध शून्य असहिष्णुता बनाए रखें।
2. 'नशीली दवाओं के विरुद्ध युद्ध' पर व्यय करना बनाए रखें, लेकिन मैरिजुआना के निजी प्रयोग पर सजा को कम करें, सामान्य सजा से कम सजा देने का न्यायाधीशों को विशेषाधिकार दें और कैद करने से ज्यादा धन उपचार में व्यय करें।
3. ज्यादा कैदियों को शैक्षणिक एवं अन्य पुनर्निवासन योजनाओं में भाग ले कर जल्दी रिहाई अर्जित करने दें; किशोरावस्था रिकार्डों को जब्त कर दें अथवा मिटा दें ताकि लोग किशोरावस्था में हुए अपराध का बोझ जिंदगी भर न ढोएँ; वृद्ध कैदियों के लिए जल्दी रिहाई करवाना ज्यादा आसान बनाएँ।
4. तीव्र असरकारी नशीली दवाओं के व्यक्तिगत उपयोग को व्यक्तिगत विषय बनाएँ: केवल नशीली दवा विक्रेताओं को जेल में डालें।
5. तीव्र असरकारी नशीली दवाओं के व्यक्तिगत उपयोग को व्यक्तिगत विषय बनाएँ; मैरिजुआना एवं अन्य दवाओं को सुरक्षित रखने तथा राजस्व अर्जित करने के लिए राज्य की स्वामित्व वाली तथा परिसंचालित दुकानों को खोलें।
6. तीव्र असरकारी नशीली दवाओं के व्यक्तिगत उपयोग को व्यक्तिगत विषय बनाएँ; निजी उद्यमों को मैरिजुआना की बिक्री का प्रबंधन करने दें।

इसमें विकास अपरिहार्य रूप से धीमी है, लेकिन नशीली दवा नीति में आज सुधार के पीछे एक नया बल कार्यरत है। हम एक ऐसे भविष्य की ओर देखते हैं जहाँ तीव्र असरकारी नशीली दवाओं की नीतियाँ वैज्ञानिक शोध के द्वारा निर्देशित हो रही होगी तथा युवाओं एवं अन्यों को नशीली दवाओं को न कहने के लिए प्रभावी प्रचारों का उपयोग किया जा रहा होगा।

6. बंदूक पर नियंत्रण

अमेरिका दुनिया में सबसे ज्यादा बंदूक लहराने वाला देश है। अनेक राज्यों में लोग मानसिक अस्थिरता या आपराधिक प्रवृत्ति के संबंध में बिना पृष्ठभूमि जाँच के बंदूक खरीद सकते हैं। वे जितनी चाहें, उतनी बंदूकें खरीद सकते हैं। वे बंदूकों को शॉपिंग सेंटरों, विद्यालयों और चर्चों में ले जा सकते हैं।

बंदूकों के लिए इस प्रेम का मूल अमेरिकी इतिहास में पाया जाता है। सिनेमा के माध्यम से कानूनविहीन पश्चिमी देशों तथा जॉन डिलींगर और अल कैपोन जैसे कुख्यात गैंगस्टरों के हाथों में बंदूकों की भूमिका को नाटकीय रूप से प्रदर्शित किया जाता है। बंदूक रखने का अधिकार अमेरिकी संविधान में दूसरे संशोधन की व्याख्या है, जिसके अनुसार 'एक स्वतंत्र राज्य की सुरक्षा हेतु अच्छी तरह से विनियमित *मिलिशिया* के होना आवश्यक होने के कारण, लोगों को हथियार रखने तथा धारण करने के अधिकार को जब्त नहीं किया

जाएगा'। तकनीकी रूप से यह *मिलिशिया* के लिए सही है, पर व्यक्तियों के लिए नहीं है। सर्वोच्च न्यायालय संविधान के अभिप्राय तक वापस पहुँचने में असफल रहा।

गैंगवार तथा गैंगस्टरों के बीच में युद्ध, प्रेम में झगड़ों, बंदूकों से खेलते बच्चों तथा एक पागल व्यक्ति जो पकड़े जाने या मारे जाने से पूर्व कई लोगों को गोली मार देता है- सहित कई घटनाओं में बहुत से लोग बंदूकों के द्वारा मारे जाते हैं। हर घटना लोगों को झकझोरते हुए बंदूक पर स्वामित्व को नियंत्रित करने के लिए कानून बनाने हेतु काँग्रेस पर दबाव बनाने लगती है। राष्ट्रपति ओबामा इन स्याह क्षणों पर ज्यादा सख्त बंदूक कानूनों के लिए मुखर हुए हैं, जिसे कुछ लोग सही तो अन्य शोक के समय में अनुचित बताते हैं।

हालाँकि, शक्तिशाली राष्ट्रीय राइफल संगठन (एनआरए) तथा शिकार संगठन काँग्रेस के सदस्यों के पास बंदूक रखने के अधिकार को नियंत्रित करने के किसी कानून को न पारित करने के लिए लगातार समर्थन निर्माण करते हैं। एनआरए यह स्पष्ट कर देता है कि, बंदूकों को नियंत्रित करने का समर्थन करने वाले किसी काँग्रेस सदस्य को एनआरए से कोई वित्तीय सहायता नहीं मिलेगी और उसके पुनः-निर्वाचन के विरुद्ध विज्ञापन भी किए जाएँगे। एनआरए को वाशिंगटन में सबसे शक्तिशाली समर्थक समूह माना जाता है।

बंदूक के स्वामित्व के संबंध में क्या किया जा सकता है? यहाँ पर कुछ विकल्प हैं:

- कुछ नहीं करें और यथास्थिति को बने रहने दें। स्वीकार कर लें कि बहुत बदलाव नहीं किया जा सकता है। इन तर्कों को स्वीकार कर लें कि इन हथियारों के स्थान पर हत्यारे समस्या हैं।
- एक कानून पारित करें, जिसके तहत हर व्यक्ति के द्वारा बंदूक के स्वामित्व के संदर्भ में सूचना देना आवश्यक कर दें।
- रखी जाने वाली बंदूकों की संख्या 2 तक सीमित कर दें और छः से ज्यादा गोलियों वाली बंदूकों पर प्रतिबंध लगा दें।
- सार्वजनिक रूप से बंदूकों को लेकर चलने पर रोक लगा दें। उनका उपयोग घरों तथा शिकारगाहों तक सीमित है।

7. स्वास्थ्य देखभाल

अमेरिका ने चार स्वास्थ्य बीमा को स्थापित किया है: *मेडिकेयर, मेडिकेड, द चिल्ड्रन्स हेल्थकेयर इनश्योरेंस प्रोग्राम (सीएचआईपी)* तथा द *अफोर्डेबल केयर एक्ट।* ये बीमा योजनाएँ 2014 के संघीय बजट का 24% अथवा $836 बिलियन हैं। 65 वर्ष से ज्यादा आयु या विकलांगता से ग्रस्त लगभग 5 करोड़ 40 लाख व्यक्तियों को स्वास्थ्य सेवाएँ उपलब्ध कराने पर लगभग $511 बिलियन व्यय हुआ। *मेडिकेड* तथा *सीएचआईपी* ने लगभग 7 करोड़ निम्न-आय बच्चों, अभिभावकों, वृद्धों तथा विकलांग व्यक्तियों को स्वास्थ्य देखभाल या दीर्घकालीन सेवा प्रदान करने के लिए शेष राशि व्यय की। *मेडिकेड* तथा *सीएचआईपी* द्वारा राज्यों से समतुल्य भुगतान की आवश्यकता होती है।

23 मार्च 2010 को राष्ट्रपति ओबामा ने द *अफोर्डेबल केयर एक्ट (एसीए)* पर हस्ताक्षर किए, जिसके माध्यम से ज्यादा अमेरिकी नागरिकों के सामर्थ्य के भीतर गुणवत्तापूर्ण स्वास्थ्य देखभाल तक पहुँच सुनिश्चित करने के लक्ष्य के साथ अनेक नए लाभों, अधिकारों और संरक्षणों को लागू किया गया। चाहे जो भी परिस्थिति हो, सभी व्यक्ति स्वास्थ्य बीमा खरीदने के हकदार हैं। *एसीए* का एक प्रयोजन स्वास्थ्य देखभाल व्यय में वृद्धि की दर को घटाना और अन्य सुधारों को शामिल करना है।

एसीए के पूर्व, लगभग साढ़े चार करोड़ अमेरिकी बिना किसी बीमा के थे। या तो बीमा कंपनियों ने उन्हें बीमित करने से इनकार कर दिया था या बहुत से अमेरिकियों के पास लागत के इस बताए स्तर पर बीमा खरीदने के लिए पैसे नहीं थे। इसे राष्ट्रीय शर्म के रूप में देखा जाता था। इस स्थिति में सुधार के लिए कई विधेयकों को पारित किया गया था, लेकिन वे इसमें असफल रहे, जब तक गवर्नर मिट्ट रोमनी के नेतृत्व में मैसाचुसेट्स राज्य ने एक स्वास्थ्य देखभाल सुधार को लागू किया जो *एसीए* के लिए आदर्श बना।

एसीए सभी के लिए स्वास्थ्य देखभाल बीमा खरीदना और अपनी पसंद के अनुरूप योजना का चयन करना आवश्यक करता है। इस नए कानून के तहत वित्तपोषण के लिए धन जुटाने के लिए आवश्यक था। युवा लोगों को स्वास्थ्य बीमा खरीदना होगा। वे इसका उस आधार पर विरोध कर सकते थे कि, वे स्वस्थ हैं और वे ज्यादा वृद्ध हो जाने पर स्वास्थ्य बीमा खरीदना पसंद करेंगे। जो लोग गरीब थे और बीमा के लिए भुगतान नहीं कर सकते थे, उनके लिए इस योजना में सब्सिडी थी।

जब से यह योजना लागू हुई है, काँग्रेस के रिपब्लिकन सदस्यों के बहुमत ने *एसीए* को निरस्त या कुछ तरीकों से विकृत करने का प्रयास किया है। सर्वोच्च न्यायालय में इसे निरस्त करने की योजना 28 जून 2012 में आई और न्यायालय ने इस योजना को बनाए रखा। सभी लोग यह मानते हैं कि, एसीए ने देश के स्वास्थ्य बीमा में सुधार किया है और स्वास्थ्य सेवाओं की बढ़ती लागत को कम कर दिया है।

1965 में सामाजिक सुरक्षा कानून में शीर्षक XIX जोड़कर सृजित की गई *मेडिकेड* योजना भी विवादास्पद थी क्योंकि राज्यों को लागत का कुछ बोझ उठाना था। इस कानून के तहत, निम्न-आय वर्ग के व्यक्तियों और सीमित संसाधनों वाले परिवारों को चिकित्सीय सहायता प्रदान करने में राज्यों को सक्षम बनाने के लिए संघीय सरकार समतुल्य भुगतान करती है। किसी आश्रित संतानों से रहित वयस्कों सहित गरीबी रेखा से 133% ज्यादा आय तक की सीमा वाले सभी अमेरिकी तथा वैधानिक नागरिक *मेडिकेड* योजना में भागीदारी करने वाले किसी राज्य में सहायता के पात्र होंगे। आज हर राज्य के पास यह तय करने की व्यापक गुंजाइश है कि, इसके द्वारा लागू कि गई योजना के लिए कौन पात्र हैं और लेकिन इसे कुछ विशेष मानकों को अवश्य पूरा करना होता है। राज्यों को इस कार्यक्रम को विस्तारित करने की ओर लक्षित योजनाओं को पूरा करने के लिए बाध्य नहीं किया जा सकता है। लेकिन इन अनिच्छुक राज्यों को *मेडिकेड* वित्तपोषण के पहले स्थापित स्तर प्राप्त होते रहेंगे। अनेक आलोचक चिंतित हैं कि *मेडिकेड* अपनी वित्तपोषण आवश्यकताओं को पूरा करने में सक्षम नहीं रह पाएगा। कुछ राज्य *मेडिकेड* को सीमित या समाप्त कर देंगे तथा और गरीब उपभोक्ताओं को उपचार की आवश्यकता होने पर अस्तपतालों के आपातकालीन कक्षों का उपयोग करने देंगे।

निम्नलिखित नीतिगत विकल्पों को अलग-अलग करने की आवश्यकता है:

- *एसीए* को समाप्त करें तथा स्वैच्छिक स्वास्थ्य-देखभाल की पिछली प्रणाली पर लौटें। शीर्ष रिपब्लिकन प्रत्याशी स्वास्थ्य देखभाल सुधार कानून की समाप्ति का आह्वान करने में सहमत हैं- डोनाल्ड ट्रंप ने इसे एक 'तबाही' कहा है और जेब बुश ने इस पर 'दानवीकरण' का तमगा लगाया है। फिर भी उन्होंने *एसीए* को प्रतिस्थापित करने के लिए किसी ज्यादा बेहतर स्वास्थ्य देखभाल योजना का प्रस्ताव नहीं दिया है।
- *एसीए* को बनाए रखें और इसके विकास को प्रोत्साहित करें। इसने और भी ज्यादा परिवारों तथा व्यक्तियों का बीमा किया है और इसने स्वास्थ्य लागतों को कम करने की ओर अग्रसर किया है।
- आय से ज्यादा तेजी से बढ़ रहे सह-भुगतान एवं कटौती योग्य राशि से लोगों को बचाने के लिएएसीए में परिवर्तन करें। हिलेरी क्लिंटन ने तुरंत देय उच्च चिकित्सीय लागत के भुगतान में परिवारों की मदद करने तथा बीमाकर्ताओं द्वारा अपनी कटौती योग्य राशि का भुगतान शुरू करने से पूर्व डॉक्टर के यहाँ एक वर्ष में तीन बार जाने को बीमा के अंतर्गत आवश्यक रूप से शामिल करने के लिए, $5000 तक के नए कर-समंजन का प्रस्ताव दिया है।
- *एसीए* को एकल सरकारी भुगतान प्रणाली से प्रतिस्थापित करें, जो हर अमेरिकी को *मेडिकेयर* से बीमित करे और निजी बीमा कंपनियों की आवश्यकता और लागतों का उन्मूलन कर लागतों को कम करें। यह प्रणाली अमेरिकी पूर्व सैनिकों के स्वास्थ्य की देखभाल करने वाले *वेटरन्स हेल्थ केयर एडमिनिस्ट्रेशन* की तरह होगी। राष्ट्रपति पद के उम्मीदवार सीनेटर बर्नी सैंडर्स इसके पक्ष में हैं।
- अमेरिका में अनुशंसा की जाने वाली दवाओं की निर्माताओं के द्वारा बिना किसी मान्य तथ्य के तय की गई अतिशय ज्यादा मूल्यों को कम करें। दवा के मूल्यों को कम करने के लिए *मेडिकेयर* को दवा कंपनियों से सौदेबाजी करने के लिए प्राधिकृत करें तथा अमेरिकियों को दूसरे देशों से सस्ती दवाओं को आयात करने की अनुमति दें। किसी मरीज के दवा पर तुरंत देय लागत पर प्रति माह $250 की सीमा लगाएँ। हालाँकि रिपब्लिकन उम्मीदवार मानते हैं कि दवा के मूल्यों को नियंत्रित करने के लिए निजी सौदेबाजियाँ तथा दवा कंपनियों के बीच प्रतिस्पर्द्धा ठीक-ठाक काम कर रही है।

8. अप्रवासन

अमेरिका में अप्रवासन नीति एक सतत तथा विवादपूर्ण मामला रहा है, क्योंकि बहुत से लोग अमेरिका आना तथा नागरिकता के लिए आवेदन करना चाहते हैं। अतीत में अपने देश की दुश्वारियों को पीछे छोड़ते हुए आयरलैंड, इटली, जर्मनी, रूस तथा यूक्रेन जैसे यूरोपीय देशों से प्रवासियों की लहरें आई थी। फिर एशियनों ने आना प्रारंभ किया- चीन से मजदूर, वियतनाम से भागते हुए लोग, भारतीय उप-महाद्वीप से आते लोग और अन्य। अनेक शिक्षित तकनीकीविद् आना चाहते हैं, यदि नागरिकता के लिए नहीं, तो उनकी सेवाओं के आकांक्षी अमेरिकी सेवाओं के लिए अस्थायी कुशल कर्मचारी के रूप में।

आज मुख्य अप्रवासन मामला मैक्सिको तथा केंद्रीय अमेरिका से अवैध अप्रवासियों का आना है। आज प्रश्न है कि एक करोड़ दस लाख अवैध अप्रवासियों के साथ क्या करना है। इसके लिए चार विकल्प हैं:

- उन्हें खोजें और उनके मूल देश वापस भेजें। (यह डोनाल्ड ट्रंप तथा अनेक अन्य रिपब्लिकनों की स्थिति है।)
- जो यहाँ जन्मे हैं, उन्हें छोड़ कर बाकियों को वापस भेजें। (अमेरिकी संविधान कहता है कि, अमेरिका में जन्मे किसी व्यक्ति को यहाँ रहने तथा नागरिक होने का अधिकार है।)

- एक लंबी अवधि से यहाँ निवास कर रहे, स्वस्थ तथा कार्य कर रहे सभी अवैध निवासियों के लिए क्षमादान प्रणाली विकसित करें। उन्हें एक अमेरिकी नागरिक बनने की ओर कई चरणों का एक मार्ग प्रदान करें।
- कुछ नहीं करें, लेकिन अत्यंत सुदृढ़ सुरक्षात्मक दीवार और सुरक्षा प्रणाली के माध्यम से यह सुनिश्चित करें कि भविष्य में कोई भी अप्रवासी अमेरिका में प्रवेश न करे।

रिपब्लिकन प्रस्ताव संख्या 1, 2 तथा 4 का समर्थन करते हैं और डेमोक्रेट प्रस्ताव संख्या 3 का समर्थन करते हैं।

9. कैद तथा कारावास

अमेरिका में किसी अन्य देश से ज्यादा कैदी हैं। 2013 में 2,220,300 वयस्क (अमेरिका की आबादी का लगभग 1%) अमेरिकी संघीय तथा राज्य एवं विभिन्न जिले के जेलों में कैद थे। इसके अतिरिक्त, 2013 में 4,751,400 वयस्क जाँच या पैरोल पर थे। इसका अर्थ है कि 6,899,000 वयस्क — अमेरिकी नागरिकों के हर 35 में से लगभग 1 वयस्क — सुधारात्मक पर्यवेक्षण के अधीन थे। 2013 में किशोर हिरासत केन्द्रों में 54,148 किशोर थे।

कैदियों की संख्या में अधिकतर वृद्धि राष्ट्रपति रोनाल्ड रीगन की नीतियों के कारण हुई, जो अपने रिपब्लिकन दल को अपराध पर सख्त बनाना चाहते थे। नए कानून बने तथा न्यायाधीशों ने लंबी सजाएँ देनी शुरू कर दी। अधिकतर कैदियों को पुनर्वासन की जगह सजा दी जाने लगी। अनेक कैदी नशीली दवाओं को ले जानेवाले और इनके छोटे उपभोक्ता थे, और दवाओं के विरुद्ध युद्ध के एक प्रयास में उन सभी को कैद कर दिया गया। नए कारावासों की आवश्यकता में सरकार ने विशेष शहरों में कारागारों के वित्तपोषण तथा संस्थापना करने के लिए निजी फर्मों को आमंत्रित किया, जो स्थानीय अर्थव्यवस्था का भाग बन गए।

कैदियों की इस शर्मिंदा कर देने वाली विशाल संख्या के कारण, हाल के समय में हल्की सजाएँ तथा कारावास के स्थान पर पुनर्वासन पर जोर देने की ओर बदलाव होने लगा है। जेलों में कैदियों को उपयोगी विषय पढ़ाए जाने लगे हैं, जो उन्हें जेल से निकलने के बाद नौकरी हेतु कौशल प्रदान कर सकती हैं। कैदियों को रिहाई के बाद एक घर और नौकरी खोजने तथा जिस जीवनशैली के कारण उन्हें गिरफ्तार होना पड़ा, उस में वापस जाने से रोकने में सहायता करने के लिए ज्यादा कार्य किया जा रहा है। यह सुनिश्चित करने के लिए कि, वह उसी प्रकार के आपराधिक व्यवहार की ओर नहीं झुक रहा/रही है, समय-समय और स्थानों पर अपराधकर्ता की गतिविधियों की निगरानी करने का भी प्रस्ताव है।

10. अधोसंरचनाएँ

किसी अर्थव्यवस्था के प्रदर्शन का एक मुख्य आर्थिक घटक इसकी सड़कों, पुलों, बंदरगाहों, रेलवे, हवाईअड्डों तथा विद्यालयों जैसी अधोसंरचनाओं की स्थिति है। अमेरिका को एक बेहतरीन अधोसंरचना का आशीर्वाद प्राप्त रहा है, जिसने सतत रूप से सामानों की आपूर्ति की लागतों को घटा दिया। विचार करें

कि चीन या भारत जैसे अन्य देश अपर्याप्त या भयावह सड़कों तथा अधोसंरचनाओं से असमर्थ हैं, यह ऐसी समस्या है जिसे चीन अब काबू में कर रहा है और भारत ने करना शुरू कर रहा है।

लेकिन अमेरिकी अधोसंरचनाओं की गुणवत्ता अब संतुष्टिप्रदायक नहीं है। इसे नियमित रखरखाव के साथ पुनर्नवीकृत नहीं किया गया है। असैनिक अभियंता अनेक अमेरिकी अधोसंरचना घटकों को सी- से डी- तक की श्रेणी दे रहे हैं। कुछ पुल ध्वस्त हो गए हैं और अनेक सड़कों में गढ्ढे हैं।

सच्चाई यह है कि गुणवत्तापूर्ण अधोसंरचना बनाए रखना बहुत महँगा है। संघ तथा अनेक राज्यों और शहरों मे धन खत्म हो गया है। 2008 से 2011 की महामंदी के समय बेरोजगारों तथा काम करने में समर्थों को अधोसंरचनाओं पर काम करने के लिए नियुक्त करने का एक अच्छा अवसर था और कुछ किया गया, लेकिन वह पर्याप्त नहीं था।

मेरा प्रस्ताव एक अधोसंरचना कार्यालय को स्थापित करने का है, जो सतत रूप से मूल्यांकन करेगा कि कहाँ पर अधोसंरचनाओं को ठीक करना है। कुछ धन को रक्षा से ले कर अधोसंरचनाओं से संबंधित मामलों को ठीक करने में लगाने की जरूरत होगी। नौकरियों के सृजन के अतिरिक्त यह आंतरिक सुरक्षा के लिए उच्च-गुणवत्ता घरेलू अधोसंरचना की आवश्यकता है।

11. सेना और रक्षा

अमेरिका ने दुनिया के सबसे शक्तिशाली सैन्य बल का निर्माण किया है। इसकी सेनाएँ दुनिया भर में स्थित हैं। इसने *नाटो (नॉर्थ अटलांटिक ट्रीटी ऑर्गनाइजेशन)*, जापान, इज़राइल, सऊदी अरब तथा अन्य देशों के साथ अनेक संधियाँ की हैं। इसके पास परमाणु हथियारों का सबसे बड़ा भंडार है। यह सैन्य उपकरणों तथा हथियारों का एक प्रमुख निर्माता है।

ऐसे सशक्त सैन्यबल बना कर इसे बड़ी लागत उठानी पड़ती है, लेकिन यह अपने सहयोगियों को खुद को हथियारों से लैस करने की आवश्यकता से स्वतंत्र करा देता है। जब हम अपने धन को हथियारों पर व्यय करते हैं, हमारे सहयोगी अपने धन को अपनी अर्थव्यवस्था को बनाने में उपयोग करते हैं, उन अर्थव्यवस्थाओं को बनाने में जो हमसे प्रतिस्पर्द्धा करती हैं। एक प्रश्न यह है कि क्या अमेरिका अपने सहयोगियों के प्रति बहुत उदार है।

सार्वकालिक प्रश्न यह है कि सेना और रक्षा के लिए कितना संघीय बजट आवश्यक है। संघीय बजट का 18% या $615 बिलियन रक्षा तथा सुरक्षा-संबंधी अंतर्राष्ट्रीय गतिविधियों के लिए जाता है। इस धन का बड़ा हिस्सा रक्षा विभाग को जाता है। यह प्रश्न हमेशा रहता है कि, क्या इस राशि को बढ़ाने या घटाने की आवश्यकता है। क्या नौसेना को ज्यादा नावों की आवश्यकता है? हाल ही में काँग्रेस सेना को उसकी आवश्यकता से ज्यादा धन देने का प्रयास कर रही थी। काँग्रेस के सदस्यों का अपने राज्यों में सैन्यनिर्माण कार्य-व्यवहार हैं और वे इसे जारी रखना चाहते हैं। क्या सैन्य उपकरण पुराने हो रहे हैं तथा क्या नए उपकरणों के लिए नवाचार पर्याप्त हैं, जिसके संदर्भ में ज्यादा ऊँचे बजट की माँग की जा रही है? क्या इस बजट को

कम करने तथा शिक्षा, अधोसंरचना, स्वास्थ्य देखभाल तथा संघीय आवश्यकताओं के लिए ज्यादा धन जारी करने की आवश्यकता है?

नीतिगत विकल्प हैं:

- सैन्य तथा रक्षा व्यय को महत्त्वपूर्ण ढंग से बढ़ाएँ, ताकि अमेरिका के दुश्मन जान जाएँ कि अमेरिका कमजोर नहीं हो रहा है बल्कि *आईएसआईएस* तथा अन्य दुश्मनों से युद्ध करने के लिए तैयार है।
- संघीय बजट के लगभग 18% हिस्से को सैन्य बजट के लिए रखें और धन को उच्च प्राथमिकता उपकरण तथा रक्षा आवश्यकताओं में डालें।
- सैन्य बजट को कम करें तथा हमारी शिक्षा, अधोसंरचना, स्वास्थ्य प्रणाली एवं सामाजिक आवश्यकता कार्यक्रमों में ज्यादा धन डालें।
- सैन्य बजट को कम करें तथा संघीय ऋण को कम करने के लिए धन लगाएँ, ताकि अमेरिका को ऋण के वित्तपोषण में ज्यादा ब्याज न देना पड़े।

12. राष्ट्रीय ऋण

2007 में राष्ट्रीय ऋण (राज्य तथा स्थानीय ऋण के अलावा) $8.971 ट्रिलियन था और सकल घरेलू उत्पाद (जीडीपी) $14.570 ट्रिलियन था।

अतएव, राष्ट्रीय ऋण सकल घरेलू उत्पाद का 61% था। सकल घरेलू उत्पाद में राष्ट्रीय ऋण का स्तर खतरनाक नहीं है। 2014 तक राष्ट्रीय ऋण $17.794 तक बढ़ गया, जबकि सकल घरेलू उत्पाद $17.522 ट्रिलियन तक बढ़ गया, जो कि सकल घरेलू उत्पाद का 102% था। रूढ़िवादी अब ऋण के इस स्तर के संबंध में बहुत चिंतित हैं:

- अमेरिकी सरकार को देश में तथा विदेश से (अतीत में विशेषकर चीन से) धन उधार लेना पड़ता है; तथा
- अमेरिका को राष्ट्रीय ऋण पर वार्षिक ब्याज देना पड़ता है। 2013 में ऋण पर निवल ब्याज भुगतान $222.75 बिलियन या सभी संघीय व्यय का 6.23% था। ऋण पर सरकार का भुगतान किया गया औसत ब्याज दर 2.43% था। सौभाग्यवश, यह बहुत ही कम ब्याज दर है। लेकिन कल्पना करें, यदि मुद्रास्फीति ज्यादा हो जाए, तो ब्याज की दरें बढ़ जाएंगी और यह अमेरिका के राष्ट्रीय ऋण पर कर का बोझ बढ़ा देगा।

ऋण को कम करने के सिर्फ दो तरीके हैं। पहला है संघीय व्यय को कम करना। चाहे रक्षा बजट में कुछ कमी की आवश्यकता हो, आमतौर पर लक्ष्य सामाजिक लाभ कार्यक्रम तथा सामाजिक सुरक्षा भुगतान होते हैं। दूसरा करों में, विशेषकर अमीरों पर करों में वृद्धि है। रूढ़िवादी इसका विरोध इस आधार पर करते हैं कि, अमीर कम निवेश करेंगे और कम काम करेंगे और हमारा सकल घरेलू उत्पाद और भी कम हो जाएगा। इसलिए यह समकालीन राजनीति में दलों के बीच भयावह गतिरोध का एक प्रमुख उदाहरण है, जहाँ कोई भी पक्ष हार मानने को तैयार नहीं है। दुर्भाग्यवश, हर वर्ष एक नया घाटा जुड़ जाता है, जिससे राष्ट्रीय ऋण और भी बढ़ जाता है।

13. गरीबी

विभिन्न आकार के परिवारों के लिए भोजन, वस्त्र तथा आवास के सरकारी उपायों की परिभाषा के अनुसार, लगभग 15% अमेरिकी गरीबी में जीवन यापन करते हैं। यह शर्मनाक है कि ऐसे अमीर देश में इतने सारे गरीब लोग हैं। इस समस्या से निपटने के लिए देश राशन कार्ड, ऋणात्मक अर्जित आय जमा तथा सामाजिक सहायता कार्यक्रमों सहित सामाजिक लाभ कार्यक्रमों की बड़ी संख्या को संचालित करता है। देश यथासंभव आय के अधिकाधिक अवसरों को सृजित करने का प्रयास करता है, लेकिन कुछ लोगों का एक नौकरी खोजने में असफल होना या नौकरी खोजना बंद कर देना जारी रहता है।

हम गरीबी को एक दुष्चक्र वाले एक सांस्कृतिक समस्या के रूप में देखने के आदी हो गए है। गरीब लोगों के बहुत से बच्चे होते हैं, उन्हें सामजिक सहायता की आवश्यकता होती है, वे उस सहायता पर निर्भर हो जाते हैं, और गरीबी से बाहर निकलने की प्रेरणा खो देते हैं। हम गरीबी के विरुद्ध युद्ध की बात करते हैं, लेकिन अमेरिका के पास गरीबी के वर्तमान स्तर को घटाने के लिए वास्तव में कोई सशक्त योजना नहीं है। गरीबी का जीवन का एक नाला है, जो अवसाद, आवासहीनता तथा अपराध की ओर ले जाता है तथा राजनीतिक एवं सामाजिक व्यवस्था को प्रभावित करता है।

इसके लिए दो प्रयासों की आवश्यकता है। पहली ज्यादा नौकरियों को सृजित करना है। यदि निजी क्षेत्र पर्याप्त नौकरियों का उत्पादन नहीं कर सकता है, तो हमें अवश्य सार्वजनिक क्षेत्र में नौकरियों को सृजित करना चाहिए। हमने देखा है अधोसंरचनाएँ बुरी हालत में हैं और इन्हें सुधारने के लिए बहुत ज्यादा नौकरियाँ सृजित की जा सकती हैं।

दूसरा प्रयास न्यूनतम मजदूरी को बढ़ाना है। वर्षों से अमेरिका में न्यूनतम मजदूरी प्रति घंटे $7.45 पर स्थिर रही है, जो किसी भी व्यक्ति द्वारा 52 हफ्तों तक प्रतिदिन 8 घंटे कार्य करने पर प्रतिवर्ष $15,000 के नजदीक आती है। फिर भी, $15,000 की आय किसी व्यक्ति और निश्चित रूप से एक परिवार के लिए गरीबी रेखा से बहुत ज्यादा कम है। सौभाग्यवश, अब अनेक अमेरिकी नगर, वहाँ निवास की लागत के आधार पर न्यूनतम वेतनमान को बढ़ा कर $10 या $15 अधिकतम तक रखने के लिए कार्रवाई कर रहे हैं। लेकिन प्रति घंटे $15 भी कमाने वाले व्यक्ति भी बड़ी मुश्किल से गरीबी से बाहर निकाल पाता है, हालाँकि यह सही दिशा में उठाया गया एक कदम है।

14. सामाजिक सुरक्षा एवं सेवानिवृति

सामाजिक सुरक्षा एक्ट 1935 में महामंदी और उसके पश्चात लोगों की मदद करने के राष्ट्रपति रूज़वेल्ट के प्रयास के रूप में पारित हुआ। यह 65 वर्ष की आयु में सेवानिवृत होने वाले व्यक्तियों को मासिक भुगतान की गारंटी देता है। इसके लिए नौकरी करने वालों को $118,500 तक की आय पर एक सामाजिक सुरक्षा कर देना होता है। सामाजिक सुरक्षा कानून में कई बार परिवर्तन किए गए हैं।

सामाजिक सुरक्षा के लिए 2014 में $851 बिलियन या संघीय बजट का 24% व्यय किया गया। सामाजिक सुरक्षा दिसम्बर 2014 में 3 करोड़ 90 लाख सेवानिवृत कामगारों को औसतन $1,329 की मासिक सेवानिवृति लाभ देती थी। दिसम्बर 2014 में सामाजिक सुरक्षा ने 23 लाख सेवानिवृत कर्मचारियों के जीवनसाथी और बच्चों, 61 लाख मृत कामगारों के जीवनसाथी और जीवित बच्चों तथा 1 करोड़ 9 लाख विकलांग कर्मचारियों और उनके आश्रितों को भी लाभ प्रदान किया।

रिपब्लिकनों ने मुख्य रूप से यह तर्क दिया है कि, सेवानिवृत कर्मचारियों और काम कर रहे कर्मचारियों के बीच अनुपात के बढ़ते रहने के कारण सामाजिक सुरक्षा निधि अगले 20 से 40 वर्षों में समाप्त हो जाएगी। रिपब्लिकन सामजिक सुरक्षा को समाप्त करना पसंद करेंगे और कर्मचारियों को यह व्यक्तिगत रूप से तय करने देंगे कि वे सेवानिवृति के लिए अपने धन को कहाँ रखना चाहते हैं। इसका तर्क यह है कि कर्मचारियों को अपने धन को सरकार को देने के स्थान पर अपनी बचत पर ज्यादा ब्याज अर्जित कर सकते हैं। राष्ट्रपति जॉर्ज डब्ल्यू. बुश ने सामाजिक सुरक्षा को प्रतिस्थापित करने के लिए एक बड़ा प्रयास किया लेकिन वे सफल नहीं रहे।

डेमोक्रेट सामाजिक सुरक्षा को जारी रखना और इसके लाभों को वर्धित करना चाहते हैं। वे सामाजिक सुरक्षा में जा रहे राजस्व की मात्रा को दो उपायों से बढ़ाने का प्रस्ताव देते हैं:

- नौकरी करने वाले सभी लोगों को न केवल $118,000 तक आय पर, बल्कि उनकी पूरी आय पर सामाजिक सुरक्षा कर देना आवश्यक करें। इससे ज्यादा अमीर कामकाजी लोगों से ज्यादा निधि मिलेगी।
- सामाजिक सुरक्षा लाभों को देने के लिए जीविका साधन जाँच का उपयोग करें, जिससे उच्च सेवानिवृति बचत करने वालों को कम या कुछ नहीं मिलेगा, चाहे उन्होंने सामाजिक सुरक्षा के लिए बहुत ज्यादा कर दिया हो।

इससे निम्नांकित नीतिगत विकल्प बचते हैं:

- सामाजिक सुरक्षा को ऐसे ही छोड़ दें।
- हर किसी के आय पर बिना किसी सीमा के समान कर लागू करके सामाजिक सुरक्षा के लिए ज्यादा धन एकत्रित करें।
- जीविका साधन जाँच को लागू करें और सिर्फ अल्प सेवानिवृति निधियों वालों के लिए सामाजिक सुरक्षा भुगतानों को सीमित करें।
- सामाजिक सुरक्षा को ऐसी व्यवस्था से प्रतिस्थापित करें, जहाँ कर्मचारी एक निजी योजना का चयन कर सकते हैं जहाँ वे सेवानिवृति के पश्चात उपयोग के लिए अपनी आय का एक नियमित हिस्सा बचाना चाहते हैं।
- सामाजिक सुरक्षा की निधियों से भुगतान की दर को कम करने के लिए, भुगतान के प्रारंभ होने की आयु को 65 वर्ष के स्थान पर 67 या 70 वर्ष कर दें।

15. विद्यार्थियों को कर्ज

हालाँकि राष्ट्र जितना संभव हो, उतने ज्यादा विद्यार्थियों को महाविद्यालयों में भेजने में विश्वास करता है, लेकिन कॉलेजों की बढ़ती लागतें एक प्रमुख हतोत्साहक के रूप में कार्य करती हैं। एक जर्मन विद्यार्थी

बिना किसी लागत के महाविद्यालय जा सकता है, लेकिन अमेरिकी विद्यार्थी को महाविद्यालय के आधार पर $20,000 से $60,000 की वार्षिक लागत का सामना करना पड़ता है, महाविद्यालय जाने के समय विद्यार्थी की आय में हानि का कोई जिक्र ही नहीं है।

महाविद्यालय जाने वालों के उच्च स्तर को प्राप्त करने के लिए महाविद्यालय हेतु कर्जों को बैंकों, कॉलेजों या दोनों से उपलब्ध कराना अनिवार्य है। आज विद्यार्थियों पर महाविद्यालय हेतु दिए गए कर्ज की मात्रा $1.2 ट्रिलियन है। महाविद्यालय के एक विद्यार्थी पर औसत $30,000 का कर्ज है। स्नातक होने पर अधिकतर विद्यार्थियों को अपने कर्जों को चुकाना प्रारंभ करना होता है, जो उनके द्वारा कार, घर, फर्नीचर तथा अन्य बड़ी वस्तुओं को खरीदने की संभावना कम कर देता है। यह इन सामानों की मांग को घटा देता है, जिसके परिणामस्वरूप अमेरिकी अर्थव्यवस्था की विकास दर कम हो जाती है।

विद्यार्थियों पर कर्जों को कम करने के लिए अनेक प्रस्ताव दिए गए हैं:

- रक्षा या अन्य श्रेणियों से धन को स्थानांतरित कर महाविद्यालय की शिक्षा के लिए सरकार विश्वविद्यालयों को भुगतान करे।
- सरकार तथा विश्वविद्यालयों से योग्यता के स्थान पर आवश्यकता के आधार पर छात्रवृतियों की राशि में वृद्धि करवाएँ।
- वार्षिक छात्र कर्ज पुनर्भुगतान राशि को व्यक्ति के वार्षिक आय के 10% या कम पर सीमित करें।
- कॉलेज के लिए उधार की गई राशि के भुगतान हेतु ब्याज की दर पर सीमा लगाएँ।

16. कर

करों का मामला सरकार तथा नागरिकों के मन में हमेशा रहता है। वस्तुतः, अमेरिकी सरकार एक कर विवाद के कारण ही अस्तित्व में आई। ब्रिटिशों ने ईस्ट इंडिया कंपनी के माध्यम से चाय के आयात पर बहुत ज्यादा कर लगा दिया था। बोस्टन बंदरगाह में चाय से लदे तीन जहाज पहुँचे। 16 दिसम्बर, 1773 को 7,000 स्थानीय नागरिक जहाजों को बिना चाय उतारे या बिना किसी कर दिए वापस जाने की माँग करते हुए गोदी पर पहुँच गए। सीमा शुल्क समहर्ता ने इनकार कर दिया। उस शाम को अमेरिका के मूल निवासियों के कपड़े पहनकर लगभग 200 लोगों का समूह तीन जहाजों में उतर गया और गोदी के पानी में चाय के डिब्बों को फेंक दिया। चाय पर यह कर अमेरिकी उपनिवेशों के लिए अंतिम कारक था, जो अब ब्रिटिश संसद में बिना एक भी अमेरिकी प्रतिनिधि के ब्रिटिश सरकार को कोई भी कर लगाने की अनुमति नहीं देने वाले थे। उनका नारा था, 'प्रतिनिधित्व नहीं तो कर नहीं'। इसके साथ-साथ अन्य परिवेदनाओं ने अमेरिकी क्रांतिकारी युद्ध को भड़का दिया।

संघीय, राज्य तथा स्थानीय सरकारें करों को बढ़ाती हैं। राज्य तथा स्थानीय सरकारों को पुलिस, अग्निशामकों, विद्यालयों, सड़क निर्माण तथा अन्य स्थानीय सेवाओं के लिए कर की आवश्यकता होती है। सरकारें मुख्यतः निवास तथा कारोबारी संपत्ति पर स्थावर संपदा कर तथा उपभोक्ता खरीददारियों पर विक्रय कर पर निर्भर करती हैं। अधिकतर राज्य अपने निवासियों पर आय कर लगाते हैं।

संघ सरकार को $3.5 ट्रिलियन के अपने विशाल वार्षिक बजट (2014) का समर्थन करने के लिए अनेक कर तथा शुल्क लगाने पड़ते हैं। बजट का अधिकतर हिस्सा इस प्रकार जाता है:

- रक्षा तथा अंतर्राष्ट्रीय सुरक्षा सहायता:18%
- सामाजिक सुरक्षा: 24%
- *मेडिकेयर, मेडिकेड, सीएचआईपी* तथा कारोबार स्थल की सब्सिडियाँ: 24%
- सुरक्षा घेरा योजनाएँ: 11%
- ऋण पर ब्याज: 7%
- संघीय सेवानिवृत तथा पूर्व सैनिक: 8%
- परिवहन अधोसंरचना: 3%
- शिक्षा: 2%
- विज्ञान तथा चिकित्सीय शोध: 2%
- अंतर्राष्ट्रीय गैर-सुरक्षा: 1%

मुख्य विषय यह है कि, विभिन्न आय समूहों के लिए एक तर्कसंगत आयकर नीति को कैसे स्थापित करें। गरीबों, कामकाजी वर्ग, मध्य वर्ग, अमीर, धनी तथा अति-धनी नागरिकों को किस दर से कर चुकाना चाहिए? आमतौर पर, गरीब कोई कर नहीं देते हैं और कामकाजी वर्ग को कम कर देना होता है। आज धनी तथा अति-धनी वर्ग पर सर्वोच्च सीमांत कर की दर 39.4% (तथा अतिरिक्त अस्थायी 4%) है। आइजनहावर के दौरान सर्वोच्च कर दर 90% थी और राष्ट्रपति केनेडी के समय यह 70% तक नीचे गई। प्रश्न यह है कि, क्या धनी वर्ग और अति-धनी वर्ग पर सीमांत कर की दर ज्यादा ऊँची (मान लें 50 या 60%) कर देनी चाहिए?

रिपब्लिकन हमेशा आयकर दरों और सभी करों को बढ़ाने के स्थान पर घटाने का समर्थन करते हैं। वे सोचते हैं कि, धनी बहुत ज्यादा सीमांत कर दर पर भुगतान कर रहे हैं। इसके विपरीत, डेमोक्रेट मानते हैं धनियों पर कर को बढ़ना तथा मध्य वर्ग तथा कामकाजी वर्ग पर कर को घटाना है। डेमोक्रेट धन के बढ़ते अंतरालों तथा कुबेरतंत्र की ओर बढ़ने की प्रवृति को घटाने के लिए धनी वर्ग पर अस्ति कर को बढ़ाने का भी समर्थन करते हैं।

निम्नांकित संभावित आयकर नीति विकल्प हैं:

- वर्तमान कर प्रणाली को ऐसे ही छोड़ दें।
- 20% के जैसे कम दर पर सभी के लिए एकसमान कर लागू करें। रिपब्लिकन इसका बहुत ज्यादा समर्थन करते हैं, क्योंकि इससे सामजिक कार्यक्रमों को कम करने की आवश्यकता हो जाएगी।
- अति-धनी वर्ग पर सीमांत कर को 39.4% से बढ़ाकर 50 से 60% के बीच निर्धारित करें। डेमोक्रेट इसका बहुत समर्थन करते हैं।
- मध्य वर्ग पर आयकर दर को कम करें तथा धनी वर्ग पर कर की दरों को बढ़ा दें।
- एक विवाहित युगल पर पहले $10 मिलियन को छोड़ते हुए संपत्ति कर को क्रमशः बढ़ाएँ।

निष्कर्ष

दुनिया में कई लोग लोकतंत्र के अमेरिकी मॉडल का बहुत सम्मान करते हैं। अमेरिकी क्रांति तथा जॉर्ज वाशिंगटन, बेंजामिन फ्रैंकलिन, थॉमस जैफ़रसन, जॉन एडम्स, एलेक्ज़ेंडर हैमिल्टन एवं अमेरिकी लोकतंत्र को स्थापित करने वाले अन्य महान विभूतियों की कहानियों ने पूरी दुनिया को प्रेरित कर इज्जत और सम्मान प्राप्त किया। लोग अमेरिकी लोकतंत्र के इतिहास में, गतिशीलता, सृजनात्मकता, व्यक्तियों और मानव अधिकारों के लिए सम्मान, तथा समस्याओं को सुलझाने की और नए आविष्कारों की क्षमता को देखते हैं।

फिर भी आज नई शक्तियाँ तथा गतिविधियाँ अमेरिकी लोकतंत्र के प्रतिस्थितित्व का परीक्षण कर रही हैं। अमेरिका ने विशाल धन का सृजन किया, लेकिन इस धन को पर्याप्त अमेरिकी नागरिक साझा नहीं कर रहे हैं। नागरिक प्रश्न करते हैं कि, क्या वे इस देश को संचालित कर रहे हैं अथवा क्या '1%' इस देश को चला रहे हैं। हमारे राजनीतिज्ञों को अपने अभियानों को चलाने के लिए बहुत ज्यादा धन की आवश्यकता होती है, जिसके चलते वे अमीर कॉर्पोरेशनों तथा व्यक्तियों के हितों के बंधक बन जाते हैं। देश की गतिशीलता मौजूदा गतिरोध, निर्वाचन क्षेत्र के अनुचित निर्धारण तथा अत्यधिक समर्थन निर्माण के कारण लकवाग्रस्त हो रही है। अतिवादी तत्व एक या दोनों राजनीतिक दलों में घुस गए हैं, जिनकी सहयोग तथा समझौतों में कोई अभिरुचि नहीं है।

इस अध्याय में मैंने प्रमुख आर्थिक, राजनीतिक तथा समस्याओं की एक विशाल संख्या का वर्णन किया है, जो अनसुलझे तथा अनिर्णीत रहते हैं। इनके अनेक हल हैं और प्रतिकूल परिस्थितियों के बीच सामान्य संवाद उनके हल की ओर ले जाएगा। ये हल लाखों नागरिकों को लाभान्वित करेंगे साथ ही लोकतंत्र भी युवा और जीवंत बना रहेगा।

ये हल न सिर्फ अमेरिकी नागरिकों को लाभ पहुँचाएंगे, बल्कि दुनिया भर के अनेक लोकतंत्रों को प्रेरणा देंगे। जहाँ कहीं भी नागरिक सम्मिलित होते हैं और उनकी आवाजों तथा अधिकारों को सुना तथा सम्मान किया जाता है, वहाँ लोकतंत्र में स्वयं-में-सुधार करने वाली प्रक्रियाएँ होती हैं। लोकतंत्र एकमात्र राजनीतिक प्रणाली है जो एक विविधतापूर्ण विश्व में स्वतंत्रता, समान अधिकारवाद तथा सहानुभूति के बीच गतिशील संतुलन बनाने का वचन देती है।

टिप्पणी

1. https://en.wikipedia.org/wiki/Roe_v._Wade (accessed 03.03.16).